文物讲读历史

朱筱新 著

學苑出版社

图书在版编目（CIP）数据

文物讲读历史/朱筱新著. —北京：学苑出版社，2006
（2009.1 重印）
ISBN 978-7-5077-2777-7

Ⅰ.文… Ⅱ.朱… Ⅲ.①历史文物—中国—通俗读物②中国—古代史—通俗读物 Ⅳ.K87-49 K220.9

中国版本图书馆 CIP 数据核字（2009）第 013589 号

责任编辑：刘小灿
封面设计：涅娃风格设计工作室
出版发行：学苑出版社
社　　址：北京市丰台区南方庄 2 号院 1 号楼
邮政编码：100079
网　　址：www.book001.com
电子信箱：xueyuanyq@sina.com
　　　　　　xueyuan@public.bta.net.cn
销售电话：010-67674055、67675512、67678944
印 刷 厂：三河德利印刷有限公司
开本尺寸：787×1092　16 开本
印　　张：24
字　　数：500 千字
版　　次：2006 年 12 月第 1 版
印　　次：2009 年 2 月第 2 次印刷
印　　数：5000—6000 册
定　　价：48.00 元

彩图1　北京猿人遗址（北京房山周口店）

彩图3　河姆渡遗址出土的稻谷（浙江余姚）

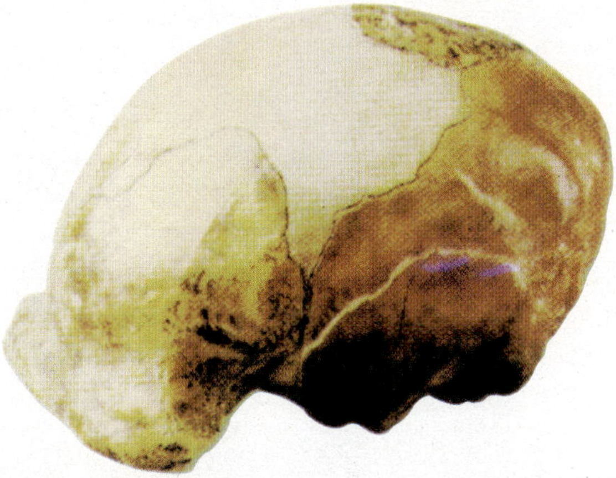

彩图2　北京猿人头骨化石（北京房山周口店遗址出土）

彩图4　人头形器口彩陶瓶（甘肃秦安大地湾遗址出土）

彩图5　大汶口文化白陶三足盉
（山东泰安大汶口遗址出土）

彩图6　镶松绿石片铜饰件（河南偃师二里头遗址出土）

彩图7　殷墟鸟瞰（河南安阳）

彩图8 戴金面罩青铜人像（四川广汉三星堆遗址出土）

彩图10　彩绘兵俑（侠西临潼出土）

彩图9　秦兵马俑一号坑全景（陕西临潼）

彩图11　都江堰远景（四川灌县）

彩图12　木兰陂鸟瞰（福建莆田）

彩图 14　素纱单衣（湖南长沙马王堆一号汉墓出土）

彩图 13　银棱漆扣秘瓷碗（陕西扶风法门寺地宫出土）

彩图 15　帛画及妇人形象（湖南长沙马王堆一号汉墓出土）

彩图16　阎立本《步辇图》

彩图17　壁画“乐舞图”（甘肃敦煌莫高窟112窟）

彩图18　顾闳中《韩熙载夜宴图》（局部）

彩图19　编钟（湖北随县曾侯乙墓出土）

彩图20　《清明上河图》中的说书场景

彩图 21　杂剧壁画（河北宣化张氏家族墓地出土）

彩图 22　山西洪洞水神庙明应王殿忠都秀作场壁画

序

我国是一个历史悠久的文明古国,也是一个世界闻名的文物大国。在广袤的中华大地上,遍布在地面和蕴藏地下的古代遗物和遗迹,极为丰富。正是这些非常珍贵的文物,形象地记录了各个历史时期人们生活和生产的种种活动,反映了在适应和改善生存环境的过程中,显示出的高超智慧和创造才能,并且具有鲜明的时代特征和特点。20世纪后半叶,全国各地相继发现和出土的大量文物,引起了国内外学术界的关注:内容广泛、门类多样的古代文物,不仅是衡量中华民族社会文明发展水平的重要尺度,也表明中华民族对世界文化的进步曾所作出过重大贡献。长期以来,出土和传世文物,以它自身的存在,为我们提供了古代政治、经济、文化以及自然界变迁的繁多信息,已成为学术界进行各方面研究的一座取之不竭的资料宝库,成为一笔足以自豪的文化财富。即从历史研究角度审视,文物也是向人们展示历史演进、提示历史问题的极好载体和媒介;利用文物资料,对其表象进行由表及里的分析,诠释比较客观的涵义,看得见,摸得着,易于感知,易于理解,至今,已逐渐成为史学研究的主要方法之一。

文物是实物资料,即便是一件数万年前十分简陋的器物,其所能说明的内容,具体而又真实,这是任何详尽的文字记载无可替代的。何况不少历史事件和问题,在文献资料中不见记载,或记载简略,甚至错误,运用文物资料进行个例分析或综合研究,不但可以印证文献资料的记载,可以弥补文献资料的缺憾和失载,更可以纠正文献资料中的谬传和错误,有助于形成正确的历史认识和结论。文物在这些方面的优势,已得到史学研究者的认同。

对于初中、高中学生和读者来说,他们在日常生活中耳濡目染已经获得一些历史知识。但是,这些历史知识,多半是一些传统故事,比较零碎,也不系统,其中还夹杂不少对历史人物和事件的歪曲、误评、乃至假造,影响他们认真对待历史和对历史知识的正确了解。在学校,从教科书中获得的历史知识,尽管比较系统,全面,但是,仅仅通过文字的表述,很难认识某个历史问题。毕竟过去发生的事件,已远离现实生活,文字表述即使再形象生动,对于阅读者依然是很抽象的,难以还原真实的历史面貌,因而不易理解和掌握。利用文物资料的直观、形象的特点,引导学生习者去感知历史,以实物为例,以实物为证,更以实物还原当时的情景,确实在一定程度上,能够弥补传统历史教育和学习的不足。

我曾在20世纪90年代初,与筱新讨论今后其从事史学研究的问题,并建议他利用文物资料来研究历史,走出一条有别于以往的,有鲜明特色的史学研究新路。以后,他开始转变史学研究的手段和方法,根据研究内容收集有关的古代文物资料,在对这些文物资料进行分析、研究的基础上，结合文献资料对一些历史问题、现象，进行比较深入的研究，形成自己的见解和观点，在此基础上，逐步开创自己的史学研究新思路和新方法。在经过较长时间的文物历史研究后，取得了一些成果，也积累了一些经验。最近，他根据基础教育课程改革所倡导的新理念，结合初、高中历史教学的内容及同等程度的读者的实际需要，撰写了《文物讲读历史》一书，着重以文物资料作为史学研究的依据，根据学习者学习的特点，从形象、直观入手，比较全面地阐述和展示了中国古代历史的一些重大的问题、现象，旨在帮助中学历史教师和社会读者更好地收集和使用各种出土文物，并将这些文物资料运用于历史学习之中，以活跃学习的思维，增强对历史的感性认识，改变消极、被动学习方式，有助于他们更好地掌握历史基础知识，引发对历史学习的兴趣，加深对祖国悠久历史的了解和人民的伟大创造，激发对祖国的热爱和振兴中华的信心和决心。此外，也有助于学习者关注文物，逐渐建立自觉保护文物古迹的意识。所以，利用文物资料也应成为中学历史教师今后设计、组织课堂教学的一种手段和方法。这本书也在一定程度上，介绍了一些研究文物资料的基本方法，可供参考。

尽管利用文物资料研究历史，组织历史课堂教学，目前尚属探索阶段，但这种研究或教学手段、方法的前景无疑是乐观的。历史教育将更加贴近学生和读者，同时将促进我国史学研究的不思开拓和深化，应该说，《文物讲读历史》一书，在这些方面也跨出了新的一步。

朱记驹

2006.8.

绪 论

中华民族以自己的勤劳和智慧，创造出极其灿烂辉煌的古代文明，中国因而成为世界著名的文明古国。在我国的历史上，记录和承载中华民族文明发展历程和辉煌成就的资料是极其丰富的。其中不仅有浩繁的文献资料，更有数量颇巨的散布于全国各地的文物资料及历史遗迹。

出土于各个历史时期的文物资料，是不可多得的历史载体。它们都从不同的侧面记载了当时社会政治、经济、文化等诸多方面的信息，实际也成为了当时社会的一个缩影。更为重要的是，所有的历史遗迹和出土文物都是当时的人们在社会生活中制作和使用后的遗存，最能真实、直接地反映历史，而不像众多的文献资料是由后人或后代追叙、编辑的，不可避免地带有政治、民族、地域等偏见。所以，文物资料无疑是历史研究的重要途径和手段，理应与历史文献一同作为史学资料。

与文献资料相比，文物资料还具有许多方面的优势。如文物资料是社会不同阶层的人群使用，故能从不同角度和层面综合地反映历史的全貌。其中有许多内容是历史文献所不载，或不详，甚至错误的。因此利用文物资料，既可以印证文献资料的记载，还能弥补或纠正文献资料记载的不足、缺憾和失实。再如许多文物资料还具有形象、直观性强的特点，能使人形象地感知历史，而历史文献是通过文字记述历史，因此后人只能通过自己的理解和思维，抽象地再现历史，其中又会夹杂着个人的主观意识、见解等因素，很难真实地还原历史的本来面貌。所以利用文物资料研究历史，就比较容易获得客观的结论。

文物，是指生活在各个历史时期的人们留存的有研究或有参考价值的各种遗存。依遗存所在的位置，可分为地上文物和地下文物两大类。此外还有传世和流散于民间，多为私人收藏的流散文物。文物的种类很多，有包括生活用具和用品、乐器、兵器、工具、明器（专用于随葬的器物）、葬具等各种器物，建筑及建筑材料、墓葬及墓志、碑刻、雕塑、绘画，以及遗址、遗迹等。我国现存的地上、地下文物数量巨大，既是文明古国，也是文物大国。由于中国古代盛行厚葬习俗，因此考古中常有重大且颇丰的发现。在这些出土的文物中，有一些是有文字的，如甲骨、青铜器、简牍、帛书、墓志等。其文字所载多为史实，无疑是新发现的文字资料。所以在史学研究中，常作为第一手资料被大量引用，以补充和纠正文献资料记载的不详及谬误。而在出土的文物中，数量更多的是有鲜明形象特征的实物资料，如器物、壁画、雕塑、建筑等。这类文物则通过特定的造型和形制、画面等，比较直观地刻画了一个历史现象。正是由于这类文物形象、直观，易使人们感知其承载的历史信息和内涵，故在史学研究中也受到一定程度的重视，常被作为印证、弥补史料的参考资料。当前在许多史学著述，特别是中学历史教材中，常引用实物资料作为图片或插图，以使读者或学生能通过形象思维，正确地还原历史。

但是，由于历史学科涉及的知识范围极广，不仅有政治、经济、文化等方面的内容，还包括学术思想、科学技术、美学艺术、自然环境等诸多学科的专业知识，从而给学习历史带来很大的难度，也使学习者感到历史学习需掌握的知识太多，十分困难，难以产生兴趣。兴趣是学习欲望的基础，也是实现自主学习的潜动能。因此，若要吸引学生喜欢历史，培养他们养成自主学习的习惯，有必要从引发他们的学习兴趣入手。兴趣的产生，主要源于好奇、喜欢、需要三个主要因素。其中“需要”具有主观意志的特征，而“好奇”和“爱好”则主要由外因引发。在这三个因素中，“好奇”属于初级心理活动，极易受外因诱发。一旦产生“好奇”心理，往往又引发想了解“为什么”、“怎么样”的强烈愿望。在这种愿望的驱使下，学习者便抱以积极、主动的态度投入学习中。不过“好奇”是有一定时限性的，超出这个时限，如明白了“为什么”、“怎么样”后，即使没有明白，但随着时间的推移，“好奇”也会消失或淡化。所以要保持学习者的学习兴趣，还需要引导学习者从“好奇”上升至“爱好”。“爱好”这种心理行为多具有一定的主观意志特征，且有较长的时效性。心理学研究证明，一个人的“爱好”心理多由“好奇”心理发展而成。据此，引发学习者对学习产生“好奇”心理，是进一步培养他们喜欢学习的基础。

运用文物资料，尤其是有典型特征的实物资料开展历史知识学习，对于学习者而言，会有助于引发他们的兴趣，激活他们的思维，引导他们进行探究，使他们通过形象思维得出比较客观的结论；通过观察、读图、辨析、理解等认知活动，完成自主学习的全过程，进而掌握学习的方法和技能。这正是将文物资料引进历史教育的优势所在，也是改变学习消极、被动学习的有效途径之一。

本书的出版，亦在引起历史教师的重视。在教学设计和组织中，如能借助文物资料，不仅可以避免文字或语言表述的抽象等局限性，还能用于创设情境，引发学生的学习兴趣；提供背景材料，引导学生进入学习情境；借助其设置问题，激活学生的思维；整合同类或相关的文物资料，指导学生进行探究或组织活动课等等。只要选择最具代表性的典型文物资料组织教学，就能收到吸引学生参与教学过程，获得更多的体验、感知等实践机会，有助于他们学会自主学习。不过，虽然在教学中引入文物资料有助于培养学生的学习兴趣和自主学习，但由于文物资料承载的历史信息量大，内涵丰富，学生难以把握，还需要教师及时进行引导和必要的指导。凡此种种，结合历史教学收集较多的文物资料，掌握释读文物资料的基本方法，学会利用文物资料设计和组织教学，开展丰富多彩的教学活动，也是历史教师应具备的基本技能之一。

基于此因，本书依据中国古代社会的历史发展线索，同时参考教育部制订的《全日制义务教育历史课程标准（实验稿）》和《普通高中历史课程标准（实验稿）》中的“内容标准”，以及依此编写的多种版本的教科书，利用文物资料展示历史及社会发展的主要线索，以及重要的历史现象，供历史教师在教学中应用。本书还通过对各种不同类型的文物资料由表及里地剖析其所蕴含的历史信息，揭示其所反映的历史现象，以及如何利用实物资料，印证文献资料，或弥补、纠正史料记载的缺憾和失实等文物研究的方法，进行探索，从而为历史教师开发和运用文物资料作为重要的教学资源提供借鉴和参考。此外，还为组织学生参加博物馆和进行史迹考察、模拟考古等社会活动提供一些文物基础知识。考虑到教学和活动课组织的需要，我们还将许多重要的文物图像资料按书目顺序编排，制成光碟，附于书后，以供教师制作教学课件，引导和指导学生观察、释读文物。

为了更好地发挥文物资料在历史教学和历史研究中的作用，在编写中还适当地拓展一些重要历史线索和现象的范围，尽可能多角度、全方位地利用文物资料展示历史的全貌。同时也兼顾普及文物基础知识的需要，便于社会不同阶层了解文物、认识文物的使用价值，以使文物资料更好地发挥展示中华古代文明的功能和作用。这些都是本书编写的初衷和基本宗旨。

彩图目录

插图目录

5-63 沈周《庐山高图》
5-64 唐寅《孟蜀宫妓图》
5-65 徐渭《黄甲图》
5-66 朱耷(八大山人)《荷石水禽图轴》
5-67 李方膺《游鱼图》、李鱓《加官图》(局部)、郑燮《兰竹石图》、汪士慎《镜中水月图》(局部)
5-68 鹰鼎(陕西华县太平庄遗址出土)
5-69 女神头像(辽宁朝阳牛河梁红山文化神庙遗址出土)
5-70 秦兵俑头(陕西临潼秦兵马俑一号坑出土)
5-71 石雕《跃马》、石雕《马踏匈奴》(陕西兴平汉霍去病墓)
5-72 西晋陶骑俑和陶马(湖南长沙出土)
5-73 北朝甲骑具装俑(陕西西安、河南洛阳出土)
5-74 云岗石窟20窟主佛造像(山西大同)
5-75 龙门石窟宾阳中洞正壁造像(北魏,河南洛阳)
5-76 天禄(麒麟)、辟邪(齐武帝景安陵、梁南康简王墓)
5-77 龙门石窟卢舍那佛(唐,河南洛阳)
5-78 唐“昭陵六骏”石刻(陕西省博物馆藏)
5-79 初唐佛塑像(甘肃敦煌莫高窟283窟)
5-80 盛唐菩萨塑像(甘肃敦煌莫高窟194窟)
5-81 敦煌莫高窟唐天王、力士塑像(甘肃敦煌莫高窟194窟)
5-82 青铜鼎(河南安阳殷墟出土)
5-83 青铜鬲(河南安阳殷墟出土)
5-84 青铜甗(整体甗,河南安阳殷墟出土)
5-85 三联甗(河南安阳殷墟妇好墓出土)
5-86 青铜簋(河南安阳殷墟出土)
5-87 青铜豆(引自《殷周青铜器通论》)
5-88 青铜敦(引自《殷周青铜器通论》)
5-89 青铜盨(引自《殷周青铜器通论》)
5-90 青铜簠(引自《殷周青铜器通论》)
5-91 青铜觚(河南安阳殷墟出土)
5-92 青铜觯(河南安阳殷墟出土)
5-93 青铜爵(河南安阳殷墟出土)
5-94 青铜斝(河南安阳殷墟出土)
5-95 青铜角(引自《殷周青铜器通论》)

5－130　汉画像石《乐舞》(河南南阳出土)、汉画像石《乐舞百戏》(山东沂南北寨村出土)
5－131　南朝画像砖《乐舞》(河南邓县出土)
5－132　唐经变画《乐舞》(甘肃敦煌莫高窟159窟壁画)
5－133　彩绘乐舞俑(河南孟津唐墓出土)
5－134　壁画《散乐图》(河南安阳天禧镇宋墓出土)
5－135　壁画《散乐图》(河南禹县白沙库区宋墓出土)
5－136　杂技砖雕(河南新野汉墓出土)、汉画像石《杂技乐舞》(河南南阳汉墓出土)
5－137　汉画像石《蹴鞠》(河南南阳出土)
5－138　宋瓷枕画《蹴鞠》
5－139　蹴鞠毬门(引自陈元靓《事林广记》)
5－140　俳优坐俑(四川天迴山东汉崖墓出土);俳优立俑(四川郫县宋家岭东汉墓出土)
5－141　宋杂剧砖雕(临摹,河南偃师酒流沟水库宋墓出土)
5－142　金杂剧砖雕(山西侯马金董玘坚傣墓出土)
5－143　三彩瓷枕画《傀儡戏》(河南济源出土)

目录

第一章　文明的起源

第二章 国家的建立和发展

第三章 统一多民族国家的发展

第五章　绚丽多彩的古代文化

第一章

文明的起源

中国是世界著名的四大文明古国之一，也是世界重要的人类诞生地之一。据最新的考古资料证明，在我国境内诞生的原始人类，最早可追溯到200余万年前。

原始人类是由高等灵长目动物——类人猿（亦称古猿）进化而成的，而进化后的原始人类不仅能够直立行走，更重要的是他们还掌握了制作简单生产工具的技能，这正是人类有别于动物的重要标志，也是人类最原始的一种发明和创造。出土于我国各地诸多原始人类的遗迹和遗存，就清楚地记录着生活在那个时代人类的劳动和生活情况，也揭示了原始人类的进化过程和当时的社会组织形式，反映了原始人类思维能力的进步和提高，更展示了他们所创造的原始文明。

一、中国境内的远古人类遗存

（一）遍布于各地的原始人类遗址

从原始人类产生，直至进化到现代人，其间经历了一个极其漫长的演进过程。近代以来，社会学、人类学、考古学、历史学等学科从各自研究的领域出发，将这个跨越了数百万年的历史时期，划分为几个历史阶段：

中国原始社会阶段划分表

时间	距今200万~30万年	距今30万~5万年	距今5万~1万年	距今1万~4500年	距今4500~4000年左右
社会学	原始（人）群			氏族制社会：母亲 / 父亲（军事民主时期）	
人类学	猿人（直立人）	古人（早期智人）	新人（晚期智人）	现代人	
考古学	旧石器时代			新石器时代	金石并用时代
历史学	史前时期				传说时代

1. 猿人及遗址分布

在我国辽阔的疆域内，至今已发现的原始人类曾生活过的遗址和遗迹，遍布于各地。其中主要分布在辽河、黄河、淮河、长江、珠江、雅鲁藏布江等江河流域，云贵高原、黄土高原、青藏高原，以及台湾、新疆等广阔的地区。曾在这些遗址中生活过的原始人类，最早的距今已有200多万年，最晚的也有数万年。由此证明，在我们今天生活的这块土地上，远在百万年前，就已有人类在此繁衍生息，并在他们劳动和生活中，不断地创造出原始的文明，从而揭开了中国历史的序幕。

在已发现的原始人类中，属于距今200万~30万年间的直立人，即猿人阶段的代表性人类，主要有：元谋人（发现于云南元谋上那蚌村，距今170万年左右）（图1-1）、蓝田人（分别发现于陕西蓝田公主岭村和陈窝村，距今分别为115万~110万年、65万年左右）、郧县人（发现于湖北郧县弥陀村，距今73万年前）、北京人（发现于北京房山周口店镇龙骨山，距今70万~20万年）、南京人（亦称汤山人，发现于江苏南京汤山镇雷公洞，距今35万年左右）。

图1-1　元谋人遗址

在这些遗址中出土的猿人骨骼化石和工具等遗存，都清楚地表明这一时期的人类，尚处于从猿到人的过渡阶段。在体质特征上，还保留着许多古猿的特点。工具制作十分原始，器型呈现多样性，器表粗糙。这也是人类诞生初期的重要特性。

2. 古人及遗址分布

在距今30万~5万年间，原始人类进化到古人阶段，亦称早期智人。在我国境内，属于古人阶段的代表性人类主要有：金牛山人（发现于辽宁营口，距今31万~20万年）、巢县人（亦称银山人。发现于安徽巢湖银山村，距今20万~16万年）、大荔人（发现于陕西大荔解放村，距今20万年左右）、和县人（发现于安徽和县汪家山，距今20万~15万年）、丁村人（发现于山西襄汾丁村，距今20万年以前）、马坝人（发现于广东曲阳马坝乡，距今12万年左右）、长阳人（发现于湖北长阳下钟家湾村，距今12万年左右）、许家窑人（发现于山西阳高许家窑村与河北阳原侯家窑村之间的犁益沟畔，距今11.5万~10万年）（图1-2）等等。

3. 新人及遗址分布

在距今5万~1万年间，原始人类又继续进化到新人阶段。新人，亦称晚期智人。在我国境内，已发现的属于这一阶段的人类和遗址、遗迹的数量更多，范围更广。

其中，属于这一阶段重要的代表性人类主要有：柳江人（发现于广西柳江新兴农场，距今4万~3万年）、资阳人（发现于四川资阳黄鳝溪，距今4万~2万年）、山顶洞人（发现于北京房山周口店龙骨山顶，距今3.4万~2.7万年）、左镇人（发现于台湾台东长滨乡，距今3万~2万年）等。

图 1-2 许家窑遗址

正是通过考古发掘,从这些遗址中获得数量颇丰的实物资料,才使我们得以了解原始人类生存的自然及社会环境,探索人类的进化过程,揭示他们所从事的劳动及生活状况,以及他们的所创造的原始文明。因此这些出土的承载着记录原始人类进化过程等诸多信息的实物资料,是我们今天了解和研究原始人类最直接、最重要的第一手资料,且是真实、可信的实物资料。

(二)原始人类生存的自然环境

从原始人类进化到现代人,其间经历了一个极其漫长的历史过程。应该看到,环境与人类的生存是密切相关的。在人类的进化过程中,自然环境作为一个重要的客观因素,究竟提供了什么样的外部条件?对人类的进化起有哪些作用?即原始人类是在什么样的自然环境和条件下,完成这一进化的过程,并创造出原始文明的?

1. 原始人类生存环境的实物佐证

在距今 170 万年前的无谋人遗址中,出土的动物化石主要有:爪蹄兽、泥河湾剑齿虎、枝角鹿、纤细原始狍、轴鹿、中国犀、剑齿象等。在其他生活时代更晚的一些猿人遗址中,也出土了与上述动物生活习性相同或相近的另外一些动物的化石。尤其是在北京猿人生活过的洞穴内堆积层中,共发现了 110 多种动物化石,其中有 90 多种哺乳动物的化石。由于北京猿人曾在周口店一带生活了数十万年,因此在遗址中出土的动物化石不仅种类多,而且动物的生活习性也存在着很大的差异。在这些动物化石中,有耐干寒的狼獾、洞熊、扁角大角鹿、披毛犀、安氏驼鸟等;有喜暖喜水的竹鼠、硕猕猴、水牛、无颈鬃豪猪、梅氏犀、居氏河狸、水獭等。这些动物化石出土于洞穴内文化堆积的不同层位中,由此证明在北京猿人生活的数十万年间,这一地区的气候和自然环境曾经历了冷暖、干湿的多次变化,也说明了在原始人类的进化过程中,自然环境是发生过巨大变化的。原始人类就是在这样的自然环境和气候条件下生存、繁衍和进化的,这更说明人类的成长历程绝非坦途。面对自然界的巨大变化,原始人类在适应自然环境的同时,还必须采用一些必要的方法和手段,来提高自身适应自然环境的变化和生存的能力,这也是原始人类之所以能够延续下来的一个重要原因。

不过,随着自然界的气候、降水量等出现巨大的变化,因此在北京猿人遗址的不同文化堆积层中,也包括在其他不同地点和不同时期的猿人遗址中,所发现的动物化石有明显的不同生活习性的物种区别。从这些动物,诸如剑齿象、剑齿虎、肿骨鹿、斑鹿、枝角鹿、爪蹄兽等动物群的组合分析,这些动物均有在森林草原地区生活的习性。因此,元谋人、蓝田人、北京人等原始人类也正是生活在森林草原地貌,植物种类繁多、生长茂盛,食草、食肉动物出没的自然环境中。正是这样一种自然环境,为原始人类的生存,提供了比较充足的食物来源。

原始人类的遗址及遗存,大多发现于自然形成的天然洞穴中。这是因为从高等灵长目动物进化而成的原始人类已经能够直立行走,他们在日常生活中,更多的是在地面上活动。因此,他们的栖身之处也从树上下移,需要在地面上寻找居住之处。为了方便出入和生活,更出于防御凶猛野兽侵害的考虑,原始人类便选择那些天然洞穴作为自己的栖身之处。更值得注意的是,已发现的猿人居住过的洞穴,多位于紧临平原或盆地的山地及丘陵边缘,附近多有河流。出现这种普遍的现象,充分说明原始人类在最初选择自己的栖身之处时,既需要它能为自己遮蔽风雨,躲避野兽的侵害,又考虑到获取食物及饮水的方便。

这些实物资料,不仅佐证了原始人类生存的自然环境,也反映了原始人类在进化过程中表现出的聪明和智慧。

2. 北京猿人的生存环境

北京猿人居住过的洞穴遗址,位于北京房山周口店镇附近的龙骨山上。据对周口店一带的古地理调查和研究表明,在北京猿人生活的时期,周口店一带的地形、地貌等自然环境,与今天相比,没有太大的差别。周口店地区正处于山区与平原区的衔接处,属北京西山的外围地区。在龙骨山的北面是山峦重叠的燕山山脉,西南面是一片较低矮的群山,东南方向则是广阔的平原。在龙骨山的东边不远处,有一条被后人称为坝儿河的河流流经这里。周口店一带在数万年前曾经是植物种类繁多、生长十分茂盛,食草及食肉动物频繁出没的地区。这种自然环境十分有利于北京猿人的生活和劳动,也为他们的生存提供了比较充足和多样性的食物(彩图1)。

龙骨山属石灰岩山地,有很厚的石灰岩层。在山体中,受长期的水流冲刷和溶解的作用,形成了一些较大的洞穴。这些洞穴对于原始人类来说,是避风遮雨的极好去处,这也是原始人类最早形成的一种对自然界的共同的认识,也是人类最早利用自然的一种表现形式。北京猿人居住的洞穴,是龙骨山上最大的一个石灰岩洞。洞内东西狭长,长度达140米。主洞的宽度为20米,高40米左右。洞口朝向东方,面对着宽广的平原,所以光线比较充足,很适宜原始人类在洞内居住。因此北京猿人便利用了这一自然条件,断断续续在这个洞穴中生活了长达数十万年之久,从而使洞穴内的堆积物厚达40多米。

这些的堆积物,主要是北京猿人在不同时期遗留或丢弃的生活及劳动物品,以及废物。根据其中物品的不同,堆积物可分为上、中、下三个部分(图1-3)。下部主要是红色的细泥沙层,存在时间距今70万~40万年。在细泥沙层中,出土了有明显加工痕迹的石

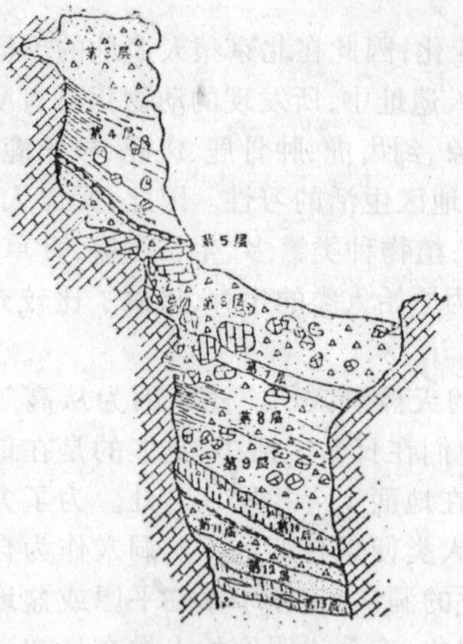

图 1-3　北京猿人遗址堆积层分布图
（据贾兰坡 1959 年绘制）

器，说明在这个时期，北京猿人已经在洞内生活，并且制作了劳动工具。中部为灰烬和角砾石等的堆积层，存在时间距今 40 万~30 万年。在这部分堆积层中，出土了许多动植物的化石、石器和人骨化石。3 具最完整的北京猿人头盖骨就是在这里发现和出土的。上部主要是以角砾石为主的堆积层，存在时间距今 30 万~20 万年。在这部分堆积层中，则出土了数量更多石器、烧骨、烧石及灰烬，以及头盖骨等物品、化石。三部分堆积层出土的北京猿人化石、石器，以及生活废弃物的数量有很明显的差距。自积堆层的下部至上部，呈现明显的数量增多的趋势，这表明随着时间的推移，北京猿人在这个洞穴中的活动越来越频繁，而且猿人的数量也在增多。从堆积层中出土的石器、烧骨、灰烬等文化遗存还清楚地表明，从距今 70 万年到距今 20 万年之间，北京猿人曾世代在这个洞穴中居住生活。正是在这个漫长的历史进程中，北京猿人通过各种劳动和生活实践，完成了从直立人向早期智人的进化过程，其脑容量、身体的重要器官和体质等，都更加接近现代人。

二、文明的曙光

（一）原始人类的劳动

从高等灵长目动物类人猿进化而成的原始人类，必定继承灵长目动物的一些生活习性。其中，杂食是灵长目动物的食物构成，原始人类也是靠植物的果实及根、茎、叶，动物的肉及皮、内脏等作为主要食物。因此，他们通过采集和狩猎这两种劳动方式，从自然界中获取这两类食物。从这个意义上讲，采集和狩猎劳动并非是原始人类发明的，而是继承了灵长目动物的生活习性。只是因为他们进化成为人，所以对于他们获得这两种食物的劳动方式，后人为了与灵长目动物的“摘”、“捉”等行为活动相区别，便称之为“采集”和“狩猎”，而且还冠以“劳动”之称。

那么，作为原始人类的“采集”和“狩猎”劳动与灵长目动物的“摘”、“捉”等行为活动，究竟有无本质的区别？通过大量的文物考古资料，便能得出一个明确的结论，这就是原始人类在劳动中，大量地使用事先制作的工具。所以能否制作和使用工具，这是原始人类与动物的本质区别。

1. 工具的制作技术

自然界中的石头或山体岩石，其形状虽千姿百态，但极少符合人类的劳动需要，还需要对它进行必要的简单再加工。根据对出土石器上遗留的加工痕迹的分析，原始人类加工、制作石器的方法,主要有砸击、锤击和碰砧三种。这也是原始人类最早制作工具的基本技能。因为这些加工、制作工具的方法,均是采用撞击、碰、砸等方式,故称为打制技术。所制作的工具,也被称为打制石器。

砸击 是原始人类常用于破碎体积较大的石材的一种方法。即选一块较大的石头作为砸击的工具,用力将它摔、砸向需要制作工作的石材上,使之破碎成体积较小的石块,以便于进一步加工。

碰砧 也是原始人类主要用于加工或剥取石片的一种方法。使用这种方法进行石器的加工。一般先选择一块坚硬的石头作为石砧,然后手持体积较大的石材去撞击、磕碰石砧,就可以将呈层状结构的砂岩加工成石片。

锤击 是原始人类在制作石器工具时,较普遍采用的一种加工方法。它可以用于直接从山体或岩石上剥取下石片或石核,作为再加工的材料。但这项技术更多的还是用于对石材进行再加工,使之具有人们所需要的形状和功能。使用这种方法制作和加工工具时,需先选择一块体型稍小、坚硬,且有一些特殊形状的石头作为工具,即石锤。然后用手持握着它,根据加工者所需要制作的工具形状,去敲击或锤打石材的多余部分,使之破碎。经过反复的锤击,最终将一块石材(片)加工成一件有着特定形状的工具。更为重要的是,锤击法还常用于对石器工具功能部位的精细加工。通过用石锤敲击石片的台面,将石片加工出尖状或刃部,使之具有特定的功能。

此外,据对出土的石器工具的刃部、尖部等一些特殊部位遗留的打击痕迹的分析,原始人类在使用锤击法时,还常采用直接打击和间接打击两种方式。直接打击,即用石锤径直敲击石材的某个部位。间接打击,则用一块有尖状或石刃等特殊形状的石头,将尖部或刃部对准需加工的石材部位,然后用石锤敲击这块石头,通过它对石材进行特殊部位的加工。

从原始人类采用的这些加工制作石器工具的方法可以看出,原始人类的工具制作实际也是一种劳动,而且是一种有一定程序,并且比较复杂的劳动。所以原始人类制作工具已经有了很明确的目的,且使用了比较复杂的技巧和方法,加工制作成的工具都具有特定的使用功能。因此,我们完全有理由认为,原始人类制作工具的劳动,远比采集、狩猎劳动要复杂的多,而且工具的制作也是最能反映原始人类思维能力的一种最好的例证。

2. 打制石器工具的种类

原始人类采用打制技术制作的石器工具,根据其形状和使用功能,大致可分为砍砸器、刮削器、尖状器三大类。

砍砸器 亦作砍斫器,是打制石器中体型最大的一种工具。其特点是器型一般都较大,且厚重,大部分砍砸器都有单面或双面石刃,有的还有复刃、多刃、端刃和尖刃。根据器型的这些特点,这类工具显然是用于砍或砸、锤击等力量型的劳动之用。在北京猿人遗址中出土的大型石器中,有一些石器的器身上遗留着散乱的坑疤。据分析,这些石器曾被作为石锤使用,即用这些工具去加工或修理其他石器,是一件制作工具的工具(图 1-4)。

砍砸器在不同的原始人类遗址中,出土的数量差别是很大的,这与当时的自然环境和原始人类的劳动内容有直接的关系。如在北京猿人遗址的最下部的堆积层中,出土的砍砸器数量很多,约占出土的同期石器总数的 1/3 以上。而在中部堆积层中出土的砍砸器

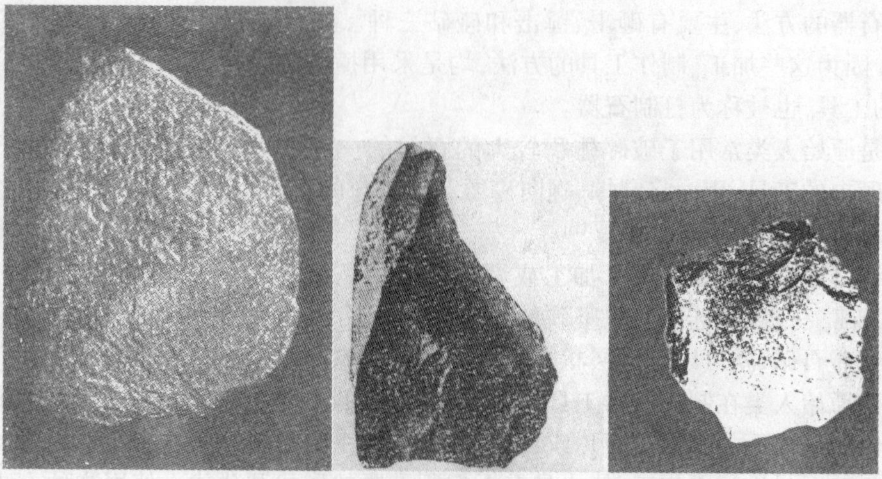

图 1－4　砍砸器（山西芮城西侯度遗址、北京房山周口店遗址、陕西蓝田遗址出土）

数量，就明显减少，只占同期石器总量的不足 7%。在上部堆积层中出土的砍砸器数量就更少了，仅占同期石器总量的 2%。北京猿人在数十万年间，砍砸器数量的减少，是与自然环境的变化有直接的关系。在下部文化堆积层形成的时期，周口店一带是温暖的森林环境。北京猿人大量地制作砍砸器，是需要砍伐树木。中部文化堆积层形成的时期，周口店一带则为草原环境，因此不需要大量的砍伐劳动，砍砸器数量自然减少。而上部文化堆积层形成的时期，周口店一带又因气候干冷而变为丛林灌木环境，北京猿人也不需要从事经常性的砍伐劳动，砍砸器数量因此继续减少。所以原始人类在制作工具时，所选择的工具器型是受他们所从事的劳动决定的。

刮削器　是打制石器中属器形较小的一种工具。其特点是器形大多比砍砸器小，器身一般较薄，多用石片加工而成。其最明显的特征是石刃，常见有直刃、凸刃、凹刃、圆刃等，或单刃、双刃、复刃、多刃、端刃等。刮削器的这些特点，决定了这种工具主要用于刮、削等劳动内容，诸如去除植物的表皮或果实的外皮等（图 1－5）。

刮削器在全国各地的猿人遗址中，出土的数量是比较多的。如北京猿人遗址中出土的刮削器数量，竟占石器总量的 75%。又如发现于辽宁喀喇沁左翼蒙古族自治县水泉乡瓦房村附近的大凌河石岩上的鸽子洞遗址，出土的刮削器占石器总量的 80% 以上。原始人类大量地制作刮削器，既与他们的生活需要有关，也与采用

图 1－5　刮削器（北京房山周口店遗址、陕西蓝田遗址出土）

刮削技术制作工具有必然的关系。在位于山西芮城西侯度村的西侯度遗址中,出土了两件有人工加工痕迹的鹿角。其中一件鹿角的左角靠近角节的主枝上,有一个横断面呈 V 形的沟槽,长约 35 毫米,宽约 20 毫米,最深处约 5 毫米。这个沟槽上还残留着较明显的砍斫、刮削痕迹,说明它是用刮削器加工而成的。所以使用刮削器加工木、竹等材料制作成工具,是很适用的,也是极有可能的,因此,原始人类便大量地制作刮削器这种工具。

图 1-6 尖状器(北京房山周口店遗址出土)

尖状器 在打制石器中,是属于器型最小的一种工具。大多数的尖状器都是用小石片作为坯材,然后加工而成的,所以器型很小。其特点是这类工具有明显的尖状突起,或有尖端状。一般常见的有单尖、复尖和正尖、角尖等几种形制。这些器型的特点,就决定了这类工具是利用它的尖端,进行诸如钻孔等类的劳动。由于尖状器的器型不大,所以不大可能用于采集和狩猎劳动,而主要用于生活中(图1-6)。当然,在考古中也出土了少量的大型尖状器。在西侯度遗址中,就发现了一件三棱大尖状器。这件大尖状器是用厚大的石片加工而成的,共有三个斜面。其 4 个缘面交汇成一个三棱状的尖。据推测,这件大尖状器应该是用于挖掘的工具(图 1-7)。

图 1-7 三棱大尖状器(山西芮城西侯度遗址出土)

除去砍砸器、刮削器、尖状器这三种在原始人类遗址中最常见且数量最多的石器工具外,在一些遗址中,还有一些其他类型的石器出土。如在北京猿人遗址中就发现了石球,它也是一种大型石器,只是数量不多,形状也不十分规范。另在丁村遗址中发现的石球少数是用厚平的砾石加工而成的,多数为石灰岩。其大小不等,最大的重约 1500 克,最小的则只有 200 克左右,而其中绝大多数是在500~1300 克之间(图1-8)。

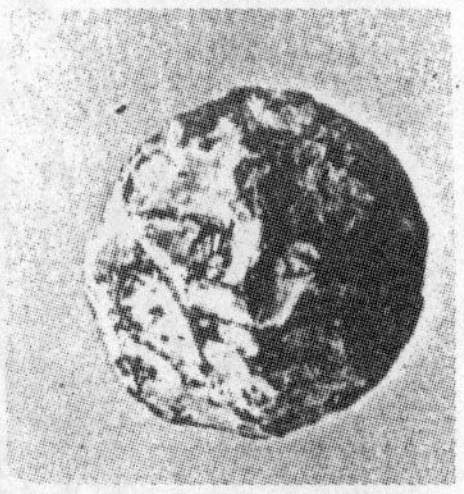

图 1-8 石球(山西襄汾丁村遗址出土)

(二)火与人类文明

火的使用,与工具的制作一样,都是原始人类创造的文明。不过,火的使用,更是原始人类利用自然的力量,改变自己处境和生活方式的一种创举。它与工具的制作一起,推动着人类和社会的进步。

1. 原始人类的用火遗存

在我国境内，目前已发现的原始人类最早的用火遗迹，是在西侯度遗址中。在这处距今180万年前的遗址中，出土的化石里有一些颜色呈黑绿色或深灰色的哺乳动物的肋骨，以及马牙和鹿角等。经过化验，确认其是被火烧后留下的痕迹。

在距今170万年前的元谋猿人遗址中，则发现了更为清晰的原始人类用火遗存。在元谋猿人化石出土地点厚约3米的三个层位中，均发现了炭屑。炭屑大多呈零星散布，星星点点地掺杂在粘土或粉砂质粘土中；有的则聚成鸡窝状的小片。这些炭屑的堆积，最大的直径可达15毫米，小的则仅有1毫米左右。其中，还有两处炭屑尤为集中，而且与周围的粘土之间有很清楚的界线。在炭屑的积烬内，还发现了几块颜色发黑的骨头。经鉴定，确认其是烧骨。此外，在炭屑中还发现有烧土。

在西侯度遗址和元谋猿人遗址中发现的这些原始人类的用火遗迹和遗存，足以清楚地表明，原始人类至迟在距今一百七八十万年前，就已经认识了火，并且学会利用火，从而开始了人类用火的历史。而在自然界中，包括灵长目动物在内的诸多动物，都惧怕火，它们遇到火，都远离或避之。惟有原始人类不仅不惧怕火，而且还将火带入自己居住的洞穴中，用它烧烤捕获的猎物。这也证明了原始人类已具有其他动物所不具备的观察与思维能力。正是凭借着超越其他动物的观察与思维能力，原始人类在与自然火的接触中，逐渐认识了火的特性和作用，并加以利用。不过，西侯度遗址和元谋猿人遗址中发现的用火遗迹和遗存，有明显的不同之处。西侯度遗址中发现的只有少量的烧骨，尚未发现炭屑灰烬的堆积。仅就这些遗存而言，西侯度人的用火显然不是经常性的。

原始人类所使用的火，其火源是来自自然界中因雷击、火山爆发、自燃等原因引发的火。但这些自然火在燃烧一段时间以后，便会熄灭，所以原始人类的用火受到很大的限制。这正是西侯度人不是经常性用火的主要原因。而元谋猿人遗址中发现的相对集中的炭屑堆积，则是在一段较长的时期内固定在一个地点用火的遗存，这也说明元谋猿人的用

火则是经常性的。只是从这些用火的遗迹中，还无法推测元谋猿人是如何获得每一次用火所需的火种。

原始人类之所以使用火，还在于他们在接触火的实践中，对火的特性和作用有了较深的认识。即火的热和亮，能够驱赶猛兽，带来光明和温暖；经火烧烤后的野兽肉，则容易咀嚼，且味道也比生食更好。因此，原始人类才将火应用到自己的生活中。正是火的使用，给原始人类带来了光明和温暖，同时火也成为原始人类驱赶野兽和防御野兽的武器，使自身的安全有了一定的保障。火还改变了原始人类的生活方式，人们由此开始食用熟食。而从生食到熟食，有助于人类对肉食等食物的咀嚼更细，更有利于人类的消化系统更好地吸收食物中的营养成分，进而促进大脑和体质的进化。此外，火的使用还为人类利用自然、改造自然，提供了一种新的手段，开辟了一条新的途径。如后世陶器的发明、原始种植业中的刀耕火种等。所以火的使用，既是原始人类一种文明的创举，也是人类发展史上的一大进步。

基于对火的特性、功能和作用的认识，原始人类开始了用火的历史。但自然界中的火源十分有限，而且不是能够随时得到的。因此，原始人类自使用火以后，便开始了探索如何能方便、及时地得到火源的漫长历史。在北京猿人生活的洞穴中发现的用火遗迹和遗存，则向后人展示了他们探索用火的成果。

北京猿人的用火遗迹和遗存，不仅证明了火的使用，还表明了北京猿人已初步掌握了火种的保存方法，并且具备了控制火的能力。

2. 对火的控制与管理

在北京猿人遗址的多处发掘地点，都发现了用火的遗迹和遗存。其中包括 1927 ~ 1937 年发掘的周口店第一地点，1934 ~ 1937 年发掘的第十五地点，1958 ~ 1960 年发掘的鸽子洞西部等。在这些发掘地点中，都发现了厚度不同的灰烬层。周口店第一地点是北京猿人长期居住的洞穴遗址，在这里先后出土了 6 具原始人类的头盖骨和大量的人体骨骼化石。在洞穴内的下、中、上三个阶段的文化堆积层里，都有灰烬等用火的遗存。而在上部的文化遗存中，灰烬堆积层最厚，约有6米。灰烬堆积层中，还发现了紫荆木炭，烧过的土块、石块、骨头和朴树籽等。在一个固定地点堆积着如此厚度的用火遗存，显然是长时间持续不断地用火的结果。这与西侯度遗址、元谋猿人遗址中的用火遗存相比，在用火的方式上有很大的区别。北京猿人的用火具有用火的地点相对固定、经常性地使用火、每次的用火量大、用火持续时间长等特点（图1－9）。

图1－9 北京猿人用火遗存（北京房山周口店遗址出土）

北京猿人用火遗存所反映出的这些使用火的特点，也为今人了解原始人类的用火提供了极为翔实的资料，也证明了火在北京猿人的的生活和劳动中，已占据着重要的地位，是他们生活中不可或缺的一件事物。但北京猿人是如何得到经常性用火所需的火源或火种？他们是否已采用一些特殊的方法，使火能够不熄灭？这也是北京猿人的用火遗存留给后人思考的一个问题。

在北京猿人每一次用火后留下的灰烬中，有许多尚未充分燃烧的朴树籽、紫荆等木块。这一发现揭示了北京猿人是通过保存火种，为自已经常性地使用火提供比较便捷的火源。北京猿人保存火种的方法，是在每一次使用火后，即将一些正在燃烧的朴树籽和树木枝干从火中取出，再埋入灰烬中。由于灰烬的覆盖，朴树籽和树枝干因缺少氧气，不能再充分燃烧；而草木灰烬比较疏松，灰烬堆实际存在着许多细小的空隙，因此它并非完全阻隔空气。朴树籽和树木枝干仍能得到少量的氧气，而处于没有明火的燃烧状态中。由于没有明火，这些朴树籽和树木枝干的燃烧速度减慢，能缓慢地燃烧很长的时间而不会熄灭。当需要再次用火时，则先将覆盖的灰烬扒开，使阴燃着的朴树籽和树木枝干完全暴露在空气中，再通过吹气等方法，为它提供充足的氧气，就能重新燃起明火。由于这种保存火种的方法，是让易燃物处于一种没有明火的燃烧状态下，通过延缓其燃烧的速度，达到较长时间保持其不熄灭的目的，所以后人称之为“阴燃法”。

（三）原始人类的进化

1. 猿人头骨的进化

元谋猿人

1965年，发现于云南元谋东南约5公里的上那蚌村附近的元谋猿人遗址，出土了两颗原始人类的上内侧门齿化石（图1－10）。这两颗门齿为一左一右，属于同一成年个体。出土时，牙齿的石化程度很深，颜色呈灰白色，齿冠保存完整，齿根的末端残损，表面有碎小裂痕，裂痕中填入褐色粘土。这两颗门齿很粗大，唇面（即牙齿的正面）比较平坦，舌面（即牙齿的背面）模式较复杂性，呈现很明显的原始特征。门齿的外形呈铲状，这与我国境内发现的其他原始人类及现代蒙古人种是一种共性特点，说明元谋猿人是中国人的祖先，而它与现代人相比，则具有从类人猿脱胎后尚存的原始特征。

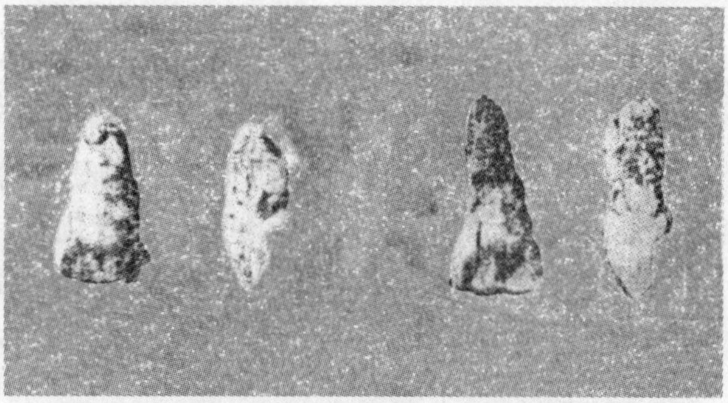

图 1－10　元谋猿人牙齿化石（正、反面 云南元谋上那蚌村遗址出土）

蓝田猿人

其遗址是1963年发现于陕西蓝田境内，实际是由位于县城东的公主岭村和泄湖镇陈家窝村二处遗址组成的。其中，根据古地磁等方法的测定，陈家窝遗址存在的时间为距今65万年，而公主岭遗址则为距今115万～110万年。因此，公主岭遗址实际比北京猿人遗址的时代要更早。在公主岭遗址出土的原始人类头骨化石比较完整，包括额骨、大部分顶骨、部分颞骨、鼻骨和上颌骨，以及右上第二、三臼齿和左上第二臼齿（图1－11）。与北京猿人头盖骨相比较，蓝田猿人的头骨形态有一些明显的差别，显示出更原始的特征。这些特征主要有：一是头骨的高度小，十分低平，较北京猿人的头盖骨更低；二是额部明显倾斜，无额窦；三是眼眶上的圆枕极为粗壮，眉脊骨也很粗壮，且左右眉脊相连，并向前突出；四是头骨壁极厚，平均厚度为12.4毫米；五是脑量小，复原后的头骨脑量只有780毫升；六是吻部前突，其前突的程度比北京猿人大；七是牙齿硕大，右上第二、三臼齿的宽度都比北京猿人的臼齿大。公主岭出土的原始人类头骨化石属于30多岁的成年猿人，可能是女性。蓝田猿人所具有的这些特征，表明她生活的时代早于北京猿人，也反映了从类人猿进化成猿人后，仍保留着高等灵长目动物的许多习性。不过，蓝田猿人的额鼻缝与额上颌缝的走向大致在同一水平位置，这与北京猿人是相同的，这也是后来的蒙古人种所具有的特点。

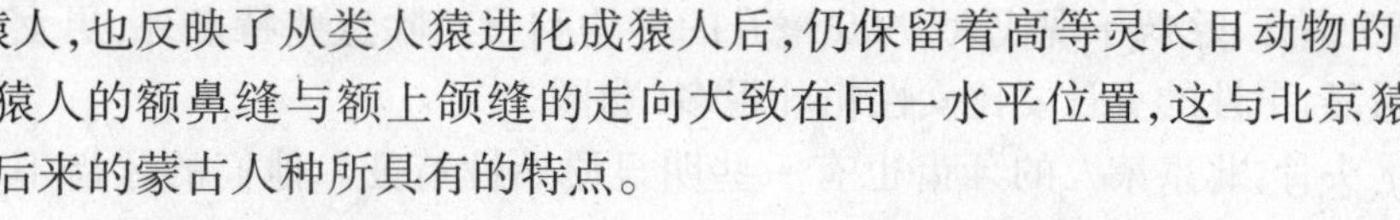

图 1－11　蓝田猿人上颌骨、头骨化石（陕西蓝田公主岭陈家窝遗址出土）

北京猿人

原始人类脑量的增加和体型的变化，是原始人类进化的重要表现。自1929年在北京猿人遗址下部堆积层中发现了第一个原始人类头骨后，随着发掘工作的深入和拓展，又陆续在其上部的堆积层中出土了原始人类的头盖骨及大量的牙齿和骨骼化石，以及石器、灰烬和动物化石等文化遗存。到1937年，共出土了5个原始人类的头盖骨、140余颗牙齿和一些肢骨化石，分属于40位左右的个体。但这些珍贵的原始人类化石在1941年12月太平洋战争爆发前后，于转移收藏时下落不明，成为一个举世闻名的疑案。解放后，自20世纪50年代开始，考古工作者又对周口店龙骨山继续进行发掘，不断有新的发现。1966年，又出土了一个原始人类头盖骨及其他骨骼化石。至此，在周口店龙骨山发现的原始人类化石，共有头盖骨6个、头骨碎片（包括单独的面骨）14块、下颌骨15块、股骨7段、胫骨1段、肱骨3段、锁骨1根、月骨1块，分属于40多位个体，而且还代表了不同年龄、不同性别的人。由于这些骨骼化石出土于不同的文化堆积层，因此实际还代表了生活的不同时期。所以北京猿人遗址中出土的这些丰富的原始人类骨骼化石，最能反映原始人类的进化过程。

综合北京猿人各种头骨和肢骨等骨骼化石的资料，可以看出北京猿人体貌和肢体、大脑的一些体质特征。概括起来，主要有这样一些：

北京猿人的头骨依然保存着与蓝田猿人、相同的原始特征，即头骨的高度与现代人相比，依然呈现出明显的低矮状；前额还比较低平；头骨呈上窄下宽状，最宽处在耳孔的稍上方；头骨壁较厚，平均厚度为9.7毫米，约为现代人的2倍；眼眶的圆枕粗壮，向前突出，眉脊亦突出明显，且左右相连；枕骨上有很发达的枕骨圆枕，枕骨大孔的位置较现代人的平均位置要靠后一些；下颌骨十分发达，下颌枝很宽，咬肌和翼肌附着处的骨面凹凸很显著；其吻部前突也很明显；整个头骨的结构厚重，有几条发达的隆起脊，这与咀嚼十分用力有关；北京猿人的脑髓小而平，前额叶小皱纹简单，前部向下弯曲成尖吻状，这与黑猩猩的脑髓很相似，脑膜动脉前枝小，后枝大，这也与黑猩猩很相似；北京猿人的脑量仍较小，平均脑量为1075毫升，远低于现代人1400毫升的平均脑量。除这些特点外，男女两性的头骨差别也很明显，男性的头骨要比女性粗壮得多（彩图2）

不仅是头骨，北京猿人的牙齿也有一些明显原始性特征。他们的牙齿不仅比现代人的大，在上门齿舌面的两侧各有一条凸棱，整个舌面呈中部低凹的铲形状（图1-12）

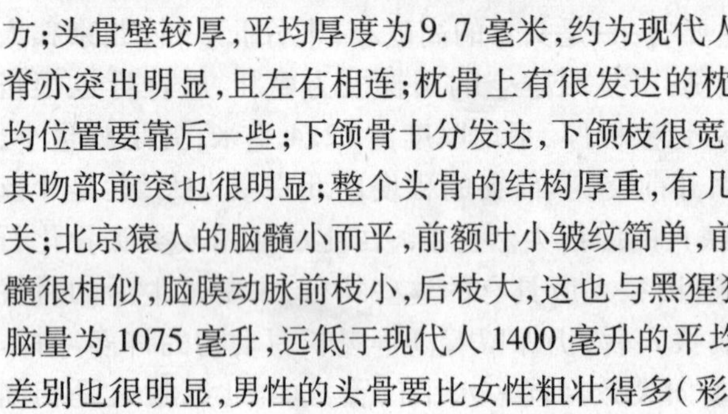

图1-12　北京猿人牙齿化石（铲形门齿）
（北京房山周口店遗址出土）

在头部仍保留着不少高等灵长目动物的特征的同时，北京猿人的肢骨却有较快的进化，基本具有了现代人的形状。其下肢骨，如股骨（大腿骨）的大小、形状和肌肉的附着点，都与现代人的股骨很相似，还出现了现代人特有的股骨脊，这正是长期直立行走的原因。当然北京猿人的下肢骨也还有一些明显的原始性。如股骨上半段骨干内侧缘有明显的隆起;股骨干中部以下最细处呈明显的向前弯曲状;股骨前后扁平,前缘和断面比较圆钝,这与灵长目动物很相似;股骨和胫骨的骨壁较厚,海绵骨致密;髓胫很细,股骨髓腔直径仅为骨体最小直径的1/3,而现代人则为1/2,至于胫骨髓腔就更细了。北京猿人的上肢,如肱骨、锁骨、月骨等,已基本具有现代人的形状(图1－13)。当然上肢骨也还有骨壁较厚、髓腔较小的原始性特征。

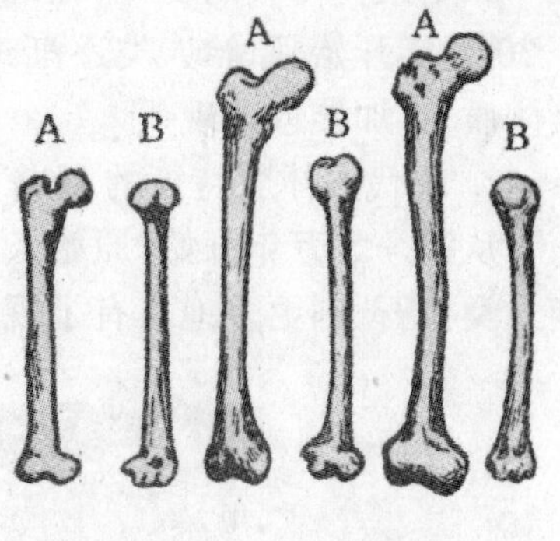

图1－13　猿人肢骨进化示意图
(从左向右,表示演进的变化过程。
A. 大腿骨;B. 上臂骨)

从北京猿人的肢骨形状分析,他们的下肢已经完全用于直立行走,上肢则已丧失行走的功能,而上肢的进化程度显然是比下肢快,这与上肢失去行走的功能后,更多地用于采集、狩猎和工具制作等劳动有直接的关系。特别是手在各种劳动和生活中,不仅需要具有持、握、抓等功能,手指还需要经常做出捏、掐、按压等动作,并且还有用力大小的区分,而手腕也要经常灵活地转动。正因如此,北京猿人的上肢及手在他们的日常生活和劳动中,经常要做出各种不同的动作,或简单或复杂,进化的速度显然要比单纯用于行走的腿、脚要快得多。

从北京猿人的上肢与下肢在进化程度上的差异,可以看出原始人类的进化,主要是在劳动中完成的。而原始人类所从事的各种劳动,又与大脑的思维活动密不可分。大脑也正是在原始人类的不断地认识和利用自然,在日常的劳动和生活中,得到进化的。在北京猿人遗址发现的6具头盖骨,分别出土于不同时期的文化堆积层中。其中,1966年出土于上部堆积层中的头盖骨断片,与1934年出土的5号头盖骨碎片,正好拼接成一个比较完整的头盖骨。这个中年男性的头盖骨与出土于中、下部堆积层中其他几个头盖骨相比,已具有比较显著的进化特征:头骨的骨壁变薄,眉脊不再那么粗壮,枕骨圆枕有一定的退缩。更值得注意的是,这具头盖骨的脑量已达到1149毫升(亦说为1 140毫升),大于北京猿人1075毫升的平均脑量。脑量的增加,表明原始人类的大脑经过数十万年的进化,逐渐发达。此外,5号头盖骨还有明显的左右不对称的现象,这是左右大脑出现进化差异的结果,也是原始人类进化的一种典型代表。左右大脑不对称,正说明原始人类的左右上肢,尤其是左右手在日常劳动和生活中,已出现主、次的分工和差别。右手更多地承担着各种工作,需要做出许多复杂的动作,因此右手及右肢的活动较之左手及左肢要多得多,所以就影响到左脑的进化程度要比右脑快。

在北京猿人遗址的下部和上部堆积层中发现的原始人类化石,比较清楚地反映了数十万年间原始人类在体貌和体质等方面,发生的一些显著的或细微的变化。这些变化正是原始人类进化的具体表现。其变化的趋势是高等灵长目动物身上常见的体貌特征在逐渐消失或减弱,而现代人所具有的体貌特征则逐渐显现。这一变化的根本原因,正在于原始人类所从事的劳动,特别是制作工具的劳动,已绝非是动物的本性和本能,而是一种比较复杂的劳动,是需要经过大脑的分析、判断等思维活动,需要上下左右四肢相互协调、分工合作,准确掌握位置、力度、角度、速度等技能和方法的劳动。因此,才会促进人体的大脑器官、肢体及体貌发生一系列的变化。

原始人类体貌的变化，在北京猿人之后的原始人类身上继续演进着这一过程。从距今30万年开始，原始人类逐渐进化到古人，即早期智人阶段。这一时期原始人类的体貌及体质，更加接近于现代人。

2. 现代人体貌特征的形成

从距今5万年开始，原始人类进化到新人，即晚期智人阶段。在考古中出土的这一时期人类化石，则更多地具有了现代人的体貌特征。

图1－14 山顶洞遗址（贾兰坡摄）（北京房山周口店龙骨山）

1930年，在清理北京猿人遗址上部堆积层界线时发现了山顶洞遗址。经1933～1934年的发掘，出土了大量的人类化石，石制品、骨角器及装饰品等遗存，还有大量的动物化石。山顶洞在发现时，洞口和洞顶还基本保存完好。整个洞穴遗址分为洞口、上室、下室和下窨四个部分。洞口呈拱形，高约4米，下宽约5米。上室位于洞穴的东半部，南北宽约8米，东西长约12米。下室在洞穴的西半部稍低处，即现在还残留着洞顶的地方，深为8米。下窨在下室的最里面，是一条南北长3米，东西宽1米的裂缝。山顶洞内最下层的堆积与北京猿人的堆积层相连（图1－14）。

山顶洞内的堆积主要是比较松散的灰色土，还夹杂着大量的灰岩碎块。整个堆积从上至下可分为5个文化层。其中，第1至第3层位于洞口和上室。第1和第2层出土了人类化石和石制品、装饰品等文化遗存。第3层中虽出土的文化遗存很少，不过却发现洞底的石钟乳和石灰岩上有烘烤过的痕迹。据此推测，山顶洞的上室及洞口内曾是当时的人类居住或活动的场所。第4和第5文化堆积层位于下室中，其中在第4层中发现了3个完整的人类头骨和一部分躯干骨化石。在骨骼的旁边，还曾撒放着赤铁矿的细粉粒。这种做法表明山顶洞人是将下室专门作为埋葬死者的场所。在死者身上撒放赤铁矿粉，显然具有某种特定的用意，或表示哀痛，或表示怀念，抑或表示驱邪避害。总之山顶洞人对死亡这种现象，已经产生一种特殊的认识，并采用撒赤铁矿粉这种方法来表达自己的情感或意愿，这也是原始人类感情的流露。虽然这种感情在今天看来，似乎很简单，也没有什么深刻的内涵，但它出现在原始人类的进化过程中，却有着非同寻常的意义。人类所具有的感情实际是一种心理活动，它通过喜怒哀乐等外在的表现形式，展示人的内心活动。同时还采用一些特定的方式，来寄托自己的感情，这些都是高等灵长目动物所不具备的。在第5层堆积中，较少发现文化遗存，仅发现了人类的牙齿化石。这又说明，山顶洞人在洞穴的下室埋藏伙伴，也不是在洞内居住之初就这样做的，而是在居住了很长一段时间以后，相互之间结成了一种相对稳定、牢固的关系，由此而产生了感情，才会在同伴死后，采取这些做法。

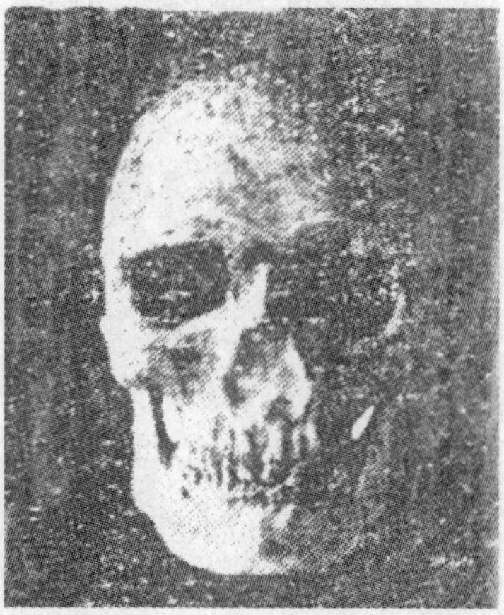

下窨中没有发现原始人类的文化遗存，却发现许多完整的动物化石，其中主要是食肉类动物。据此推断，下窨的堆积物早于山顶洞人入住洞穴之前。根据在山顶洞堆积层中发现的54种动物化石推断，山顶洞人远晚于北京猿人。最新的测定结果证明，山顶洞人生活的时代，距今2.7万年左右。

在山顶洞遗址里出土了丰富的人类化石：3个完整的头骨，一些残破的头骨碎片、下颌骨与零星的牙齿，还有部分躯干骨。这些化石代表了不同年龄、不同性别的8个个体。其中有2个成年男性，3个成年女性，一个少年和3个幼儿。3个完整的头骨，分别为一位60岁左右的老年男性，一位中年和一位青年女性。这3个头骨的共同特征是：前额不再低平，其隆起程度已与现代人很相似，颅穹窿的圆隆程度也接近现代人。其头骨的最宽处在顶结节附近，矢状脊消失，头骨壁已比较薄。前颌部后缩，牙齿细小，齿冠较高。脑量比早期智人增加，达到1300～1500毫升。这些资料表明，山顶洞人已属晚期智人，其体质和体貌特征已与现代人十分接近。高等灵长类动物的体貌特征，即早期原始人类身上仍保留的那些原始性特征，已经基本消失（图1－15）。

图1－15 山顶洞人头骨化石（北京房山周口店遗址出土）；北京猿人和山顶洞人复原像

在我国境内发现的散布于大江南北的数十处猿人遗址及遗迹，所发现的原始人类的头骨，都具有现代蒙古人种，即黄种人的相貌特征：铲形门齿，宽鼻子，低而扁平的面孔，以及下颌骨内面靠前部有下颌圆枕，头骨有明显的矢状脊，顶枕间骨及颧骨较向前突，鼻梁不高，鼻根处凹陷不深等。只是这些特征，在生活于不同时代的原始人类头骨上表现出的程度，存在着一些差异。在距今时代较早的猿人头骨上，这种特征就已经有较明显的显现。而生活时代越晚的猿人头骨，这种特征就更加显著。这一发现，以无可争辩的事实证明，生活在我国境内的原始人类，就是现代中国人，乃至东方人的祖先。他们所创造的原始文明，也正是中华文明的萌芽。

三、创造新文明

（一）磨制技术的问世

从猿人到早期智人，在制作石器工具时，普遍采用打制技术。而到了新人，即晚期智人时代，磨制技术开始问世。但这项技术直接应用于工具制作，又经历了一个较长的过程。

1. 磨制技术产生的背景

磨制技术实际在原始人类的早期，即猿人时期就已经显露头角。西侯度遗址出土的距今180万年前的鹿角，就证明了这一点。其中一件鹿角上的V形沟槽是用刮削器加工而成的。刮，实际就具有摩擦的含义。只是这种摩擦主要靠石器的刃部，在刃部来回或单向加力移动中，将需去除的部分一层层地擦去。利用刮削器加工制作的工具，只能选择木、骨、角等质地较软或疏松的材料，至于石器则无法应用。尽管如此，在不同时期的原始人类遗址中，普遍地发现了刮削器这种石器工具，则表明"刮"这种加工技术已被经常地应用于他们的劳动和日常生活中。但很遗憾的是，在考古中没有发现更多的记录着"刮"这种技术应用的实物资料。

2. 磨制技术问世的实证

据考古证明，已知最早将"刮"与"磨"结合在一起，并留下实物资料的是山顶洞人。他们使用这两项技术，不仅对鹿角进行加工，还制作出骨针。在山顶洞遗址中出土的一件赤鹿角，其上部虽残断，但大部分主干仍比较完整地保留下来。鹿角的枝杈被人工截去后，其表面经过刮磨，形成尖锐状。可惜尖端已残缺，其用途不详。将鹿角的枝杈采用刮磨技术加工成尖锐状的工具，是磨制技术实际应用的最好例证。而骨针的制作，则更能证明这一技术的应用。山顶洞遗址出土的一枚骨针，针孔已残缺，残长8.2厘米，针身略弯，最大直径0.33厘米，针尖圆锐，针身很光滑，显然是采用刮、磨方法加工、修理而成（图1-16）。针孔则是用尖状的硬质器物挖、钻而成。这两件器物的发现，充分说明山顶洞人对摩擦能够使器物的表面更加光滑，器物的尖部更加尖锐，已经有了很清楚的认识，并采用这项技术制作出具有特殊用途的器物。

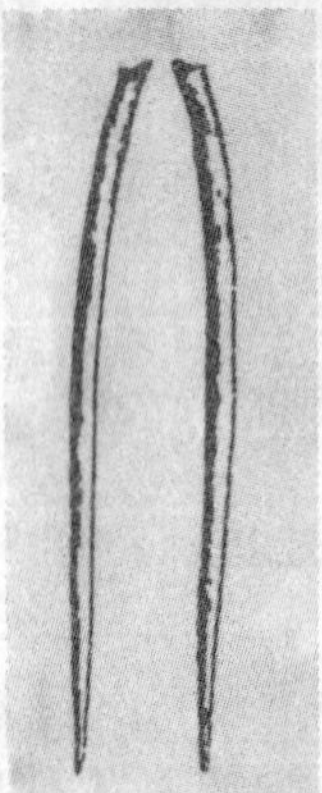

图1-16　骨针（正反面）
（北京房山周口店龙骨山山顶洞出土）

但骨、角等材料制成的器物，因受材料数量和质地坚硬程度的影响，不可能被广泛地作为采集和狩猎劳动工具的制作材料，故石质材料依然被普遍地用来制作工具。不过,山顶洞遗址中出土的石质装饰品,还说明山顶洞人对磨制技术有更深的认识。

山顶洞人制作的一件石坠,是用天然的椭圆形小砾石为材料。这枚黄绿色的小砾石最长处近4厘米,最厚处不足0.12毫米。两面扁平,一面是天然形成的,另一面则有人工摩擦的痕迹。小砾石的中心部位有一小孔,是用尖状的器物从两面对钻而成的。孔不很圆,两面的最大孔径不同,一面为0.88厘米,另一面为0.84毫米(图1-17)。这件石坠所使用的小砾石质地是很坚硬的,且器型很小。根据其一面有人工摩擦的痕迹推断,山顶洞人捡拾到的这块小砾石,其原来的形状显然不是两面扁平,其中的一面应是凸起的。要将这凸起的部分去除掉,使其与另一面的 扁平状相同,再使用打制技术,是绝对不可能的。山顶洞人正是意识到这一点,而使用摩擦的方法,对凸起的部分进行加工。就是这件小石坠清楚地告诉我们,山顶洞人不仅认识到摩擦可以使一件器物的表面光滑、精细,还能改变器物的形状。而他们将这项技术应用于对小砾石的加工,又说明他们也已经认识到摩擦可以用于对石质材料的加工,即对硬度较大的原材料,亦可通过相互摩擦,按照自己的意愿去改变其原来的形状。

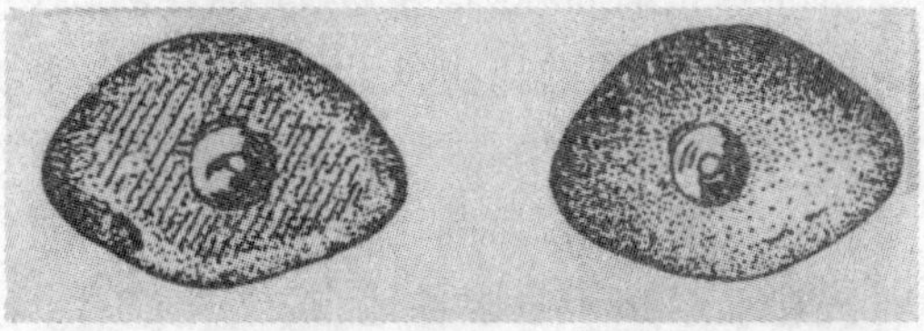

图1-17 石坠(正、反两面)(北京房山周口店龙骨山山顶洞出土)

采用磨制技术制作一些器物的现象也出现在其他一些晚期智人的遗址中,如1963年初夏,于山西朔县县城西北的峙峪村附近,发现了一处距今2.9万年左右的原始人类遗址。在峙峪遗址中也出土了一件装饰品,系用石墨为材料制成的。发现时,石质装饰品已经残缺一半。这件装饰品的中部曾经钻有一孔,装饰品的侧面及边缘都经过磨制。1974年,于贵州兴义顶效乡猫猫山东侧的岩厦内,发现了一处距今1.4万年左右的原始人类遗址。在这处遗址中出土了数量较多的骨角器,包括骨锥、骨刀、角铲等。这些骨角器不仅数量多,式样也很新颖。根据骨器的形制分析,其制作过程是先经过打琢成形、刮削加工后,再用磨制定型。角铲则是用鹿角制作的,有主干,也有枝杈。制作时,先截断不用的部分,再采用刮、磨等方法,而且还有单面和双面两种磨制的方式。

这些考古文物资料充分说明,在原始人类进化到晚期智人的时代,人类不仅在制作工具时继续沿用打制技术,同时也开始认识到器物之间相互摩擦亦能改变原有的形状,并能更好地提高工具特殊部位,如刃部、尖部的性能,从而尝试着用磨制技术制作一些器物。不过,在这些原始人类的遗址中,尚未发现他们采用磨制技术制作的石器工具。因此,考古学界及历史学界将山顶洞人等晚期智人仍划在旧石器时代。尽管如此,在晚期智人的遗址中,较普遍地发现采用磨制技术制作的器物,又表明生活在这一时期的原始人类为了提高劳动工具的使用效率,在长期的劳动及生活实践中,不断地进行着探索,终于发明了磨制这种新的工具制作技术,这也预示着一个新的历史时期,即以磨制技术制作工具的时代——新石器时代即将到来。

（二）我国的新石器时代

在公元前8000年左右，生活在我国境内的原始人类已经较普遍地采用磨制技术制作劳动工具，我国的历史从此翻开新的一页，进入新石器时代。我国的新石器时代随着金属器物的出现而结束，大约止于公元前2000年左右，持续时间6000年左右。

在我国境内，目前已发现的新石器时代人类文化遗址分布范围很广，近万处的新石器时代遗址遍布于全国各地，其文化遗存十分丰富。为了进一步研究我国新石器时代社会的演进过程、文化的发展及社会生活的变化等问题，考古学界又将这一历史阶段划分为早、中、晚和铜（金）石并用四个时期。

1. 新石器时代早期遗存

新石器时代早期，大约为公元前8000年或更早，至公元前7000年。在我国境内已发现的属于这一时期的人类文化遗址散布于大江南北。

这时期的人类文化遗址，面积都比较小，但文化堆积层都比较厚，且持续时间比较长，表明这一时期的人类已经比较长期地居住在一个地点，开始了定居生活。不过每个定居点的人口数量不多，规模不大。同时，南北方的人类遗址也有一些差异：华南地区因多石灰岩地貌，天然洞穴多，故生活在这里的人类多选择洞穴居住。不过也有一些暴露在旷野上的定居遗址。生活在北方地区的人类则因自然界缺少天然洞穴，故多选择离河不远的旷野居住。

在这一时期的人类文化遗址中出土的石、骨、角质工具及器物，均不同程度地存在着磨制的痕迹。当然，其中的差异还是很明显的。有的遗址中出土了一些磨制石器工具，有的则只是在制作骨、角质工具时，采用了这项技术。但是，磨制技术被比较广泛、普遍地应用于劳动工具及器物的制作，却是一个十分突出的现象，这正是人类进入新石器时代的一个重要标志。

此外，在这些新石器时代早期的遗址中，还发现了稻谷遗存。经鉴定分析，这些稻谷具有从野生谷向初期栽培稻转化的特征。另外还有各种植物籽实，哺乳类、鸟禽类、鱼类、龟鳖类和螺蚌类动物的遗存。在这一时期人类制作的劳动工具中，除大型的砍砸器、刮削器外，还常见石镞、骨镞等。这些文化遗存充分表明，从新石器时代早期开始，人类从事着以渔猎、采集劳动为主，栽培、种植作物和早期的家畜饲养为辅的经济活动。随着定居生活的开始，人类又尝试着制作一些生活所必需的器物，用以盛储或炊煮食物，于是又发明了陶器。所有这些发现，都清楚地反映了进入新石器时代时代以后，人类的劳动和生活与旧石器时代相比，发生了重大的变化，而且具有本质的变化。

2. 新石器时代中期遗存

新石器时代中期，大约为公元前7000年～公元前5000年之间。我国境内已发现的属于这一时期的人类文化遗址，其数量已相当丰富。

新石器时代中期人类遗址出土的文化遗存，均表明这一时期人类使用的生产工具虽仍以打制石器为主，但磨制石器工具的数量和器型有明显的增加。人类定居的聚落规模扩大，居住环境有较大的改善。陶器的数量和类型也有极多的增加，烧制技术有较大的进步。种植和家畜饲养已成为人类主要的生产活动，且种植的作物品种和饲养的家畜种类亦有所增加。

3. 新石器时代晚期遗存

新石器时代晚期，大约为公元前5000年～公元前2500年之间，目前在我国境内已发现的属于这一时期的人类文化遗址，数量极多，分布范围更广，并形成了具有典型性和共性特征的文化区。如位于黄河流域的仰韶文化、马家窑文化、大汶口文化，位于辽河流域的红山文化，位于长江流域的大溪文化、屈家岭文化、良渚文化、马家浜文化，位于南岭地区的石峡文化等。每一个文化区均覆盖了较大面积，有数量不等的遗址。此外，在这些文化区之外还有很多人类遗址分布，也具有自己独特的文化特征。

在这一时期人类文化遗址中发现的遗存，以磨制的石质生产工具为主，并且磨制得比较精细，制作技术也更加熟练，石器工具的器型更加规范，不少石器上出现琢钻的穿孔。种植和家畜饲养继续发展，规模扩大。陶器制作出现轮制技术，并从慢轮发展为快轮。器型规整，种类增加。烧制技术进一步完善，陶器质量明显提高。这一时期人类的定居生活更加稳定，聚落的规模更加扩大，防护设施更加完善。聚落内的居室建造技术又有新的提高，居住环境得到改善。同时，在聚落内部也出现了几个小群落并存的现象。

4. 铜(金)并用时代遗存

铜(金)石并用时代，大约为公元前2500年～公元前2000年之间。在我国境内已发现的属于这一时期的代表性人类文化遗存主要有龙山文化及与之同期的王湾三期文化、后岗二期文化、造律台文化、三里桥二期遗存、客省庄二期文化、齐家文化、石家河文化等。

进入铜(金)石并用时代以后，石器依然作为人们的从事日常生产劳动所用工具的主要制作材料，但制作更加精细，还开始使用少量的铜器工具。这一时期的种植业和家畜饲养业已比较发达，是人们最主要的经济活动内容。陶器制作普遍采用快轮制作，器型多样，且常见大型器。在居室及城防建筑中，出现了“夯筑”技术，建筑材料开始使用土坯。聚落内部在居室面积及位置，死后的丧葬方式及随葬器物等方面，均反映了贫富分化和等级差别等现象的存在。尤为重要的是这一时期已形成中心聚落与周围诸多聚落组成的一组隶属关系，聚落逐渐显现出“城”的功能，由此而形成“邦国”。

5. 磨制工具的特点

在新石器时代的人类文化遗址中，随着时代的发展，磨制石器工具的数量呈明显增多的趋势，器型种类也越来越多。大量的考古资料证明，黄河流域是华夏民族最早进入新石器时代的地区之一。在这一地区的新石器时代遗址中出土的大量石器，就很鲜明地表现出磨制石器工具的特点。

位于河南新郑裴李岗村西双洎河河湾土岗上的裴李岗遗址，面积约2万平方米。出土的磨制石器有石铲、石镰和石磨盘、石磨棒等。石铲为长方形，窄长扁薄，两端磨制出圆弧状的刃。石镰的制作尤为精细。镰身拱背呈长三角形，柄部较宽且上翘。尤其值得注意的是，在石镰的刃部还磨制出很细密的锯齿，而每一个锯齿边缘的两侧，又磨制成较锋利的小刃，其形制及功能与现在使用的锯子完全一样。用它收割作物，较之单一的石刃，显然更加快捷、省力。裴李岗人制作的石磨盘及磨棒也很有特色，磨盘的盘面呈前宽后窄的鞋底形，其底部有4个柱状足。这4个柱状足与盘面是一体的，它是在磨制磨盘底部时，有意留下的。磨棒呈细长圆柱状(图1-18)。裴李岗遗址出土的这些石器工具，磨制得都十分精细，而且还充分利用磨制技术的长处，对工具的特殊部位进行十分精致的加工，尽最大可能提高其性能。

1973 年发现的磁山遗址，是与裴李岗遗址处于同一时期的人类文化遗址，距今约有 7000 余年。磁山遗址位于河北武安城西南的南洺河旁的阶地上。遗址中出土了磨制的石斧、刀、镰、铲、锛、凿、磨盘、磨棒等工具。这些石器在形制上与裴李岗人制作的石器略有不同，如石铲多呈梯形，有的顶部较窄。石镰的形状虽然也是前端窄、尾部宽，但其刃部没有加工成锯齿状。石磨盘的盘面形状呈柳叶状，一端稍尖，另一端稍窄，呈圆弧状（图 1－19）。

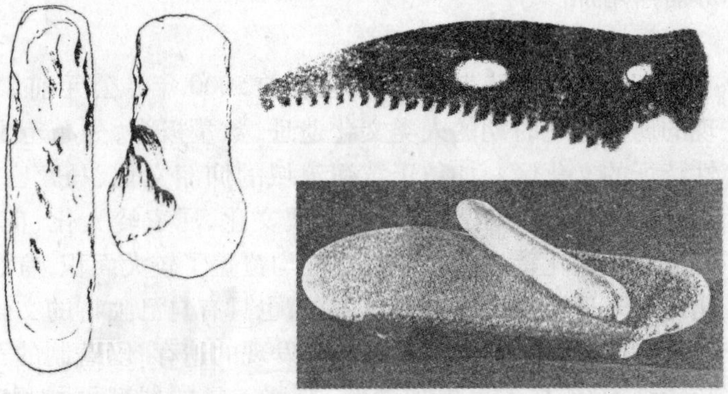

图 1－18　石铲、石镰、石磨盘和磨棒（河南新郑裴李岗遗址出土）

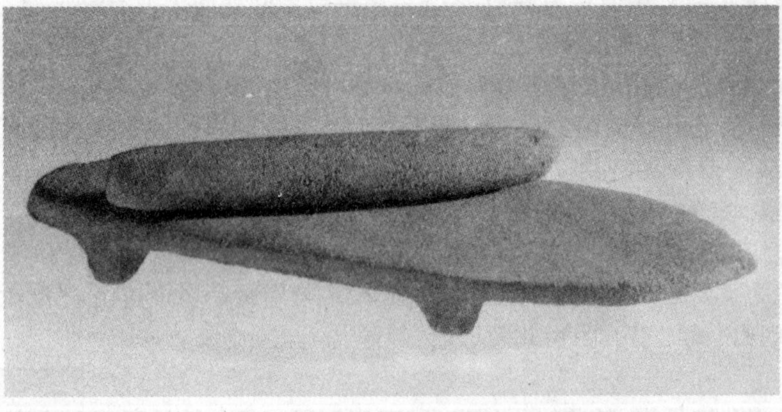

图 1－19　石磨盘、磨棒（河北武安磁山遗址出土）

不过，在新石器时代遗址中出土的一些石器上，还有打制的痕迹。或先打后磨，或打磨结合。对此应看到，先对石材进行粗加工，使之基本成型，能提高工具制作的速度。所以考察新石器时代的工具制作，不能只看到是否是磨制加工的，还应理解在石器时代，打制这种技术在工具制作时的特殊作用，即可以节省时间，减轻劳动强度。否则，一块天然石材完全凭磨制加工成型，十分费时费力。因此，绝不能简单地认为是落后，或进步慢，而同样是人类的一种创造。

新石器时代的生产工具，其种类和器型数量明显增多，呈现出规范化、定型化的特点。许多遗址中出土的同类型石器工具数量少则一两件，多则可达十余件。尽管同一类型的工具数量很多，但其器型和特征却基本一致。如石刀（图1－20）的形状和石刃的部位几乎没有什么差别。这说明人们在加工制作石器时，绝不是随意的，而是依据实际生产劳动的需要和具体使用的要求，确定的特定形状进行加工制作的。只有这样有明确目标和目的的加工制作，才会出现同类型工具在形状和功能上相同的现象。这也是磨制工具之所以

图1－20 石刀（河南孟津小浪底妯娌遗址出土）

具有定型化、规范化特点的主要原因。而且，工具制作出现定型化、规范化的特点，还说明人们在制作同一类的工具时，是采用了完全相同的制作程序和加工方法，即有了一套比较固定的加工制作程序和方法。这对于人们加工制作工具，无疑具有提高熟练程度，加快制作速度，提高工具制作的质量和成品率的作用。

一器专用，也是磨制石器工具的一个特点。即每一类工具都有专门的用途，这也预示着人类制作的生产工具开始朝着专用性的方向发展。不同的生产劳动，都有与之相配套使用的工具，这对于工具制作而言，更便于在加工制作过程中，突出和强化工具的特定功能及性能，使之更加实用，进而提高生产劳动的效率。

（三）原始种植业和饲养业的产生

1. 原始种植业和饲养业产生的背景与条件

磨制技术被用于制作工具后，极大地改进了工具的使用性能，进而提高了劳动的效率，原始人类在劳动中获得的各种食物数量亦随之增多。而当这些食物不仅能够满足人们生存的需要，并且还出现剩余时，人们便设法将剩余的食物暂时保存起来，以备食物短缺时再食用。为了使保存的植物种籽等食物不被其他动物食用，原始人类或堆放在洞穴中，或掩埋在坑穴里。但第二年春天，那些埋入土中的种籽又会发芽，长叶，直至结出新的籽粒。正是从这种自然现象中原始人类受到启发，开始有意识地将剩余的植物籽粒埋入土中，以使它再次结出新的果实，遂发明了原始的种植业。在考古中还发现磨制的石器工具中，镞的数量是比较多的。镞作为狩猎的重要工具，主要是装在竹或木制箭杆的前端，靠竹弓的韧性弹射出去。这种远射工具的发明，实际起到缩短人与野兽奔跑速度差距的作用，提高捕获猎物的几率。在原始人类捕获的野兽中，数量最大的是食草类动物。而当捕获食草动物数量增多出现剩余后，为了能留到食物匮乏时再食用，便将那些生擒的动物围圈起来，防止其逃脱。同时为了不使其饿死，人们尝试着喂养这些动物，从而又开始了原始的饲养业。这些被人为圈养的食草动物，从此也开始了人为驯化的过程。其野性在长期的一代代的圈养中逐渐退化，最终成为人工饲养的家畜。

大量的考古资料证明，由于我国境内的原始人类生活在温暖湿润的森林草原自然环境中，这种自然环境和条件更适于各种植物的生长，为原始人类提供了丰富的植物类食物。因此,原始人类受这种自然环境和条件的制约,从新石器时代开始便走上了以种植业为主,家畜饲养为辅的社会经济发展道路。所以,此后农业经济始终成为我国社会经济的基础。也就是说,我国的农耕文明距今至少有8000余年的历史。

在新石器时代早期的人类文化遗址中,就已经比较多地发现了与原始种植生产相关的磨制工具,如石铲、石镰,以及石磨盘、磨棒等。这些用于挖掘、收割和去除谷物外壳工具的出现,表明生活在这一时期的人类已经开始从事人工栽培、种植方面的活动。而在南方的玉蟾岩、仙人洞、吊桶环等遗址中,还发现了人工栽培稻遗存。由此可以断定,从距今12000年开始,我国境内的原始人类已在逐步尝试着人工栽培、种植作物。而这些最早被人类栽培、种植的作物,都来自自然界中生长的野生品种。

进入新石器时代中期以后,原始种植业和家畜饲养业便进入了较快的发展阶段。在这一时期的人类文化遗址中,与种植和饲养业相关的文化遗存,不仅数量显著增多,而且有了更多的实证。

1977年发现并发掘的裴李岗的遗址,以及裴李岗文化所涉及的其他遗址中,不仅均发现了与种植业及谷物加工相关的磨制石器工具,还有许多作物遗存。其中,在河南舞阳贾湖遗址中,发现了炭化稻标本千余粒。据专家鉴定,这些炭化稻既有野生稻,又有栽培稻。而在河南新郑沙窝李遗址中,还发现了一片比较密集的炭化籽粒,据分析,很可能是炭化的粟粒。表明在裴李岗文化所覆盖的区域内,这一时期人们已在比较普遍地从事水稻或粟的栽培、种植,而且有了初步的规模。

在磁山遗址中,已发掘的80余个长方形的土坑里,发现了大量的已经炭化的粮食遗存。这些土坑一般长1~1.5米,宽0.5~0.8米,深1~3米不等。坑内粮食堆积的厚度大部分在1米以上,其中最厚的达到2.9米。根据炭化灰象分析,这些粮食是粟。显然这些土坑,是磁山人用于贮存粮食的窖穴。在一处遗址中,就发现如此之多的贮粮窖穴,且每一个窖穴中又贮存数量颇多的粮食,足以说明当时磁山人从事的种植业生产,已具有一定的规模和水平。

在原始种植业产生和发展的同时,家畜饲养业也逐步兴起中。在新石器时代早期的遗址中,就发现了与之相关的文化遗存。在这些遗址中出土的动物遗骨,据分析推测,其中有些就是人工饲养的动物。如20世纪80年代中期在文物普查中发现的河北徐水南庄头遗址,出土了许多动物的遗骨,主要有马鹿、斑鹿、麋鹿、麝、狗、猪、狼、鸡、鹤等。其中,猪和狗的数量相对较多,这说明猪和狗很可能是人工饲养的。

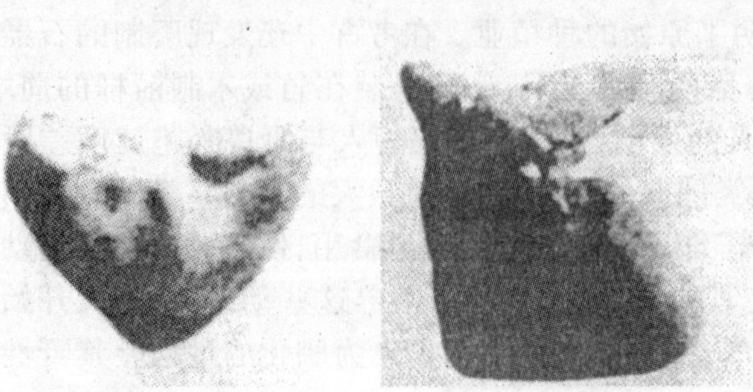

图1-21 陶塑猪头、羊头(河南新郑裴李岗遗址出土)

进入新石器时代中期以后,足以证明饲养动物已成为人们日常重要生产活动的文化遗存,不仅十分普遍,而且更加清楚。在裴李岗文化的许多遗址中,都发现了猪的遗骨。而在裴李岗和贾湖遗址中,还发现了羊的遗骨。更值得注意的是,在裴李岗遗址中,还出土了陶塑的猪头和羊头(图1-21)。这两件陶塑的猪头和羊头,虽然只是一个大概的轮廓，但仍可辨认。裴李岗人精心制作猪头和羊头形象的陶塑艺术品，说明他们对这种动物不仅十分熟悉，而且还蕴含着一种特殊的认识，表现出人们的一种意愿。这一现象足以证明，猪和羊已经成为裴李岗文化时期人们日常饲养的动物。

在磁山遗址中的一些灰坑里，也出土了猪、狗、牛、鸡等畜禽的遗骨，这些动物显然是磁山人饲养的动物。从动物的种类分析，磁山人比裴李岗人饲养的动物又增加了几种，而且还有禽类。

2. 原始种植业和家畜饲养业的演进

在新石器时代中期的其他许多遗址中，都发现了相类似的反映原始种植业、家畜饲养业逐渐兴起的文化遗存，而且，其中有些文化遗存还十分清晰地反映了种植业和家畜饲养业的演进过程。

1973 年，在浙江余姚河姆渡村发现了一处距今约 7000 年的新石器时代中期遗址（图 1－22）。遗址中出土了大量反映河姆渡人从事种植业、饲养业生产的文化遗存，曾引起中外学术界的普遍兴趣。遗址中不仅出土了大量的农具，还发现了丰富的稻作遗存和家畜遗骨。稻作遗存主要为稻谷、稻壳、稻秆和稻叶等的堆积物，一般厚达 20～50 厘米，最厚超过 1 米。其中一些稻谷在出土时，外表还曾保持金黄色（彩图 3）。其他绝大多数的稻谷则已经炭化，但许多谷壳和稻秆、

图 1－22　河姆渡遗址考古发掘现场

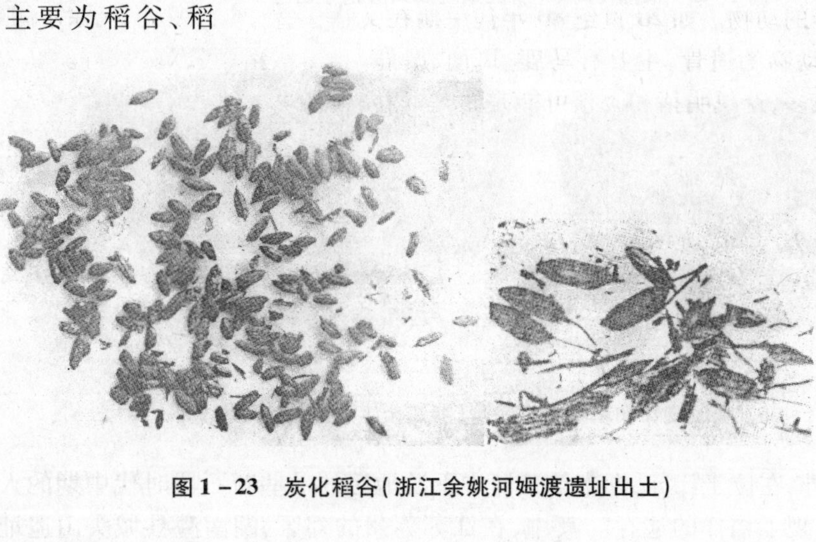

图 1－23　炭化稻谷（浙江余姚河姆渡遗址出土）

稻叶仍保持着原有的外形，甚至还能清楚地看到叶脉和根须，以及颖壳上的稃毛（图 1－23）。河姆渡遗址发现的稻作遗存，是迄今为止我国发现的最早且最丰富的人工栽培稻，也是世界上已知最早的稻作遗存之一。在河姆渡遗址中还出土了数量很多的猪、狗和水牛遗骨（图 1－24），说明河姆渡人主要饲养这 3 种家畜，并具有一定的规模。在遗址中虽未发现羊的遗骨，但却出土了一只陶塑羊。这只陶塑羊形象十分逼真，其造型与当地现生种的湖羊极为相似，这很可能也是河姆渡人饲养的家畜。更有趣的是遗址中还出土了一件陶塑小猪（图 1－25）和两件猪纹陶器（图 1－26），其中的一件猪纹陶盆上还刻有一束稻穗图案。在一件陶器上刻有两种劳动的成果，则清楚地表明在河姆渡人的经济生活中，种植业和家畜饲养业这两种生产劳动是占有同等的重要地位。同时还说明河姆渡人已将水稻的种植和家畜饲养联系在一起，认识到两者之间的相互关系。

图 1－24　水牛头骨（浙江余姚河姆渡遗址出土）

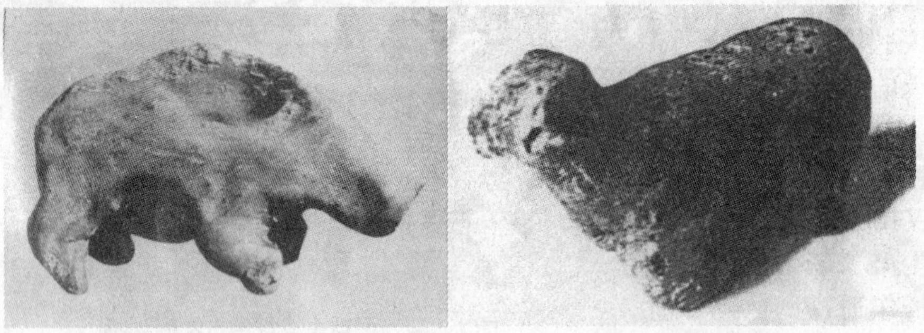

图 1－25　陶猪、陶羊（浙江余姚河姆渡遗址出土）

图 1－26　猪纹陶钵和稻穗猪纹陶盆（浙江余姚河姆渡遗址出土）

除河姆渡遗址外，在位于江苏、湖南等黄河中下游地区的一些新石器时代中期的人类文化遗址中，也都发现了稻作的遗存。其中，在江苏苏州的郊区、湖南澧县城头山遗址还分别发掘出一处距今约5000年的稻田遗址（图1－27）。由此亦充分证明，长江流域是我国水稻种植的一个重要起源地。从距今7000年起，水稻已成为生活在这一地区的人们所种植的主要作物品种。

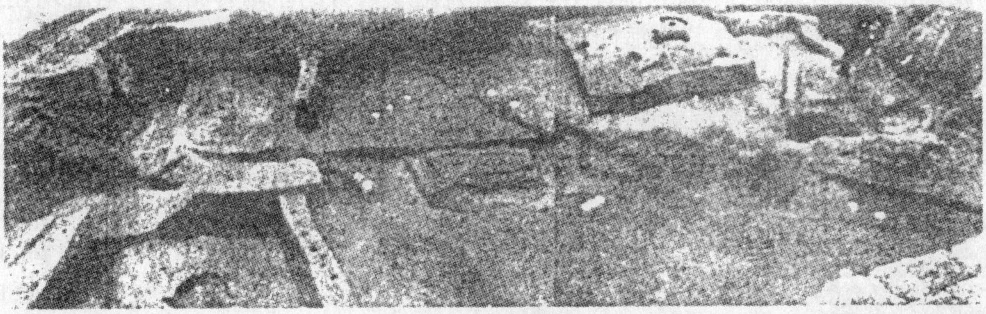

图1－27　古稻田遗迹（河南澧县城头山遗址出土）

不过，新石器时代中期的遗址所发现的水稻遗存，经鉴定，或为人工栽培的野生稻，或为经过长期人工栽培后的籼稻品种。野生稻与籼稻属同一科、目，都具有喜湿、热，生长期较短的特点，因此其米质较粗。但到了新石器时代晚期，在位于长江下游地区太湖流域的良渚文化、马家浜文化，位于长江中游地区的大溪文化、屈家岭文化等的一些遗址中，发现的水稻品种却是粳稻（图1－28）。

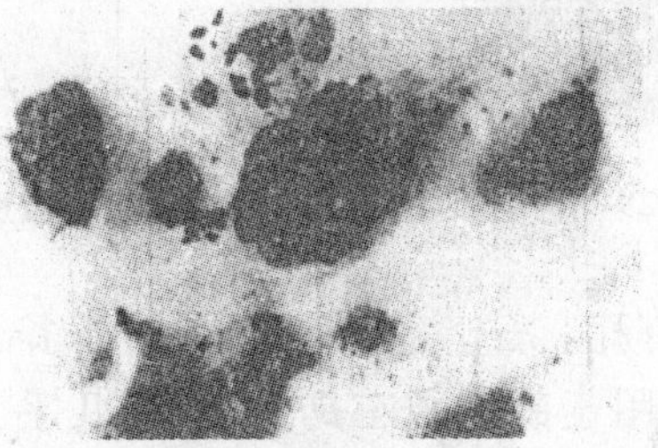

图1－28　粳稻凝块（江苏苏州草鞋山遗址出土）

粳稻较籼稻耐低温，因此生长期长，米质细腻。但在自然界中没有野生的粳稻，粳稻是野生稻及籼稻的变异品种。它的出现，是与人类的活动范围逐步扩大有直接的关系。自新石器时代进入农耕文明后，人们为了生存的需要，不断寻找新的居住地，以开垦更多的土地种植粮食作物。就在人们活动范围逐渐扩大的同时，水稻也从低洼、湿热的地区，移植到地势较高，温度较低、光照不十分充足的地区。自然环境和气候条件的改变，促使水稻的生长减缓，生长期延长，从而改变其原有的生长规律和特点，进而变异出一个新的品种。因此粳稻的产生，虽然是早期人类在无意识下的一项创造，但它却为后人选择和人为变异作物品种开创了先河，提供了有益的经验。

在河姆渡遗址中出土的陶塑小猪和刻画在陶器上的猪的形象，具有吻部较长，额部低平，以及脊背部鬃毛粗壮且长的明显特点，这是野猪所具有的外形特征。河姆渡人将野猪作为陶塑艺术品和刻画图案的形象，也是现实生活的真实写照。也就是说，河姆渡人饲养的猪，尚属于正在驯化中的野猪。在河姆渡遗址中出土的猪的遗骨，也证明了这一点。这些猪的遗骨共有两种：一种为野猪，一种为家猪。河姆渡人最初就是将捕获的野猪栏圈起来，进行人工饲养的。野猪在人工圈养的环境下，一代代地繁衍，其野性逐渐退化。由于活动的范围很小，不需要到处拱土觅食，其吻部及体型遂发生变化：吻部逐渐缩短，头颅渐宽,面额处出现了较深的凹陷。河姆渡遗址也发现了畜圈的遗迹。畜圈位于人们居住的房屋旁边,圆形,直径仅1米左右。畜圈是由直径2~3厘米,下端削尖后打入土中的小桩木紧凑地围筑而成。有的单独成圈,有的两圈交错。所有这些遗存和遗迹,清楚地说明了河姆渡人是如何将野猪、野水牛和野羊等逐渐驯化成家畜的。两种猪头骨均出现在同一个遗址中,表明河姆渡人在其生活的时代,已经完成了对野生动物的驯化,使之成为性情比较温顺的家畜。

3. 原始种植业和家畜饲养业的发展

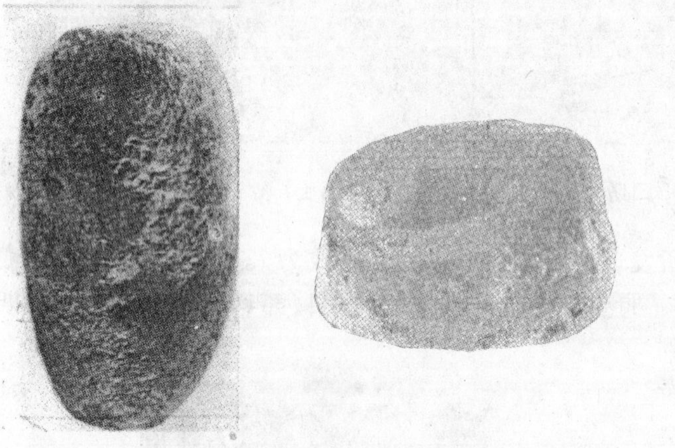

图1-29 磨制石器杵、臼(陕西西安半坡遗址出土)

在新石器时代晚期的人类文化遗址中,反映种植业和饲养业发展的文化遗存更加丰富,而且显著、突出。1963年,在陕西西安城东6公里的浐河东岸发现的半坡遗址,是仰韶文化比较典型的一处聚落遗址。遗址中出土的与种植业相关的工具多达735件,其中尤以石斧、石刀、石锛等生产工具最多,仅石斧的数量就近300件。石斧以通体厚重,截面为椭圆形者居多;少数凹腰带肩,扁平有孔。石锛也有70余件。石斧和石锛是用于砍伐的工具,其数量几乎占种植业工具总量的1/2。这一发现说明,生活在这里的人们曾大量地砍伐树木,开辟耕地。半坡遗址还出了石锄、石铲等用于翻土的工具,两侧带缺口的石刀、陶刀等用于收割的工具,以及石磨盘、磨棒和杵臼(图1-29)等粮食加工工具。这些不同用途的工具,比较清楚地揭示了当时的种植业生产劳动的全过程。砍伐工具在仰韶文化的庙底沟、西王村、姜寨、王湾等诸多遗址中,均有大量的发现。其中,仅庙底沟遗址中就出土了2000余件。表明在仰韶文化时期,开垦土地,种植粮食作物已成为一项重要的劳动,并且具有一定的规模。

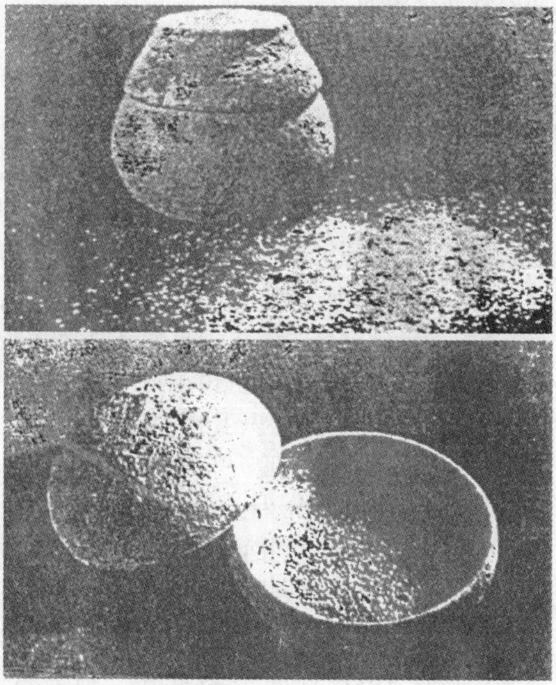

图1-30 贮存在陶罐中的粟(半坡、姜寨遗址出土)

在仰韶文化所覆盖的区域内,人们普遍种植耐旱、耐寒的粮食作物。半坡遗址出土的已经炭化的粟，有的贮放在瓮或罐中。在姜寨遗址中，也出土了贮存在陶罐中的粟(图1-30)。1978年发掘的甘肃秦安邵店村大地湾遗址，在一个窖穴的底部发现了少量的炭化黍。粟、黍的耐旱、耐寒、生长期短的生长习性，适于在我国北方黄土地区种植，而仰韶文化时期的人们也正是从自然界中发现了野生的粟、黍，开始人工栽培、种植的。除粮食遗存外，在仰韶文化的一些遗址中，还发现了蔬菜的种籽，如半坡遗址中就发现了贮存在小罐中的芥菜或白菜籽，大地湾遗址中则发现了油菜籽。这说明当时的人们不仅种植粮食，也开始种植蔬菜。

仰韶文化反映原始饲养业的文化遗存也比较丰富。许多遗址都出土了猪、羊、黄牛、鸡和狗的遗骨，个别遗址还有马、梅花鹿的遗骨。其中以猪的骨骼数量最多，表明它是当时人们饲养的主要家畜。人们驯化和饲养家畜的方法也是圈养。在半坡、姜寨等遗址中，都发现圈栏的遗存。半坡的牲畜圈栏有两处，均呈长方形，分别位于聚落内的两片居住区中(图1-31)。可见其家畜饲养也有了一定的规模。

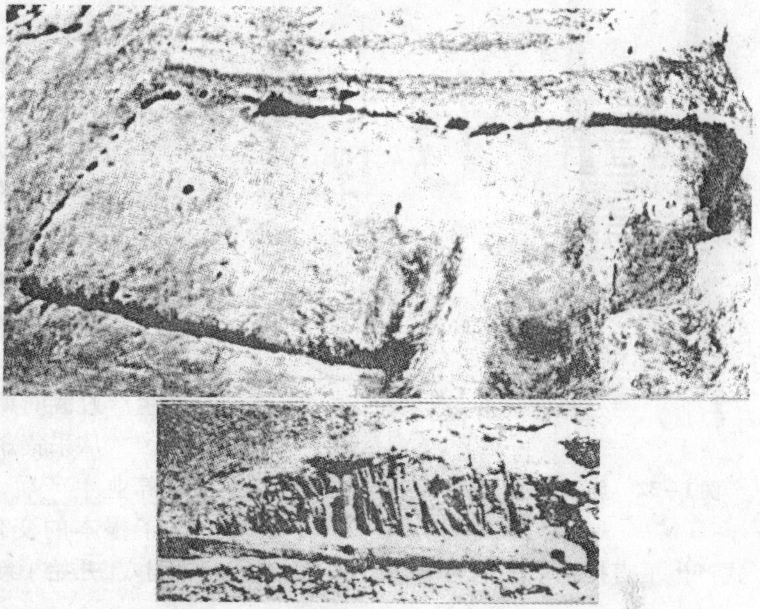

图1-31 圈栏遗迹(下图，圈栏栏杆遗存。陕西西安半坡遗址出土)

蔬菜的种植，既扩大了原始种植业的范围，同时又与家畜饲养一起，起到丰富人们的生活，改变原来的比较单调的食物结构的作用。更重要的是，在当时极低下的种植业水平下，蔬菜种植和家畜饲养还起有弥补粮食不足，暂时充饥的作用。所以，从新石器时代开始，原始种植业就包括粮食、蔬菜及果木种植几项内容。同时，人们还精心饲养家畜、家禽。这也是原始人类在各种多变的自然环境和条件下，为了生存而探索出的一条有效之途。也正因如此，粮食是维系人们生存的主要食物，所以在后来的历史中，人们便形成了“民以食为天”的观念和认识。社会也由此形成了视粮食种植为主业、本业、正业的共识，粮食种植也因此成为社会生产的一个重要部类，而称之为“农业”。中国古代的农业，实际是一个狭义的概念，即专指粮食种植，所谓的“国以农为本”，亦是此意，于是，农业生产便有了“主业”之称，其产品，即粮食便被称为“主食”。而蔬菜、果木栽培、种植(中国古代称之为“园艺”)，与家畜饲养共同作为主业生产的补充，属辅助性劳动，因此又被称为“副业”，其产品均被冠以“副食”之称。这些对种植业、饲养业特有的认识，一直沿袭至今。

在我国各地的新石器时代遗址中发现的粟、黍和稻等粮食作物，是生长习性完全不同的两类作物，它们分别出现在我国的黄河流域和长江流域同期的遗址中，形成北粟（黍）南稻的农作物基本分布格局。这种作物的分布格局，也充分说明生活在不同自然环境中的人们已在生产实践活动中，逐步掌握了农作物的生长习性和规律，并摸索出一套相适应的栽培技术和方法，从而使种植业走上持续发展的道路，最终演进为农业生产。

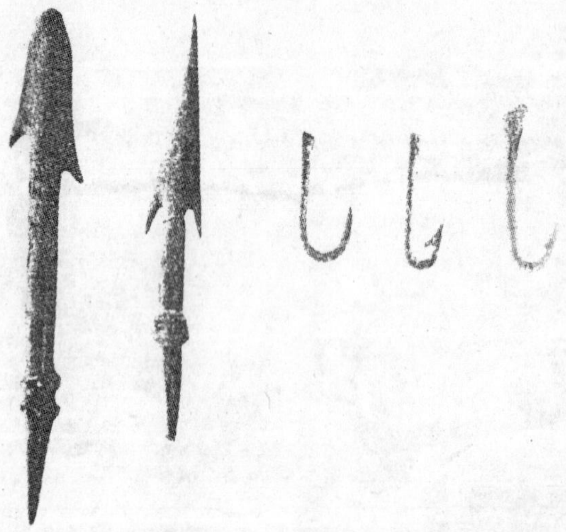

图 1－32　鱼叉、鱼钩（陕西西安半坡遗址出土）

不过，在我国新石器时代早中期的人类文化遗址中，还发现了数量较多的石或骨、角质的镞、带倒刺的鱼钩、鱼镖（图 1－32）等渔猎工具，并出土了数量较多的野猪、獐、貉、獾、鹿、貂等动物的遗骨。此外，还有榛子、野核桃、酸枣、莲籽等已经炭化的果实。这些发现又反映了在进入新石器时代以后，人们所从事的生产劳动情况：即以从事种植业和家畜饲养业生产为主，辅以采集、狩猎劳动。这也是从采集、狩猎劳动向农业、饲养业生产过渡时期所具有的特征。

从采集、狩猎劳动过渡到种植业、饲养业生产后，人类的经济活动方式发生了根本的变化，因此也对人类的生活方式产生了直接且重大的影响，促使人类走出天然洞穴，开始了新的定居生活。

四、定居生活的开始

（一）血缘纽带关系的形成

原始种植业、家畜饲养业产生以后，人们因为有比较充足、稳定的食物来源，就不再需要此前那种到处觅食、不断迁徙的生活方式，而能够较长期地生活在一个地方。所以原始种植业和家畜饲养业的产生，是人类进入定居生活的前提和条件。

1. 定居点的选择

由于定居生活是与种植业生产紧密相联的，所以定居点的选择，既要适宜农业生产，又要具备必要的生活条件。从新石器时代早期人类居住遗址分析，这已成为那时人们的一种共识，如北方地区的人类居住遗址多位于离河不远的平地上。到新石器时代中期，人们选择的定居点多在临河且向阳的高地上，如裴李岗文化的几个遗址均是如此。裴李岗遗址位于双洎河湾中部的岗地上，高出岗地地表 3～4 米，高出河床约 25 米（图 1－33）。位于新郑北约 35 公里的沙窝李遗址，处于十八里河的转弯处，高出河床约 20 米。位于河南密县约 8 公里的莪沟遗址，地处绥水和洧水交汇的三角地带，高出洧水河床约 70 米。位于河南郑县东北16公里的水泉遗址，地处兰河南岸的高台地上，高出河床约40米。又如位于河北武安西南南洛河旁阶地上的磁山遗址，高出河床25米。

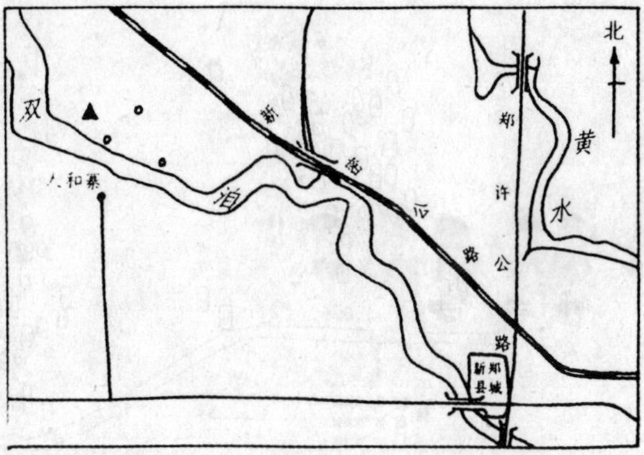

图1－33　裴李岗遗址位置示意图

人们临水而居，就在于靠近水源，便于解决人、畜的饮水问题，而水中的鱼、龟鳖及蚌类，也是人们的食物来源之一。人们选择河谷旁的高地定居，还在于避免因洪水泛滥、河水暴涨而造成的灾害。这一现象还说明原始人类在选择自己的居住地时，已经能比较全面地考虑自然环境对自己生活的影响，并产生了防范自然灾害的意识。既较充分地利用现有自然条件，又有意识地采取防范自然侵害的措施。所以，居住地的选择，也是人类进化到成熟阶段的一个标志。

2. 血亲观念意识的产生

原始人类选择适宜居住的地点后，又采用不同于穴居时代的组合方式，开始了新的群体定居生活。这种群体组合方式的改变，则源于血亲观念和意识的产生。

进入新石器时代以后，早期的文化遗址由于种种原因，出土的文物资料多以生产工具为主，涉及生活的实物资料则极少见，因此很难揭示这一时期聚落内部血缘家族的内部结构和组织情况。但在新石器时代中期的人类文化遗址中，反映血亲观念、意识和血缘家族群体生活的文化遗存，数量明显增多，且十分清楚。

在裴李岗文化的几个遗址中，都发现了人类居住的聚落遗址和墓地，说明这些聚落都曾有一个群体在这里长期居住生活。墓地的位置一般都在居住区外，具有公共的性质，即埋葬的死者曾是聚落群体中的成员。裴李岗文化中的墓葬，是我国目前在新石器时代考古中，所发现的年代最早、数量最多的墓葬。这批墓葬的资料保存比较完整，既有固定的墓地，又有比较规范的葬式、葬俗，说明当时的人们对聚落成员的去世，已经形成一套埋葬的习俗和具体的方式，似乎已成为一种特定的制度。

裴李岗文化中的墓葬均为土坑墓。墓地或大或小，少则数十座，多则数百座。每个墓地内，按墓穴的位置还有墓群之分（图1－34）。大部分遗址墓地的所有墓坑方向与死者的头向有一定的规律。如裴李岗和沙窝李遗址墓地的墓坑方向均为南北向，死者的头则均向南。将墓坑及安葬死者选择一个特定的方向，或许与当时人们的某种信仰有关，或许是当时人们的一种祝愿，但都是人们一种主观意识的反映。此外，在这些墓葬中，普遍都有随葬品。随葬的物品包括生产工具和生活用具，有的还随葬装饰品，以及骨笛、龟甲等。从这些葬式、葬俗中，可以清楚地看出在世者与死者之间，存在着一种特殊的感情，是一种特殊的关系。

不仅如此，裴李岗文化各个遗址的墓地均位于居住区的旁边，是聚落的公共墓地。聚落成员亡故后，均入葬其中。这种现象和做法，亦折射出当时的人们所有的观念和意识。

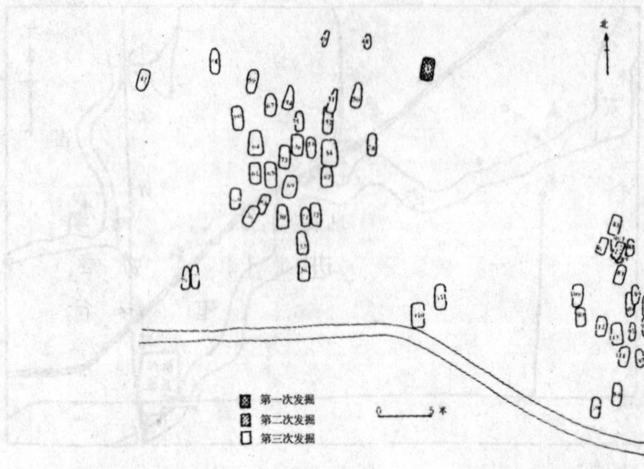

图 1－34　裴李岗遗址墓地平面图

即作为聚落群体的每一个成员，生前生活在一起，死后也应该在一起，彼此不分离。人们采用将亡故的聚落成员全部安葬在一个墓地中的做法，还表明一个聚落内部所有的成员之间存在着一种共同的利益关系。而在当时能够形成某种共同的利益关系，则源于所有的聚落成员均出自于同一个始祖。作为同一个始祖的后代，他们之间有着共同的血缘关系。这种以血亲意识为纽带的血缘关系，正是维系一个聚落群体的纽带。正是在血亲意识的作用下，为了共同的利益，同一种血缘的人们便长期居住在一地，建立了以血缘家庭为基础的聚落。所以，在原始社会时期出现的聚落，也就是血缘家族。

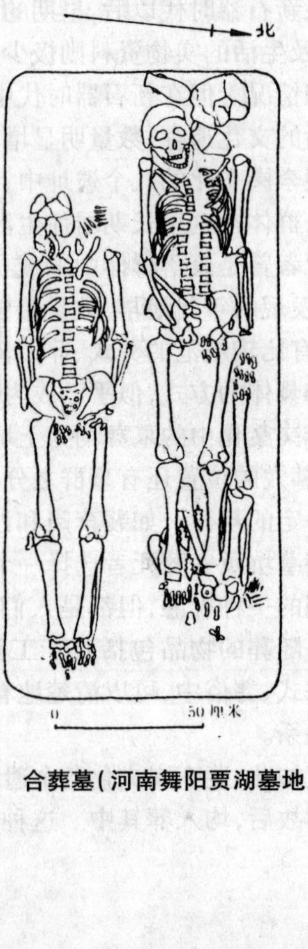

图 1－35　合葬墓（河南舞阳贾湖墓地 M353）

在裴李岗文化各遗址的墓地中，存在的墓群之间区分的现象，则表明在同一个始祖血缘的后代成员中，又出现了以其中几个成员的血缘为纽带，并与自己的后代在聚落内部组成新的支系血缘家族。但这种支系血缘家族是隶属于聚落的大血缘家族，是作为它的一个个分支，所以，在墓地上便出现划分墓区的现象。不过，尽管在一个大血缘家族内部出现后代的支系血缘家族，但在同一个始祖的支系血缘之间仍存在着共同的利益，所以它的出现并没有破坏聚落的整体。各个分支墓区均在一个公共墓地中，即说明了这一点。

3. 母系血缘关系的实证

裴李岗文化各遗址的墓地和葬式、葬俗，

还揭示了作为维系一个家族整体性的血缘纽带。在各个遗址的墓地中,有单人墓和合葬墓两种,葬式又有一次葬和二次葬之分。合葬墓的情况比较复杂,有同性、异性两类合葬墓,每个墓穴中的死者数量和年龄也有差别。其中,贾湖遗址墓地的 M353 是一座一次葬的 3 人合葬墓。人骨保存完好,均为仰身直肢葬。据对人骨的鉴定,其中一人为 50 岁以上的老年女性,一人为成年男性,一人为 10 ~ 12 岁的少年(图 1 - 35)。M277 是一座 4 人合葬墓,据鉴定为三男一女,男性都是成年人,均为二次葬;女性也是成年人,为一次葬。

一次葬,是指人死后,即被埋葬在墓穴中,此后再未对遗骸进行迁移。二次葬,则是人死后,先埋葬在一个墓穴中,但此后又被迁移到其他墓穴中。因此二次葬的骨骼往往不完整,甚至出现凌乱、错置、缺失的现象。从裴李岗文化贾湖遗址墓地发现的这几座墓葬的葬式情况分析,一次葬的都是成年,甚至老年的女性,而男性或年龄稍小的女性,以及少年、儿童则多为二次葬。这一现象说明,进入新石器时代以后,逐渐形成了以母系血缘为纽带的血缘家族。在这个家族的内部,是由同一始祖的后代女性与其子女组成的家庭。在每个家庭中,都以一位年龄最长的女性为核心,所以在墓葬中便出现了这位女性死后的一次葬现象。而家庭中的其他成员若早于这位女性故去,则在这位女性死后入葬时,再将他们的遗骸取出迁入其墓穴中,所以便出现了二次葬。如果是这位女性早于其子女故去,待其子女死后亦葬入她的墓穴中,于是又出现子女亦为一次葬的现象。由此可以看出,葬俗、葬式实际正反映了当时的人们所具有的特定观念,也反映了当时的社会组织及生活。

在裴李岗文化中见到的这种葬俗、葬式,以及所反映出的人们特定的观念和意识,在仰韶文化及同期的聚落遗址墓葬中,就表现得更加普遍和鲜明。如史家遗址和姜寨遗址二期墓地等,都比较普遍地发现了双人或多人二次葬的现象。仰韶文化妯娌遗址发现的一座合葬墓,就十分清楚地反映了母系血缘家庭的结合情况(图 1 - 36)。这座墓共葬有 4 人,其中右二是一位女性,其遗骨完整,未被移动过。而右一为一位成年男性,右三、四为两位少年,这三位的遗骨均不完整,且有的还很凌乱,显然是被移动过的。

图 1 - 36　合葬墓(河南孟津小浪底妯娌遗址出土)

联系聚落的布局和公共墓地的格局,这种葬式和葬俗,显然突出了女性在家族及家庭生活中的核心地位,带有明显的母系氏族特征。处于核心地位的女性,生前是与她的子女在一个家族或家庭中生活,死后也葬在一起。所以二次异性合葬墓的出现,正反映出在母系氏族社会时期,母系血缘在维系家庭、家族整体性方面,确实起着极其重要的作用。

4. 对女姓崇拜的内涵

新石器时代的人们，不仅通过聚落的居住格局、公共墓地及葬式、葬俗，表现出母系血缘的纽带作用，在他们日常生活中，则更加鲜明地表现出对女性的崇拜。1978 年至 1984 年发掘的仰韶文化大地湾遗址，位于甘肃秦安东北葫芦河支流五营河与阎家沟交汇处。在遗址中出土了一件人头形器口彩陶器，这件制作十分精美的彩陶瓶，瓶口制成了一个人头的形象（彩图 4）。这个人头的相貌很有特色，五官在脸部的位置比较准确，大眼，小嘴，隆起的鼻子，显得十分清秀。可以清楚地看出，这是一位年轻女性的形象。更有趣的是，这件彩陶瓶巧妙地借用瓶腹外凸的造型，十分形象地刻画了一位怀孕的女性，不失为一件颇具创意的艺术品。人们采用怀孕的女性形象，精心制作成日常使用的器物，很显然是是具有特定用意的。这其中既表现了对女性的崇拜，也寓含了人们对生育的企盼。即寄希望于女性的生育，以使自己的家族或家庭人丁兴旺，更加强盛。在生产力十分低下的原始社会时期，人们的生存和发展主要依靠自身的力量，因此人口的数量在很大程度上决定着血缘家族的盛衰。所以对女性的崇拜，自然也蕴含着看对生殖的崇拜。

图 1－37　人形彩陶壶
（青海乐都柳湾遗址出土）

生活在新石器时代的人们，已经较普遍地形成了生殖观点的观念和意识，因此在他们的文化遗存中，较多地发现了反映对女性及生殖崇拜的现象。1974 年至 1978 年发掘的马家窑文化柳湾墓地，位于青海乐都城东的柳湾村北。马家窑文化是黄河上游地区的一种新石器时代晚期文化，它是承袭仰韶文化发展而成的。在柳湾墓地的墓葬中出土的一件彩绘陶壶的壶体上，采用贴塑的方法刻画了一个裸体的人像（图 1－37）。人头塑在壶的颈部，五官齐全。身躯主要位于壶的上部，有双臂，双腿。双手刻画得比较细致，五指清晰可辨。尤其是在躯体上堆塑出双乳，乳头还点描成黑色。此外在双腿之间还采用夸张的手法，刻画了女性的外生殖器官。这件彩陶壶器身上的人物形象，无疑是女性，而且更鲜明地表现了人们对生殖的崇拜。

图 1－38　仰韶文化彩陶盆

在仰韶文化的诸多遗址中，还较普遍地发现了绘有鱼、人面和鱼、蛙等图案花纹的盆、壶、罐等陶器（图 1－

38)。生活在仰韶文化时期的人们,在制作日常生活所用的陶器时,常采用夸张的手法,在器物的外部和器内的底部,绘制成植物、动物等图像或图案,这与他们的生产劳动和生活是有必然的联系的。但人面鱼纹、鱼纹、蛙纹图像、图案的数量相对其他题材的纹饰,数量是比较多的,这不能简单地认为是与仰韶文化时期的人们从事渔猎活动有关。因为在他们制作的陶器上,反映种植业和家畜饲养业生产的题材,即粟、黍和牛、羊等形象图案、花纹,数量极少。人们不将自己最熟悉的,且与自己生存关系最为密切的作物和家畜作为彩绘的题材,却选择生活在水中的鱼、蛙作为图案花纹绘制在器物上。而同样生活在水中的龟、鳖及蚌类动物,却不作为彩绘的图案,这其中必定是代表了人们的一种特殊认识。在自然界中,鱼、蛙的繁殖能力是很强的,每次交尾后,都能孵化或产出成百上千尾幼苗。人们将这两种动物绘制在自己日常使用的器物上,无疑具有企盼繁育更多后代的寓意,希望能像鱼、蛙那样多生多育,其实质还是生殖崇拜。

正是由于血亲意识的产生,进而演进为母系血缘家族,所以在人们定居以后,便出现了以血缘家族为基础的聚落。

(二)聚落,先民们的居住地

进入新石器时代,随着血亲观念和意识的产生,定居生活的群体组合遂建立在血缘家族的基础上。这种具有牢固血缘关系的群体组合,是以聚落的形式出现的。人类社会由此进入一个新的历史阶段,即氏族社会时期。因为血缘家族的最初形成 ,是以母系血缘为纽带的,故称母系氏族社会。在我国境内,已发现的母系氏族聚落遗址分布范围极广,数量众多,可喻为“星罗棋布”。

1. 聚落的基本布局

1921 年,由当时的中国地质调查所顾问、瑞典地质学家安特生于河南渑池仰韶村发现了一处新石器时代晚期的聚落遗址,即仰韶村遗址。后又陆续在河南、甘肃、青海等省及山西省南部的地区,发现了多处与仰韶村聚落遗址有相同或相似文化遗存、特征的聚落遗址,由此产生了中国考古学史上第一个考古学文化名称,即“仰韶文化”。仰韶文化时期,人们的定居生活已十分稳定,因此聚落的面积都比较大。如安特生勘查的仰韶村聚落遗址,位于渑池县城北 7.5 公里的饮牛河西岸高地上,其范围南北 960 米,东西 480 米。在遗址内开挖的探沟深 3.2 米,均为文化层,有当时的人们遗留的器物等遗存,说明人们曾长期居住在这里。仰韶文化处于成熟的母系氏族社会时期,其聚落遗址较全面地反映了母系血缘家族内部的组织、结构和生活的情况。

半坡遗址是仰韶文化时期很有代表性的一处聚落遗址。遗址的平面呈不规则的圆形,南北稍长,东西较窄,南北最长处约 300 米,东西最宽处近 200 米,面积约 5 万平方米。1954 年~1957 年,对半坡遗址共进行 5 次发掘,揭露了其中的 1 万平方米。遗址由居住区、制作陶器的窑场,以及公共墓地三部分组成(图 1-39)。聚落居住区位于遗址的中心,占地约 3 万平方米。在居住区的四周,环绕着一条人工开挖的大壕沟。壕沟宽 6~8 米,深 5~6米,对聚落起着很好的防护作用。在居住区内,还有一条宽约 2 米,深 1.5 米的小沟,将其分为两片。这两片居住区很可能分别属于同一个血缘家族内部分成的两个群体。这与裴李岗遗址公共墓地中存在几个小墓区的现象一样,也是随着血缘家族的发展,人口的增多，在其内部由同一始祖的后代按照自己的血缘关系，形成一种新的组合。不过，它依然是以血缘家族的大组合为前提的，所以半坡聚落仍具有整体性的特点。围绕居住区的大壕沟，防护的正是血缘家族的全体成员。

在半坡聚落居住区内，已发现保存较好的房屋基址46座，基址有圆形和方形两种，面积一般有20平方米，最大的为160平方米，最小的只有10平方米。最大的两所房屋分别建于两片居住区内，在其周围则布列着面积大小不等的房屋。从房屋面积的大小和位置、布局分析，这两所房屋不仅面积最大，而且还处于一种核心地位，因此它很可能是血缘家族首领的住所，同时也兼做家族成员聚会的场所。半坡聚落居住区内房屋建筑的布列格局，实际也正是母系血缘家族内部组织、结构的一种表现。围绕着血缘家族首领居住的大房屋布列其他成员的房屋，既显示了这位首领在家族中的核心地位，还表现出家族成员向心、内聚的含义，表明在同一种血缘关系的作用下，家族成员之间是具有很强的凝聚力的。

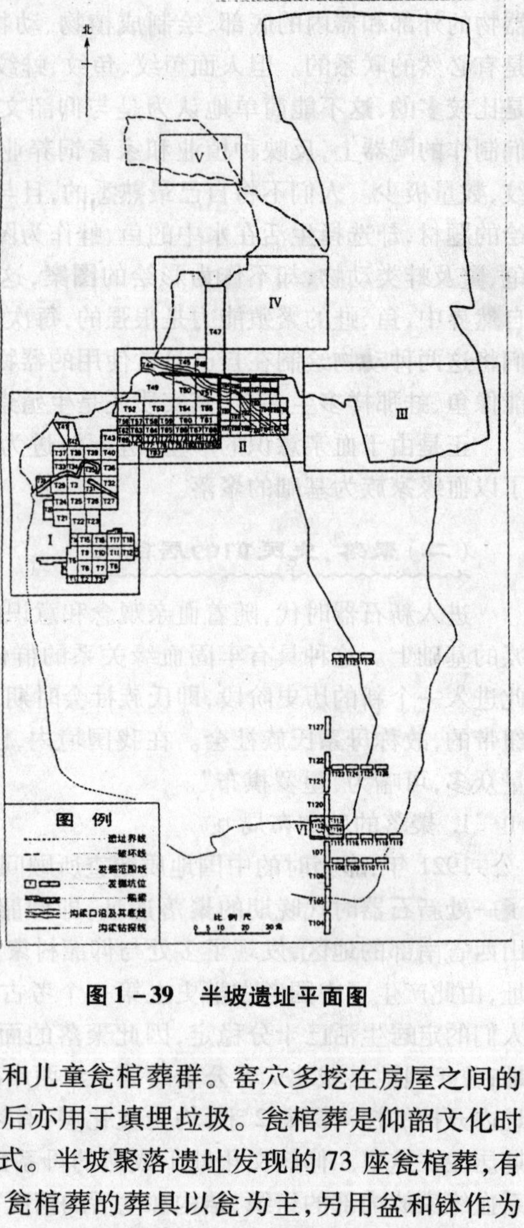

图1-39 半坡遗址平面图

在半坡聚落居住区内，除房屋建筑基址外，还发现了200多个窑穴、两处牲畜圈栏和儿童瓮棺葬群。窑穴多挖在房屋之间的空地上，主要用于贮存粮食及什物用品等，废弃后亦用于填埋垃圾。瓮棺葬是仰韶文化时期普遍流行的一种专用于埋葬儿童的葬俗、葬式。半坡聚落遗址发现的73座瓮棺葬，有63座分布在居住区的房屋附近，且集中埋葬。瓮棺葬的葬具以瓮为主，另用盆和钵作为盖，倒扣在瓮口上。盆或钵的底部多有一个小孔，小孔上还盖一块小陶片（图1-40）。这种葬俗、葬式，应与当时人们的某种信仰有关。于瓮盖上留下一个小孔，可能是供所谓出的灵魂出入之用。而将死去的儿童葬在房屋附近，则说明人们对于不幸早夭的孩子是怀有较深的惋惜、思念之情。

在半坡聚落居住区的东侧壕沟外面，是当时制作陶器的窑场。在窑场遗址上，共发现了6座横穴或竖穴式陶窑。这处窑场也为聚落共有，主要是制作和烧制人们日常使用的各种器物。在居住区北边的壕沟外，是氏族的公共墓地。墓葬中随葬的物品，有工具、生活用具和装饰品等。数量多少不一，一般多为5～6件，主要为实用陶器。综合这些现象

图 1－40　瓮棺葬(陕西西安半坡遗址出土)

分析,在半坡聚落中生活的成员,在生活中已存在着支系血缘家庭或家族的区分。但作为一个血缘家族整体,其成员之间共同拥有家族的财富,处于一种基本平等的地位。

半坡聚落遗址的这些考古及文物资料充分说明,聚落的出现,是以定居生活和血亲观念、意识为基础的。聚落的首领,即血缘家族的首领,以其血缘关系作为纽带,将同属这个血缘的所有成员维系在一起,组成一个以她为核心的,具有很强向心力和凝聚力的大群体。

2. 聚落布局的特点

仰韶文化姜寨遗址,位于陕西临潼城北约 1 公里处,地处河东岸的台地上,面积约 5.5 万平方米。自 1972 年至 1979 年,考古工作者对这处遗址进行了 11 次大规模的发掘,共揭露面积 1.7 万余平方米。姜寨遗址共发现 5 个不同时期的文化遗存。其中,第一至第四期分属于仰韶文化的四个类型,即半坡类型、史家类型、庙底沟类型、半坡晚期或西王村类型。这处聚落遗址的总体布局也分为居住区、制陶窑场和公共墓地三部分,但在具体的房屋建筑格局上,与半坡遗址有明显的不同之处。姜寨遗址的第一期文化遗存,其聚落的居住区,西南紧靠临河,并将它作为一道天然的屏障。在居住区的北、东、西三面,则环绕有一条人工挖凿的壕沟,两端与临河相通。沟的宽、深,均为 2 米。围护起来的居住区平面轮廓略呈椭圆形,面积约 1.8 万平方米(图 1－41)。据对残存的遗迹分析,当时在壕沟的内侧,还建有篱笆或栅栏,构成第二道防御性屏障。同时,这条壕沟还起着

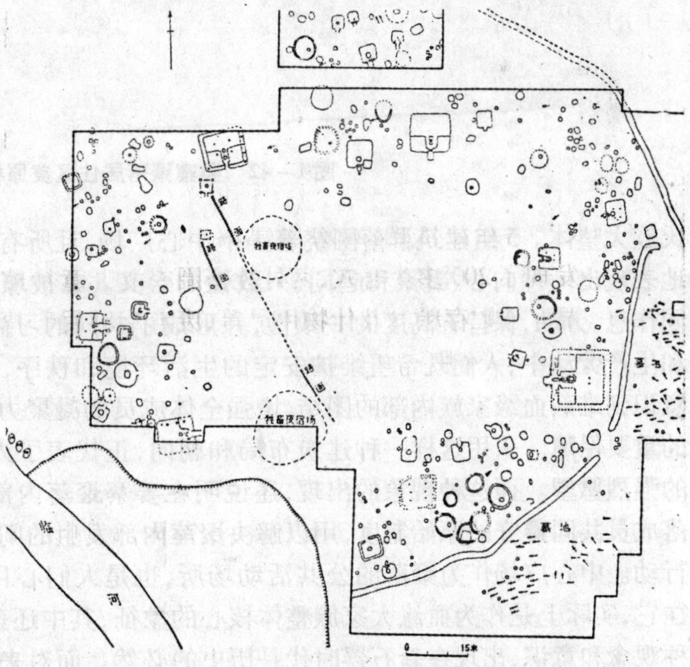

图 1－41　姜寨遗址平面图

排水的作用。在聚落东部的壕沟上，留有两条通道，为生活区的出入口。在通道上各建有一座房屋，应是有人在此守护。

在姜寨遗址的第一期文化遗存中，发现居住区内的房屋基址120座，分大、中、小三种，平面形状有方形、圆形、椭圆形及不规则形。这120座房屋在平面布局上，是围绕着一个中心广场建造的，且明显地按东、南、西、西北、北五个方位，分成5组建筑群落。其中，东部35座，南部38座，西部16座，西北部11座，北部20座。① 每组房屋的面积都有大、中、小之分，其中尤以小型的房屋的数量居多，大型房屋只有1座。每组建筑群落在布局上，均以大型房屋为主体，中、小型房屋则环绕其周围而建。而5组建筑群落围绕中心，也是聚落居住区的中心，是一个4000平方米面积的大型空场，略呈圆形，地势稍低。更值得注意的是，这5组围绕中心广场布列的建筑群落，不管在什么方位，所有房屋的门均朝向广场（图1－42）。这一现象表明，姜寨聚落是由5个出自同一血缘的支系家族组成的一个

图1－42 姜寨聚落居住区复原模型

氏族大整体。5组建筑群落围绕着一个中心广场，且所有的房屋门都朝向它，又十分鲜明地表现出一种向心、凝聚和趋同、一致性的含义。在被壕沟围护起来的聚落内部，人们共同作息、劳动，保持着高度的一致性，并形成了共同的习尚。正是在长期朝夕相处的生活和生产劳动中，人们既希望维护安定的生活环境和秩序，以保证生产的正常进行，同时也意识到维系血缘家族内部的团结，增强全体成员的凝聚力，更是自己家族长期生存和发展的重要保障。采用这样一种建筑布局和朝向，正代表了人们维护血缘家族整体性和团结的强烈愿望。而这种现象的出现，还说明在姜寨聚落内部可能已经产生了一些为所有聚落成员共同遵守的原始制度，用以解决聚落内部发生的问题，协调每位成员之间的关系和行动。中心广场作为聚落的公共活动场所，也是人们心目中的一个神圣的地方。人们向往它，实际上是作为血缘大家族整体核心的象征，其中还蕴含着对大家族首领的崇敬。这种观念和意识，出现在新石器时代是历史的必然。面对来自自然界的各种危害，人们更需

① 西部因未全部发掘，北部和西北部现被当地村民住房所压，故发现的房屋基址较少。

要群体的合力，齐心协力与自然抗争，因此人们便通过各种方式来维护自己家族的整体性，增强向心力，凝聚起更强大的力量。

与姜寨聚落遗址居住区相同的布局，在仰韶文化时期其他的一些聚落遗址中也有发现，如北首岭遗址和大地湾遗址。北首岭遗址位于陕西宝鸡市区金陵河西岸，面积约6万平方米。其文化堆积可分为三期，其中晚期遗存保存较好，所处年代为公元前4080年~公元前3790年。在北首岭聚落居住区的中心，有一个南北长100米，东西宽60米左右的广场。广场的北、西和东南三面，分别有一组房屋建筑群落。这三组建筑群落中的房屋，其门也大多朝向广场。在北首岭聚落居住区中心广场上铺垫的土，是经过加工的，有些地方还被火烘烤过，并发现大量焚烧过的动物骨骼。这一发现说明，居住区中心广场不仅是北首岭聚落家族举行的一般性活动的场所，还在此举行了一些祭祀活动。出现在新石器时代的祭祀活动，虽然很原始，但人们通过这种活动既为祈求神灵的保佑，更具有借助神灵的威力来协调家族内部的各种关系和矛盾，统一人们的行动，增进整体团结的目的。

（三） 聚落的建筑

聚落的建立，从根本上改变了原始人类的生活习性。走出世代居住的洞穴，来到毗临河岸的平地后，人们便开始了一种新的居住方式。

新石器时代的考古发现证明，早期人类定居后的房屋建筑，与文献资料中提到的“营窟”、“橧巢”，确有一定的渊源关系。正是在此基础上，因南北的自然环境和气候条件的差异，早期人类便沿袭了不同的栖身方式，创造和发明了横穴式、竖穴式、半地穴式、地面式和干栏式等不同形制的房屋建筑，为自己的定居营造了一个基本的生活条件。

1. 横穴式建筑

北方的黄河流域地区，常年气候比较干燥，降水量主要集中在夏季，冬季比较寒冷。这里的地表多覆盖极厚的黄土层，因而这一地区早期人类建造的房屋，多为横穴式或竖穴式建筑。在黄土高原，由于长期的雨水冲刷，而形成了许多很深的沟壑和阶地断崖。生活在这里的早期人类便在黄土阶地的断崖壁上，仿穴居的方式掏挖出洞窟。因为这种洞窟是与地面平行，自洞口至窟内壁的纵剖面呈横向，故称横穴式建筑。由于这种建筑是从外向内水平方向掏挖的，没有破坏黄土堆积、沉淀而形成的自然结构，因此居室比较坚固，还有较好的保温性能（图1-43）。而且这种横穴式建筑不需要复杂的建造技术，也没有屋顶、墙壁之类的木制结构，即使是“门”，也可以用树枝和草简单捆绑后就能堵住洞口，遮挡风寒，所以建造起来比较容易。因此，从山洞里走向平原地区的早期人类，便采用了这种方法建造自己的房屋。目前已发现的横穴式居室，是山西石楼县境内的岔沟遗址。岔沟遗址的横穴式居室平面呈方圆形，入口较小，室内中央建有

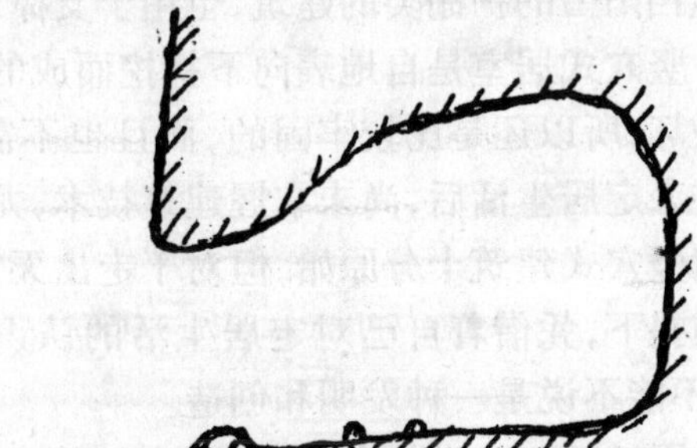

图1-43 横穴式建筑剖面示意图

火塘。

正是由于横穴式居室是在黄土断崖壁上向纵深掏挖，既无需复杂的技术，又比较容易，且具有坚固、保温、冬暖夏凉的优点，所以一直成为黄土高原地区居室建筑的基本形式，后世的窑洞即是在此基础上发展、演进而成的。

2. 竖穴或建筑

早期人类在选择定居地方时，因考虑既要方便用水，又要有利于种植业生产，故更多地定居在平地或坡地上。但这里没有黄土阶地断崖，于是他们便建造了竖穴式居室。所谓竖穴，即从地表向下挖一个口小膛大的穴坑。这种竖穴式居室的剖面呈袋状，故称袋穴或袋形穴（图1－44）。在仰韶文化的许多遗址中，都有袋穴的发现。这种竖穴式居室口小底大，口部或方或圆，穴壁平整。有的居室穴壁上修理出台阶，供上下出入之用。个别居室穴壁上的台阶，是沿周壁盘旋而筑的，设计得十分巧妙。在姜寨聚落居住区内，就发现了一二十个不同形状各异的筑有台阶的竖穴式居室。半坡聚落的一个竖穴居室的东北向穴壁上，还掏有小龛，内置2个带盖的陶罐。

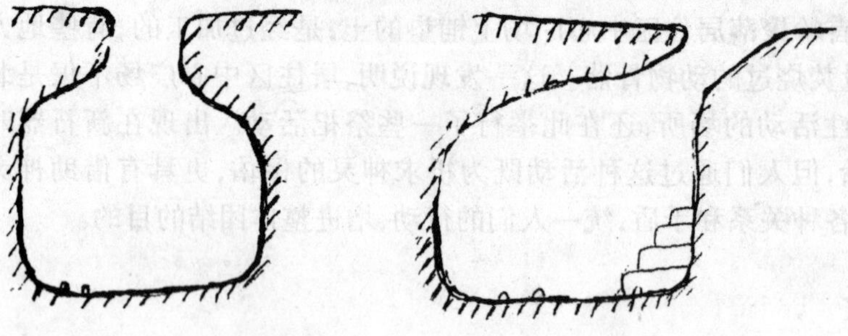

图1－44　竖穴式建筑剖面示意图

竖穴式居室一般面积都比较大。如位于陕西华县境内的仰韶文化泉护村聚落遗址，编号为H1075的袋穴，进口和居室均呈椭圆形。穴室底部南北最长处为6.5米，东西最宽处为4米，深2.5米。穴底南高北低，底部有厚约8厘米的草泥土面，穴室的东壁下有一灶坑。泉护村聚落遗址的H1096袋穴，平面也呈椭圆形，东西最长处6米，南北最宽处3.5米，深2.9米。穴室的东端建有斜坡出入口，北壁有五级台阶可供出入。穴屋中央有一近似瓢形的灶坑。在穴壁的入口处，还有柱洞遗迹。据此分析，可能在穴口的上方曾建有用于遮挡雨雪的护棚类的建筑，也用于支撑或加固穴壁及出入口。

竖穴式居室是自地表向下掏挖而成的，尽管口小膛大，但穴壁以外黄土的自然结构未被破坏，所以还是比较牢固的，而且也不需要更多的木构搭建，建造技术简单。这与人类刚进入定居生活后，尚未掌握建筑技术，尤其是尚不懂得木构建造技术，是有直接关系的。虽然竖穴式建筑十分原始，但对于走出天然洞穴后不久的早期人类而言，他们在毫无经验的前提下，凭借着自己对定居生活的认识和需求，能在黄土层中掏挖出供自己栖身的住所，不能不说是一种发明和创造。

不过，竖穴式居室毕竟有许多不便之处，如因居室完全位于地表之下，不仅出入极不方便，遇到雨水还会灌入穴室，因此早期人类在发明了竖穴式建筑后，又继续探索建造进出方便、不受灌淹的居室。于是，人们便不再深挖穴坑，而是设法使居室更接近于地面，遂发明了半地穴式建筑。大量的考古资料证明，在我国新石器时代中期，人们已普遍地建造半地穴式建筑。

3. 半地穴式建筑

在河南密县的莪沟遗址、长葛石固遗址、巩县铁生沟遗址、舞阳贾湖遗址等几处裴李岗文化的聚落遗址中，共发现50多座建筑基址。其中，绝大多数是半地穴式建筑基址。在这些建筑基址中，主要是单室建筑，面积都不大。另有一些多室建筑的基址，面积则比较大。除半地穴式建筑基址外，还发现了数量不多的地面建筑基址，则又是在半地穴式建筑基础上的新发展。

莪沟遗址发现的6座半地穴式建筑基址，有圆形基址5座，方形基址1座。圆形基址的口径为2.2～2.8米，穴壁残高0.05～0.4米。基址内有一片红烧土硬面。有的基址中，还发现用黄泥或草泥筑成的灶圈（图1－45）。这5座房基之外都有一条门道，作为进出居室的通道。这些门道或修理成斜坡状，或筑成台阶。长方形的建筑基址是从地表向下挖成的一个长方形的穴坑，坑壁垂直。基址坑口长2.4米，宽1.32米，壁高0.35～0.4米。房基的地面，修理得十分平整，有的还铺垫一层黄灰土。在一些房基内，还有经火烘烤而成的硬面。在对基址内的填土进行清理时，还发现烧土块、灰烬、石料和陶片等。这些遗存都与当时人们生活有关。在F2基址中，沿周壁发现了6个柱洞，应是立柱支撑屋顶和加固墙体遮蔽之用。

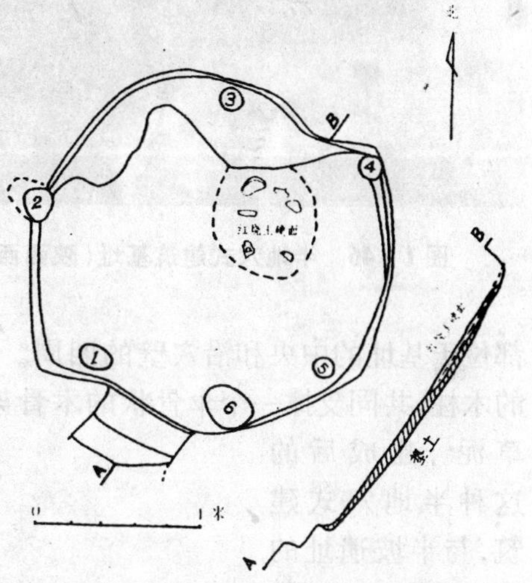

图1－45　莪沟遗址圆形基址平、剖面图

在仰韶文化时期的聚落遗址中，发现的房屋建筑基址数量更多。半坡聚落遗址中发现保存较好的建筑基址有46座，以及数量众多的柱洞和灶坑。基址平面有圆形和方形两种。面积一般为20平方米左右，最大的可达160平方米，个别小的则仅有10平方米。这40多座建筑基址主要是半地穴式居室，也有一些地面建筑。遗址的半地穴式建筑虽有形状、面积的差异，但也有基本相同的特征：房基凹入地下；基址的地面上有柱洞，柱洞的位置主要分布在基址的中央和周壁（图1－46），用于立柱，以支撑由树枝干及草泥搭建的屋顶；在基址外，建有一条从居室向外延伸的斜坡式或阶梯式门道；门道和居室之间，即在居室的进口位置，还筑有一道土埂，作为“门槛”，用以阻挡自门道流淌下来的雨水。

从竖穴式建筑演进为半地穴式建筑，不仅使人们居住的位置从地下向地表升高，方便人们的进出，更重要的是，它的建造技术比竖穴式建筑更加复杂，需要人工搭建屋顶。尽管半地穴式建筑仍借助了一定高度的穴坑壁作为遮蔽，但居室内部要有一定的高度空间，以满足人们完全直身活动的需要，则要自地表再向上搭建能遮蔽、覆盖居室的屋顶。只有这样，才能使居室具有挡风、遮雨、御寒、防晒的功能。所以，搭建屋顶，是早期人类在建造半地穴式居室时，遇到的一个技术性难题。于是人们采用立柱作为支撑，其上架设用树枝

图 1－46　半地穴式建筑基址(陕西西安半坡遗址出土)

干捆绑成的骨架,再敷以草泥,较好地解决了这一难题。建造出比竖穴式居室更为方便、舒适的居室,这也是早期人类开始定居生活后的又一项发明与创造。

半坡聚落遗址发现的这种半地穴式建筑基址,在仰韶文化其他的遗址中也有发现,且在建筑的基本形制、建造的方法、室内的设施及格局等方面,也大致相同。如姜寨聚落遗址的半地穴式建筑基址内的柱洞,都位于基址的中央和沿穴壁的四周。根据柱洞的位置分析,基址中央和四周柱洞内埋设的木柱,共同支撑一个伞骨状的木骨架屋顶,而后再于木骨架上铺放密集的树枝,上面敷草泥。建成后的这种半地穴式建筑,与半坡遗址的同类建筑一样,都是攒尖式的屋顶(图1－47)。

图 1－47　半地穴式建筑复原图

中间高、四周低的攒尖式屋顶,是早期人类为解决屋顶高度的难题,在没有建筑经验和技术的前提下,凭借着自己的智慧和双手,探索出的一种有效方法。这为人类扩大定居的范围,进而也为改善人类的居住条件,提供了必要的条件。正是在半地穴式建筑建造技术的基础上,早期人类又发明了地面式建筑。

4. 地面式建筑

地面建筑是从地表起建,因此要保证居室内有足够的高度,就需要抬高屋顶,这样在居室的四周,从地表到屋顶之间必须另外再设法遮蔽起来。这就是从半地穴式建筑到地面建筑,在建造技术上需要解决的难题。在半坡聚落遗址的中晚期文化遗存中,就发现了建筑技术比较成熟的地面穹庐顶或两面坡式建筑。

F24 是一座方形的地面建筑基址,东西长 4.28 米,南北宽 3.95 米,面积近 17 平方米,建筑的房门朝东。从发掘的遗址分析，在这座建筑四周的墙基上，原来曾竖过10余根木柱，在木柱之间则有竖有木板。木柱与木板的两侧，又缠绕藤索，并敷以草泥，成为围挡房屋的墙体。然后又在立柱和前后两道墙体之间，架设了起脊式的两面坡屋顶，房屋的进出口就直接开在正面的墙体中央。F3基址是一座圆形的地面建筑，因此它的立柱方式与F24有不同之处。即在F3基址中央的瓢形灶址两侧，分布着6个柱洞，而在基址周围是用立柱、树枝或芦苇束捆扎后，再敷以草泥而成的木骨墙。这所房屋的进出口也直接开在墙体上，但留有很高的“门槛”。根据基址所发现的柱洞的位置分析，从立柱的顶端至圆形围墙之间，为一中间高、四周低的穹庐式屋顶（图1-48）。

图1-48 半坡F3、F24基址建筑复原图

从竖穴式建筑经过半地穴式建筑，到地面建筑的演进过程，说明北方地区，特别是活动在黄土高原地区的早期人类在开始定居生活后，由于自然界中再没有天然的可供栖身的场所，便开始了房屋的建造。为了方便生活，使居住的条件、环境更加舒适、安全，人们从最初挖掘洞穴起，不断地探索建造房屋的技术，逐步掌握了搭建屋顶和墙体的技术和方法。这也为人们进一步改善生活条件，扩大活动的范围，选择新的定居点，提供了极重要的先决条件。此后北方地区的人们所建造的房屋，基本沿袭了木柱、墙体、屋顶的主体结构。

5. 干栏式建筑

我国的南方地区多河湖、沼泽，气候多雨、炎热、潮湿，生活在这一地区的早期人类无法像北方地区的人们那样，利用客观的自然条件建造自己的栖身之所。于是，生活在这一地区的人们便发明了干栏式建筑。干栏式建筑是一种架空的木结构建筑，它与“构木为巢”①的“橧巢”，有一定的渊源关系。其建造技术和难度，均远远超过北方地区的建筑。

在河姆渡聚落遗址的早期文化遗存中，发现了多达千件以上的建筑木构件和干栏式建筑的遗存、遗迹。已发现的干栏式建筑基址，多为长方形或长条形的木构房屋，其建造的年代，约为公元前4000~公元前3300年。在遗址中出土的木构件有桩木、圆木和木板三种。仅残存的桩木和长圆木，就多达230余根（图1-49）。桩木有方柱形、圆柱形和木板三种。方柱形桩大多较粗壮，圆柱形桩直径则较小，板形桩一般宽10~15厘米，厚2.4~4厘米。所有的桩木一端皆加工成尖头，然后按建筑的格局，分排将桩木尖头一端垂直打入土层中。每排桩木现存的长度不一，桩木的数量也不等，排列得或密集或稀疏。其中一座干栏式建筑基址的桩木，比较规则地排列成相互平行的四排，呈东西、南北走向。内

① 《韩非子·五蠹》。

现存最长的一排桩木有23米，由方柱形、圆柱形和板形三种桩木组成，共78根。最短的一排桩木不足7米，仅存桩木9根。在平行的4排桩木中，从西南向东北方向的第一至第三排桩木，每两排之间的距离大致相等，总计约宽7米，第三至第四排桩木，间距为1.3米。据此推断，这座长方形的干栏式建筑至少长25米，进深约7米，建筑面积达160平方米以上。而第三和第四排桩木之上，是位于长房东北方向的前檐和檐下宽1.3米的走廊。由此可知，这是一座带前檐和走廊的干栏式长房。

图1-49 河姆渡遗址干栏式建筑基址

从河姆渡遗址中出土的干栏式建筑遗存，均为木质构件和材料，表明这种建筑不同于北方地区的立柱式木骨泥墙建筑，是一种全凭木材搭建的房屋。与地面建筑相比，其结构更为复杂，技术水平也更高。从遗迹和遗存分析，搭建干栏式建筑时，先要在地面上栽立桩木，作为建筑的基础。而后在桩木顶端架设横向和纵向的横梁，作为地龙骨。其上再铺设木板，由此构成高于地面的建筑基座。然后，再于基座上立柱、架梁、盖顶，构成在基座上起建的房屋木框架。最后用木板、芦席等作为搭建墙体和房顶的材料，一座架空的干栏式建筑便基本建成了(图1-50)。

6. 独特的榫卯结构

干栏式建筑因是纯木构建筑，且还是高于地面的架空式建筑，能否承重且坚固，关键在于木构件之间的联接能否牢固。河姆渡人在搭建干栏式建筑时，就发明了榫、卯结构，很好地解决了木构件联接的难题。

在出土的木构件中，凡是起着承托作用的立柱、横梁等，上面都有榫头或卯眼(图1-51)。两个构件联接时，榫卯垂直相交，用以固定。如有的圆木长达2.6米，其两端都加工出榫头，这显然是用于立柱的木构件。在架设时，其两端的榫头分别与下面的地龙骨和上方横梁上的卯眼进行套接，起到支撑的作用。河姆渡遗址发现的木构件上的榫卯结构，以方形或扁方形为主，多见于立柱榫头和横梁卯眼。这在于立柱主要起承重的作用，是垂直受力。只要将榫头与地龙骨和房梁上的卯眼垂直套接，就可以固定住立柱，避免其倾斜。还有一种立柱头的榫，呈梯级状（图1－52）。与对应的横梁上的卯眼套接，无疑更加稳定。所发现的木构件上的榫头和卯眼，加工得都十分精细，形状规整，结构科学。如有两件榫头截面的长宽比例为4:1，符合受力的要求。考虑到承重和受力的需要，河姆渡人加工的榫头、卯眼都比较大。如立柱与横梁联连的榫卯，有的长9厘米，宽7厘米；还有的长11厘米，宽6厘米。这些榫头和卯眼相套接后，咬合是比较严谨的。不过，这种方形的直榫、直卯垂直套接后，虽然能起到防止木构件移动的作用，但若遇到与套接相反方向的拉力，则有可能将榫头从卯眼中拽出。一旦开榫，木构建筑就将出现倾斜，甚至坍塌。河姆渡人对此也不断地进行探索，从而又发明了一些十分科学的套接方式和有效防止开榫的榫、卯结构。

图1－50 河姆渡遗址干栏式建筑复原模型

图1－51 带榫卯结构的木构件
（浙江余姚河姆渡遗址出土）

如在干栏式建筑的转角处，都有一根圆形立柱。在这根圆立柱的同一高度，挖凿出两个互成直角的卯眼，用于联接来自两个方向的横向梁枋构件。由于两个卯眼呈约90度的夹角状态，因此具有相互挤压的效果。在稳定性较强的立柱作用下，梁、枋被挤压在卯眼中，不易脱离。还有一种立柱，在榫头下方20厘米处，两面对凿出长方形的卯眼，是用于立柱两侧相对插入横梁或枋木的榫头。这种被后世称为“平身柱”的结构，既

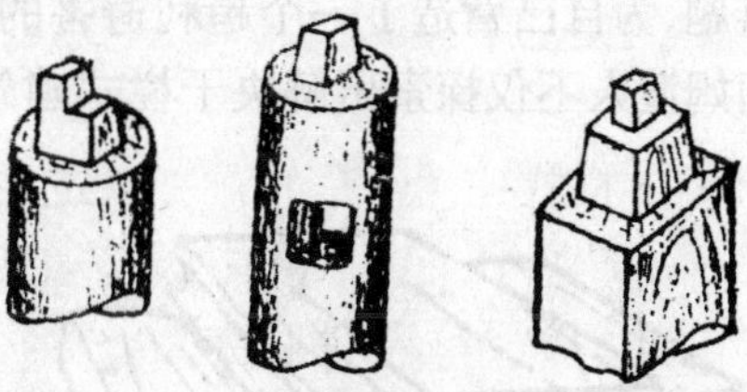

图1－52 梯级状榫头（浙江余姚河姆渡遗址出土）

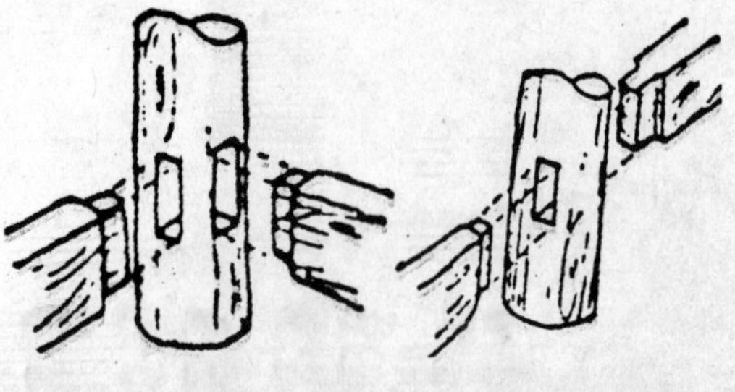

图 1－53　呈直角的榫卯结构（左）和"平身柱"结构（右）（浙江余姚河姆渡遗址出土）

有效地解决了梁、柱木构件过长，受横向重力的作用而容易弯曲的问题，又起有加固的效果（图 1－53）。此外，在遗址中还出土了一段方木，上面等距控凿出长 4 厘米，宽 3.5 厘米，深 1.5 厘米的卯眼，这是用于插入栏杆直棂所用的木构件（图 1－54）。这些榫、卯代表了不同的套接方式，其目的都是防止开榫，足见河姆渡人在搭建干栏式建筑中所显现出的聪明和才能。但这些榫、卯还都是平直的，在未发现和使用天然树脂胶的时代，对一些容易晃动或易受外力影响部位的木构件，河姆渡人还发明了一些特殊的榫、卯结构，十分有效地解决了这一难题。

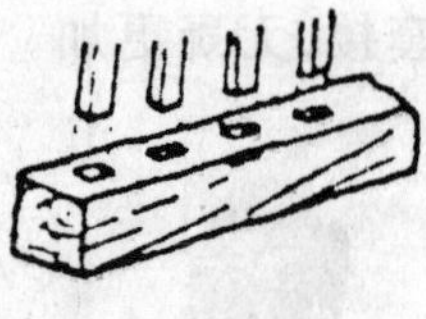

图 1－54　栏杆榫卯结构示意图

在遗址中出土的数百件木构件里，有一些形制特殊的榫头。其中在一件直榫头的中部，凿有一个直径 3 厘米的小圆孔（图 1－55）。这件榫头上的圆孔，是用于安插销钉的。与它相套接的木构件上的卯眼两侧，也应凿有圆孔。待榫头插入后，从卯眼上的圆孔安插一个木制或竹制的销钉，就能有效地防止榫头开脱。此外，还发现一种呈燕尾状的榫头（图 1－56）。这种燕尾榫呈等腰梯形状，它与同形状的卯眼不是垂直套接的，而是从一侧套接。由于燕尾榫和卯是顶宽底窄，套接后就难以拉脱，因此它更具有防止开榫的功能。同时由于是等腰梯形状，套接后还能防止晃动，更有助于木构件之间的牢固联接。

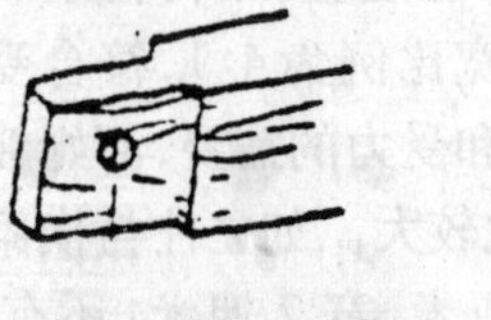

图 1－55　带销钉孔榫头（浙江余姚河姆渡遗址出土）

从这些已发现的不同的榫、卯及其结构中，足以看出河姆渡人在建造干栏式建筑时，针对木构件的联接技术进行了大量的探索和尝试，从而创造和发明出一些十分科学的技术和方法，很好地解决了木构架空建筑的搭建、稳定和牢固等难题，为自己营造了一个趋利避害的生活居住条件及环境。河姆渡人不仅探索出解决干栏式建筑搭建整体框架的木构件相联接的技术难题，还针对铺设在地龙骨上的木板（即楼板）受人踩踏等外力作用时易下沉弯曲的问题，发明了企口拼板技术。在出土的一块残长 79 厘米，宽 17 厘米，厚 5 厘米的木板两侧，各凿出一道宽 1～2.5 厘米，深 2.3 厘米的深槽，即"企口"（图 1－57）。在铺设干

图 1－56　燕尾状榫头（浙江余姚河姆渡遗址出土）

图 1－57　企口板及拼接示意图

栏式建筑基座上的木板时,这块木板是需要与它相邻的两块木板侧面的一道凸起棱相联接的。正是采用了企口拼板的技术,使铺设在地龙骨上的木板拼联成一个整体。无论踩踏任何一块木板,通过企口拼板就可以将承载的外力传导给邻近的木板,从而避免这块木板受重力踩踏下沉的现象,使人们在木板上行走时更平坦、稳当。而且在木板的衔接处,还见不到通缝,是一种密接拼板技术。

河姆渡人在搭建干栏式建筑中,创造和发明的各种榫、卯结构及套接技术,很好地解决了木构建筑的构件牢固联接、整体木构框架的稳定性,以及木板拼接等一些重要的技术性问题,故一直为后人所沿用,并在沿袭中又不断地进行改进和创新,从而使这项技术更加完善。采用榫卯套接技术搭建的干栏式建筑,由于它是架设在桩木基础上,不与潮湿的地面接触,具有很好的通风、防潮性能,所以,这种建筑形制一直成为南方地区十分流行的一种建筑类型。直至今日,生活在江南地区,特别是地势低洼地区的人们,仍在建造这种建筑,只是结构更趋完善,性能更加优越,而名称也因地区不同而有差别。西南少数民族地区的筒楼、竹楼、吊脚楼等,都属于干栏式建筑。

除干栏式建筑,在河姆渡遗址中,还发现了立柱式地面建筑的遗迹。这种建筑不同于干栏式建筑,它是在地势较高、地面较干燥的地方建造的房屋。其建造的方法,是先直接在地面挖洞立柱,柱顶榫头再与横梁上的卯眼套接,构成一个木框架。而后再于横梁上架设房顶,于立柱间捆绑木板、芦苇等材料,或敷草泥,作为遮蔽的墙体。河姆渡人在建造立柱式地面建筑时,先在柱洞里填塞红烧土块、碎陶片、粘土块等,有的洞内还垫放木板。这一做法,是要使立柱更加牢固,不易晃动。在柱、梁等木构件的联接上,也采用了榫、卯套接技术。这种建筑由于柱、梁等是相互联接的一个整体性的木结构,采用榫、卯套接后的十分牢固,且还具较强的抗震性能,因此它也为后代所沿袭,成为我国传统建筑的主要形制。在中国古代社会的北方地区,人们为防寒的需要,在采用立柱式建筑木构框架的基本结构的同时,又于立柱间砌筑砖、石等材料,增加墙体的御寒保温性能。于是,北方地区民间一直对这种建筑的优越性大加赞赏,流传着“冬暖夏凉”、“墙倒屋不塌”等评价。

(四)聚落内部的生活

早期人类的定居生活是以原始种植业和家畜饲养为经济基础,以血缘家族为组织形式,以母亲为核心的家庭作为生活的基本单位。这些客观存在的现实,直接影响着这一时期人们的生活。

1. 火的使用

在不同时期不同类型的居室建筑基址中,都发现火塘的遗迹。火塘或瓢形、圆形,或方形(图1-58)。在居室中修筑火塘,既为了加工和制作熟食,也兼做照明、取暖之用。这也说明,早期人类开始定居生活后,与火的关系更加密切,用火也更加频繁。

在居室中用火,特别是半地穴式、地面建筑因有木质材料极易失火;此外居室面积有限,用火不当,也容易灼伤人的皮肉,因此在这些建筑中,火塘的位置一般都选在居室的中央。这个位置无论是圆形尖顶的穹庐式建筑,还是方形的两面坡式建筑,都距离房顶最远。而火塘四周还有比较大的空间,便于人们活动。在半坡遗址的建筑基址中,一些南向的居室内,位于室中内的火塘后面(即北面)是主人进行炊事的地方,这个位置光线较好,也是人们在室内活动的主要地方。为了不使火灼烤自己，人们便在火塘的北侧筑起一道拦护坎墙，以阻挡火焰。

图 1-58　火塘遗迹（陕西西安半坡遗址出土）

但在居室内修建火塘，毕竟既不安全，也给人们在室内的活动造成一定的不便，于是人们又发明出更为安全、方便的用火方式。1956 年，在河南陕县县城东南的庙底沟村发掘出一处新石器时代晚期的遗址，遗址面积约 24 万平方米。遗址中发现的文化遗存具有不同的特征，分属于三种文化类型：早期属仰韶文化；二期则具有比较明显的地域特征，故被称为庙底沟二期文化；晚期则属于龙山文化类型。其中，二期文化所处的年代为公元前 2900 ~ 公元前 2800 年左右。在二期文化的遗址中，出土了一种下小上大的圆筒形陶灶。陶灶无底，灶体的下部有一个火门，上端口沿部有 4 个圆形的出烟孔（图 1-59）。在遗址中，还出土了一种炊煮器——陶釜，圆形，器形很扁，釜口内收，口沿上翻，这种炊煮器是架在陶灶上加热、烹煮食物的。陶灶的发明，也反映了人们在定居生活中，煮熬是主要的食品加工方法。

图 1-59　陶灶（河南陕县庙底沟二期文化遗址出土）

居住在干栏式建筑中的早期人类，因木构建筑易燃，所以很早就发明并使用了陶灶。在河姆渡遗址中出土的陶灶，灶体呈箕形，火门上翘。在陶灶的内壁上部，有 3 个粗壮的突起，起着支钉的作用，用来放置炊煮器，灶的外壁安置了 2 个半环耳，用于手持，便于搬移陶灶。在河姆渡遗址中，还出土了一些与陶灶配套的使用的炊煮器——陶釜。在这些陶釜的外底部，多残留有烟垢或烟熏的痕迹。河姆渡人发明的陶灶，对于居住在干栏式建筑中的人们而言，无疑是提供了一个便捷、安全的用火工具。不过，在干栏式建筑中使用火，毕竟存在着危险，也受到很大的限制，因此河姆渡人也经常在室外炊煮食物。在遗址中出土的陶支架，就是用来托架釜的专用器具（图 1-60）。

在散布于全国各地的新石器遗址中，普遍发现的用火遗迹和遗存，清楚地表明自从早期人类定居以后，人们便将火用于自己的生活，火与人的关系更加密切，火的使用范围也更加广泛。他们不仅用火来炊煮食物，还用火来改善自己的居住条件。在半坡遗址的建筑基址中，发现室内有一些基本的生活设施：一般在居室的门内右侧，是主人的卧寝之处；

图 1－60　陶灶、釜、支架(浙江余姚河姆渡遗址出土)

另在一些南向的居室内,则在室内的西南隅设置为卧寝之处。这些作为人们休息的地方,地面都曾做过特殊的处理。有些基址内的卧寝面,高出室内地面 10 余厘米,而且用草泥将其抹成平面,再用火烘烤过,因此表面坚硬、光滑,很像后世的土炕。类似这样的用火烘烤居室卧寝处地面的做法,在其他的遗址中,也是很普遍的。而在一些聚落遗址的房屋基址中,还发现有的木骨泥墙也曾被火烘烤过。

火在新石器时代的普遍使用和应用范围的扩大,说明这一时期人们在日常生活中,是能够比较方便地得到火种的。那么,火种从何而来? 我国很早就流传着"钻木取火"的传说:"民食果蓏蚌蛤,腥臊恶臭,而伤腹胃,民多疾病。有圣人作,钻燧取火以化腥臊,而民说之,使王天下,号之曰'燧人氏。'"①这则传说既寄托了后人对发明人工取火者的敬仰之情,也说明火与人类生存、饮食卫生的密切关系。但燧人氏只是传说中的人物,而且人工取火也不可能是一个人发明的。事实上,早期人类在打制、磨制石器等材料的工具和钻孔等生产劳动过程中,是可以发现自然界中的某些物质相撞或摩擦,能够产生火花,以及发热、冒出火苗等现象。人工取火的一些原始方法,就是由此产生的。但十分遗憾的是,在考古中,至今尚未发现令人信服的人工取火的遗存或遗迹。当然这其中的原因是多方面的,如木质器物难以保存至今,或用于人工取火的工具,在长期使用中早已磨损等。不过,在考古中,却发现了当时人们方便用火的一个有力佐证,即火种罐。

在仰韶文化的几处典型聚落遗址:半坡、姜寨和姐娌等遗址内的建筑基址中,常出土一种小陶罐。这种小陶罐大多放置在室内灶坑的后部,或在灶坑壁上的小龛内。小陶罐的罐体为圆形,罐口内敛,罐体的下部都留有一个小孔(图 1－61)。这就是当时的人们保存火种用的火种罐。人们在每一次用火之后,就把尚未燃尽的小块木柴放入罐内的灰烬中,并稍加掩埋。待下次用火时,再将这些小块木柴取出后,通过吹气的方法,使它燃起明火,即可引燃柴草。值得注意的是罐体下部的小孔,是它在火种的保存过程中,起着重要的通气、助燃作用。正是由于这个小孔的存在,才能使罐内灰烬中的木柴始终处于"阴燃"

① 《韩非子·五蠹》。

图1-61 火种罐(河南孟津小浪底妯娌遗址出土)

的状态。这种留有小孔的火种罐,肯定是当时的人们经过长期、反复的摸索和尝试后,才发明、创造出来的。尤其是小孔的位置,更说明早期人类对保存火种的基本条件,即需要空气流通,已有了一种朦胧的认识。与北京猿人在洞穴中采用"阴燃"法保存火种相比,使用火种罐则更为进步,它既简便,又安全,完全符合人们的居家环境和条件。在仰韶文化遗址中,人们普遍将这种火种罐放置在室内灶坑的后部或附近,就是出于用火的方便。

2. 聚落内部的分工

在新石器时代的聚落内部,人们主要从事种植业和家畜饲养业生产,这是各个聚落遗址发现的文化遗存所反映的一个共性现象。又由于各种生产劳动的性质和方式、方法存在着很大差异,对人的体力和技巧的要求亦不相同,因此在同一个血缘家族聚落内部,也出现了分工的现象。考古中发现的文化遗存,不仅反映了聚落内部生产的分工的现象,还证明这种分工是以性别为基础的。如裴李岗文化的聚落墓葬中,普遍随葬有生产工具。其中,早期墓葬中多见农业生产工具,晚期墓葬中则有农业、手工业和渔猎等工具。不同时期随葬的生产工具,又因墓主的性别而有所区别。在早期墓葬中,墓主是男性,随葬的工具主要有石斧、石铲、石镰等;女性墓主则多随葬石磨盘、石磨棒等。据此分析,在裴李岗文化早期,血缘家族内部的男女已有了生产劳动的分工:男子主要从事农业生产,女子主要从事谷物加工和炊煮等家务劳动。而到裴李岗文化晚期,男女两性间的生产劳动内容有所变化,分工也相应有所改变。

如贾湖遗址墓地中,随葬的器物中出现了手工业和渔猎工具。其中,女性墓随葬的工具多为石斧、石铲和石磨盘、石磨棒等;男性墓则多随葬石锛、石凿和骨镞、骨镖等主要用于手工业生产和渔猎的工具。据此分析,裴李岗文化晚期的血缘家族内部,女性主要从事农业生产及相关的劳动,男子则主要从事手工业生产和渔猎劳动。墓葬中的随葬品,基本是实用器,也就是人们日常使用的工具和器物。将工具随葬在墓中,是与墓主生前曾经长期使用它们有内在的联系,由此也反映了他们生前所从事的生产劳动。

裴李岗文化墓葬中出现的性别不同,随葬的生产工具也不同的现象,也出现在仰韶文化中。如北首岭聚落遗址的墓地中,男性墓多随葬骨镞等狩猎工具。在陕西华县东柳子镇泉护村北发现的元君庙聚落遗址的墓地,女性墓中多随葬蚌刀、纺轮、骨针等纺织、缝缀的工具。这些墓中随葬的工具,也反映出在这个聚落中,男、女成员之间也有生产劳动的分工,可能是在共同从事种植业和家畜饲养业生产之外,北首岭聚落的男子还经常去狩猎,而元庙庙聚落的女子则更多地从事纺织和缝缀衣物等劳动。

3. 纺织技术的问世

早在旧石器时代晚期，人们为了使自己的肌肤不受损伤，便想方设法加以保护。山顶洞人骨针的制作，表明原始人类身上开始有了披挂物。进入新石器时代以后，早期人类在从事原始种植业、家畜饲养业生产中，又从自然界中认识了植物及动物纤维的特点，并尝试着用这些纤维来制作遮蔽自己躯体的披挂物。

在新石器时代的遗址中，多发现有用于捻线、编织的纺轮、梭、刀等工具，以及骨针等缝制工具。在仰韶文化的遗址中，多出土有石质或陶质的纺轮和骨梭等物（图1－62）。说明这一时期，纺线纺织和缝制衣物，已成为人们日常生活中的一项比较重要的劳动。在河姆渡遗址中，也出土了陶、木或石质的纺轮，以及木刀（纬刀）、匕状骨器、角梭、木质卷布棍等用于纺织的工具（图1－63）。这些考古发现，证明从新石器时代开始，在聚落中已出现了纺织和缝制衣服这种新的生产劳动。

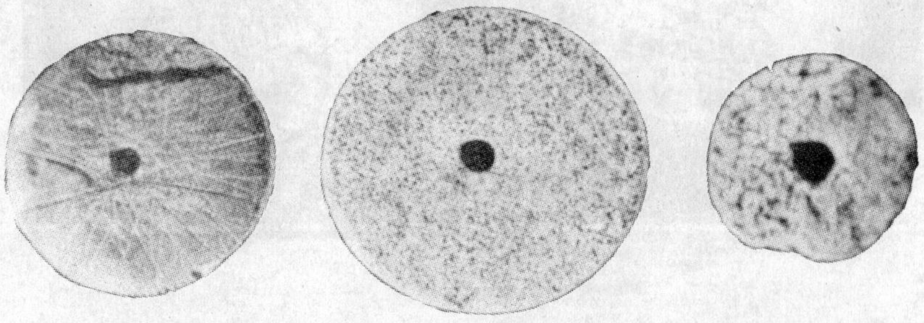

图1－62　石纺轮（陕西西安半坡遗址出土）

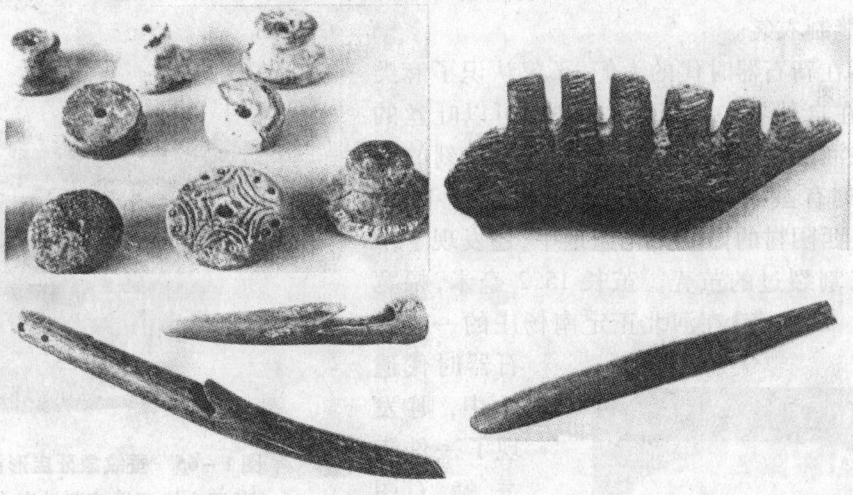

图1－63　纺织工具

（上左，陶纺轮；上右，分经木；下左，骨（角）梭；下右，骨机刀）

（浙江余姚河姆渡遗址出土）

在这一时期的聚落遗址中，发现的涉及纺织的文化遗存，不仅有工具，还有麻、蚕丝等实物资料。仰韶文化的半坡、姜寨、庙底沟等遗址出土的一些陶器，底部印有明显的布纹痕迹（图1－64）。每平方厘米，有经纬线各10根。据分析，这应是粗麻布留下的痕迹。在

图 1－64　陶器底部的布纹印痕(陕西临潼姜寨遗址出土)

江苏吴县的良渚文化草鞋山遗址中,还发现了 3 块已经炭化的纺织物。经分析鉴定,是以野生葛为原料,采用纬线起花织造技术织成的罗纹织品。这也是我国目前已发现的历史最早的纺织品实物之一。而在浙江吴兴的良渚文化钱山漾遗址中,还出土了一些麻布残片和麻绳。这块用苎麻为原料织成的平纹麻布,其经纬线的细密程度,与今天的细麻布已十分接近。麻绳也是用苎麻为原料,先将苎麻纤维捻成细股,再将几股绞合成绳。从这些考古所发现的资料中,可以看出那时的人们已经对麻、葛、苎等能剥离出纤维的植物有较多的认识,并且已知道采剥那些质地比较柔软,又有一定强度的麻科植物纤维,用纺轮等工具将其捻成麻纱(线),再用骨梭或木梭等原始的织造工具将麻纱织成布匹,用来缝制衣裳。

生活在新石器时代的人们,不仅认识了麻类作物,还在自然界中,认识了蚕这种可以吐丝的动物。在河姆渡遗址出土的一件象牙雕刻的盅形器上,刻有蚕的图案(图1－65)。1926 年,在山西夏县西阴村的仰韶文化遗址中,还发现了半个经人工割裂过的茧壳。茧长 15.2 毫米,幅宽 7.1厘米。1980 年,在河北正定南杨庄的一处新石器时代遗址中,则发现了一件陶蚕蛹(图 1－66)。至今为止,在山西芮城西王村、北京平谷上宅、陕西神木石峁、辽宁锦西沙锅屯等一些新石器时代的遗址中,都发现了陶蚕蛹或玉蚕。这些发现清楚地说明,在距今5000 多年前,生活在各地的早期人类已经掌握了植桑、养蚕、缫丝等生产技术,并用蚕丝织造衣物。这

图 1－65　蚕纹象牙盅形器
(浙江余姚河姆渡遗址出土)

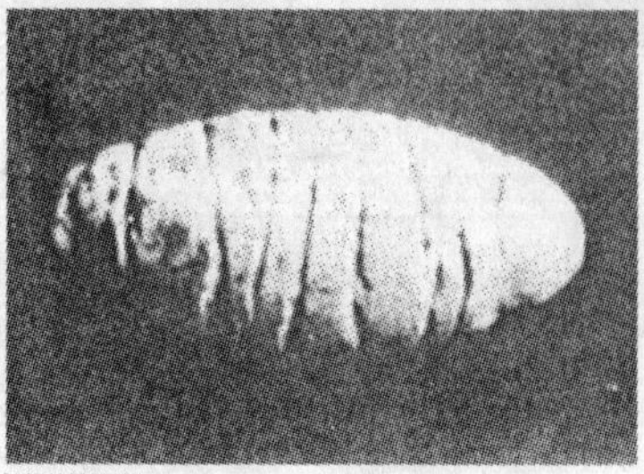

图 1－66　陶蚕蛹
(河北正定南杨庄出土)

一事实更雄辩地证明，中国是世界上最早人工种桑养蚕，并发明丝织技术的国家。

在良渚文化钱山漾遗址中，还出土了距今4700年前的丝织品实物，其中包括丝线、丝带和残绢片。经鉴定，这些丝织物是用家蚕丝织成的，而且先缫后织。绢片采用了平纹织造的方法，其经纬密度为每平方厘米47根（图1－67）。因为蚕丝纤度偏细，人们在织造时，便有意识地增加经纬纱数，使丝织物具有一定的强度。丝带就是用30根单纱分三股编织而成的。

图1－67　残绢片、丝带、丝线（浙江吴兴钱山漾遗址出土）

以丝、麻为原料，织造出精美的纺织品，既满足了人们选用质地较柔软的材料蔽体的需要，也为人们的生活增添了绚丽的色彩。这也是早期人类进入定居生活后，为改善自己的生活而进行的创造和发明。以后，人们不断地进行探索和实践，纺织技术不断提高。尤其是蚕桑业和丝纺业因此得到持续的发展，成为中国古代社会的一个重要的手工业行业。大量精美的丝织品还行销到世界各地，促进了中外经济文化的交流。

4. 编织生产的物证

在早期人类定居后，随着生活方式的改变，人们还需要使用各种不同用途的生活用品和用具。人们因此发明了编织技术，利用竹或芦苇等材料编织各种器物。在河姆渡遗址中，编织物的遗存和遗迹数量很大。其中，在遗址的第三、四文化层中，特别是干栏式建筑基址的周围，以及一些灰坑的底部，曾发现是百件苇编（即苇席）的残片和遗迹。小的只有手掌大小，最大的有1平方米以上。这些苇编或用于干栏式建筑房顶的席箔苫盖，或用于分隔房间。苇编是以当地湖泊、沼泽中生长的芦苇为材料，截取苇杆后，再剖成宽0.14～0.5厘米的扁长篾条。篾条大多经过修整，细薄规整，粗细一致，厚薄均匀。编织时，多以2条篾为一组，也有用4、5或6条篾为一组的，采用竖经横纬的方法，依次编织，编织成的苇席经纬垂直相交，或呈斜纹，或呈人字纹（图1－68）。在良渚文化钱山漾遗址中，也发现了200余件竹、苇编织物。其中，既有用于房屋建筑上的门扉、篷盖等，也有竹篓、竹篮、竹席、箅子、谷箩、簸箕、竹绳等生活用具和生产工具，还有专用于捕鱼的“倒梢”。这些竹器编织得十分紧密，所使用的竹篾多先经过刮削，处理得十分光洁。编织的方法也是多种多样：有的采用经纬交织的方法，编织出人字形、十字形或菱形花格等图案，表现出很高的编织技术。

图1－68　苇编遗迹(浙江余姚河姆渡遗址出土)

竹、芦苇这两种植物在我国许多地区都有生长，用它们作为编织的材料，不仅来源充足，而且还易于加工，加之其韧性强，容易编织出各种形状的器物，所以从新石器时代开始，人们便比较普遍地使用竹、芦苇等材料，编织生活用具及生产工具。仰韶文化许多遗址的文化遗存中，都能见到竹或芦苇编织的遗迹。编织的方法也很多，主要有经纬编织法、辫结法、缠结法等，纹样有十字纹、斜行纹、格子纹、棋盘纹等(图1－69)。

5. 陶器的发明与使用

定居生活还需要盛储的容器、炊煮器等专用的器物，但这些器物多和水、火接触，不能使用竹、木等材料制作，人们便在使用火的过程中，逐渐摸索出陶器的制作技术，从而发明了陶器。因陶土取材方便，很容易加工成各种形状的器物，烧成的陶器比较坚硬、耐用，还耐水、火，能基本满足生活用具的不同要求，因此陶器制作得到迅速的发展。

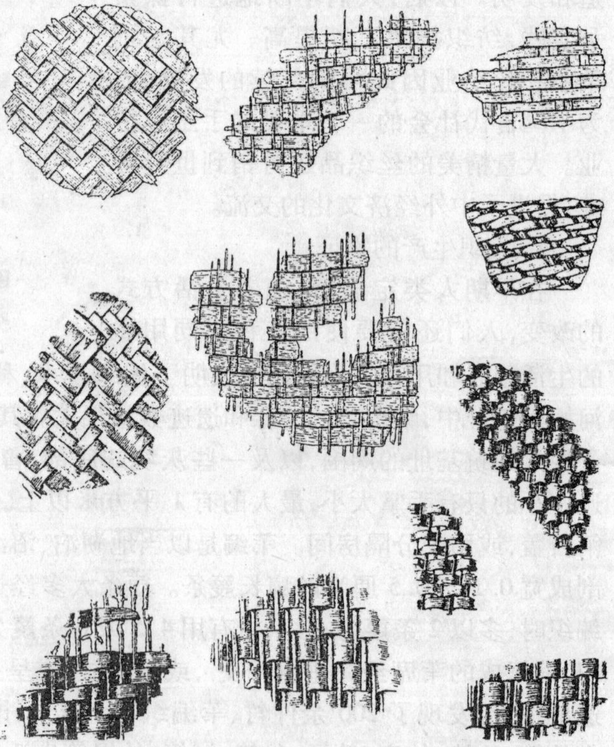

图1－69　编织纹种类图(陕西西安半坡遗址出土)

在新石器时代早期的河北徐水南庄头遗址、湖南道县寿雁镇的玉蟾岩遗址、江西万年的仙人洞和吊桶环遗址、广西桂林南郊的甑皮岩遗址等处，都发现了公元前8000年以前制作的陶器及碎陶片。由此证明，陶器的制作是伴随着定居生活开始而形成的，距今至少已有1万余年的历史。在新石器时代中期的聚落遗址中，不仅发现的陶器数量大，器型多，而且是制作得也比较精美，表明在长期、稳定的定居生活中，人们更多地开始关注自己的家居生活，根据生活的需要，制作出各种器物。如裴李岗遗址出土了敞口深腹罐、三锥足钵、

小口双耳壶、乳丁纹鼎（图 1－70）等。磁山遗址中也出土了椭圆形陶盂、靴形支架（图

图 1－70　小口双耳壶，三锥足钵（河南新郑裴李岗遗址出土）

1－71）、长方形浅盘和四足鼎等。而在河姆渡遗址中，出土的陶器数量颇多，种类也极丰富，仅保存完整的陶器就多达 2000 余件，其中包括用于炊煮的釜及釜支架、甑、灶、鼎等；用于饮食的钵、盘、豆、杯、盉（图1－72）等；还有用于储藏的盆、罐等。

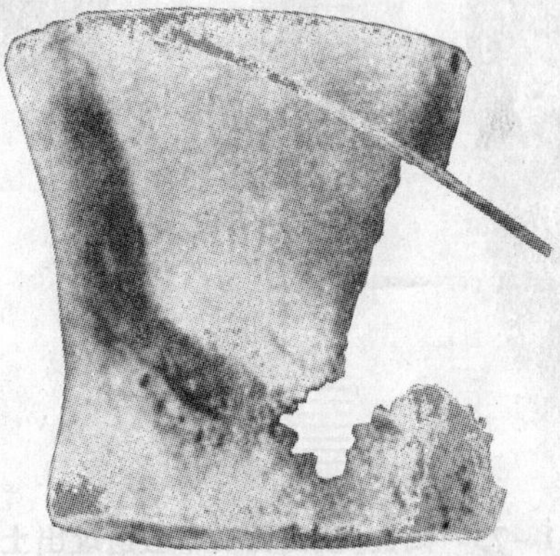

图 1－71　靴形支架（河北武安磁山遗址出土）

这些出土的陶器也反映了当时人们的生活情况。他们主要采用煮、蒸或烤的方法来炊煮食物；用一些器型较大、较深的器物盛储水和食物；盘、豆等器型较小的器物，则用于盛放供食用的食品。而在一些遗址中发现的陶支架，则用于支垫不

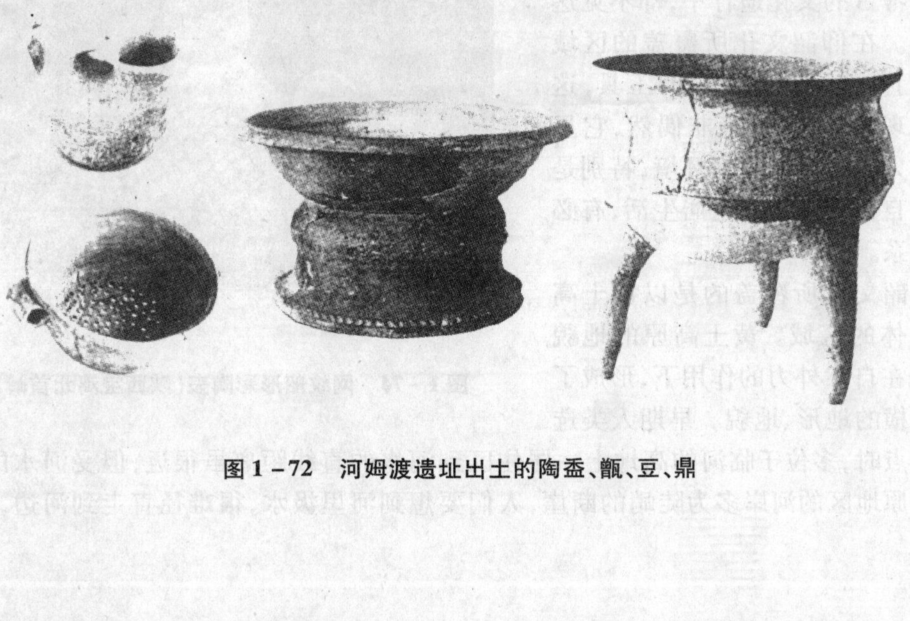

图 1－72　河姆渡遗址出土的陶盉、甑、豆、鼎

易平放的圆底陶器，或用于在火上架炊煮器。可见定居后，人们在饮食方面已逐渐形成了一些特定的加工方式和方法，以及饮食的习俗。

人们不仅用陶土烧制生活用品、用具，还尝试着制作的陶质生产工具。如在诸多遗址中发现的陶纺轮，以及陶刀、陶锉（图1-73）等，就是陶质工具的代表。不仅如此，当时的人们还用陶土制作一些工艺品，如裴李岗人制作的陶塑羊头、猪头，河姆渡人制作的陶塑猪、舟等。他们还巧妙地利用一些器物特有的形状，在器物的某个部位捏塑出一些很具象形的造型。如大地湾遗址出土的人头形器口彩陶瓶、北首岭遗址出土的网纹彩陶船形壶（图1-74）等，则不仅具有实用价值，更具有艺术性。反映出人们在长期、稳定的生活环境中，随着物质生活的不断丰富，又开始对精神生活有了追求，通过陶器的制作，尽可能给自己的生活增添美感。当然其中也蕴含着人们的企盼、向往等观念和意识。

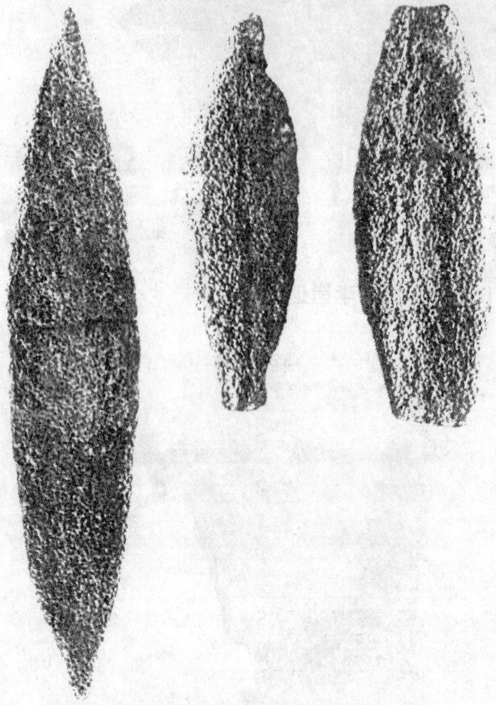

图1-73　陶锉（陕西西安半坡遗址出土）

6. 奇特的尖底瓶

陶器的制作，还反映了人们所处的自然环境，以及为适应自然环境而进行的发明和创造。在仰韶文化的诸多遗址中，都发现了造型基本相同的陶器——尖底瓶（图1-75）。而在同期其他的考古的文化遗存中，却不见这种陶器。在仰韶文化所覆盖的区域内，人们都使用这种汲水的工具，这种共性现象的出现，绝非偶然，它显然是与人们所处的自然环境，特别是在这种自然环境下的定居生活，有必然的联系。

图1-74　网纹船形彩陶壶（陕西宝鸡北首岭出土）

仰韶文化所覆盖的是以黄土高原为主体的区域。黄土高原的地貌特点是在自然外力的作用下，形成了沟壑纵横的地形、地貌。早期人类选择定居点时，多位于临河的高地上。居住区到河水的直线距离虽很近，但受河水的冲刷，黄土高原地区的河岸多为陡峭的断崖，人们要想到河里汲水，很难径直走到河边，往往需要走很远的路，绕过沟壑，才能来到河边。正是为了解决汲水费时、费力的困难，仰韶文化时期的人们在长期的探索和实践中，才发明了尖底瓶这种既能节省时间和路径，又简便、安全、有效的汲水工具。

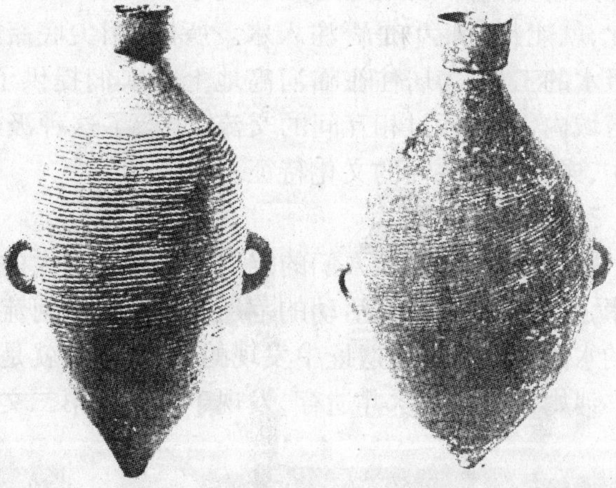

图 1－75 小口尖底瓶（陕西西安半坡遗址出土）

从近代物理系的力学原理来认识尖底瓶，则可以清楚地感受到早期人类的聪明和智慧。尖底瓶的形制，一般为小口、大腹、尖底，腹部安有双耳。汲水时，在双耳系绳索。尖底瓶的重心位于双耳连线的偏下处，①因此当提起空瓶时，瓶体是呈直立状的。当尖底瓶逐渐进入水中，受浮力的作用，瓶的重心逐渐上移。而尖底瓶的瓶壁薄厚不均，且又受水流的影响，瓶体便发生侧翻，瓶口开始进水。而随着水逐渐注入瓶中，浮力亦随之减少，重心又缓缓下移到双耳连线的下方。于是，尖底瓶也逐渐恢复了直立的状态。当人们提起盛入水的尖底瓶时，再不会倾洒（图 1－76）。还有一点，由于当时的人们是站在断崖的边缘从河里汲水，当他们手持绳索将尖底瓶从崖边吊下，直至入水、注水、基本灌满，整个汲水过程无需汲水者从崖

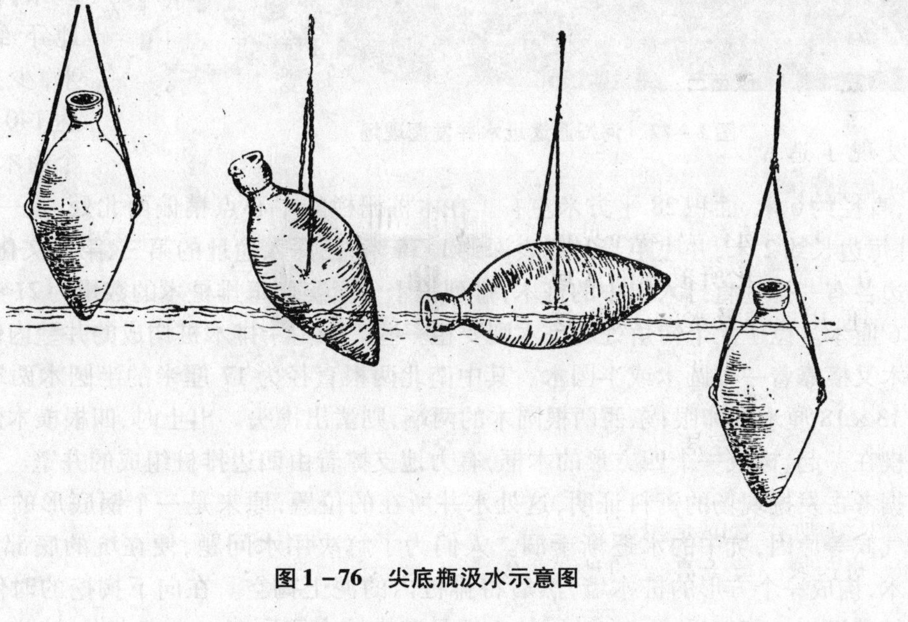

图 1－76 尖底瓶汲水示意图

① 有些尖底瓶，凭肉眼观察，似乎重点应在双耳边线的上方。但因尖底瓶的底部多为实心，故重心实际是位于双耳连线的偏下处。

上探身俯视，也不需要通过晃动绳索使尖底瓶在水面斜倒。只要凭手中感觉绳索的轻重变化，就能判断瓶中是否注入水。所以，用尖底瓶汲水是十分科学，而且安全的。使用这种汲水的工具，为居住在临河高地上的人们提供了极大的方便。因此在仰韶文化所覆盖的区域内，人们通过相互间的交流，学会了这种汲水的方法，尖底瓶也因此出现在各个聚落中，成为一种共性的文化特征。

7. 水井的发明

临河而居，固然给人们的定居生活带来很大的方便，不过由于人们只能居住在河流的沿岸，这也限制了人们活动的范围。为了能在河流以外的地区生活，人们也在尝试着寻找新的水源。在河姆渡遗址中发现的水井遗存，就是这种尝试的最好例证。

河姆渡遗址的水井遗存，发现于遗址内第二文化层的上部，距今约5600年前。这口木构竖井由200多根桩木、长圆木等构成（图1－77）。井的外围是由至少28根桩木筑成的一圈椭圆形的木桩栅栏，这些木桩的直径一般为5厘米，垂直打入地下约100厘米，少数木桩深达140厘米。这个由木桩围成的栅栏，直径约6米，面积28平方米左右。在木桩栅栏的中心点稍偏西北处，是一口方形竖井，井每边长约2米，井底距当时地表深约1.35米，已深入遗址的第三、第四文化层中。井的四边各有一排垂直打入土中的桩木，排列得十分紧凑。每排桩木的数量为21～40根，桩径约6厘米。位于4个转角处的桩木则要粗一些。在由4排木桩构成的井壁内侧上部，每排桩木又横靠着一根圆木或半圆木。其中南北两根直径为17厘米的半圆木两端，各凿有一个13×18厘米的卯眼；东西两根圆木的两端，则凿出榫头。出土时，四根横木的榫和卯，还紧楔在一起，构成一个四方形的木框，有力地支撑着由四边排桩组成的井壁。

图1－77　河姆渡遗址水井发掘现场

据考古发掘现场的资料证明，这处水井所在的位置，原来是一个锅底形的水坑，后来由于气候等原因，坑中的水逐渐干涸。人们为了解决用水问题，便在坑的底部，先打入4排桩木，构成一个方形的桩木墙，然后将排桩内的泥土掏空。在向下掏挖的时候，为了防止排桩受四周土壁挤压，而向内倾斜，人们又在排桩内侧顶套一个方木框，这样，最终掏挖出一口由桩木构成的竖井。在方形竖井外围的椭圆形栅栏桩，则可能是为了防止原水坑壁倒塌而特意设置的。此外，在水井发掘时，竖井井口的上方还发现了平置的16根圆木构件。这些圆木长1.96～2.60米，直径15～18厘米，架成一个边长约2米的正方形平面。其中有6根圆木的一端呈椏杈状,1根圆木的一端有一“十”字形斗口。从这些圆木板加工痕迹及出土时的位置,以及井内出土的芦苇残片和散落在井边上的呈辐射状的小长圆木等遗存分析,当时河姆渡人在水井上方很可能建有简单的井亭,用于遮挡泥土,保持井水的干净。

井的出现,表明早期人类为了更加方便的解决定居后的饮水问题,一直在探索解决水源的途径和方法。事实上,河姆渡遗址位于姚江的北岸,距江边并不十分远,但河姆渡人仍在自己居住的聚落中掏挖出一口井,正代表了定居生活中人们共有的一种认识,即生活需要更加方便快捷。正是出于这种需要和认识,在新石器时代的人们才不断地进行着发明和创造。河姆渡人采用他们发明的榫卯结构,凭着自己的智慧,筑成了中国历史上已知最早的水井,这也为人们选择远离河流的地点定居,扩大活动的范围,提供了重要的条件。

第二章

国家的建立和发展

国家的产生，是人类文明发展史上的一个重要的里程碑，也是文明时代到来的重要标志。在我国的历史上，由于缺乏翔实的文字资料记录，对于从原始社会过渡到国家的建立这段历史，多依据来自远古的传说。然而大量的考古资料证明，国家的产生是伴随着原始文明的不断进步，在不断积累的物质文明和精神文明的基础上，特别是在当时人们对社会和自然认识的发展，观念和意识和转变过程中逐渐产生的。所以，通过文物资料来揭示国家产生和发展的过程，有助于深入探讨国家产生的社会和历史的背景，认识社会变迁的深刻内涵。

一、国家产生的前夜

（一）日益丰富的物质文化

磨制技术的问世，极大地提高了生产工具的性能，劳动效率明显提高。早期人类为了能更加节省体力，减轻劳动的强度，提高生产的效率，始终在对传统的石器工具进行改进，并不断制造出新的生产工具，同时改进工具的使用方法，遂发明了组合工具。

1. 组合工具的产生

组合工具的产生，还应追溯到新石器时代中期。在河姆渡遗址中，出土了大量的骨质及木质工具，数量之多远远超过所发现的石器工具。河姆渡人选用骨、木作为制作工具的材料，也与他们所处的自然环境，特别是土壤湿、黏有关系。工具中有大量的骨耜。骨耜属挖掘工具，是用水牛等大型哺乳动物的肩胛骨加工制作的，一般长16~28厘米，宽约8~17厘米。骨耜的外形基本保留着肩胛骨的自然形态，但将肩臼部顶端和脊椎一面削平，两侧修整光洁，在肩臼处还多横凿有一方孔。骨板的下端呈圆舌形，骨板正面中央还琢磨出一条纵向浅槽，在这条浅槽的下端两侧，各凿有一个长方形的孔（图2-1）。在对遗址进行第二期发掘时，还出土了一些长木柄。这些木

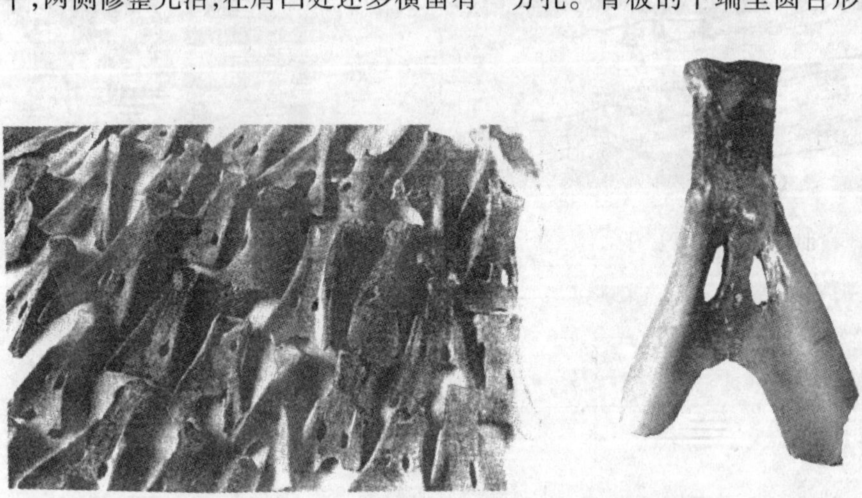

图2-1 骨耜（浙江余姚河姆渡遗址出土）

柄，有的将捉手部位加工成“T”字形，有的透雕出三角形的捉手孔。同时还发现一件用藤条捆绑残木柄的骨耜（图2-2）。由此证明，这些木柄是和骨耜组合在一起使用的。组合时，先将木柄安放在骨板正面的浅竖槽中，再将藤条穿过肩臼部的方孔和骨板下方的两个孔，缠绕绑牢木柄，而成为组合工具。

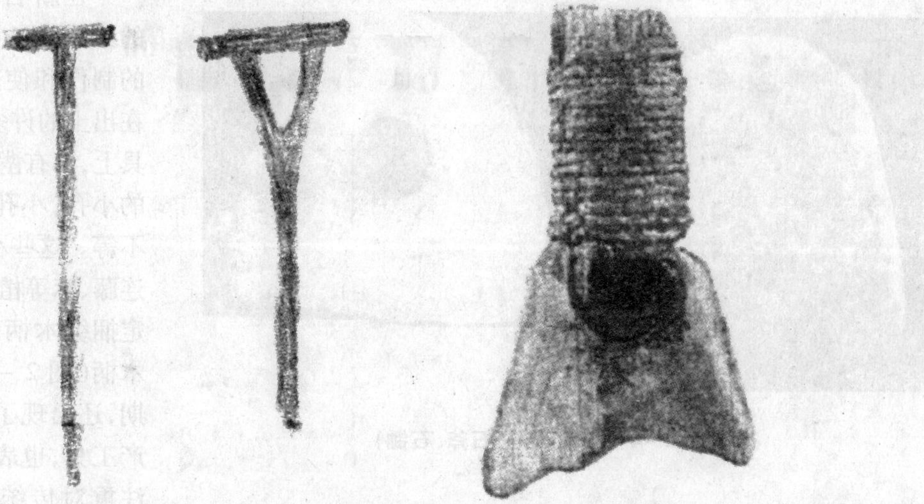

图2-2　木柄及安装木柄的骨耜（浙江余姚河姆渡遗址出土）

组合工具是将一件工具与其他材料组合在一起，成为一个整体。它较之手握的单体工具，无疑是一种进步。骨耜上的木柄，实际起着延长人的手臂，增强人的力量，减轻劳动强度的作用。在骨耜上捆绑木柄后，人们在挖掘时，不必再弯腰或蹲下双手持握骨耜，而是通过双手持握木柄，将上肢及双臂的力量向下作用于木柄，使骨耜插入土中。所以使用骨耜挖掘比只用单体骨耜显然挖掘得更深，劳动强度也大为减轻，无疑是提高了劳动效率。而且组合工具还有一个优点，当工具在使用中磨损，只需要更换损坏的部分，而不至于丢弃整件工具。即骨耜一旦损坏，只要更换一个新骨耜，而木柄仍能继续组合使用。不过，组合工具对材料的制作和加工，要求更加精细、规范，这样才便于更换和捆绑，使组合后的工具更加结实，耐用。

河姆渡人不仅采用组合的技术，制成了骨耜，他们还将这种技术应用在其他生产工具的制作中。在遗址中，还发现了与穿孔石斧组合使用的木柄（图2-3）和长方形双孔石刀等。正是组合工具这种更为先进的工具制作技术的问世，极大地提高了生产的效率，所以在河姆渡遗址中发现的稻作遗存十分丰富。仅在第一期发掘中，于10余个探方的400平方米的范围内，普遍发现了稻谷的堆积层。有的稻谷和谷壳、

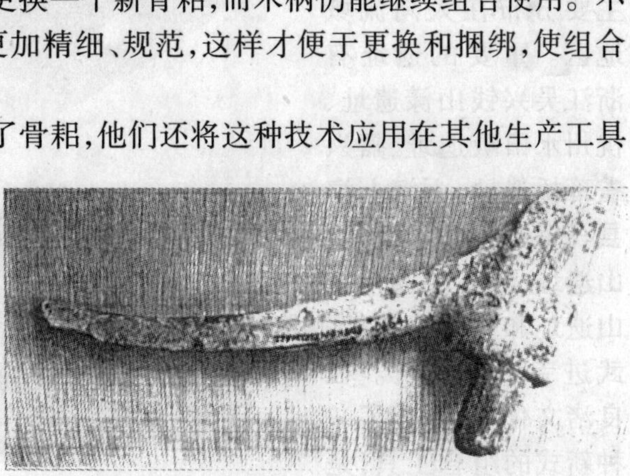

图2-3　木质斧柄（浙江余姚河姆渡遗址出土）

稻秆、稻叶混杂叠压，平均厚度在40～50厘米，也有的厚达1米以上。从这些遗存的厚度及面积推算，在河姆渡第四期文化堆积层中的稻谷总量，可能多达100吨左右。如此之多的稻作遗存，充分反映了河姆渡聚落原始种植业的兴盛，其中也与组合工具的发明与使用，有必然的联系。

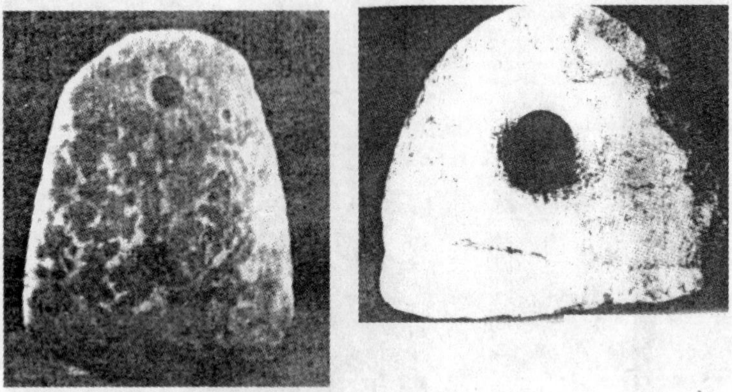

图2－4　穿孔石器（石斧、石锄）

在新石器时代晚期的聚落遗址中，组合工具的制作和使用更为普遍。在出土的许多磨制石器工具上，都有凿出或钻、磨出的小孔，小孔的数量多少不等。这些小孔或用于穿连藤、麻等植物纤维，以固定捆绑木柄；或直接嵌入木柄（图2－4）。这一时期，还出现了一些新的生产工具，也表明人们更加注重对传统生产工具的制作技术和性能方法的改进。

2. 破土器，犁的雏形

良渚文化是长江下游地区新石器时代晚期的代表性文化，因最先发现于浙江余杭良渚村而得名。1936年，首次对这处遗址进行了发掘。良渚文化所处的年代为公元前3300～公元前2200年，主要分布在太湖流域地区。重要的遗址有浙江吴兴钱山漾遗址、杭州水田畈遗址、嘉兴雀幕桥遗址，上海上海县马桥俞塘、青浦福泉山遗址，江苏吴县草鞋山遗址和张陵山遗址、武进寺墩遗址等。在良渚文化中，出现了一种新式的组合工具，是一种磨制成的薄片石器。有两种形制：一种

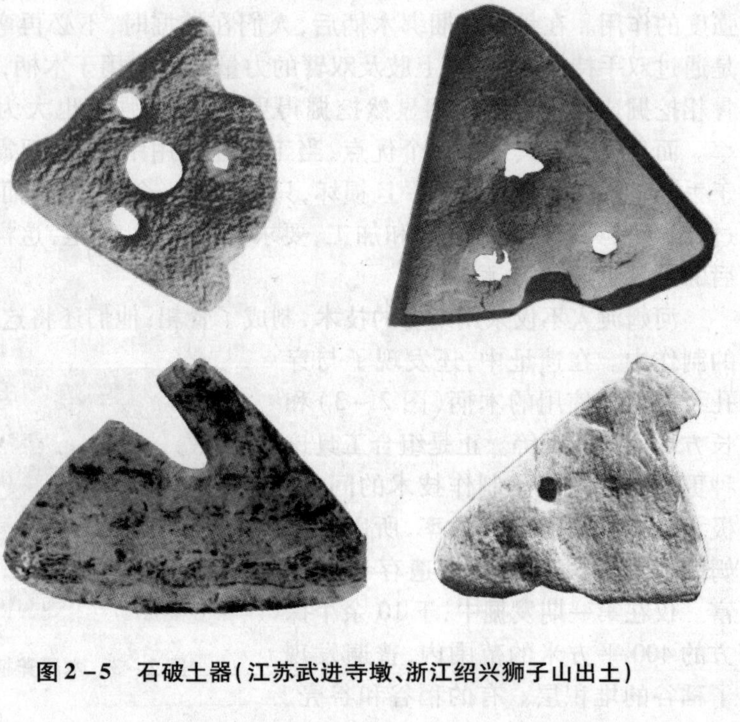

图2－5　石破土器（江苏武进寺墩、浙江绍兴狮子山出土）

呈等腰三角形，等腰的两条边均磨出刃，中部有2个或3个圆孔，底边有二三个凹口，器身长约20厘米以上；另一种呈不等边三角形，长的一边有刃，有的在后部上角处有一矩形缺口，有的则在后部的中间部位凿有一长槽式三角形缺口，凹入器体的中部。在器体后部上方，形一凸起的斜柄。器体最长的约40厘米（图2－5）。这两种三角形的薄片石器可用于破碎板结的土壤，实际起着松土的作用，故称其为破土器，亦称犁形器。使用时需在三角形石片上安装一个木制扶柄。两种不同形制的破土器，扶柄安装的位置和方法是不同的。等腰三角形破土器应是平置使用的，因此扶柄安装在三角形的平面。通过在器体上的几个圆孔中楔入竹钉，使扶柄与破土器组合在一起（图2－6）。另一种三角形破土器在安装扶柄时，则需在木柄底端凿出一个与被土器顶部缺口上方的斜柄长宽度相同的槽，再将斜柄嵌入扶柄的槽内，组合在一起。

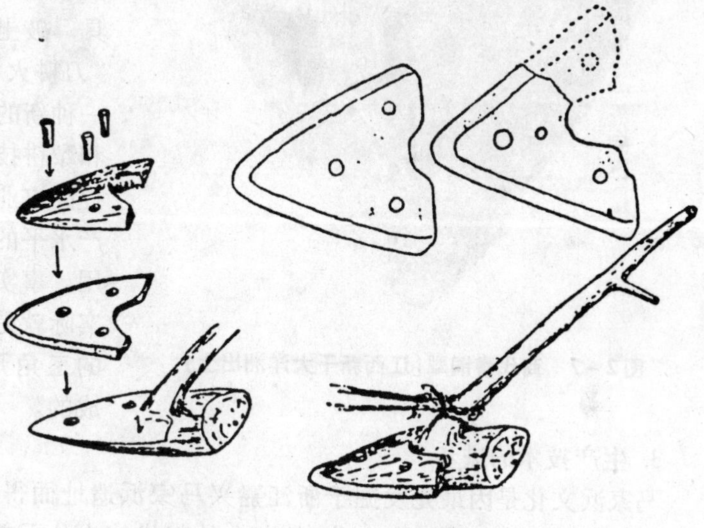

图2－6　石破土器安装示意图

破土器是新石器时代晚期发明的一种新式农具，它不同于耜、铲、耒、锄等农具的使用方法。使用时，需靠人力在前面牵拉，一人在后面手持扶柄，使破土器的尖端插入土中，随着破土器的前移，连续破碎板结的土壤。有的三角形破土器上也凿有一个圆孔，应是穿绳索牵拉用的。两种不同形制的破土器，实际破土的效果也不相同。等腰三角形破土器为平置状态，所以插入土中后，能破碎与器体宽度相等的土壤；而三角形破土器为竖置状态，因此破碎土壤的宽度很窄，实际只留下一道沟，故极适宜破碎板结十分坚硬的土壤。

这种石质破土器也出现在北方地区的龙山文化遗存中。龙山文化是黄河中下游地区金石并用时代的一种文化遗存。在其分布的广阔区域内，各地同期的文化遗存，既有相同的因素和文化面貌，又有不同的承袭关系和文化特征，因此在考古学上又分为山东龙山文化（亦称典型龙山文化）、河南龙山文化、陕西龙山文化、山西陶寺类型等几种龙山文化类型。其中，山东龙山文化是承袭大汶口文化发展而成的，所处年代为公元前2500～2000年左右；河南龙山文化主要承袭庙底沟二期文化等发展而成，其所处年代为公元前2600～2000年左右，主要分布在河南的北部、东部和西部等地区；陕西龙山文化最先发现于陕西西安斗门镇西的客省庄（又名开端庄），也称客省庄二期文化，是承袭仰韶文化发展而成的，其所处年代为公元前2300～2000年左右，主要分布在陕西境内的泾水、渭水流域地区。龙山文化陶寺类型，亦称陶寺文化，也是承袭庙底沟二期文化发展而成的，所处年代为公元前2500～1900年左右，主要分布在山西西南部的临汾盆地，其中以山西襄汾东北方的陶寺遗址为代表。

龙山文化出土的大量遗存,反映了在其覆盖的区域内,农业生产和家畜饲养业较其所承袭的文化又有了新的发展。其中的陶寺遗址中,也发现了破土器这是一种曲尺形的薄片石器,也是一种组合工具。破土器的发明,不仅改变了传统“刀耕火种”的原始耕种方式,创造了一种新的耕作技术,更对后世犁的问世和犁耕技术在农业生产中的推广使用,提高农业生产的精耕细作,推进农业生产水平的不断提高,起有重要的奠基作用。事实上,后世的金属犁(图2-7),实际就是在新石器时代晚期开始使用的三角形破土器的基础上,改进而成的。

图2-7 商代青铜犁(江西新干大洋洲出土)

3. 生产技术的进步

马家浜文化是因最先发掘于浙江嘉兴马家浜遗址而得名,是太湖流域地区先于良渚文化的一种新石器时代晚期文化,其存在的年代约为公元前4300~公元前3900年左右。1992年至1995年以来,在对草鞋山遗址重新发掘时,发现了马家浜文化时期的稻田遗址。其中,东区共发现古稻田33块,水沟3条,水井6个。水稻田的平面多为圆角长方形或椭圆形、不规则形的浅坑。面积小的只有0.9平方米,大的有12.5平方米。浅坑深0.2~0.5米,呈西南——东方走向成行排列。稻田之间,有的用水口相通,并有水沟、蓄水井(坑)等设施,使水流经水沟、蓄水井(坑)进入稻田。蓄水井则以备干旱时之用。在西区还发现人工开挖的大水塘2个,水田11块,水沟3条,水井4处。稻田的形状大小及排列方式,均与东区相同,从稻田的水利设施来看,当时人们已掌握稻作的特点和栽培技术。为解决稻作的用水问题,人们有意识地开挖水沟和水塘、水井(坑),采取人工给水的方法,保证水稻的生长。仅此即说明,这一时期的稻作生产已十分成熟。

1996年冬天,对城头山遗址进行重新发掘时,在早期城墙下发现了古稻田遗址(见图1-29)。此后,又对这处稻田遗址进行了大面积的发掘,共清理出3条田埂,在3条田埂之间形成了两片丘田。在发掘中发现,稻田中的泥土为青灰色纯净的静水沉积,黏性极强,已形成龟裂纹。在泥土中还较完整地保留着稻梗和根须。从稻作遗存及分布分析,当时采用的是撒播的播种方式。据测定,这处稻田遗址存在的年代距今约为6620年左右,这也是目前国内外已发掘的年代最早的古稻田。在稻田遗址中,也发现了配套的原始灌溉设施,其中包括3个水坑和3条水沟。水坑为不规则的圆形,直径为1.2~1.5米,深约1.3米,坑底有一层很浅的淤泥。值得注意的是,水坑高于水田,并有水沟与之相连,通向稻田。由此可看出,水坑是为稻田贮存水的一种专用设施。

草鞋山和城头山两处遗址中发现的稻田及水利灌溉设施遗存,清楚地表明远在新石器时代晚期,长江流域地区的稻作农业已发展到很高的水平,当时的人们已经掌握了水稻种植的一些技术，并且通过修筑蓄水井和水塘、开挖水沟等方式，为水稻的栽培和生长提供用水，也再次证明了稻作农业起源于长江流域的事实。

稻田和配套灌溉设施的修建，既是生产工具制作技术不断进步的产物，也是人们不断摸索和总结粮食作物的生长规律，改进农作物种植技术的必然结果。

稻作地区的新石器时代一些遗址中，所发现的一些遗存，还显现出掌握施肥技术的迹象。在良渚文化的钱山漾和水田畈等遗址中，都出土了形似小畚箕的有柄木签篰。这种工具在今天的江南地区是用于戽水和埝河泥（也可用于修筑稻田田埂和积肥）的传统工具。良渚文化时期的人们制作这种工具，无疑是用于灌溉和施肥。新石器时代晚期出现的施肥技术，也是农业生产中的新发明和创造。

4. 陶器制作技术的改进

生产的发展，家居生活的稳定，更为丰富人们的物质文化生活奠定了坚实的基础。家居生活所用的陶器，在制作技术上长足发展，器形种类增多。

新石器时期早期制作的陶器，都采用手工制作。主要有捏塑、模塑或泥条盘筑、圈筑等方法。捏塑，是直接用手指将陶泥捏成所需要的器物形状，或将陶泥通过堆塑的方式使之成为特定的形状。采用这种方法制作的陶器，器形比较小，多为一些陶艺品。如裴李岗、磁山、河姆渡等遗址中出土的陶塑动物形象。模塑，是先用藤条或树木枝条编织出一个器物的形状，再将陶泥均匀地贴附在编织物的内底部及内壁，或贴附于外底部及外周壁。待陶泥干燥定型时，则将编织的模具从陶泥中取出，再对陶坯表面稍加修补。采用模塑法制作的陶器，一般器形比较简单、规整，体型不太大。在陶器的器壁上，常能发现编织纹痕迹。泥条盘筑，是将陶泥捏搓成泥条，然后将泥条从中心依序盘绕，直至达到需要的尺径后，再将泥条从平面盘绕改为沿底部边缘向上盘绕，至所需高度后终止。泥条圈筑，则将陶泥捏搓成一个个泥圈，然后采用叠加的办法，将泥圈一个紧贴一个堆砌，直至所需的高度为止；之后再对陶坯表面用陶泥浆进行修补，使之平整。用泥条盘筑或圈筑制成的陶器，器体一般都比较大，器壁略有凹凸，器形不太规整。

早期用于制作陶器的原料，一般都是就地取材，选择天然的粘土，不经淘洗就用于制作陶坯，因此含有较多的杂质。加之这一时期陶器的烧成温度，一般在900℃左右，所以烧制成的陶器，胎质比较疏松，硬度不大，这也是原始陶器所具有的特征。如河北徐水的南庄头遗址、湖南道县寿雁镇的玉蟾岩遗址等新石器时代早期聚落遗址中，所出土的陶器土质多不纯，有的含砂量很大，有的还夹杂着有机物，胎质很疏松。

早期的陶器在烧制技术上也是比较原始的，陶窑的结构也比较简单。在新石器时代中期的裴李岗遗址中，发现了一座陶窑遗址。它由一个圆形的窑室和一条火道构成，火道位于窑室的前下方。这种陶窑的结构属于横穴式窑。经测定，使用这种陶窑烧制陶器，其烧成温度为900～960℃左右。

到新石器时代中晚期，制陶技术逐渐趋于成熟。如仰韶文化时期的陶器，就比裴李岗文化时期的陶器有了明显的进步。据对陶片的分析鉴定，仰韶文化时期的人们在制作陶器时，不再直接从当地挖取普通的含细砂黄土，而是有选择的，并且多经过淘洗，除去土中的杂质后，才用于制作陶坯。虽然仰韶文化时期制作的陶器仍以手制为主，但在河南郑州市郊的大河村遗址仰韶文化遗存中，出土的陶器上发现有一种环绕器壁周体的旋纹，底部还有割痕。据此分析，到仰韶文化晚期时，制作陶器时已开始采用轮制技术。轮制，是将陶泥放置在一个能够旋转的平板（台）上，在转动的平板（台）的同时，通过双手对陶泥进行挤压、提升，使其逐渐成型。轮制技术的发明，不仅使陶器的器形更加规整，而且还提高了制坯的效率。此后，随着轮制技术从慢轮向快轮的发展，陶器的器型不仅十分规整，器壁更薄，且器型也呈现多变的特点。

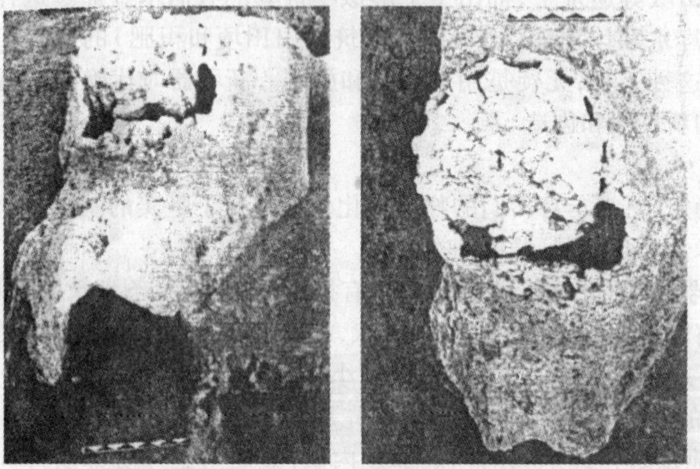

图2－8　横穴窑遗迹（前视[左]、俯视[右]陕西西安半坡遗址出土）

在陶器制作技术进步的同时，烧制技术也在不断地提高。仰韶文化的一些遗址中发现的陶窑遗迹，即反映了这一时期陶窑结构发生的变化。

在半坡遗址中发现的6座陶窑遗址、遗迹，有两种形制：横穴式窑和竖穴式窑。横式窑与裴李岗的陶窑形制比较相似，略呈圆形的窑室直径约1米，窑壁上部内收（图2－8）。在窑室的周壁上，均匀分布着火眼。火膛位于窑室的前下方，有3条火道自火膛向斜上方经火眼与窑室相通。烧窑时，火膛的火焰通过火道，穿过火眼进入窑室。半坡遗址中的竖穴窑，窑室位于火膛的上方。火膛是一个底大口小的袋状坑，通过多条火道与窑室相通。与横穴窑相比，竖穴窑由于火膛与窑室是呈上下布列，缩短了距离，因此火力更集中，窑内的温度也随之提高（图2－9）。烧制出的陶器，胎质也更加紧密、坚硬。所以竖穴窑在以后的制陶业中被继续沿用，并被不断地改进。在大汶口文化中期以后的一些遗址中，出土的陶器胎质硬度很高，且结构紧密。据分析推测，这时期使用竖穴窑的烧成温度，已达1000℃以上。

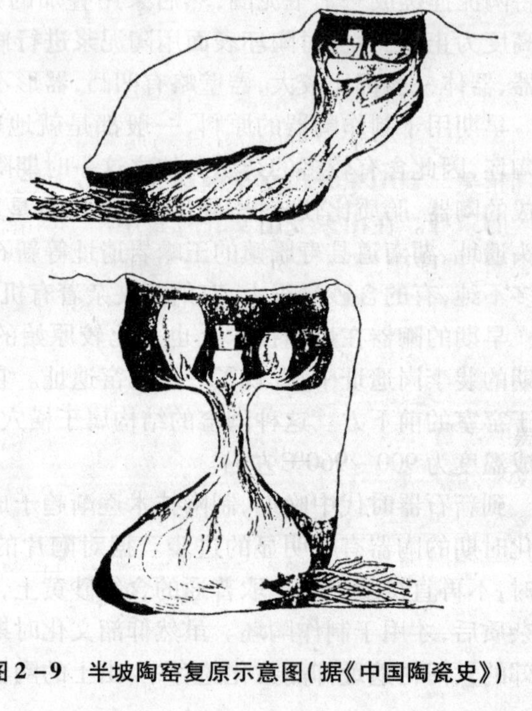

图2－9　半坡陶窑复原示意图（据《中国陶瓷史》）

在改进制陶和烧陶技术的同时，人们也对陶器的制作原料，进行了精心选择。在大汶口文化中，早期选用的陶土中有夹砂和泥质两大类，其中的泥质陶土多经过淘洗，质地比较纯。而晚期时泥质陶则均为细泥陶。这种颗粒微小细腻的陶泥，一是直接选用受风力和水力作用后的沉积土；二是对陶土经水淘洗沉淀，去除杂质后，再对细泥进行踩、揉而成。但无论采用哪种办法，都表明这一时期的人们在制作陶器时，很重视选择细腻的陶土。这也为制作十分精细的陶器，提供了适宜的原料。更为重要的是，人们在从自然界中选择陶器制作的原料时，又发现了一种新的土质，即瓷土。在大汶口文化晚期的陶器中，出现了胎质呈灰白色的陶器——白陶（彩图5），就是用瓷土烧制成的。

5. 黑陶的问世

从新石器时代早期到晚期，陶器这种人们日常生活的用具，在烧制技术上还有一项重要的发明，即封窑技术。早期，人们烧制陶器时尚未掌握封窑技术，即窑口是敞露的。由于陶土中含有许多铁元素，在高温的作用下，铁元素迅速、充分氧化，变成呈红色的氧化铁，所以陶器的胎质呈红色或红褐色，而被称为红陶。红陶因此也成为新石器时代早、中期陶器的代称。但到大汶口文化中期时，出现了灰陶，这表明当时的人们在烧制陶器时，已掌握了密封窑口的技术。而且当窑室温度达到陶器烧成温度时，还向窑内徐徐注水。由于窑室内缺少氧气，注水又使高温下的陶器经历了一次还原反应过程，使陶土中的氧化铁生成氧化亚铁。因氧化亚铁呈灰色，故这一时期烧制的陶器多为灰陶。到大汶口文化晚期时，又出现了黑陶。黑陶的烧制，主要有两种方法：一是与灰陶烧制的方法相同，但由于向窑内徐徐注水后，窑室内许多游离的碳分子在高温下渗入陶土中，故胎质呈黑色。二是在烧制过程中，通过改变燃料的方法而烧成黑陶。即用草本植物作燃料，使窑室内的温度逐步升高；然后改用木材，使窑室温度迅速提高；达到烧成温度后，再改用草木植物，以保持窑室的温度。由于草本植物在燃烧过程中，释放出大量的碳分子，在高温下亦渗入胎质中，故也呈黑色。虽然这两种黑陶的烧制方法均在今人的实验中得到验证，并烧制出黑陶，但大汶口人究竟采用哪种方法烧制出黑陶，至今仍不得而知。

制陶技术和烧陶技术的不断进步，为人们定居的生活提供了大量的实用器具，而且陶器的质量也不断提高，制作更加精美。到山东龙山文化时期，制陶技术已达到新石器时代的顶峰。在山东龙山文化遗址中出土的陶器，器形相当规整，器壁薄厚十分均匀，说明当时已普遍采用轮制技术，且是快轮制作的。在山东日照东海峪、临沂沂湖台等遗址中，还发现一种细泥薄壁细陶器，表面乌黑发亮，胎质细腻、轻巧，胎壁厚度仅有0.5～1毫米，薄如蛋壳，故有蛋壳黑陶之称（图2－10）。蛋壳黑陶的出现，表明当时的轮制技术，烧制技术都达到一个很高的水平。而这一时期的白陶数量又有所增多，说明这一时期陶器的烧成温度受窑室结构、燃料等因素的制约，仍保持在1000℃～1100℃左右。这个烧成温度，距离瓷器1200℃的烧成温度已相差不远，所以瓷土的发现和使用，烧窑技术的不断进步，为后来瓷器的问世，奠定了重要的基础。

图2－10 蛋壳黑陶高足杯

（山东临沂湖台遗址出土）

图 2－11 夹砂陶纹饰
（陕西省博物馆藏）

自新石器时代早期人们发明陶器制作技术后，陶器不仅作为生活的用具，还具有美化生活的作用。中期以前制作的陶器，因陶土的成分不同，而出现了质地较纯的泥陶和含有砂粒等成分的夹砂陶两类，但均属红陶。由于泥红陶的陶坯表面很光洁，人们便使用矿物或植物颜料，在陶器的外壁及内壁上，绘制出各种动物、植物花纹图案，故被称为彩陶。夹砂红陶的胎质较粗，陶坯表面也较粗糙，不易彩绘。于是人们便采用刻、划、刺、模印等方法，在器物的表面施以绳纹、线纹、弦纹、编织纹、剔刺纹、附加堆纹等多种纹饰，以作为这类陶器的装饰，增加其美感（图2－11）。也有的陶器的表面没有彩绘或刻画的纹饰，但器物表面采用黏稠的泥浆涂抹，使其极为光洁，而被称为素面陶。人们在陶器上通过各种方式进行装饰和美化，也说明人们在定居生活中，随着物质生活的不断丰富，对精神文化生活的追求不断增强。人们正是通过美化生活器物的方式，来表达自己对更加美好的物质生活的向往和企盼。

图 2－12 镂孔高足黑陶杯
（山东曲阜西夏侯出土）

随着灰陶、黑陶的出现，人们对陶器的装饰方法也发生了相应的变化，传统的彩绘被弦纹和镂孔装饰所取代（图 2－12）。同时，由于轮制技术的进步，器形出现了多变的特点，更突出器物造型的美感。

（二）金属冶炼技术的问世

新石器时代晚期，随着工具制作和陶器烧制技术的进步，特别是人们对自然界认识的不断深入，也为探索新的生产技术积累了宝贵的经验，从而引发生产技术的又一次创新。金属冶炼技术的出现，就是这种创新的重要标志，也是人类走向文明社会的一个里程碑，从此人类进入了金石并用的时代。

1. 铜器的发现

金属冶炼技术的问世，与陶器烧制技术的进步有直接的联系。龙山文化时期，人们在普遍使用竖穴窑烧制陶器时，又对竖穴窑的结构不断进行改进，使窑室内的火力更加集中，温度进一步提高，一般达到 1100℃左右。这样高的温度，足以使一些熔点较低的矿石熔化。而人们在烧制陶器时，为使制成的陶坯入窑后，能摆放平正、稳当，避免其变形，常在陶坯下垫放石块，其中不乏金属矿石。当窑室温度升高到熔点以上时，矿石熔化成液态，流淌到低洼的地方。待陶器烧成撤火后，窑温下降，金属又凝固，并保持着聚积在低洼地方的形状。正是在烧窑过程中的偶然发现，使人们又认识了金属这种物质。由于金属具有硬度高、耐磨，且熔化后再冷却时，又能依限定的形状定型等特点，从而引起人们的注意和兴趣。在经过反复的探索和尝试后，人们终于掌握了金属冶炼技术，开始用金属制作生产工具和生活工具。

我国目前已发现的最早的金属文化遗存，是于公元前3500～2050年左右的马家窑文化中。马家窑文化为新石器时代晚期黄河上游地区的一种文化类型，因20世纪20年代初首次发现于甘肃临洮马家窑村而得名。马家窑文化主要分布在甘肃，范围以陇西平原为中心，东至陇东山地，南抵甘南山地和四川北部，西到河西走廊和青海东北部，北达甘肃北部及宁夏南部。从出土的文化遗存分析，它是承袭仰韶文化的庙底沟类型发展而成的一种文化类型。在甘肃东乡的马家窑文化林家遗址一处房屋基址内，出土了一把铜刀和碎铜块。这把铜刀短柄长刃，刀尖圆钝微上翘，通长12.5厘米。经鉴定，为铜锡合金制品。这是目前发现的最早的一件青铜制品。在马家窑文化的甘肃永登蒋家坪遗址中，也出土了一把残铜刀，亦为铜、锡的青铜制品。青铜制品的出现，最初是与铜矿石中含有锡的成分有关，而绝非人工配比合成。不过，因铜锡合金的熔点比纯铜低，硬度则比纯铜高。因而在后世的冶铜生产中，人们也采用人工配比合成的方法生产青铜制品，因此青铜便成为主要的产品。

在晚于马家窑文化的山东龙山文化、河南龙山文化和黄河上游地区的齐家文化等许多遗址中，也都发现了铜器或冶铜遗存。在山东胶县三里河遗址中，先后出土了两件铜质锥形器。经化验鉴定，这是经冶炼铸造而成的黄铜制品。其成分除铜之外，锌的含量也比较高，此外还有少量的锡、铅、铁、硫、硅等杂质。另据地质调查，三里河遗址所在的昌潍地区以及烟台、临沂地区，有十分丰富的铜锌或铜锌铅共生矿资源。生活在这里的人们，正是借助了当时已十分先进的烧陶技术，利用当地丰富的铜矿资源，开始制作铜器。也正是因为山东地区有丰富的铜矿资源，所以在山东龙山文化中，冶铜文化遗存比较普遍。在山东半岛东端的栖霞杨家圈遗址中，不仅发现了一件残铜锥，还出土了不少炼铜渣和孔雀石等炼铜原料。日照的尧王城遗址中，也出土了许多炼铜渣。长岛店子遗址、诸城呈子遗址等的龙山文化遗存中，还发现了铜的残片。这些遗存进一步证实在龙山文化时期，冶铜已成为人们的一种新的生产劳动。也说明，生活在这一时期的人们，已较普遍地认识了铜这种金属。

在河南临汝龙山文化煤山遗址的两座窑穴内，还出土了炼铜用的坩埚残片，证明当时人们是用坩埚加热炼铜的。从龙山文化的这些遗存中，还表明那时的人们认识了这种金属后，又在不断的探索中对铜有了更深的认识。这种认识涉及铜矿资源、铜金属的性质和特点、铜的冶炼和铸造等诸多方面，并掌握了用铜制作生产工具和生活用具的方法。铜冶铸技术的发明，有利于工具性能的改进和提高，更为后世金属冶铸业的形成，为铁和其他金属在生产和生活中的使用，提供了极其重要的技术和条件。

2. 金属冶铸技术的初起

在承袭马家窑文化发展而成的齐家文化中，已发现的冶铜文化遗存更为丰富。齐家文化，是因1924年最先发现于甘肃广河齐家坪而得名。其分布的范围，与马家窑文化大致相同，其所处年代为公元前2000年左右。在齐家文化覆盖的区域内，已发现的这一时期的成型铜器，在金石并用时代各种文化类型的遗存中是数量最多的。齐家文化甘肃武威皇娘娘台、永靖大何庄和秦魏家、广和齐家坪，青海贵南尕马台等10余处遗址中，都出土了数量较多的铜器。这些铜器以小件工具为主，如刀、凿、锥、匕、钻、斧等，还有铜镜、指环、铜饰等少量的日常生活用具和装饰品。在一些遗址中，还发现了铜渣。这些铜器经化验鉴定，有红铜，也有青铜。铜器的制作方法有的是将炼出的铜冷却后经锤打、敲击而制成的；有的则是将熔化后的铜液浇入单范中，铸造而成的。这表明，齐家文化时期的人们已掌握了冷煅和铸造这两种金属冶铸工艺。其中，在皇娘娘台遗址中，曾先后出土了30多件铜器。据化验鉴定，铜的含量多在90%以上，最高达99.87%，铅、锡等元素的含量非常少，属纯铜制品。这是迄今为止，在我国境内成批出土的年代最早的红铜器，也说明当时人们基本是选用天然铜矿石制作铜器。不过，在青海西宁的沈那遗址中，出土了一件青铜矛，长62厘米，宽20厘米，呈阔叶状，有中脊，矛的中部还附有一倒勾。经化验鉴定，是铅、锡、红铜的合金制品，属青铜器，这也与天然矿石本身的合金含量有关系。

铜刀、铜锥是齐家文化遗存中常见的两种铜器，也是反映齐家文化冶铜铸造、冷煅技术的代表性铜制品。铜刀一般长10厘米左右，刀身多为扁平长条形，大多有明显的脊背和刃口。在青海互助总寨遗址和甘肃永靖秦魏家遗址中，还发现了骨柄铜刀和骨柄铜椎。用青铜器制作组合工具，证实了人们对于铜这种金属的性能，已有很深的认识。铜锥一般为圆柱形或四面体长条形，一端有尖锋，有的另一端可安装骨柄或木柄。锥长一般为6厘米左右。齐家文化出土的铜斧也很有特色。其形制多为扁平宽刃，在斧身顶端处，还有一个突棱。其中，在齐家坪遗址中出土的一件铜斧，斧身全长15厘米，器形比较厚重。斧的一端有一长方形銎，还附有一对小钮，斧刃比较锋利(图2-13)。这件空首铜斧在出土时，銎内还残留着木头的痕迹，显然是安装木柄的。这是齐家文化目前已发现的最大一件铜器，表明在齐家文化时期，人们也开始制作一些较大型的器物。据对这些铜器的分析和鉴定，刀、锥是采用冷锻法加工制作的，斧、镰及少量的刀则是采用制范、浇铸工艺制成的，其中，铜镰、刀等一类的工具一般都是使用单范，而铜斧则使用了合范技术，浇铸而成。

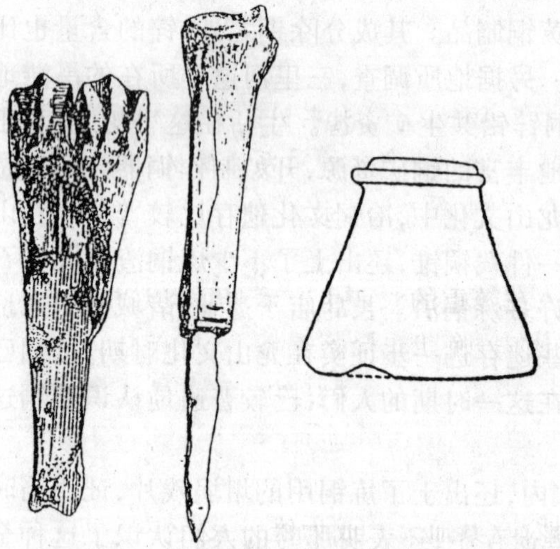

图2-13 齐家文化铜斧，骨柄铜刀、铜椎

在齐家文化出土的铜制生活用具中，铜镜是最具代表性的。已发现的两件铜镜，一件出土于齐家坪遗址，圆形，直径约6厘米，镜背中央附有一桥状钮，镜面光洁。另一件出土于尕马台遗址，亦为圆形，直径9厘米，厚0.4厘米，境面平滑。在这面铜镜的背面中部亦有一桥形钮，但出土时已损。围绕着桥形钮，还装饰有一七角星几何图案，角与角之间则

饰有斜线纹(图2－14)。在铜镜的边缘有一周突棱,在镜缘一侧还钻有2个小孔,应是系绳吊挂之用。其他的一些铜装饰品,虽然器形都很小,但铜这种金属被用于生活之中,也说明人们已掌握了制作青铜器的技术和方法。

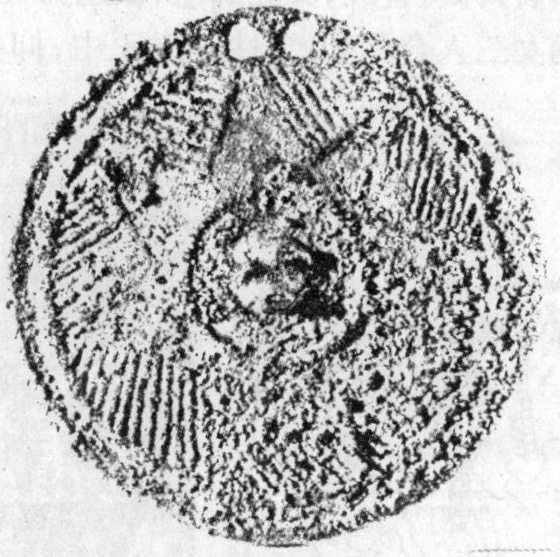

图2－14 铜镜(青海贵南尕马台出土)

在北方地区出现铜文化遗存的同一历史时期,生活在长江流域的人们也认识了铜这种金属。20世纪50年代,在湖北天门发现的石家河遗址及其以此命名的文化类型中,也发现了铜的遗存。1987年,在发掘石家河遗址西北部的邓家湾遗址时,出土了数量很多的铜块和铜渣。经分析鉴定,这些铜块均为黄铜。由此可见,生活在长江中游地区的人们也开始冶炼和使用铜。

在黄河流域、长江流域新石器时代晚期的几种不同类型的文化遗存中,都发现了铜器或冶铜的遗存,充分说明距今4000年前,生活在这些地区的人们,在长期的生产劳动中,已从大自然中又认识了一种新的可以制作生产工具和生活用具的材料——铜,并且摸索和掌握了冶炼、冷锻和铸造等生产技术。从而使铜这种金属,较快地进入了人们的社会生活中。铜器的出现,标志着人类进入了金石并用的时代,同时也预示着一个新的历史时代——青铜时代的到来。

(三)聚落内部的分化

在经历了漫长的母系氏族社会的发展后,聚落内部的物质积累日渐丰富。而男子因其在生产中的重要作用,在聚落内部的地位逐渐提高,最终确立了父系血缘的纽带关系。在一夫一妻制家庭产生后,聚落内部的结构、关系亦发生很大的变化。

1. 一夫一妻制家庭的实证

聚落的产生和发展,是以原始农业为基础的。在繁重的农业生产中,男子以其强壮的体质和体力,实际起着重要的作用。在新石器时代中、晚期的聚落墓地中,男性墓内多随葬农具,即说明了这一点。随着原始农业的发展,聚落逐渐出现兴旺的景象。新石器时代晚期的聚落遗址,无论是规模、建筑数量,还是出土的器物、粮食遗存,都大大超过中前期的聚落。男子在生产中的作用越来越大,所以在家族内部的地位,也随着家族的日渐兴盛而逐渐提高,最终取代了女子在家族内部的核心地位,其血缘又成为维系家族整体性的纽带,人类社会因此又进入父系氏族时期。

聚落内部发生的这种变化,也被考古发现所证实。在大汶口文化聚落墓地中,墓葬的葬式比较常见的是单人葬和合葬。其中,早期、中期的合葬墓一般是成年男女同葬在一个墓穴中,但葬式却不相同。埋葬时,男子直体仰卧,女子则侧身屈肢,面朝男子。同样的葬式,在齐家文化中也能见到。在齐家文化的大何庄(甘肃永靖)、秦魏家和皇娘娘台,以及青海乐都的柳湾等遗址中,都发现了较大的墓地,迄今已发掘约1000座墓。这些墓地的葬式亦有单人葬和合葬两种,合葬墓则以男女二人合葬比较常见。秦魏家的男女合葬墓,男性居右,仰身直肢;女性居左,面朝男性,侧身屈肢(图2-15)。在皇娘娘台的一座成年一男两女三人合葬墓,男性位于正中,仰身直肢;两位女性在其左右两侧,均侧身屈肢,面朝男性。葬式也是社会生活习俗的一种表现形式。在考古中发现的这种葬式,正表现了这个时期男子在血缘家族中所处的主导地位,和女子所处的屈从、受支配的附属地位。从仰韶文化到大汶口、齐家等文化,在墓地的葬式上出现的这种变化,也正是死者生前地位变化的直接反映。所以,大汶口文化、齐家文化,是我国从母系氏族过渡到父系氏族社会时期的两种有代表性的文化类型。在存在年代更晚的龙山文化中,这种葬式更为普遍。将成年男女合葬于一个墓穴中的葬式,更清楚地表明,在大汶口文化时期,社会婚姻形态已经过渡到一夫一妻制。此前由母亲和她的子女及后代们组成的单亲式家庭,已被由一夫一妻及其子女组成的家庭所取代。

图2-15 男女合葬墓(甘肃永清秦魏家M105、山东泰安大汶口M13)

一夫一妻制的婚姻形式,建立起以男性为核心的男女之间的婚姻链条,也改变了母系氏族社会时期,子女只知其母,不知其父的家庭结构。家庭内部又形成以父亲为核心的整体性,血缘家庭成员之间的关系更加紧密。在山东龙山文化东海峪遗址中,发现的9座房屋基址,门皆朝向西南。从这9座基址的位置和结构分析,属并列成排的布局。房屋的结构大体相同,均为长方形的土台式建筑。这些房屋在建造时,先堆筑土台作为基础,然后在台基上挖槽筑墙,或直接起筑。在9座基址中,都发现了圆形灶址。从房屋的结构和布局分析,每座房屋应为一个夫妻家庭所居住。一户一灶,则说明在聚落中的每个家庭,生活上都有一定的自主性,实际已成为一个个相对独立的小整体。9座房屋基址的平面结构大体相同,又反映出在同一聚落中的每个家庭之间存在着趋同性,是一种平等的关系。每个家庭在聚落内部仍通过血缘的纽带作用,维系着聚落的整体性。

房屋建筑所反映的父系血缘家族内部的组织结构和家庭生活的特点,也在墓葬中有所体现。母系氏族社会时期的墓葬,随葬的物品多为生产工具,反映的是聚落内部男女之间各自承担的生产劳动。而在大汶口文化和齐家文化的墓葬中,则多随葬陶器等生活用具,骨、牙等材料制成的装饰品,还有猪头等,反映的则是家庭生活。表明这些生活用具、装饰品，以及饲养的家畜，都属于自己家庭所拥有。而这一时期的聚落公共墓地，一般都由若干排墓葬构成，墓葬的形制也基本相同。

2. 私有制的产生

进入父系氏族社会以后，随着生产工具制作技术的进步，极大地提高了生产效率；牢固的婚姻链条和一夫一妻制的家庭，更促进了定居生活的稳定性，为生产的发展创造了有利的条件，所以农业和家畜饲养业都呈现出较快的发展趋势，随之也出现了劳动产品的剩余。在大汶口文化、齐家文化等考古中，都普遍发现了数量很多的粮食和家畜的遗存。而这时在一夫一妻制的婚姻形态确立后，家庭成为家族内部最基本的组成单位，并具有相对独立的生活空间，生产工具和生活用具便最先成为家庭所拥有的财产。不过，这些工具和用具是聚落成员从事生产和生活的必备用具，尚不能反映聚落内部发生的变化。而当剩余的劳动产品大量出现后，逐渐被家庭所占有，遂成为家庭拥有的又一种财产。人们从自己家庭的利益出发，占有聚落内部出现的劳动剩余产品，从而开始了原始的财富积累。这种财富的积累，更标志着私有观念的产生。人们从占有粮食、家畜等剩余产品，进一步发展为占有其他非消费性物品。在此基础上，私有制逐渐在聚落内部得以确立。

大量的考古资料证明，私有制出现在新石器时代晚期。在这一时期的墓葬中，出土的随葬品与此前的仰韶文化时期的墓葬相比，发生了很大的变化。仰韶文化时期，不仅随葬品多为聚落成员日常生活和生产劳动所必需的工具和用具，而且由于这个时期多为集体合葬墓，尽管存在着随葬物品数量不等的现象，但很难证明这些随葬品就是个人的财产。但在大汶口文化的墓葬中，所见到的情况则与它有本质的区别，已能看出家庭之间存在着占有财富数量多寡的差别和贫富的差距。如在葬式上，虽然同为男女合葬品，但随葬的物品却有数量多少和质地好坏的差别，甚至葬具也不相同。

大汶口文化的遗存，是记录私有制形成过程的重要实证。存在于公元前4200～公元前2500年之间的大汶口文化，其文化面貌和特征在漫长的历史进程中，存在着很大的差别。早期的聚落公共墓地通常分成若干个小区，这仍是一个大血缘家族内部的后代分支。每个小区内的墓葬成排布列，墓葬形制多为长方形竖穴土坑。随葬品以陶器、石器和骨器为主，在数量上没有太大的差别。但到中期以后，墓葬出现了形制大小的区别。小型墓中没有葬具，随葬品只有几件或十几件普通的陶器，有的墓中甚至没有随葬物品。大、中型墓则不仅墓室较大，有二层台结构，还开始使用木质棺、椁等葬具，随葬物品的种类和数量更为丰富。墓中除随葬有一般性的陶器和石器、骨器等物品外，还有一些制作精美的玉器和象征财富的猪下颌骨或整猪（图2－16）。而到大汶口文化晚期，小型墓的形制和随葬品，依然如故，但大、中型墓则多随葬玉器及白陶鬶、薄

图2－16　大汶口文化贵族墓
（山东泰安大汶口遗址出土）

胎黑陶高柄杯等高档陶器。此外在一些遗址中，还出现墓地内大、中型墓和小型墓分开的现象。这时期的大型墓中，更有极奢华者。大汶口遗址的 M10 是一座很有代表性的大墓。这座墓规模很大，墓穴长 4.2 米，宽 3.2 米，有二层台。根据发掘时墓穴内残存的遗迹分析，墓室中曾放置着用原木卧叠构成的“井”字形木椁，作为葬具。在木椁的内侧，当时还可能涂抹了朱色。墓主人周身覆盖着厚约 2 厘米的黑灰，推测是为衣物遗迹。墓主的头部和颈部有 3 串石质装饰品，上肢还佩戴着玉臂环、玉指环。其腹部还放置着一件制作十分精致的玉铲。出土的器物有制作尤为精美的象牙雕筒、骨雕筒、象牙梳等，以及 90 多件陶器和猪头骨、兽骨、鳄鱼鳞板等物品。这些随葬的物品不仅丰富，而且还很珍贵，然而就在同一处墓地中，却发现了为数众多的，墓室狭小得只能埋葬单人的墓穴。在这些墓葬中，随葬品寥寥无几，甚至一无所有。

从大汶口文化早期到中期的墓葬，出现的这种变化和差异，无疑是社会变化的真实写照，真实地记录了聚落内部家私庭私有财产的占有情况。

3. 贫富分化对立的出现

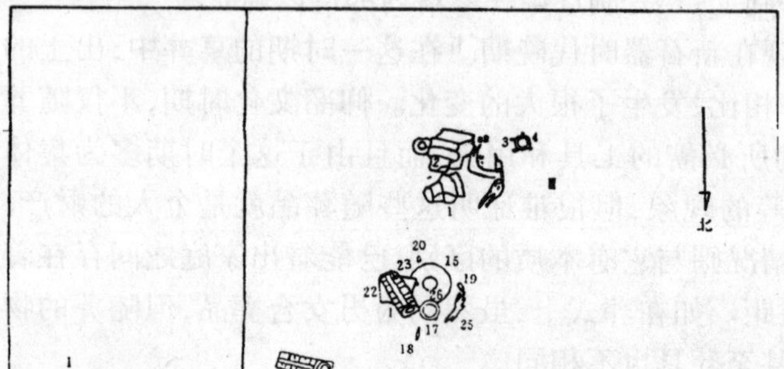

图 2－17　草鞋山遗址 M198 平面示意图

在私有观念下形成的私有制，进而导致聚落内部出现贫富差距的现象，也出现在与大汶口文化同期的其他文化遗址中。在良渚文化的遗址中，也存在着大墓墓地和小墓墓地分开布局，各自独立的现象。小型墓葬的墓地往往散布在大型墓葬的墓地附近，且有比较清楚的分界。而在大小不同的墓葬中出土的随葬品在种类和数量上，也存在着很大的差别，如草鞋山遗址的 M198（图 2－17），墓穴长 4 米，宽 1.7 米，明显大于同期的其他墓葬。墓中随葬的物品也十分丰富，包括 3 件玉琮、3 件玉璧，以及镯、管、珠、锥形饰、穿孔斧等 30 余件玉器。上海青浦泉山遗址中的 M6，虽发掘时早已遭破坏，但仍出土了 119 件制作精美的玉、石、牙雕和陶器。

在大汶口文化以后的历史中，聚落中贫富差距的现象，更加普遍而且明显。山东诸城呈子遗址，是 1975 年发掘的一处龙山文化遗址。在已发掘的87座墓中,有60%以上的墓中没有随葬品,20%的墓中只有三五件随葬的物品。但在一座编号为M20的大墓中,出土的随葬品包括18件精美的陶器,以及1件獐牙和13件猪下颌骨。在山东胶州的龙山文化三里河遗址,墓地中的近百座墓葬,没有随葬品的占绝大多数,而编号为M203的墓中,却随葬有精美的陶器和玉鸟、玉珠等成组的玉器。在齐家文化的皇娘娘台遗址墓葬中,随葬的陶器少者一二件,多者可达37件;玉、石璧少者1件,多者竟达83件。

在同一墓地中,出现的不同墓葬和随葬品的差异现象,正是聚落内部出现分化的直接反映。墓中随葬品的差异,是由墓主生前财富占有的多寡,即经济实力的高下所决定。它的出现,表明聚落中原有的人与人之间的平等关系已被打破,代之以依财富占有量决定地位的差别。生前占有财富多寡和地位的高下,自然也要在其死后的墓葬中显示出来,所以出现了随葬品多寡和种类的差异。其中,少量大墓的主人生前就是聚落财富的最大占有者,他们用极为丰富、精美的随葬器物,以及猪头或猪下颌骨,甚至整头猪的方法,来显示自己的富有和地位的尊贵。而在一些公共墓地中出现的大、中墓与小墓分开排列的布局,则更反映出富有者与贫穷者之间,已不再是平等的关系,他们之间已形成一道不可逾越的鸿沟。这些现象充分说明私有制已经出现,并且随着财富向少数成员集中,聚落中成员之间的贫富差距越来越悬殊,因此已分化为富有者和贫穷者两个群体,他们在聚落内部所处的地位完全不同,而且有明显的界线区分。

不仅如此,在富有者的墓中,随葬的物品十分珍贵、奢华,有许多制作精美的玉石制品,而一般墓葬中则没有或很少见到玉石制品。玉石制品绝非用于生产,人们将玉石加工成璧、琮、钺等器物,上面还用阴线勾勒出神徽、云雷纹及动物形纹饰,显然赋予了它某种神化的功能。这些在后世作为礼器的玉石制品出现在富有者的墓葬中,目的是要显示拥有者所具有的高尚、尊贵的地位和权力,这更说明这些富有者不仅占有大量的财富,而且还拥有一定的特权。他们在聚落中已占用一部分劳动力,为自己专门制作一些特殊的器物,供自己享用和占有。实际上他们已成为聚落中的一个特殊阶层,拥有驱使和支配聚落成员为自己效力的特权。

数量不多的富有者占据了绝大部分的聚落公共财富后,为维护自己的既得利益和特权,防止已攫取到的财富流失,便采取诸多的防范措施,极力迫使人数众多的贫穷者服从并服务于自己,贫富两个阶层之间遂演变为对立的关系。良渚文化中出现的公共墓地内大、小两种墓葬分区布列相对独立的现象,就反映了两个阶层之间处于对立,且贫穷阶层只能屈从富有阶层的现实。

在与贫穷阶层的对立中,富有阶层很快又认识到,维护自身权益的最有力手段是武力统治,必须采用暴力的方式强迫贫穷者屈服。于是,对立又进一步演变为统治者与被统治者之间的对抗,这在考古中也有大量的发现。在龙山文化陕西客省庄(亦称客省庄文化)遗址中,发掘出6个葬有人骨架的灰坑,坑内的骨架十分凌乱。其中一个灰坑内葬有3具人骨架,是与两具动物骨架堆放在一起的。在河北邯郸龙山文化涧沟遗址墓地中,发掘出几个圆形葬坑。其中一个直径约1.8米,深约0.6米的葬坑,竟凌乱叠压放置着10具人骨架。经鉴定,死者是男性青年及儿童,有的头颅上还有被钝器砍砸的痕迹。在另一个葬坑里,有5具人骨架,死者男女老幼皆有,也是凌乱放置的,其中有的身首异处,有的呈挣扎状。这些墓葬坑与墓地中那些有大量随葬品的大型墓葬,形成鲜明的反差和对照。葬坑中的死者不仅没有随葬品,而且是被随意丢入坑中埋葬的。显然这些死者生前在聚落中不仅没有财富,也没有什么地位,他们的命运掌握在特权者手中,至于这些人的身份,有的原本是聚落中的成员,贫富分化后,沦为奴仆;有的则是在聚落间的争斗中,被俘获的其他聚落成员。这些奴仆和战俘,都是特权者奴役的对象,既为他们提供各种服务,又是他们所拥有财富的一部分。当奴役他们的主人死后,被奴役者的命运也走到了终点,如同主人其他的财富一样随从主人一起埋葬。因此,在龙山文化和同期的其他文化遗址中,便普遍地存在着殉葬的现象。

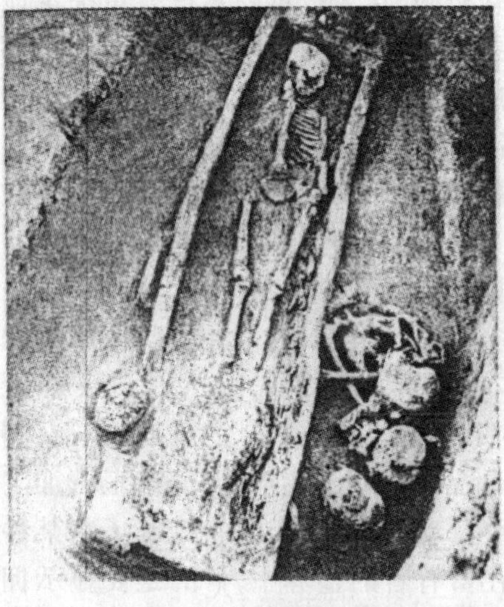

图 2-18 柳湾遗址 M979(青海乐都柳湾齐家文化遗址出土)

不过,在聚落中的被奴役者也并非甘愿为主人殉葬,他们曾经为此做过反抗。在青海柳湾遗址墓地西区墓葬中,发现了一座5人合葬墓,墓主人为一男性,仰卧于独木棺内,其余4人则仅存头颅及少量遗骨,被放置在棺外(图2-18)。在墓地的另一座M1039两人合葬墓中,男性墓主人亦仰卧于棺内,在棺外的另一死者则身体扭曲,死前显然是在拼命挣扎。在甘肃齐家坪遗址的墓葬中,还发现有8人和13人的合葬墓。两座墓中,都有一人仰身直卧,其他人的骨架则凌乱地放置在他的周围,有的身首分离,有的呈挣扎状。类似这样的情况,在齐家文化的其他遗址中也多有发现。

通过这些墓葬可以看出,除墓主人之外,其他的人都不是正常死亡的,而是被迫为墓主人殉葬的。从死者的葬式还可以看出,这些非正常死亡者,临死前曾做出过反抗的举动,因而惨遭杀害,甚至被肢解,扔入墓穴中的。这种殉葬者和墓主人之间的不平等关系,具有十分明显的强制和奴役的特征,两者之间的对立和对抗是显而易见的。

4. 世袭观念的形成

随着私有制的产生和贫富分化的不断加剧,维系家庭和家族整体性的父系血缘,又具有确立财产和地位继承权的功能和作用。通过父系血缘关系世代相承,可以确保本家庭家族财产、地位的沿袭,避免外传、旁落。龙山文化时期,就显现出世代相袭的家族继承制的端倪。山西襄汾的龙山文化陶寺遗址的墓地布局,就是家族财富和权力世袭的最好例证。陶寺位于临汾盆地,有70余处遗址,其文化特征属于龙山文化的一个类型,所处年代为公元前2500~2000年。有的学者认为,陶寺文化可能与传说中的陶唐氏(即尧)有关;①

① 参见:李民《尧舜时代与陶寺遗址》,《史前研究》1985年4期;田昌五《先夏文化探索》,《文物与考古论集》,文物出版社1987年版;王文清《陶寺遗存可能是陶唐氏文化遗存》,《华夏文明》(1),北京大学出版社1987年版。

也有的学者认为，陶寺文化与传说中的有虞式（即舜）有关；[①]也有的学者认为，陶寺文化与夏文化（指夏民族文化）有关。[②]

陶寺遗址总面积达300万平方米，分为居住区和墓葬区。聚落居住区因揭露的面积不大，其总体布局尚不清楚。已发现的建筑基址，多为带天井的窑洞式建筑。在这里居住的，应是一个家庭或由几代人组成的大家庭。从带天井的窑洞式建筑的形制分析，同一家庭中的成员居住在围绕天井四周的窑洞内，既显示出一个家庭的整体性和向心力，又表现出在父系血缘纽带的作用下，家庭成员之间关系的牢固性和稳定性。墓地区位于居住区的东南部，这处公共墓地总面积3万平方米以上，墓地存在的时间与居住区大体相同。在已揭露的5000平方米的面积内，共清理出1000多座墓葬，墓葬布局比较有规律，可以分辨出几个墓区。在每一个墓区内，按照墓葬的分布和排列的疏密程度，又可以分出若干个小区。这种格局与居住区发现的建筑基址布局和形制，存在着必然的联系。说明墓地是聚落共有的，每一个小墓区则属于聚落内部的某一个小家族所有（图2－19）。

图2－19　陶寺墓地（山西临汾陶寺遗址出土）

陶寺墓地中的墓葬，形制上明显地存在着3个不同的等级：大型墓穴一般长3米左右，宽2米多，墓中均有木棺葬具，随葬品都十分丰富。其中有彩绘陶器和木器，玉或石制的磬、钺、环、琮、梳，以及其他装饰品、整猪骨架等，数量多达一二百件。如M3015的随葬品就有200余件，器类有灶、斝、罐、鼍鼓、特磬、土鼓、木案、俎、匣、玉钺、瑗及石斧、石锛等，且为多件成组器物。大型墓葬的数量很少，仅占已发现墓葬总数的不足2%；中型墓已发

① 参见：黄崇岳《虞代与龙山文化》，《中原文物》1987年2期；许宏等《陶寺类型为有虞氏遗存论》，《考古与文物》1991年6期。

② 参见：徐殿魁《龙山文化陶寺类型初探》，《中原文物》1982年2期；高炜等《关于陶寺墓地的几个问题》，《考古》1983年6期；张长寿《陶寺遗址的发现和夏文化的探索》，《文物与考古论集》，文物出版社1986年版。

现80余座，墓穴一般长2.2~2.5米，宽为0.8~1米，大多有木棺葬具，有的棺内还撒有朱砂。随葬的器物与大型墓相比，明显减少。一般有一两件彩绘陶器或木器，或随葬精美玉器和猪下颌骨等，数量最多者有数十件。小型墓的数量最多，约占已发现墓葬总数的90%左右。墓穴小而狭长，一般长2米，宽0.5米左右，大多没有木棺葬具，尸骨也不像大、中墓主那样进行裹敛。随葬品数量很少，仅有少量的工具或装饰品，没有陶器，有的墓中更无随葬品。公共墓地中出现墓葬形制、规模和随葬品质量、数量上的显著差别，十分清楚地反映出陶寺聚落内部出现的贫富分化已相当悬殊。而在大型墓中不仅有数量很多、制作精美的玉器，还有鼓、磬等乐器，说明这个时期已开始形成早期的礼乐制度，更表明葬在大墓中的人生前具有某种特殊的权力和极高的地位，应该是聚落的首领或分支家族的"家长"，是贵族。

大、中、小三类墓葬在每一个小墓区内均存在。其中，大型墓多呈东南—西北走向，整齐排列，中型墓则一般分布在大型墓的四周，小型墓多成组成排分布。在3号墓区的中部，有5座依次排列的大型墓，墓与墓之间相距1米左右。这5座墓出土的随葬品基本相同，都有成组的玉器、彩陶器等，但在具体的种类和器物的形制上，稍有一些差别。这说明5位墓主人不是同一个时间埋葬的。从这5座墓呈顺序排列的布局分析，墓主人应是同一家族中的几辈人。5座墓的主人都是男性，还说明这种承袭关系已具有世袭的性质。家族内部的财富、地位和权力，是通过直系血缘或近亲血缘的关系传袭，是在父与子或兄与弟之间传袭的。墓葬中出现的这种现象充分证明，后世流行的宗法制观念，在这个时期已经形成，嫡长子继承制已经出现。某些家族或家庭正是通过世袭的关系，维系着固有的显尊地位。所以，司马迁在《史记》中记载的关于部落联盟的首领尧、舜，在位时都曾想传位给自己的儿子丹朱、商均的传说，绝非毫无根据，是很有可能性的。陶寺墓地的这一葬式还说明，至迟在传说中的尧、舜、禹时代，已有了世袭的观念和做法。至于夏启确立的王位世袭制，也绝非是一个偶然的现象，而是历史的必然。而至于世袭制之前是否存在着禅让制，虽有传说，然史无实证，考古资料尚无法印证。

世袭观念的形成，极大地维护了权势家族或家庭的利益，保证了本家族或家庭既得的特权和地位得以世代传袭，又利于这些家族或家庭不断聚敛财富，增强家族或家庭的经济实力。在世袭制的观念下，权势家族不断发展而成为据有统治地位的贵族。与此同时，世袭观念也导致贫穷家族或世代处于下等的地位的家庭，在聚落内部成为被驱使的平民，甚至沦为奴仆。客省庄、柳湾、涧沟、齐家坪、陶寺等诸多聚落遗址的公共墓地中发现的葬式和随葬品的差异，都说明随着聚落内部贫富分化的加剧，两个阶层之间的对立，已成为新石器时代晚期普遍存在的现象。在这种社会背景下，两个阶层之间的对立和对抗日趋尖锐，日渐剧烈。富有的特权阶层面对贫穷阶层不断加剧的反抗，不惜采取更为严厉的措施，更加残酷的镇压反抗，最终导致阶级的产生。

（四）邦国，聚落的联合体

私有观念的产生后，不仅导致聚落内部的分化，也引发了聚落之间对财富的争夺，随着聚落的发展、壮大，也不断地向周边扩大自己的生存空间。在此基础上，由一个强大的聚落与周边弱小的聚落之间，又组合成一个新的群体，由此而诞生了"邦国"。

1. 城的出现

随着生产的发展,血缘家族的不断壮大,一个聚落原有的生产和生活等活动的范围,已不能满足发展的需要,于是便不断地扩大。而且随着私有观念的产生和私有制的形成,还需要不断地积累财富,这样就不可避免地要同邻近的聚落发生冲突。聚落之间的冲突不断加剧,进而演变为战争。在大汶口文化、齐家文化,特别是龙山文化等许多新石器时代晚期的文化遗存中,较多地发现了镞、矛等兵器,就反映了这一时期出现的冲突和战争。面对不断发生的冲突和战争,更促使人们通过发展生产,加强聚落内部的团结,来壮大自己的力量。同时为了抵御其他聚落的侵犯,保护本家族的安全和利益,人们又采取深挖壕沟、加固围墙的办法,为自己居住的聚落构筑一道坚固的防线。

在龙山文化中,许多聚落都修筑了高大、坚固的围墙。如山东龙山文化的城子崖、丁公、景阳冈等遗址,都发现了很坚固的围墙遗存。城子崖遗址位地山东章丘龙山镇东武源河畔的台地上,它的围墙北部弯曲,中部呈弧形外突,其余三面平直(图2-20)。现存的墙体深埋于地表以下2.5~5米,残宽6~13米。墙体是由堆筑、版筑结合建成,拐角处呈弧形,墙壁外陡内缓。山东阳谷东南的景阳冈遗址的围墙,平面略呈圆角长方形。现存的墙体,下部宽19~20.5米,顶部宽10.5~12.5米,残高2~3米。这些墙体在修筑时,先挖一条基沟,再填入生土,一层层地夯实,构成坚固的墙基,然后在墙基上筑墙体。其修筑的方法是,墙体的外壁采用版筑,以使其陡直;内侧则采用堆筑,故形成缓坡。山东邹平东北的丁公遗址,围墙的外侧有宽约20米、深3米多的壕沟,在墙体的基部还发现了涵洞式的排水设备,用于将围墙内的内的积水排到墙外。这些用于围护聚落的墙垣,尽管经历了4000余年的风雨以及人为的损坏,但至今仍保留有10余米宽的墙基,数米高的墙体,可见当年修筑的围墙是很高大的,而且十分坚固。

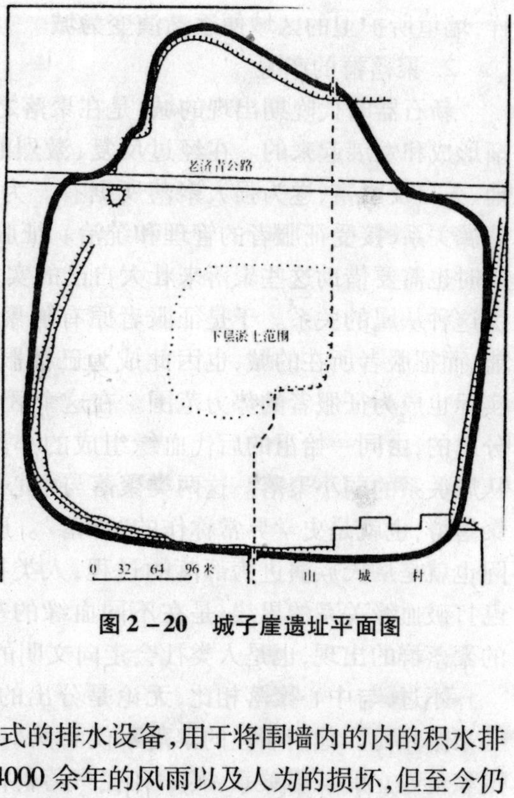

图2-20 城子崖遗址平面图

为使围墙能发挥更好的防卫功能,生活在不同地区的人们在建造自己聚落的围墙时,还充分利用当地的自然条件和资源。1980年,在内蒙古包头东郊发掘的阿善遗址,是我国北方地区新石器时代的一处聚落遗址。遗址中文化堆积层分为三期,其中第三期文化遗存所处的年代与龙山文化相当。在其文化遗存中,发现用石块筑墙的房屋基址,其居住区周围的围墙也是用石块砌筑的。阿善遗址有两片居住区,呈东西布列,相距250米。西边居住区的围墙随台地起伏修建。有的地段砌筑了几道平行的石墙,有的地段则利用了陡峭的岩崖。东边的居住区围墙大部分砌筑在生土之上,有的地段现残存的墙体高度尚有1.7米,厚度达1~1.2米,截断面呈梯形。这些石围墙采用交错叠压的方法砌筑,在石块相叠压处多用黄绿色的土泥固定，石块的空隙间还填以碎石。

在阿善遗址东20公里的范围内，还发现了7座聚落遗址，在这些聚落居住区的外围，都砌筑了石围墙。石围墙是生活在河套地区的早期人类就地取材建造而成的，这也是我国目前发现的最早的石砌防御性设施。

无论是土筑围墙，还是石筑围墙，都需要投入大量的人力。生活在同一个聚落中的人们为自己修筑这样一道坚固的墙垣，显然是为了防御来自外部的威胁。而这道坚固的围墙，实际不仅是保护聚落的安全，也是聚落向外扩大生存空间的据点。因此，随着聚落的不断壮大，人们对于这道围墙的护卫功能又有了新的要求，即要求墙垣所护卫的不仅是居住区，还应包括进行简单生产活动的场所，以此来提高聚落的生存空间和能力，于是，人们又将墙垣防御的范围又扩大为包括居住生活和手工业生产等在内的日常活动空间。这样，墙垣所护卫的区域便逐渐演变为城。

2. 聚落群的产生

新石器时代晚期出现的城，是在聚落之间为争夺生存空间和财富的冲突及战争中，逐渐形成和发展起来的。在经过反复、激烈的争夺之后，弱者被强者所征服，弱小聚落的土地、人口及财富，遂为强大聚落所据有。为了生存，被征服的聚落只得与征服者建立一种从属关系，接受征服者的管理和统治。征服者也将这些被征服的聚落视为自己的新财富，同时也需要借助这些聚落来壮大自己的实力，为进一步的拓展提供更多的力量，因此也接受这种从属的关系。于是征服者原有的聚落便成为众多聚落的核心，具有中心聚落的功能，而征服者所在的城，也因此成为已征服区域的中心。这个在争夺中不断拓展的区域，实际也成为征服者的势力范围。在这个区域内，分布着两类聚落：一类是从征服者聚落中分出的，由同一始祖的后代血缘组成的小聚落；另一类则是被征服后，与中心聚落保持着从属关系的弱小聚落。这两类聚落与中心聚落组成一个有一定区域范围的聚落群。这个聚落群，也就是史学界常称作的“部落”。所以在聚落发展成有一定从属关系的聚落群，实际也就是从氏族演进为部落的过程，人类社会由此进入部落时期。这种群体的组合关系已打破血缘关系的界线，是在不同血缘的基础上组合而成的大群体，所以，具有从属关系的聚落群的出现，也是人类社会走向文明的一个重要历程。

不过，与中心聚落相比，无论是分出的还是被征服的聚落，其实力和地位都无法与中心聚落相比。他们居住的聚落不仅面积小，防御设施也相对较薄弱。但是，中心聚落与周围聚落建立的从属关系，实际又在聚落群的逐渐壮大、发展，在为拓展生存空间而对外的争战中，结成一种共同的利益关系。此后，聚落群之间又继续着这样的拓展和争战，其结果又结成了部落联盟。随着势力范围的扩大，作为部落联盟核心的中心聚落，在统辖众多的部落及其聚落中，其核心地位和作用尤为重要。因此中心聚落与其他聚落相比，不仅面积大，防御的设施也最坚固，而且因为中心聚落是统领者所居住的，所以城内还有一些具有特定功能的建筑。

至今在山东地区已发现14座龙山文化时期的大型城址，在它们的周围都分布着许多规模要小得多的城址或聚落遗址。这表明，在部落联盟时期，中心城的统领地位更加突出，实际已成为一个区域的政治和经济中心。最早发现的城子崖遗址，就曾是一个中心聚落的城址。1990年上半年，在对城子崖遗址进行复探、试掘时，发现了遗址下层的龙山文化城址。城子崖城址处在一种高台上，城内地势比城外高出5米，面积20余万平方米。因其城墙外壁采用版筑，十分陡峭，高约7米。在城墙的遗迹中，发现有南、北两门，两门之间有道路连接。由于城内高于城外，所以在城门外建有一条长约12米的夯筑斜坡门道。沿斜坡门道的两侧，曾筑有两段墙垣。门道西侧的发现房屋遗迹，应是守城门卫的居所。而在城子崖城址周围的很大区域内，还发现众多面积要小得多的聚落遗址(图2-21)。在这些聚落遗址中，也有一些相对面积较大的城址，那些面积更小的聚落遗址则分布在这些城址的周围。也就是由这些面积较大的城和周围的聚落，又组成了一个区域较小的聚落群。城子崖这座中心城，实际是统辖着若干个这样的聚落群，并以它为中心，将这些聚落群组合成一个更大的聚落群体。从这张《城子崖聚落群分布图》可以看出，图标为“一级遗址”的城子崖遗址面积最大；“二级遗址”所标注的城址，面积相对要小；“三级遗址”所标注的遗址，则面积更小。也就是说，城子

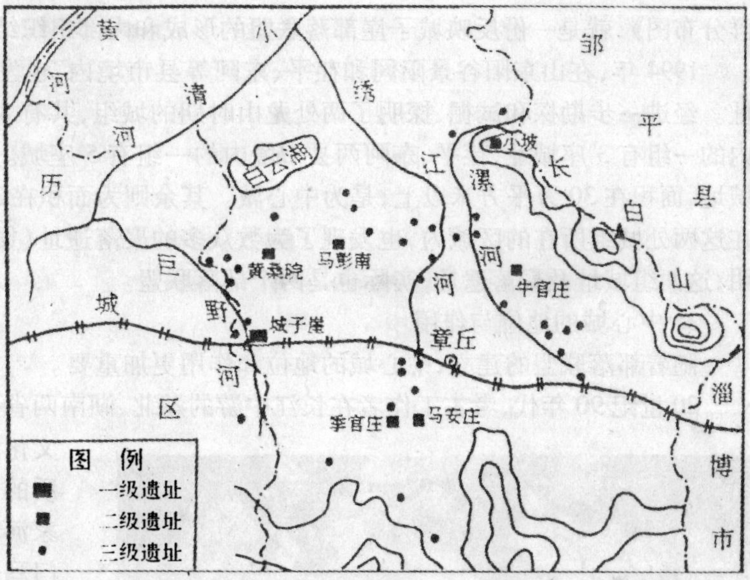

图2-21　城子崖聚落群分布图

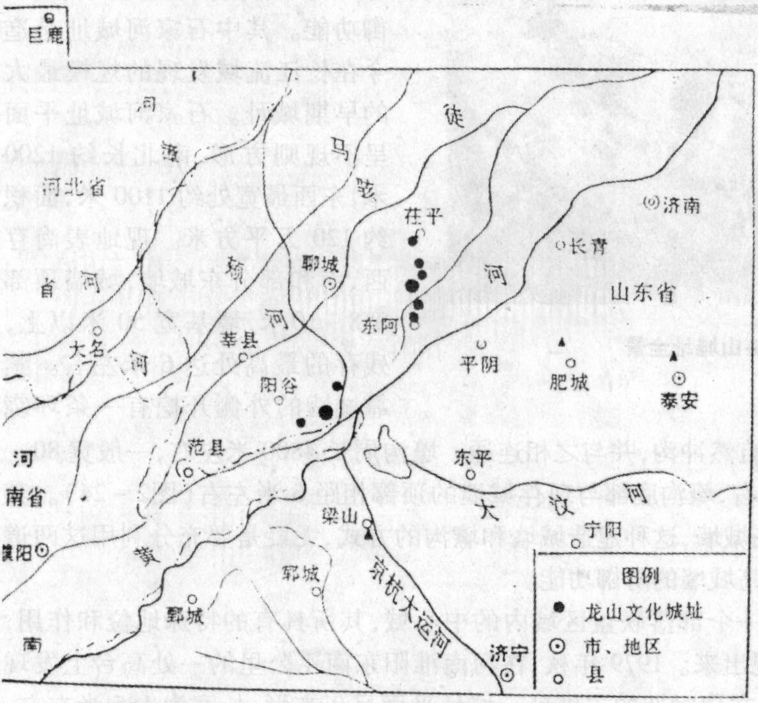

图2-22　阳谷、茌平、东阿聚落群分布图

崖聚落群就是一个由多个部落结成的部落联盟。这张经考古调查后绘制的《城子崖聚落群分布图》,就是一份反映城子崖部落联盟的形成和内部组织结构的直观材料。

1994 年,在山东阳谷景阳冈和茌平、东阿等县市境内,也发现了一些很有代表性的城址。经进一步勘探和试掘,探明了两处龙山时期的城组,共有 8 座城。其中分布在阳谷境内的一组有 3 座城址,茌平、东阿两县市境内的一组有 5 座城。两处城组中各有一座大型城址,面积在 30 万平方米以上,是为中心城。其余则为面积在 3～6 万平方米之间的小城。在这两处城组所在的区域内,也发现了为数众多的聚落遗址(图2－22)。这些考古资料表明,这两组城址及聚落遗址,实际也是两个部落联盟。

3. 中心城的地位与作用

随着部落联盟的建立,中心城的地位和作用更加重要。

20 世纪 90 年代,考古工作者在长江中游的湖北、湖南两省交界的地带,发现了与龙山文化同期的 8 座具有中心城性质的古城遗址,即:湖北天门石家河城址、荆州阴湘城城址、荆门马家院城址、公安鸡鸣城城址、应城门板湾城址,石首走马岭城址,湖南澧县城头山城址(图 2－23)和鸡叫城城址。这些城址不仅有城墙,而且还在城外开挖了壕沟,以提高城墙的防御功能。其中石家河城址是迄今在长江流域发现的规模最大的早期城址。石家河城址平面呈不规则方形,南北长约 1200 米,东西最宽处约 1100 米,面积约 120 万平方米。现地表尚存西、南和部分东城墙,城墙顶部宽8～10米,墙基宽 50 米以上,残存的最高处达 6 米左右。紧靠城墙的外侧开挖有一条环绕一周的壕沟,其中也利用了自然冲沟,并与之相连通。壕沟周长 4800 米左右,一般宽 80～100 米,最窄处也有 60 米左右,壕沟底部与现存城墙的顶部相距 6 米左右(图2－24)。其他几处城址的壕沟也多紧临城墙,这种建造城墙和壕沟的方式,无疑是要充分利用这两道屏障的不同功能,进一步提高城墙的防御功能。

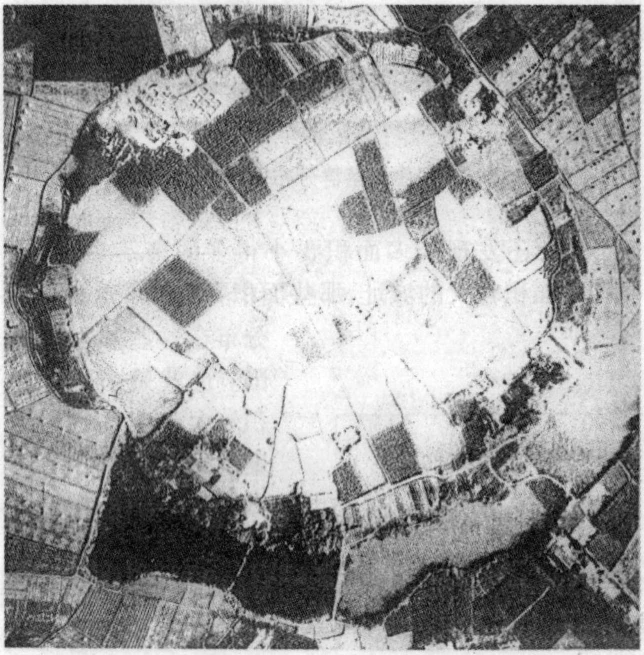

图 2－23　城头山城址全景

早期的城,特别是作为一个部落联盟区域内的中心城,其所具有的特殊地位和作用,也在考古发现中鲜明地显现出来。1979 年秋,在河南淮阳东南 4 公里的一处高台上发现的平粮台城址,是一座龙山文化时期的古城址。城址平面呈正方形,长宽为 185 米左右,周长 740 米,城内面积 3. 42 万平方米。现存城墙残高 3 米多,墙基宽约 13 米,城墙顶部宽约 8～10 米，城墙的拐角处呈弧形。城墙是采用夯土版筑的方法筑成的，现在仍能看出墙体中的夯层，可见当时修筑墙体时，夯筑得十分紧凑、坚实。城墙外环有一条壕沟，是为护城河。在南北城墙的中间位置各开有一座城门，南门相对较大，阔 8 米多。在南门铺垫的土路下面，出土了建城时埋设的陶质水管，残长 5 米多。水管采用榫口套接，用途是将城内的积水排到城外。在南城门的两侧，各发现一处建筑遗存，说明当时曾在这里建有两所土坯房屋，是供守卫城门的卫士居住的。一座城门建有两所房屋，也表明当时守卫城门的兵士不是一二个人，对城门的防卫是很严格的。

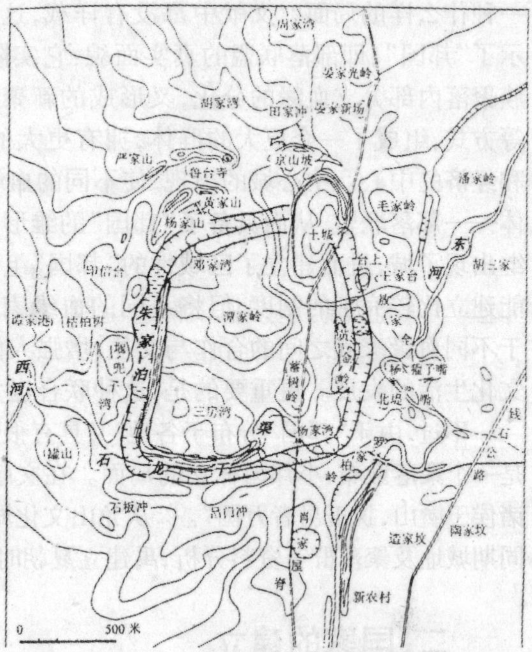

图 2－24　石家河城址平面图

在平粮台城内的东南和西南两处，发掘出 10 余座房屋基址，多为土坯砌成的长方形排房，由 3 间或 4 间组成一组。这些排房有的建在平地上，有的建在夯筑的高台上。其中有一座建在高约 0.72 米的土台上，由 4 间组成。排房东西宽 15 米多，南北进深 5.7 米。在排房的北侧，还建有一条宽约 0.92 米的走廊，与 4 间房屋相连。这座带走廊的排房，是平粮台古城中形制最复杂，也是最讲究的建筑。其主人及其家族绝非氏族中的一般成员，其地位明显高于城中的其他居民。平粮台古城中出现的不同规模、式样的建筑，是聚落内部出现不同地位的群体的真实反映，即形成了统领群和被统领群。建在高台上的建筑，与平地上的建筑形成鲜明的高低对比反差，这种差别，则体现了地位与权力之间的必然联系。这一现象还反映了当时人们已形成的一种观念，即采用建筑所处地势的高低或堆筑房基的高矮，来体现房主人的地位，即将房主人的地位等级与建筑的高低相联系。这一观念对后世亦产生深远的影响。在中国古代历史上，建筑的大小、房基的高矮，以及房顶的形制和装饰等，都与社会生活中的等级制度相联系，并成为礼仪制度的重要内容。这种现象也表明：这一时期的人们已经开始尝试着通过建筑的形制将权力形象化。

平粮台古城址中，还发现了 3 座陶窑遗址，并出土了一些铜渣。还出土了大量的陶器、骨器和石器，说明当时在城内还进行着一定规模的手工业生产。在我国其他地区的同期城址中，也有相同的发现。在早期的城内设立手工业生产等经济活动场所，既是对城的功能扩大，也是强化其作用的表现。在城内手工作坊中制作的产品，不仅满足城内居民生活的需要，也用于与其他城及聚落的交换，客观上也推动了区域内经济的发展和城的繁荣，也在一定程度上促进区域内外的经济交往。

在我国的古代文献中，并没有“部落联盟”这个名称，而多有“邦国”的记载，但邦国是如何建立的？内部是一种什么样的组织结构？传说中的“炎黄”时代，中国大地上出现了一种什么样的局面？文献中都没有详载，这是一个很大的缺憾。惟有大量的考古资料提示了“邦国”，即部落联盟的真实面貌：它实际是由诸多聚落组成的联盟形式，是通过原氏族聚落内部分支血缘的分化，又形成的新聚落，或与其他血缘聚落间的战争及交流、融合等方式，组成了一个更大的群体，拥有更大的生存空间，并在一个区域内形成了一个政治和经济的中心。中心城的出现，使不同的血缘家族组合在一起，结成诸多氏族聚落的联合体——部落联盟，从而具备了“邦国”的雏形。在我国境内的龙山文化所处的时期，各地相继出现了城，进而建立了区域性的“邦国”组织。尽管这种组织形式是十分松散的，也不可能建立比较完善的制度，但将不同的血缘家庭联合在一起，实际打破了血缘的界线，有助于不同血缘家族之间的合作与交往，增强人们抵御自然侵害的能力，促进物质生活和精神文化生活的发展。更重要的是，这种联合也为中华民族的形成，奠定了先期的基础。

不过，由于“邦国”分布于各地，又具有很强的区域性，因此当中国历史进入文明社会时，是一个聚落散布、小邦国林立的局面。在文献资料记载的夏禹时期，天下已有万国。“禹合诸侯于塗山，执玉帛者万国”。[①] 从龙山文化城址的大量发现及分布情况，以及散布于各地的同期城址及聚落群等资料分析，禹建立夏朝时，天下有邦国万余的传说，是有根据的。

二、国家的建立

（一）早期国家的产生

聚落群中心城的出现，标志着聚落群内部形成了地位、权力和财富占有完全不同的两个群体，即支配者与被支配者。两者之间的对立和对抗，促使占统治地位的支配者们采用各种手段，保护自己的既得利益，由此产生了国家。

1. 城功能的转变

在中国古老的传说中，城是由夏部落联盟的首领鲧发明的。“昔者夏鲧做三仞之城”。[②] 至于鲧建造城的目的，据说有两点：“鲧筑城以卫君，造郭以居人，此城郭之始也”。[③] 也就是说，城最初是用于保护统治者和供人居住的。事实上，供人居住是早期修筑的城已具有的功能之一，但“卫君”则是阶级产生以后，为保护统治者的利益和安全，才赋予城的一种新功能。传说中鲧发明的城，显然比在考古中发现的最早的城，要晚得多。因此，鲧发明城的传说，与事实不相符。而对鲧发明的城加上“卫君”的功能，则应该是国家的产物。

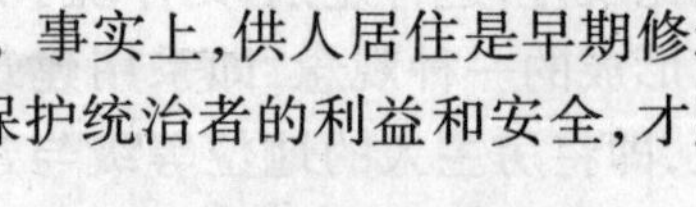
图 2－25　甲骨文“邦”、“城”字

以城为中心的邦国，也称为城邦。在我国最早的文字——甲骨文字中，通过以形表意的方式，表现这两个字的含义（图 2－25）。甲骨文中的“城”字，是由

① 《左传·哀公七年》。
② 《淮南子·原道》。
③ 《吴越春秋》。

两部分构成:中间的方形小框,表示城四周的城墙;表示建在城四周城门上的城楼,为士兵守护之意。甲骨文中的“邦”字,亦由两部分组成。下边的“田”字,意指土地,代指疆域;上半部的象形符号,表示竖立在土地,即疆域周边的一种标志,作为界标,用以标示疆界的范围。从这两个字的结构和含义可以看出,“邦”是指统治和管理的区域及范围;“城”则作为“邦”的政治、经济和文化中心,处于核心的地位,并有士兵守护。所以,“城邦”的含义和主要功能,是在一个区域和范围内,由一个居于核心地位的城作为统治和管理的中心。

在“城邦”基础上发展而成的国家,虽然继续保留“城邦”的主要功能,但更加突出地表现出作为一种统治工具的功能。从金文中的“国”字,就可以清楚地看到这一点。在金文中,“国”字有几种写法(图2-26)。尽管这几个“国”字在字形上有差别,但基本结构是一致的,都包括了三部分的含义:一是字中的小方框,表示方形的城,意指国家必须有一座居于统治地位的城,作为统治和管理的中心,即后世所称的国都;二是这个字外围的大方框或小方框四周的短线,意指国家的疆域,即表示统治的范围;三是字中的“戈(戈)”字,表示兵器,意指军队,即国家必须拥有自己的军队,以保卫国家的安全。从金文“国”字的结构不难看出,它是在“邦”和“城”两个字的基础上,借鉴和吸收了各自的基本结构和含义,并加以发展、演变而成的。这充分说明,古人在创造“国”字的时候,已经对国家的定义有了较深的认识,并且通过“国”字的结构,确定了构成一个国家的基本要素:即国土、统治中心和军队。国土,是指统治、管理的区域和范围,包括生活在这个区域内的人及区域内的资源、财富。土地和人,是国家财富的重要来源,也是国家建立和发展的重要基础。军队的建立,既为国家的安全和疆域不受侵犯,又为国家势力和疆域的拓展,提供了有力的保证,同时也为维护统治阶级的利益,在统治和管理国家的诸多事务中,起有可靠的保障作用。而作为统治和管理中心的城,实际已成为国家的政权中心,且因国君居住其中,城才有了“卫君”的特定功能。

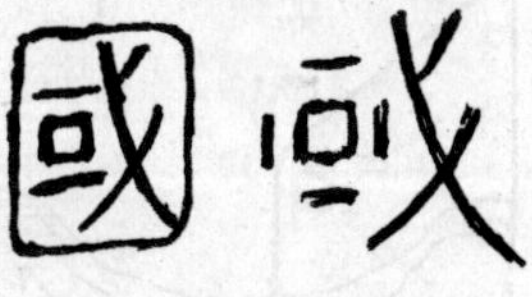

图2-26　金文“国”字

2. 二里头遗址

政权建设的不断加强和完善,也必然会反映在都城的规模、建筑和布局上。考古文物资料就比较直观地记录了这一时期国家政权建设和实施统治的情况。

1959年,原中国科学院考古研究所在对河南登封、禹县、巩县、偃师等地进行夏文化考古调查中,在偃师西南约10公里的洛水南岸二里头村南,发现了一处青铜时代的文化遗址。遗址南北长约2000米,南北宽约1500米,总面积约375万平方米。范围内包括二里头、圪垱头、四角楼、寨后村和辛庄5个自然村(图2-27)。在此后进行的多次发掘中,先后发现了大型宫殿建筑基址、作坊、一般性居室、陶窑、窑穴、水井,以及数十座墓葬,还出土了大量的陶器、石器、骨器和一些青铜器、玉器等文物,比较清楚地展示了二里头遗址的文化面貌,提示了夏代都邑的基本情况。

在考古调查中还发现,以豫西地区和晋南地区为中心的一个比较大的区域内,散布着不少与二里头遗址文化遗存面貌特征相同的文化遗址。这种文化面貌特征比较鲜明,且

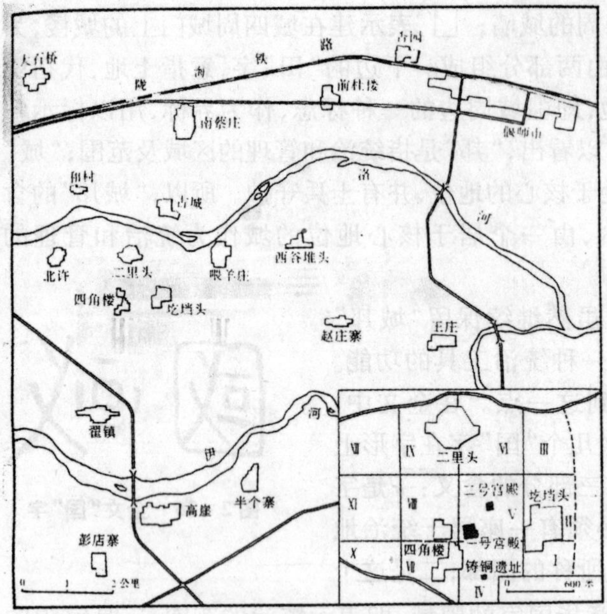

图 2－27　二里头遗址位置及保护区范围示意图

有典型性和代表性的文化遗址，与先于其存在的河南龙山文化、晚于其存在的郑州二里岗期商代文化有着明显的差异。且在一些遗址中，这种文化遗存有的叠压在龙山文化层之上，有的则被二里岗期商代文化遗存所叠压，因此大多数学者认为，二里头这种文化类型应属于夏文化，二里头遗址就是夏朝晚期的都邑斟鄩。据对二里头遗址及其他二里头文化遗址中出土的文物和遗存进行的多项分析测定，二里头文化存在的时间，为公元前 2010～1625 年之间，相当于夏朝的后期。①

在二里头城址的中部，已发掘出 2 座大型建筑基址。其中 1 号基址略呈方形，是一个用黄土夯筑而成的台基。东西长 108 米，南北宽约 100 米，现存台基面高出周围地面 0.8 米。台基夯筑得十分精细，夯层薄而均匀，夯窝小而紧密，夯印清晰，质地坚硬。在台基的中部偏北处，还有一块略高于台基的长方形台面，东西长 36 米，南北宽 25 米。从台面上遗迹分析，这是一座大型建筑及配套的附属建筑的基址。台面上有呈长方形排列整齐的柱洞，南北各 9 个，东西各 4 个；柱洞间距 3.8 米，柱洞直径约 0.4 米；柱洞底部都垫有一块卵石，作为柱础。在每个大柱洞的外侧约 0.6～0.7 米处，还有两个较小的柱洞，每对小柱洞相距约 1.5 米，洞径 0.08～0.2 米。根据这些大小柱洞的位置分析，这里曾建有一座长 30.4 米，宽 11.4 米，面阔 8 间，进深 3 间的大型木构殿堂建筑。大柱洞内所立的是殿堂的檐柱，小柱洞所立的是挑檐柱，用于支撑殿堂的出檐。据此可知这座殿堂建筑的屋顶应是四面坡出檐式建筑，即《周礼·考工记》中所载宫室的形制——“四阿重屋”，亦即后世的“庑殿式”建筑。沿宫殿基址的四周，都筑有墙基，为这处宫殿群的围墙。在墙基的内侧或内外两侧，还分布着与墙基平行，排列得很整齐的柱洞。说明在殿堂建筑的四周，原来还建有一面坡或两面坡式的廊庑，构成一个回廊。西侧回廊的墙基全长 98 米；南回廊的中部是大门，在此发现 9 个柱洞，洞径 0.4 米，间距 3.8 米，东西排列。这些柱洞是大门的廊柱，推测大门是面阔 8 间的牌坊式建筑。大门以南是夯筑的坡状门道，向前突出约 2 米。由围墙和回廊圈护的宫殿前，是一个面积约 5000 平方米的大庭院（图 2－28）。这组以殿堂为主体，由堂、廊、门等单体建筑与庭院组合而成的封闭式宫殿建筑群，采取了环绕正殿和庭院的建筑布局，十分鲜明地突出了正殿的中心位置，显示出位居正殿主人的至上权势和尊贵

① 据“夏商周断代工程”的研究成果，商朝始建于公元前 1600 年。

的身份。

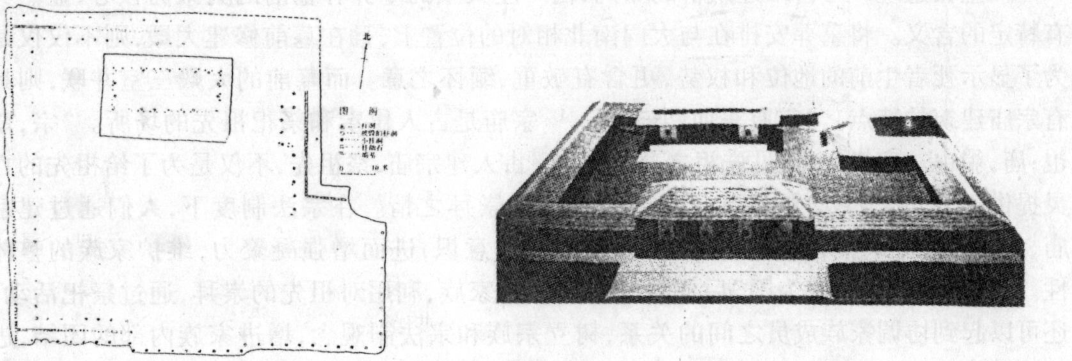

图 2－28 二里头 1 号宫殿基址平面图及复原图

2 号宫殿基址也位于二里头城址的中部，距 1 号建筑基址东北方约 150 米处，基址平面呈正方形。其建筑形制与 1 号宫殿不同的是，除两座宫殿基址的平面、形状和面积大小有差别外，2 号宫殿建筑群的大门中央是一条通道。位于夯土台基北侧中部的殿堂建筑基址，东西长 32. 6 米。根据所发现的基址遗迹分析，这是一座面阔 3 间，每室之间有门相通的木骨泥墙宫殿建筑。宫殿基址的四周筑有围墙，其中在东、西两侧的围墙内建有一面坡式的廊庑，南面的围墙内外则建有复廊（图2－29）。这座宫殿建筑群的南大门位于南墙中部偏东处，由东西方向的一排 3 间房屋和房屋前后的廊庑所组成。大门门道中间的墙基槽有缺口，应是一座庑式建筑。位于门道左右两侧的小屋分别与南墙的东段和西段相连接，很有可能就是文献所记载的“东塾”和“西塾”。由基址四面的回廊及复廊、围墙围成的这组封闭式的建筑群，也是以殿堂为中心的。但在布局上，2 号宫殿建筑群的特别之处，是在宫殿基址的北面偏东处，还有一座大型墓葬。这座距北墙 0. 9 米，距殿堂台基 1. 5 米的长方形竖穴墓，墓口长 5. 35 米，宽 4. 25 米，深 6. 1 米，有二层台。墓的中线正对着大门门道的中央。发掘时，此墓早已被盗，墓中只发现了殉狗的骨架。从残留的遗迹分析，这只狗原来是放在一个红漆木匣中的。这座被廊、墙环绕其中的大墓，与墓前的殿堂及庭院，构成了 2 号宫殿建筑群的中轴线。

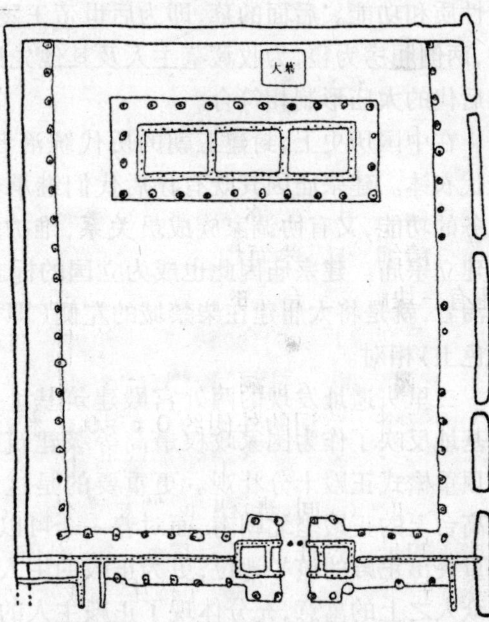

图 2－29 二里头 2 号宫殿基址平面图

3. 二里头遗址宫殿建筑的内涵

二里头遗址2号宫殿建筑群的布局,由一座大型的墓葬和墓前的大殿为核心,显然具有特定的含义。将墓葬安排在与大门南北相对的位置上,且在墓前修建大殿,则不仅仅是为了显示死者生前的地位和权势,更含有敬重、缅怀之意。而墓前的大殿三室并联,则具有宗庙建筑的特点。"室有东西厢曰庙"。[①] 宗庙是古人供奉和祭祀祖先的场所。"宗,尊也;庙,貌也。言祭宗庙,见先祖之尊貌也。"[②]古人建宗庙,祭祖先,不仅是为了给祖先的亡灵提供一个安居之处,更体现了后人对祖先的崇拜之情。在宗法制度下,人们通过建宗庙、祭祖先的方式,以增进同一家族成员的血亲意识,进而增强凝聚力,维护家族的整体性。特别是那些"化家为国"后作为统治阶级的家族,利用对祖先的崇拜,通过祭祀活动,还可以起到协调家族成员之间的关系,树立宗族和宗法制观念,增进家族内部的团结,进而巩固统治的作用。二里头遗址的2号宫殿建筑群基址,就已初具太庙的性质。蔡邕在其撰写的《独断》中,对宗庙的陈设布局有一段记载:"庙以藏主列昭穆;寝有衣冠、几杖、象生之具。总谓之宫。"根据有关文献资料的记载,这处建筑基址实际具有陵寝和宗庙的双重性质和功能。后面的墓,即为后世帝王陵寝的雏形。而建于墓前的大殿,中间一室即为庙,两侧厢房为寝,为收藏墓主人及其他先祖生前穿戴或使用过衣冠、器物等的场所,这也与后代的太庙形制相符合。

在中国历史上,封建王朝的历代统治者都要修建宗庙,称为太庙,也是继承了夏商周三代衣钵。建宗庙因其既有让后代们继承先祖的遗志,承担和履行"耀祖光宗"的责任和义务的功能,又有协调家族成员关系,维护宗主权势的作用,故历朝历代的统治者极为重视建立宗庙。建宗庙因此也成为立国的标志,"建国神位:右社稷,左宗庙"。[③] 明清两朝的统治者,就是将太庙建在紫禁城的左侧(即今劳动人民文化宫),与社稷坛(即今中山公园五色土)相对。

二里头遗址发现的两处宫殿建筑基址,也显示出3600多年前的建筑技术和水平。1号基址反映了作为国家政权最高等级建筑的形制和布局。这组宫殿建筑群规模宏大,庑殿顶重檐式正殿十分壮观。更重要的是这组宫殿建筑群的整体布局严谨,主次分明。建在高台上的正殿坐北朝南,面对着一个可以容纳万余人的大庭院。这样的整体建筑布局,着重突出正殿的核心地位,更为正殿的主人提供了一个居高临下的开阔的视野,具有凌驾于众人之上的寓意,充分体现了正殿主人的尊贵与威严,也蒙上了几分神秘的色彩。宽敞大殿不仅可供居住,还能在此处理国家军政要务,颁布政令,举行宴飨等活动,所以这里又是国家的行政中心,也是国家政治生活的中心。在这组建筑群大门东西两侧的建筑基址,则表明有卫士或专人驻守,负责保卫这里的安全,戒备十分森严,绝非一般人可以出入的。1号建筑群基址所反映的是国家产生后,已经形成的金字塔形的社会等级结构。以建筑形制的大小、高低、式样来区分和标示主人地位的高下、尊卑,正是中国古代社会等级制度的一种表现形式。可以说,是夏朝统治者始创了这种显示"独尊"地位的宫殿建筑形制和布

---

① 《尔雅·释宫》。
② 《礼记·祭法》,郑玄注。
③ 《周礼·春官·小宗伯》。

局，此后又被后世王朝所沿用，并不断加以改进和完善，使之与国家和政权更紧密地联系在一起，并使之作为最高统治者象征的功能，体现得更为充分。

对于二里头遗址的这两种不同功能的建筑，在国家政治生活中的作用，古人实际也有清楚的认识，并且也认同了它们所具有的社会意义。《诗·大雅·崧高》："有俶其城，寝庙既成。"毛传："作城郭及寝庙，定其人神所居。"二里头遗址中的宫殿和宗庙这两种建筑，正是"人神所居"的表现。表明早期的国家，还具有政权和神权合一的特点，这也对后世王朝产生了深远的影响。

4. 二里头文化反映的社会现实

在二里头遗址中，还发现近千座墓葬。除2号宫殿建筑群基址内的一座大墓之外，其他均为中、小型墓和数量众多的无圹墓。已发现的10余座中型墓，一般墓坑长2米以上，宽1米以上。墓内有棺，墓底有朱砂。随葬的器物有青铜器、玉器、绿松石饰和陶器等。有些墓葬中还有木漆器、象牙器、石磬和海贝等。随葬的青铜器包括饮食器、工具、兵器等，玉器包括璋、钺、戈、圭和柄形饰等。小型墓葬多达数百座，其墓坑较小，一般长1.8米，宽0.6米左右，多无棺。多数墓内随葬有数量不等的物品，多者20余件，少者数件，亦有一些小型墓中无随葬品。在这些墓中随葬的以陶器为主，少数墓还随葬有骨器、漆器，或有朱砂。在二里头遗址的墓葬中，数量最多的是无墓圹的墓。这类墓没有墓穴，死者直接埋于灰层或灰坑内，也没有任何随葬物。这类墓的葬式各异，有屈肢葬、俯身葬、蹲坐式葬等，有的还身首分离。有的俯身葬，死者的双手上举，手腕相交，躯干弯曲，下肢微曲，似双手被缚后，丢入坑中活埋的；有的死者左手弯曲压在胸前，左手反折背后，右下肢残缺。还有的葬坑中，只发现单个人或零散的肢骨（图2－30）。

图2－30 二里头遗址中的无墓圹墓葬

从二里头遗址发现的大、中、小和无圹四种墓葬的形制以及随葬物和葬式的显著差异中，足以揭示国家政权建立后，在社会生活中出现的巨大变化。四类墓葬中大型墓1座，中型墓10余座，小型墓数百座，无墓圹墓尸骨成堆，数量颇多。大、中、小、无圹墓数量由少至多，呈现金字塔形数差排列，不仅反映了阶级的存在，还是金字塔式社会结构和等级制度的真实体现。大型墓的主人必定是国家的最高统治者，中型墓的主人则是贵族；小型墓的主人拥有自己的财产，且葬式多为仰身直肢葬，是正常死亡后入葬的，因此其身份应为有人身自由的平民；无墓圹墓中的死者从葬式来看，显然大多都不是正常死亡的，他们死后没有随葬物，这些情况表明他们既没有财产，也没有人身自由，是生活在社会最底层的奴隶。其中有一些很可能是被俘虏的战俘。

在二里头遗址的北部发现了陶窑遗址，南部发现铜渣、陶范和坩埚残块等铸铜的遗迹，北部和东部则发现了大量的骨料和制骨工具，这里是手工作坊遗址区。从二里头遗址的墓葬、窑穴、建筑基址等处出土的大量制作精美的器物，应该产自于这些手工作坊。出土的器物包括陶器、玉器、骨器和青铜器，制作精良，显示出很高的技艺水平。在遗址第四区发现的一处铸铜遗址，面积达到1万平方米以上，延续的年代很长。在这处铸铜作坊遗址中，出土了各种式样的坩埚、炉壁、陶范，有的陶范上还有花纹。其中有一些陶范很大，造型复杂，是用于铸造器形奇特的大型铜器。从出土的陶范分析，二里头遗址出土的青铜器就是这处手工作坊铸造的。

二里头遗址出土的青铜器，是我国夏商考古中发现的年代最早的青铜器。尽管这些青铜器还具有早期铜器的特点，但铸造技术已十分成熟，且具有较高的制作工艺水平。铜器的铸造方法因器物不同而采用不同方法：工具和兵器采用双合范铸成；容器则采用则内范和双合外范铸成，其中铜爵至少采用4块范合铸而成。在二里头出土的青铜器中，最能代表铸造工艺和水平的是青铜饰件。这些青铜饰件中有一些采用了镶嵌工艺。如在铸造饰件时，将松绿石片镶嵌在饰件内，以增加饰件的美感。M5出土的一件青铜饰件，呈现圆角长方形，两长边中部内凹，两短边外凸（彩图6），两侧各有2钮。这件铜饰件是在用青铜铸成一个兽面纹镂孔框架的同时，在表面镶嵌了大约400多块松绿石片，有长方形、方形、三角形，排列成一个猛兽的形象：圆头，两眼圆睁，下颌有利齿，形象十分凶猛。

在二里头遗址中，还出土了戚、戈、镞等青铜兵器，证明当时在这座城中，驻扎有相当数量的军队，起着“保国卫家”的作用。

十分遗憾的是，在二里头遗址及其文化中，至今沿未发现夏代的文字，因此对于夏朝国家政权的建设及其机构设置、统治政策等方面的情况，尚无法揭示其具体的内容。这也是有些学者对二里头遗址是不是夏朝都城，以及夏朝是否存在持怀疑态度的一个重要原因。尽管如此，从二里头遗址考古中发现的大量文化遗存，已足以说明夏朝的存在及曾定都于此，是无可争辩的事实。

（二）国家政权建设的逐步完善

1. 商前期都城与政权建设

在我国历史上，继第一个国家政仅——夏朝之后，商、周（西周）两朝又进一步强化和完善国家政权的建设，促进国家的发展。

尸乡沟城址是商朝早期都城遗址。它位于偃师城区西部，北靠邙山，南临洛水，与二里头遗址东西相对，相距约6公里。因城址中部有一条低凹地带东西横贯，俗称尸乡沟，故城址以此为称。城址现埋于地下1~4米，经发掘后，揭露了这座城址的布局、建筑及设施等方面的面貌。其平面略呈现长方形，南北长1700多米；东西宽不等，最北部为1215米（亦有报告称为1240米），中部宽1120米，南部宽740米（图2-31）。城墙均为夯土版筑，现存的墙体厚度不等，一般宽15米以上，最厚处达25米。现残墙最高处仍有3米。城墙在修筑时，先挖墙基，内填夯土，再用酱红色掺黄灰的土夯筑墙体，十分坚实。在墙体下部有附属堆积，作为护城坡。在四周城墙之外，有壕沟（护城河）围绕。壕沟口宽约20米，深约6米。横截面呈口宽底窄状，然外侧坡度较陡，内侧坡度较缓。壕沟与城墙之间为宽12米的平宽之地。在城墙遗迹中，发现有5座城门（亦有报告称有7座）；东、西城墙各有2座城门，北城墙有1座城门。这5座城门的宽度不等，一般宽2米多至3米。在门道两侧紧贴城墙处，建有夯筑的木骨土墙。在已发掘的西城墙中段的城门内侧，向南 4 米处，有一条东西向，呈缓坡状的夯土“马道”，上宽 3 米，下宽 4 米。马道的下端与城内的一条大道相连，上端与城墙顶部相接。这应是为守城兵士登城防卫而修建的一条通道。

在城址的偏南处，发现了 3 座呈东北—西南方向布列的小城遗址。根据遗迹和遗存分析，中间一座略呈正方形的小城是宫城。宫城四周筑有厚约 3 米的夯土围墙，其中北墙长约 200 米，东墙长约 180 米，南墙长 190 米，西墙长 185 米，近方形。宫城面积约 4.5 万平方米。在围墙内普遍发现夯土基址，有的夯土层厚达 2.4 米。

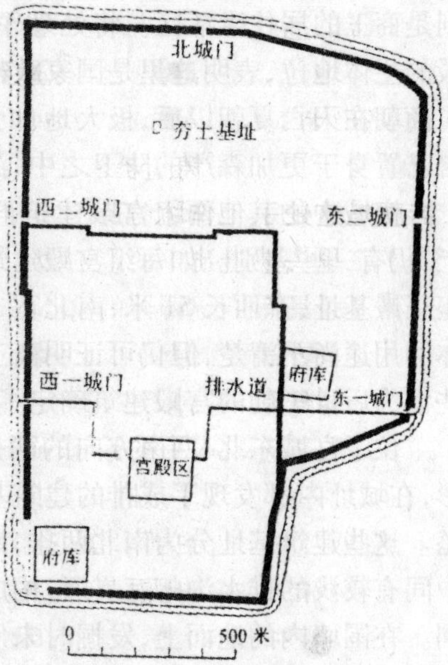

图 2－31　河南偃师商城城址平面图

宫城的大门建在南墙正中，门外有一条大道直通城南。在位于宫城遗址的中部偏东处，发现了一处宫殿建筑群基址。基址平面呈长方形，东西长 51 米，南北宽约 32 米，系填土夯筑而成。基址上曾建有殿堂、廊庑、庭院和大门组成的一组布列有序的宫殿建筑群。殿堂位于建筑群的北部，是一较高大的台基。东西长 36.5 米，南北宽 11.8，高出基址地面约 0.25～4 米。围绕着台基的四周，有断断续续的圆形或椭圆形的夯土墩，排列十分有序。台基南边有 4 个台阶，间距大致相等。台阶长 2.5 米，宽 2 米，一般保留有 3 级阶梯。台阶两侧残留有直立的片状石块，旨在保护台阶面。根据这些建筑遗迹，可以推测出当年在此建有一座颇具规模的大型宫殿。

在殿堂的东、西、南三面，建有廊庑。廊庑的外侧，筑有木骨夯土墙。大门就开在南庑中段，门道宽 2.1～2.4 米。在殿堂前与东、西、南三面廊庑之间，是一个十分开阔的庭院。在殿堂的左、右两侧和后面，还有几处面积较大的宫殿建筑群基址。从这些建筑群基址的遗迹可以看出，它们都是由正殿和围绕正殿前的庭院修建的东殿、西殿及南殿等附属建筑所构成，成为几个相对独立的建筑群落。其中，在位于大型宫殿基址北面的宫殿建筑群基址中，发现了 3 处石砌的排水沟（图2－32）。此外在基址的东北处，还发现了一口水井的遗迹。从宫城中的布局和几组建筑群的形制分析，这是一种“城中城”的格局。位于宫城中心处的大型宫殿及附属建筑，是宫城的主体建筑，是商王处理各种

图 2－32　偃师商城东垣排水道遗迹

政务、决策和号令天下的场所。在这处建筑群后面有排水沟和水井的一组宫殿建筑群落，则是商王的居住生活区。将处理军国要务的宫殿与生活区分开布局，更突出这座大型宫殿的主体地位，表明这里是国家政权的中心，是一切政令的始发地。这种建筑布局也反映了商朝在灭亡夏朝以后，极大地加强了王权的统治，最高统治者出于自身安全的需要，将自己置身于更加森严的防卫之中，深居简出。

宫城中的其他两组宫殿建筑群落，虽在整体布局上大体相同，但在建筑的具体形制上，仍有一些差别。如每组宫殿建筑群落中的大殿，就有面积大小的区别。其中最大的一座正殿基址，东西长51米，南北宽32米，面积约1600平方米。这两组宫殿建筑群落，虽具体的用途尚不清楚，但仍可证明商王朝在国家政权的建设中，已初步建立了宫室制度。这些都为后世王朝的宫殿建筑确定了基本的格局。

位于宫城东北、西南方向的两处建筑群落亦有围墙防护。这两座小城的平面均为方形，在城址内都发现了成排的建筑基址。其中一座小城内，共揭露出大型建筑夯土基址15座。这些建筑基址分为南北两排，南排6座，北排9座。各排及每座建筑的间距大致相等，中间有较浅的排水沟相互贯通，构成网状的排水系统。各座单体建筑的结构、布局基本相同。在围墙内的地面上，发掘时未发现零散杂物，亦无堆积的物品，也没有用火的遗迹，应是比较干净整洁的。根据这些遗存、遗迹，有的学者推断这两座被围护起来的小城，很可能是用于存放粮食、武器等物资的"府库"，也是国家最高级别的仓储之所。当然，也不排除驻扎军队的可能性。从两座小城的位置分析，驻扎在这里的军队，其职责无疑是保卫宫城的安全，具有拱卫京城的含义。这也是国家政权建设逐步发展和稳定后，最高统治者及中央政权机构需要更多地借助于军队，来保护自身的权益和政令的通达，同时也借此显示自己的权势。这无疑也开启了后代宫廷禁军的先例。

在偃师商朝早期城址中，不仅有宫城及大型的建筑群落，还发现了位于宫城北部的池苑遗址。这是一处人工挖成的水池和两条水渠组成的景区。长方形的水池，东西长约130米，南北宽约20米，深约1.5米，系石块垒筑。水池的东、西两端，各有一条水渠与之相连。推勘测，西水渠为注水渠，东水渠为排水渠。两渠从宫城墙下穿出，从大城两侧的南城门下通过，与城外护城河相接。东渠则从宫城墙下穿出，经大城东侧的南城门下，与城外护城河相通。水渠均为石块砌筑，现存的水渠一般宽约0.4米，高0.5米。池、渠总长约1430米。据推测，这座水池很可能是属于宫殿区的池苑，是商王及王室成员游玩、消遣的场所。

在偃师商城遗址的城区范围内，还发现了大道和小道等道路遗迹。在面积约190万平方米的城中，已发现东西向的大道5条，南北向的大道6条，路面宽6~10米，在城区内形成纵横交错的道路网，构成网格状的街区分布。都城作为国家政权的所在地和全国的统治中心，这种布局不仅是为了方便城区居民的生活，更重要的是通过这种网格状的路网，将城区分割成为一个个相互割裂的街区，有助于加强对都城的管理，维护城内有序的生活。在考古调查中还发现，除纵横交错的大道构成城中的主干路网外，还有许多小道与大道相连相接，形成密布城内的交通网。这些小道不仅有利于城中居民的居住生活和出行方便，还便于分而治之。用主干道构成的网格状布局，几千年来一直成为我国古代城市建筑和布局的一大特点。商朝前期都城中出现的这种城区布局，应是有利于建立井然有序的经济秩序的科学设计。

2. 郑州商城与商中期的政权建设

1950 年，在河南郑州东南郊发现的二里岗遗址，是一处重要的商朝中期文化遗址。1955 年，在郑州市郊白家庄又发现与二里岗相似的文化遗存。此后在对白家庄遗址的发掘中，发现二里岗期商文化层下叠压着坚硬的夯土层。经过进一步的钻探，终于探明这是一座湮没了 3000 多年的商代城址。

郑州商朝中期的都城遗址①，平面略呈长方形（图2－33），城垣周长约 6960 米，其中东城墙长约 1700 米，南城墙长约 1700 米，西城墙长约 1870 米，北城墙长约 1690 米，城区总面积约 317 万平方米，为偃师商城的遗址的 1.67 倍。近年，考古工作者又在郑州商城遗址的南垣和西垣外，发现了外郭城墙。如以外郭城墙的计算，则城区面积又扩大了 1 倍。这座都城的墙体，大部分已毁坏，只部分保留在地面。最高处约 9 米，最低处约 1 米。墙底宽 20 米，顶宽约 5 米，城墙横截呈梯形，系采用版筑法建造。据有些墙体上留下的木板痕迹，版筑用的木板长约 3 米，宽约 0.16～0.19 米。墙体的夯层非常清晰，厚薄不等，最厚的夯层有 20 厘米，最薄的只有 3 厘米，一般为 8～10 厘米。夯层表面有密集的夯窝，多为圆形尖底或圆底，直径多为 2～4 厘米，深 1～2 厘米，夯筑得十分坚实。

图 2－33　河南郑州商城遗址平面图

在郑州商城的中部偏北和东北一带，发现有大面积的夯土基址。基址上布列着大型和小型的房基。经分析鉴定，这一基址即为宫殿区，大型房基即是宫殿建筑。在东西长约 730 米，南北宽约 500 米的夯土基址中，有夯筑的台基数十处，面积大的有 2000 多平方米，小的也有 100 多平方米，在已发掘的几处建筑台基址中，发现了 3 座大型房屋基址，均可确定为宫殿建筑基址，其中一处编号 C8G10 的基址位于宫殿区的中部，基址呈长方形，残长约 34 米，残宽约 10.2～10.6 米。基址上清理出 5 层地坪，地坪上残留有石灰质结核铺设的地面。在地坪的东、西两边和中部，残存有 7 排柱洞，呈南北向排列。每排多则 13 个，少则 2 个，排列很整齐。柱洞圆口圜底，最大口径 40 厘米，最小口径 20 厘米，多数柱洞的底部都垫有料礓石块，周壁还涂有料礓石粉末。根据这座建筑基址的遗存、遗迹分析研究，这里曾是一座大型的殿堂建筑。

---

①　对郑州商城的性质，有两种意见：一种认为是商中期仲丁所建的都城隞，另一种意见认为是成汤的都城亳。本文采用第一种意见。

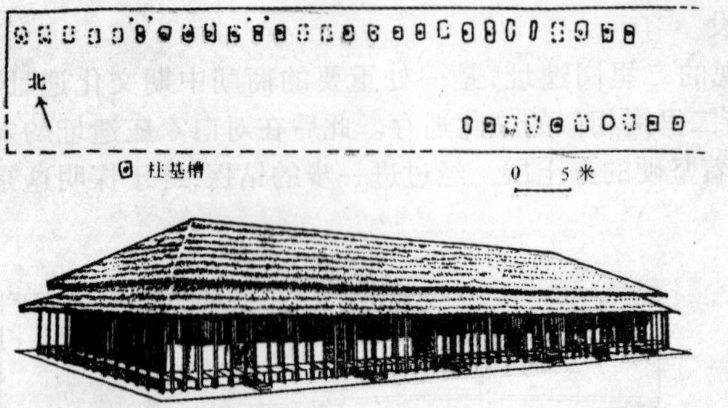

图2-34 郑州商城C8G15宫殿基址平面图、复原图

在这座殿堂建筑西边的C8G15的基址，东西残长65米多，南北宽13.6米。在用红土和黄土夯筑的基址台面上，清理出两排平行的排列很整齐的柱洞，北面一排27个，南面一排仅残留东边的10个，柱洞间距均为2米左右。在柱洞的底部，一般放置1~2块柱础石，有的柱洞内还残留有圆木柱的痕迹。在这处基址的台面上，有些地表处还残存着白灰面或细黄泥面的地坪，在一些地方还残留着夯筑的墙基。根据这些建筑遗存和遗迹，可以复原出一间面阔9间的重檐顶、带回廊的大型殿堂（图2-34）。在基址的附近，还出土了不少玉簪、青铜簪和玉器等物品，据此推测，这座大型的殿堂式建筑，应是商王居住的场所，是一座寝殿。

在这座寝殿的南部，是C8G16的建筑基址。夯土基址南北长38.4米，东西宽31.21米。在这处基址上揭露出柱洞50个，均为圆形，分内、中、外3排。在其中的20个柱洞中，残留有木柱痕和石柱础。根据这些遗存、遗迹推测，这也是一座殿堂之类的建筑。

这3座大型宫殿建筑，均匀地分布在郑州商城的东北部，2座居北，1座居南，构成一个三角形。在其周围，还发现许多工作夯土基址。这说明在郑州商城宫殿区内，是3组各有一座大型宫殿建筑为主的建筑群。其中，除C8G15及其附属建筑可以断定是商王的寝宫外，其余两组建筑群仅从发现的遗存、遗迹，尚无法判定其用途和功能，但它们与寝宫相邻，且亦是大型殿堂建筑，显然也与商王的活动有密切的关系。

除建筑基址外，在宫殿区东北部还发现了一个石板砌筑的蓄水池。长方形的蓄水池长100米，宽20米。池底用料礓石铺垫，并铺有较规整的青灰色石板，池壁也铺有料礓石，并用石块加固。在蓄水池的周围有夯土建筑基址，可能是看护池水或负责蓄水的人员居所。这座蓄水池应是用于向宫中提供生活用水。修建专用的蓄水池，且如此之大，亦反映这一时期商王宫中的用水量很大，说明在宫中日常生活中，长期居住及来往的人员数量也是很多的。这也从一个侧面，反映出商代中期的国家政权机构已具有一定的规模。

在宫殿区的发掘中，还于一条壕沟内发现埋有近百个人头骨，其中两处重叠堆置的人头骨多达80多个。这些人头骨没有一个是完整的，大部分为头盖骨，少数是头骨的下部，而且不少的头骨上还有明显的锯痕。据鉴定，这些死者大部分是青年。根据在殷墟中出土的甲骨卜辞的记载，商代盛行以俘虏为牲的人殉祭祀形式。这些死者应是在商王征战中，从其他邦国俘虏的战俘。这也表明到商朝中期，人殉制度已经形成，同时也说明这一时期商王不断地向周边方邦国讨伐、征战。

作为商朝中期的都城，郑州商城也发现了铸铜、制骨和制陶的作坊遗址。其中铸铜作坊遗址2处、制骨和制陶作坊遗址各1处，分布于城外的南、北和西面。铸铜作坊遗址以城南的一处面积最大。遗址位于南城墙外约700米处,面积1000多平方米,有不少附有铜锈的硬面。这些硬面均经夯筑,十分平整,坚硬光滑,留有火烧的痕迹,并粘有铜锈。有的铜锈面呈现与铸铜坩埚锅底相类似的凹窝。在铸铜场地的东北隅,发现一座残熔铜炉,只存炉底部分。炉底近似椭圆形的凹坑,周壁残高0.6米,敷有草拌泥,炉底内外呈暗红色,系经火烧过。炉内填有炉壁块、铜渣、坩埚碎片、木炭屑等。所发现的铸铜坩埚有三种:一种是用大口尊作胎,胎体内外再敷草泥加厚;第二种是用砂质红陶缸作胎,内外亦敷草泥;第三种是用黏土制作,外面敷草泥。这三种坩埚,前两种是用生活中使用的陶器改制的,后一种则是专门制作用于熔铜的器物。据对坩埚内壁残存铜渣的化验结果,除铜之外,还有铅、锌、氧化铁、氧化铝、氧化钙、氧化镁等元素。

据统计,两处铸铜作坊遗址共出土陶范298件,其中工具范112件,武器范34件,容器范38件,其他范16件,不明器形范98件。工具范的数量最多,约占陶范总量的37%,说明这一时期的生产劳动,特别是建筑等劳动是比较频繁的,且在劳动中较多地使用青铜工具。

在郑州商城外的东、西及东南部,曾发现3处窑藏坑,出土了28件青铜器。其中有25件为容器,3件为兵器。这些青铜器种类齐全,是郑州商城所发现青铜器中的精品,故被认为是商朝王室专用的青铜器物。这些青铜器包括鼎、鬲、尊、罍、卣、觚、斝、爵、簋、戈、钺等。每一种青铜器又有不同的形制。其中最引人注意的是8件大方鼎,而这类器物在郑州商城遗址的贵族墓葬中,从未发现过。说明这类大方鼎绝非一般贵族所能拥有,应为商朝王室专用。这8件大方鼎有大小、轻重之别。最大的一件鼎,通高100厘米,口径长62.5厘米,宽60.8厘米,重86.4公斤。最小的一件鼎,通高59厘米,口径长38厘米,宽36厘米,重20.32公斤。8件方鼎虽有体积、重量的差别,但制作得都十分精美,古朴端庄,显示出一种雄浑、大度的气势,这与这些青铜器的拥有者的身份和地位是相适应的。

郑州商城出土的青铜礼器,经化验为铜、锡、铅合金,亦有铜、锡、铅、锌合金。其中铜的含量为75.09%~87.73%,锡的含量为3.48%~10.91%,铅的含量为0.69%~17%,锌的含量为0.01%~1.25%。几个地点发现的青铜器在合金的成分上存在着较大的差异,说明青铜原料绝非完全出自铜矿中的天然矿石,已有人工配比的可能性。铸造技术则采用浑铸和分铸两种方法。一般小件器物,如兵器和工具主要采用浑铸法;大件器物,如各种礼器则主要采用分铸法。为了提高铸造的效率,铸造兵器和工具的陶范,有一范同器多件,一范不同器多件合铸。如刀范有一范2刀或3刀,镞范有一范6镞。不同器合铸范,则有刀、锥、凿3器合范。

早期遗址中出土的青铜器,制作比较粗糙,器壁薄,器体轻,器形比较简单,纹饰较少或没有。到了晚期,青铅器的器壁较厚,器体重,多饰花纹,器形趋于复杂,制作精细。这些变化说明,随着商王朝统治的不断巩固,青铜冶铸业也得到较快的发展。商王及统治集团也更多地将青铜器用于祭祀等礼制活动,在很大程度上也促进了都城青铜铸造业的发展和铸造技术的进步。

从都城遗址的规模、宫殿建筑群的布局及规模、青铜器的铸造技术和水平等方面分析,郑州商城都超过了偃师尸乡沟商城,这是在国家政权机构逐渐完善,统治进一步巩固,社会经济不断发展的基础上,才有可能建造的。因此,郑州商城是商代中期的都城应该说是可信的。

3. 殷墟建筑与商后期政权的盛衰

位于河南安阳洹水之滨小屯村一带的殷墟，是商朝后期的都城遗址(彩图7)。盘庚迁殷后，商朝的政局进入一个相对稳定的时期。特别是武丁在位期间，“修政行德，天下咸驩，殷道复兴”，①商朝因此进入了其历史上的强盛时期。这一史实，在安阳殷墟遗址的考古资料中，也得到证实。

殷墟的范围，经长期考古调查和发掘，现已基本得到确认。殷墟总面积远远超过偃师和郑州的商代前、中期两座商城遗址(图2-35)，有比较密集的房屋建筑基址和墓葬的分布，遗址内的文化堆积层比较厚，内外围的房屋建筑基址和墓葬的分布则比较稀疏，文化堆积层也比较薄。这一考古发现表明，殷墟的范围是随着时间的推移，人口的增多，社会经济的发展而逐步扩大的。

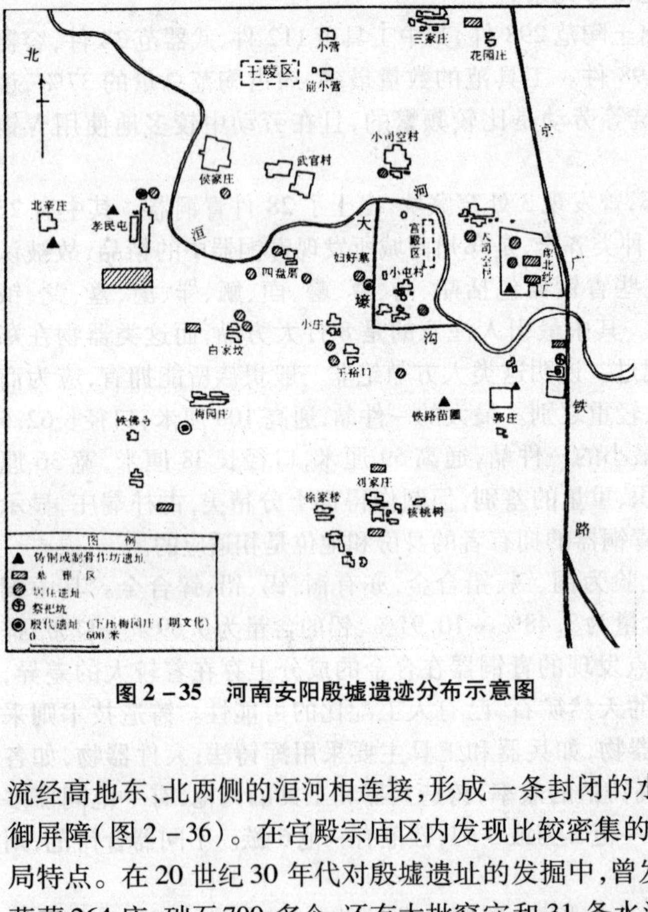

图2-35 河南安阳殷墟遗迹分布示意图

殷墟遗址内的文化遗存分布，清晰地显示出这处遗址是由宫殿宗庙区、王陵区、手工业作坊区和贵族墓地等几部分相对独立的区域所组成的。

宫殿宗庙区位于洹河南岸小屯村东北的一片高地上，南北长约600米，东西宽约450米，面积27万平方米。在这片高地的西、南两侧，原来有一条人工开挖的大壕沟，长约1100米，宽21~7米，深约3米。这条壕沟与流经高地东、北两侧的洹河相连接，形成一条封闭的水系，作为一道围护宫殿宗庙区的防御屏障(图2-36)。在宫殿宗庙区内发现比较密集的夯土建筑基址，且其分布有一定的布局特点。在20世纪30年代对殷墟遗址的发掘中，曾发现大小不等的夯土建筑基址53座，墓葬264座，础石700多个，还有大批窖穴和31条水沟。按其位置和布局，可分为甲、乙、丙三组。这些建筑基址的平面多为正方形，也有近似正方形，或凸形、凹形等，建筑面积大小不一。三组建筑从北向南依次排列，其中甲组建筑基址15座，分布在北部，东、西两面濒临洹河；乙组有建筑基址21座，位于宫殿宗庙区的中部；丙组有建筑基址17座，位于最南部。根据在3组建筑群基址及范围内出土的遗物分析，北边的一组建成的时间最早，相当于武丁在位的前期，即历经盘庚、小辛，小乙，到武丁即位之初；中间一组建成的时间，相

① 《史记·殷本纪·正义》引《竹书纪年》。

当于商王武丁至文丁时期，即历经武丁后期、祖庚、祖甲、廪辛、康丁、武乙，到文丁在位时；南面一组的建成时间最晚，相当于商王帝乙、帝辛时期。所以这3组宫殿建筑基址基本涵盖了从商王盘庚迁殷后，到商王帝辛（纣）灭亡的这段历史。3组宫殿建筑规模形制的差异，清楚地反映出商朝后期国家政权建设的变化及国家统治的盛衰演进历程。

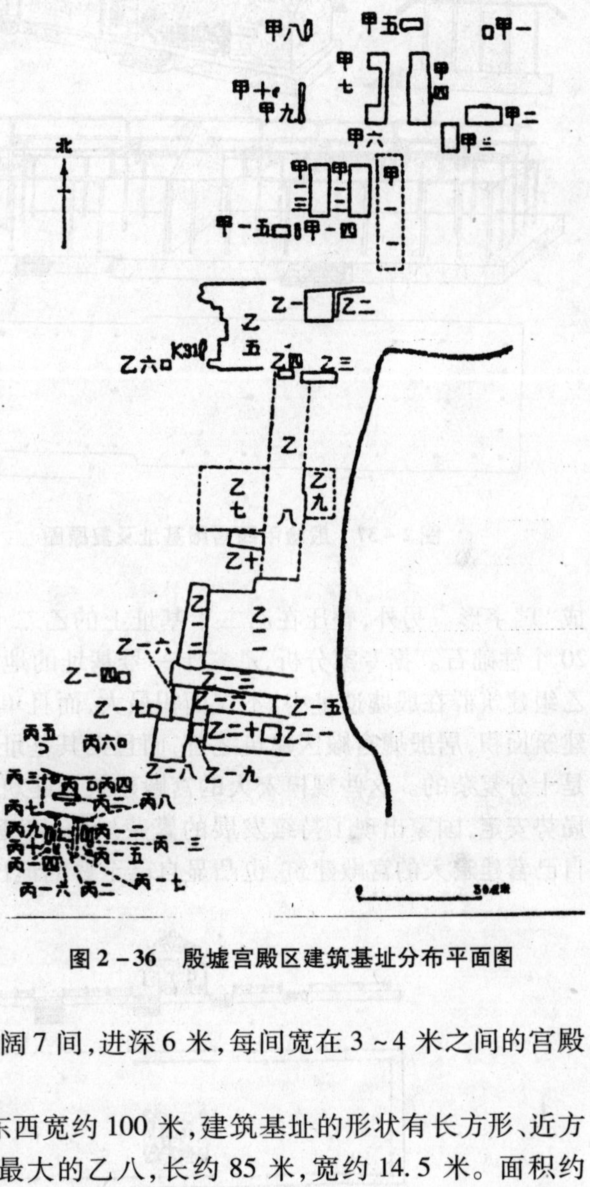

图2－36　殷墟宫殿区建筑基址分布平面图

殷墟遗址宫殿区内的3组宫殿建筑群，在建造技术上主要采用填基和挖基两种方法。在将房基填土夯实后，再立柱、版筑殿墙，然后搭建木构屋架、覆顶。位于遗址北部的甲组建筑群基址，南北长100米，东西宽90米。这组建筑群中，面积最大是甲一一，东西长约46.7米，南北宽约10.7米，面积约489平方米。甲一一基址东、西、北三面发现铜、石柱础及夯墩34个，以东面较多，西面较少，北面只有1个。其中，有铜柱础10个，形制有圆形、锅形和铜片3种。甲四的基址保存较好，南北长28.4米，东西宽8米。基址的南边有2处5级台阶。基址的四周还发现有基石，排列很整齐。据此推测这座基址是面阔7间，进深6米，每间宽在3～4米之间的宫殿建筑（图2－37）。

乙组建筑群基址，南北长约200米，东西宽约100米，建筑基址的形状有长方形、近方形和凹形几种，面积亦有大有小。其中最大的乙八，长约85米，宽约14.5米。面积约1232平方米。基址上共揭露柱础石153个。

丙组建筑群基址，南北长50米，东西宽约35米。面积最大的基址为丙一，长20米，宽17米，北部有柱础石8个。其余的建筑基址面积更小，形状有方形和长方形两种。

盘庚是在商朝统治集团内部出现“废嫡而更立诸弟子，弟子或争相代立”[①]的混乱局面，进而导致爆发“九世之乱”，商王朝统治日益衰落的背景下，决定迁都的。但迁都之举，遭到王室成员及其他贵族们的强烈反对。虽然盘庚迁殷后，“行汤之政”，逐渐缓和统治

① 《尚书·盘庚上》。

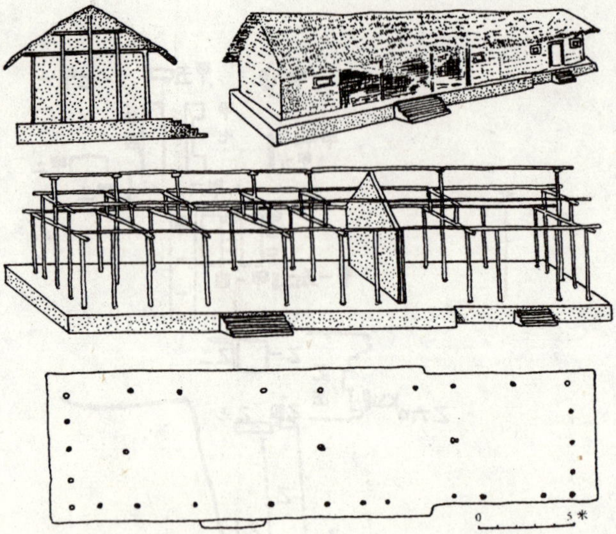

图 2－37　殷墟甲四宫殿基址及复原图

集团内部的矛盾，稳定局势，极大地加强了商王朝的统治，然而经历了一段动荡的局势后，商王朝的实力不可避免地受到影响，国势削弱。因此表现在殷墟早期的甲组宫殿建筑上，规模较小，整体布局比较松散。但从甲组建筑的形制和布局中，依然能够看出这些建筑之间的主从关系，体现了商王的统治地位。

乙组宫殿建筑群的面积最大，许多建筑基址也显示出这些建筑有很大的规模，这正与武丁“中兴”的历史背景相吻合。其中在这组建筑群中部的乙七、乙八两座宫殿建筑基址，纵横相交成“T”字形。另外，叠压在乙二十基址上的乙二十一号基址，方形，边长约 7 米，基址上有 20 个柱础石。据专家分析，乙二十一号基址的地上建筑，应是一座两层楼房（图 2－38）。乙组建筑群在殷墟遗址中，不仅面积最大，而且单座宫殿建筑也是规模最大的。如乙八的建筑面积，居殷墟宫殿区建筑之首，而且据其基址上的遗存、遗迹分析，这座建筑的结构也是十分复杂的。这些规模宏大的宫殿建筑及建筑群，表明商朝在经过武丁的治理后，国内局势安定，国家出现了持续发展的繁荣局面，商王朝的统治者才有足够的精力和物力，为自己营建宏大的宫殿建筑，也凸显自己至尊的地位和至高无上的权势。

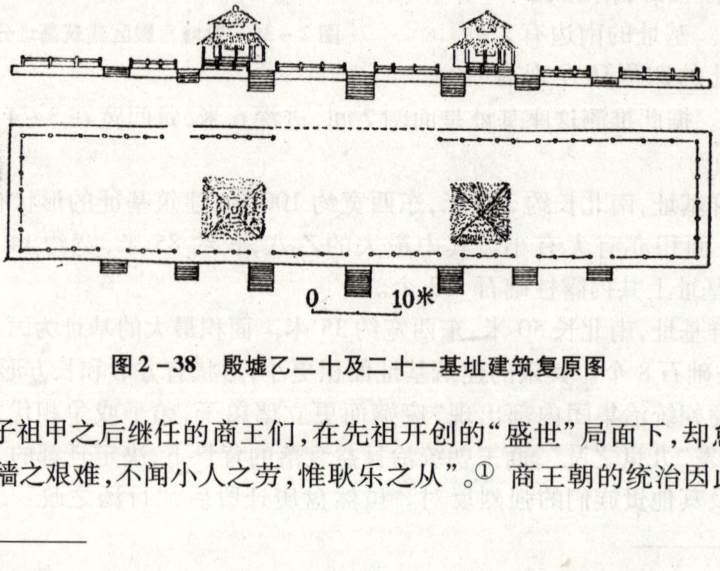

图 2－38　殷墟乙二十及二十一基址建筑复原图

但武丁之子祖甲之后继任的商王们，在先祖开创的“盛世”局面下，却怠于朝政，贪图享乐，“不知稼穑之艰难，不闻小人之劳，惟耽乐之从”。[①] 商王朝的统治因此受到削弱，国

① 《尚书·无逸》。

势由盛至衰。商朝晚期政局发生的这些变化，反映在殷墟遗址的宫殿建筑群中，就是位于宫殿区遗址的最南边的丙组建筑，无论是规模，形制，都无法与甲、乙两组宫殿建筑群相比，而且还形成了鲜明的反差。

丙组宫殿建筑群基址，南北长 50 米，东西宽约 35 米。面积最大的丙一也只有 340 平方米，仅相当于乙组宫殿群中的一般性建筑的面积。而且在这组建筑群基址中布列的房基，布局也不规整。说明在商王朝晚期的国家政权，已是朝政荒怠，商王们不恤政事，国势衰败。然而在丙二周围又发现了数量较多的小墓坑，是祭祀埋藏牺牲的穴坑，这也表明商王朝晚期的统治者们，在国家统治危机四伏之时，依然沉溺于祭祀鬼神的礼仪活动中，以祈求神灵的保佑。由此亦可印证商纣王"酒池肉林"的奢靡生活。

殷墟遗址的宫殿建筑群基址，清楚地反映出商王朝自盘庚迁殷后的历史变迁，政权的发展与动荡等史实，这处商晚期的都城遗址的其他文化的遗存，还显示了这一时期国家政治生活的具体情况。

4. 等级森严的王陵区

在位于宫殿区西北方向的侯家庄西北岗，亦称武官村北地，是商王朝晚期的王陵所在地。陵区面积东西长 450 米，南北宽 250。在陵区内共发现 4 条墓道的大墓 8 座，两条墓道的大墓 3 座，一条墓道的大墓 1 座，还有 1 座大墓只有墓坑而无墓道。此外在王陵区内，还发现了大批的祭祀坑。大墓分为东西两区（图 2－39），西区分布的大墓最多，多达 8 座

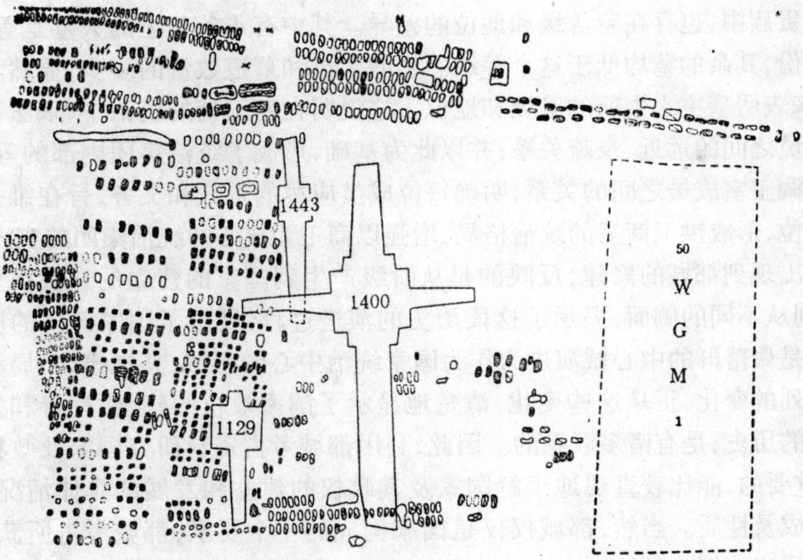

图 2－39　殷墟侯家庄西北岗王陵墓区分布图

（内有 4 条墓道大墓 7 座和 1 座有墓坑而无墓道的大墓）。西区只有大墓 5 座（4 条墓道大墓 1 座、两条墓道大墓 2 座，一条墓道墓 1 座，据说为出土司母戊鼎之墓），还有几百座祭祀坑，因此被认为是商王朝的主要祭祀场所。

王陵区大墓的形制，或呈长方形，或近正方形，亦有"亞"字形，墓穴口大底小，深 10 米

左右。墓道多做斜坡形，亦有少数做台阶式。墓道的长度不一，最长者达60多米，最短者不足10米。墓室内都有棺椁，有的还有耳室。椁室有长方形的和"亞"字形的两种，系用条木叠置成"井"字形。墓内都有人殉、人牲。殉人的多置于墓室或墓道。在一些殉人的墓坑中，还有随葬品。人牲则为被杀者的人头，置于墓室或墓道的填土内。遗憾的是，这些墓均遭盗掘，墓内的随葬品所剩无几。在幸存的遗物中，只有一些青铜礼器或兵器，有的墓还出土了精美的白陶、大理石雕品和虎纹石磬。

发现人殉、人牲数量最多的墓是M1001。该墓的墓室呈"亞"字形，且有东、西两耳室。墓穴长21.30米，宽18.90米。有4条斜坡式墓道，最长的一条30.70米，最短的11米。墓内发现的人殉、人牲总数达160多人。殉人中有的有墓坑，有的还有棺，有的死者身边还陪葬有青铜礼器，或兵器及玉石佩饰。殉人有的埋于墓底，有的埋于墓道。人牲中则有70个人头骨和无头躯体骨架50多具，均埋入墓道。在这座墓的东侧，还发现37个埋人坑及埋动物坑。其中埋人的坑有22个，坑内少者1人，多者7人，共68人。有的坑内有椁、棺，并随葬有成组的青铜礼器，有的还有殉人。

据传出土司母戊大方鼎的墓，墓室较小，呈长方形，长9.60米，宽8.10米，深8.10米，只有一条墓道，墓内有椁室，在墓室、椁室及墓道的填土中，发现人殉、人牲30多人。据说1939年武官村民就是于这座墓所在地点，挖出的司母戊鼎。1959年，经过反复调查，找到了墓的位置。

根据这些墓葬的形制、出土的文物类型及数量、人殉及人牲等情况，可以看出商朝的王室成员及贵族中，也存在着等级和地位的差异。其中有4条墓道的大墓是等级最高的，应是王的身份，其余的墓均低于这个等级。墓的大小和墓道数量的多少，显然具有等级的性质，以此来表明墓主人生前的等级和地位。这说明在商王朝的统治中，宗法制已被用于区分王室成员之间的远近、亲疏关系；并以此为基础，形成了统治集团内部的等级制度，借以维系和协调王室成员之间的关系，明确每位成员应尽的责任和义务，旨在维护商王的权威和统治地位，形成拱卫商王的统治格局，增强以商王为核心的统治集团的实力。

从城的出现到都城的修建，反映的是从阶级产生到国家的建立的这段历史。大量的考古资料，则从不同的侧面，揭示了这段历史的演进过程，展示了国家产生的历史和社会背景。尤其是聚落群的中心城演进为作为国家统治中心的都城，其规模、布局和建筑形制均发生一系列的变化，正是这些变化，清楚地显示了国家政权的建立、完善和发展。所以都城与国家的历史，是有诸多联系的。因此，利用都城考古资料研究国家及政权的兴衰历史，是十分重要的，能比较直观地了解国家及其政权的建立和发展的具体情况，分析和探索其内部构成及性质。当然，都城仅仅是国家构成的一个要素，都城考古所获得的资料，也只是了解国家政权建设的一个窗口，不可能展示社会和历史发展的全貌，这也是一个局限性。不过也应看到，在中国古代社会皇（王）权至上思想的影响下，都城内宫城建筑无论是形制还是布局，无不体现这种思想。

（三）国家的统治

从我国历史上的第一个国家政权夏朝开始，便建立起为统治集团服务的政权机构和相关的制度，以后的历朝历代，都是根据当时的政局和统治的需要，不断地对政权机构和制度进行调整,使之不断地完善,以利于政权的巩固和政令的通行。

1. 早期国家政权机构的实物佐证

在殷墟发现的甲骨卜辞中,记载了商代的数十种官名,可分为政务官、事务官、武官、史官等几类。其中负责政务的官员有宰、尹等,负责各项具体事务的官员有臣、正等,武官有马、亚、射、卫、戍等,史官司有史、御史、作册等(图2-40)。这些官员都有具体的职掌,以辅佐商王统治全国。如武丁卜辞:“甲午贞:其命多尹作王寝。”(姬佛陀《戬寿堂所藏殷墟文字》25.13)卜辞中记载的这些官名,充分证明商王朝已经建立了一整套职官体系,构建起政权机构的基本框架。而到商朝晚期时,这套职官体系已比较完备了,分工更加明确、细致。如臣就有小臣、王臣、小王臣、多臣、多辟臣、小耤臣、小丘臣等许多名目。

图2-40　甲骨文中的官名(从上至下,从左至右:宰、尹、臣、正、卫、戍、史、御)

商朝建立后,将统治区域分为“内服”和“外服”两部分。[①] 内服,亦作王畿,[②]是由商王及其王室直接控制和管理的区域,位于都城的周边地区。外服,则是内服以外的广大地区,这里分布着诸多的封地和邦国。封地是那些受到商王册封的贵族,在王畿以外的地区获得的领地。方国则是原在各地建立邦国或定居的部族。商王朝通过对这些封地和邦国的控制和管理,确立对王畿以外地区的统治。不过这些邦国和部族,许多都是经过征服战争后,才被迫臣服的。在殷墟卜辞中,就常见商王下令征伐方国的记载。据武丁卜辞记载,他在位时期,曾先后征服了60余个邦国和部族。商王与邦国之间建立的臣属关系,不仅扩大了商王朝的统治范围,也由此形成了中央和地方两级统治机构的雏形。所谓臣属关系,是商王通过向臣服的邦国或部族首领册封爵位的方式建立的。商王所封的爵位,以侯居多,伯次之。殷墟卜辞中,即有攸侯、杞侯、犬侯、蒙侯,以及易伯、宋伯、郳伯等侯、伯的名称。由于册封的侯、伯数量很多,故又有“诸侯”、“多伯”之说。这些册封的侯、伯,有的就是商王室的宗族,有的则是异族,他们都作为商王朝国家政权机构的成员。他们所统领的方国、领地,也成为国家政权机构的组成部分。

根据文献资料记载,商王朝受封的方国有严格的规定,要求它们必须负责镇守疆土,定期朝贡商王,奉公征伐,拱卫王室等责任和义务。大量的考古资料则证明,这些方国在承担对商王及王室的责任和义务时,也逐步建立了相应的机构,以便对自己所辖的区域进行管理。在华北、西北、西南、东南等辽阔的区域内,都发现了商代的城址和丰富的文化遗存。

2. 殷商方国遗存示例

1954年,在湖北黄陂叶店发现的盘龙城遗址,是一处殷商时期的方国遗址。其所在年代约为公元前15世纪,相当于商代中期以前。城址平面略呈方形,四周曾筑有夯土城墙,

① 《尚书·酒诰》。

② 西周时期畿之外称内服,周边及边远地区则称外服。

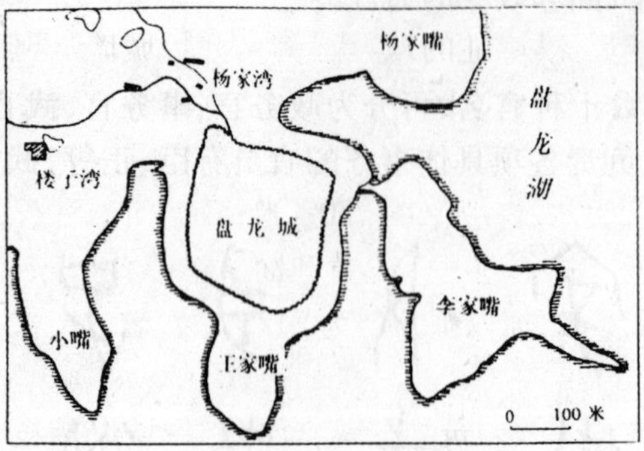

图 2－41　盘龙城遗址平面图

南北长约 290 米，东西宽约 260 米，现存的部分城墙残高 1～3 米（图 2－41）。城墙的结构与郑州商城相似。城内的东北处地势较高，在这里发现一处大面积的夯土台基。台基上揭露出大型建筑群的遗迹，据分析为 3 座宫殿建筑基址。已清理出的 F1，东西长 39.8 米，南北宽 12.3 米。台基中央原来建有东西并列的 4 室，中间的两室较宽，而且前后各有一门。两侧的一室较窄，每室仅在南面开有一个门。在台基的四周还发现一圈 43 个檐柱的柱洞。根据这些遗迹推断，在这座台基上建成的是一座四周有廊，中央为 4 室的四阿重檐式高台殿堂建筑，可能是一座寝殿。在这座寝殿的附近，是另外两座殿堂建筑的基址。据地面的遗迹、遗存分析，F2 可能是正殿。3 座殿堂建筑的基址构成了一条呈南北方向的中轴线，合成一组殿堂建筑群。盘龙城城址可能是围绕这组殿堂建筑而修筑的宫城。方国可以修筑宫城和殿堂，说明它的国君也是拥有一定的权力的，是地方上的最高统治者。也从一侧面反映出方国是建立了自己的政权机构，行使统治和管理的权力。

在盘龙城附近的楼子湾、李家嘴等地，还发现了同时期的墓葬。两地共清理出 10 余座墓，墓有大、小之分。大墓有棺椁，且随葬有铜器、玉器和其他器物，有的还有人殉。小墓只有棺，随葬器极少，铜器数量不多。其中最大的墓葬是李家嘴发现的 M2。这座长方形竖穴墓，长 3.77 米，宽 3.4 米，墓底有腰坑。木椁葬具长 2.78 米，宽 2.02 米。椁板外面有精细的饕餮纹雕花，内侧涂抹朱色。随葬品有铜器、玉器、木器和陶器。其中铜器多达63 件，包括鼎、鬲、簋、盘、盉、罍、觚、爵等青铜礼器23 件，戈、矛、刀、钺、斧、凿、锛等兵器及工具40 件，还有各种玉饰等物。墓内还有3 位殉葬者，两人叠压在西侧椁外，一人在北侧椁外。这座墓葬的规模大，随葬品多，埋葬的很可能是盘龙城所在方国的最高统治者。

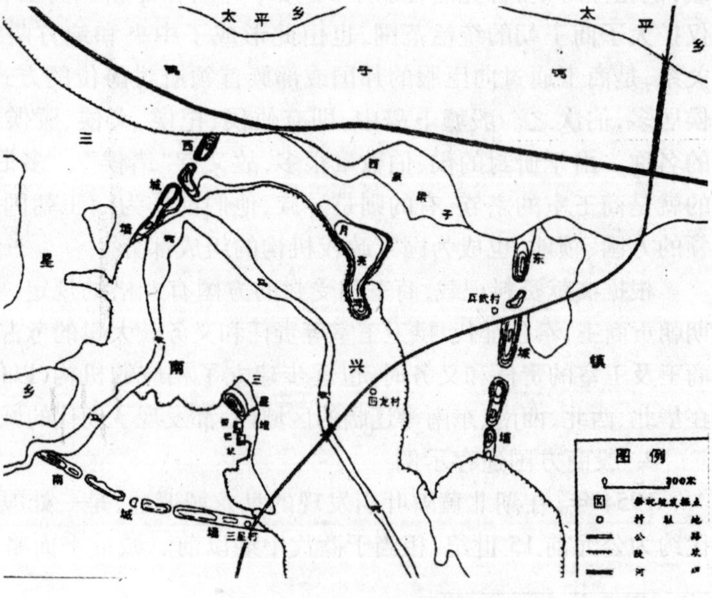

图 2－42　三星堆城址平面图

位于四川广汉西约 8 公里的三星堆遗址，经 1987 年以来多次考古调查和发掘，现已基本揭示了这座商代蜀国都邑的面貌。三星堆遗址位于鸭子河南岸，因该地原有3座黄土堆而得名。在1988~1995年间，分别对城址的东、西、南三面的城墙进行发掘，探明这座城址的平面呈北窄南宽的不规则形。东西宽1600~1200米，南北长2000米左右，面积约3.5~3.6平方公里。城址的北面未发现城墙，估计可能是利用鸭子河作为天然屏障（图2-42）。现存东城墙残长1000米，估计原长度应为1800米左右；西城墙已被鸭子河及马牧河冲毁，残长800余米；南城墙长约1100米。墙体横截面为梯形，墙基一般宽约40米，顶部宽约20米，地表以上残高3~5米，地面以下高度为2~3米。墙体由主城墙和内侧墙、外侧墙三部分组成。主城墙作为城墙的主体部分，在建造时为增加其高度，部分墙段采用土坯垒筑的方法。内、外侧墙则采用分段夯筑的办法，使之与主城墙较牢固地结合成一个墙体。在城墙外边，还发现宽约20~30米的壕沟。从这些残存的遗迹，不难看出三星堆这座城址，当年修建的城墙是十分高大、坚固的。

此外，在城址内距南城墙北约460米处，又有一条与南城墙大体平行的夯筑土墙，残长约200米，被两个缺口分割成三段。另在城址的北部，亦残存有一段略呈曲尺形的夯筑土墙。据此分析，在三星堆城址内，还曾建有一个小城。在小城址中，也发现了许多建筑基址。这种城中城的布局，表明三星堆城址绝非一般的聚落中心城的性质，在广袤的成都平原上，它具有特殊的地位，这一点也可以从出土的文化遗存中得到证实。

在三星堆遗址中发现了两个大祭祀坑。一号坑为长方形，口大底小。坑口长4.5~4.64米，宽3.3~3.48米；坑底长4.01米，宽2.8米；深1.46~1.64米，坑呈东北——西南方向。在坑口的东北、东南和西南方向，各有一条坑道与坑口垂直相通，形一个“品”字状。二号坑亦为长方形，与一号坑的方向基本一致。坑口略大于坑底，四壁较规整。坑口距地表深0.5~0.6米，坑口长5.3米，宽2.2~2.3米；坑底长5米，宽2~2.1米；深1.4~1.68米。一号坑内出土的器物有青铜器、金器、玉器、琥珀、石器、陶器等，共420件，另有骨器残片10件、象牙13根、海贝62枚，以及约3立方米左右的烧骨碎渣。这些器物大部分堆放在坑的西南、东南面及南端靠近坑壁处，北部器物较少，分布散乱。根据坑中遗物堆积情况分析，这些祭祀物品是按一定的次序放置的：最先放入的是玉石器和金器，随后放入的是铜人头像、铜人面像、铜人面具、神像和铜瓿、铜尊等，再放入混杂有玉石器和铜戈、铜瑗、陶尖底盏、陶器座等器物的骨渣，最后放入玉璋、玉戈等大型石玉器，以及部分陶器等。象牙很可有是与骨渣混合后倒入坑中的。骨渣均经过火烧，多泛白色，少数呈蓝黑色。骨渣中夹杂有少量的细灰烬，经鉴别为竹木灰烬。坑壁未见烟火灼熏的痕迹，应是入坑前骨渣即被火烧过。经过骨渣鉴定的结果，有猪、羊、牛的肢骨和头骨，象的门齿、臼齿等，另有少量的骨渣被怀疑是人的头骨和四肢骨。出土的器物上均粘附有骨渣，大多数器物还留有明显的火烧痕迹。有些铜器已全部或一侧呈半熔化状态。

二号坑出土的器物更为丰富，多达1300余件。其中包括青铜器735件，金器61件，玉器486件，绿松石3件，石器15件。另有象牙器残片4件，象牙珠120颗，虎牙3枚，象牙67根，海贝约4600枚。坑内堆放的遗物可分为上、中、下三层。最底一层主要是小型青铜器及饰件，还有玉戈、玉璋、石戈等。这些小型青铜器有神坛、神殿、小神树、小人像、眼形器、铜兽面、铜瑗、铜戚、铜铃、铃架及挂饰：蛇形饰、龙形饰、鸟形饰、金箔鱼形饰等。坑底的东南处还有一些草木灰和烧过的海贝。这些器物多分类放置在不同的位置上：铜挂饰较集中地放置在坑底的东北处，兽面、玉戈、玉璋、石戈等较集中地放置在坑的西面。其中的铜兽面、玉戈和玉璋是整齐地叠置在一起的。中层全部为青铜器，主要有青铜立人像、人头像、人面像、人面具和罍、尊、车轮形器、眼形器、大型神树等。上层是60余根象牙散乱地放置在青铜器上（图2－43）。大部分青铜容器外壁涂有朱色的颜料，器内装有海贝和玉石器等。

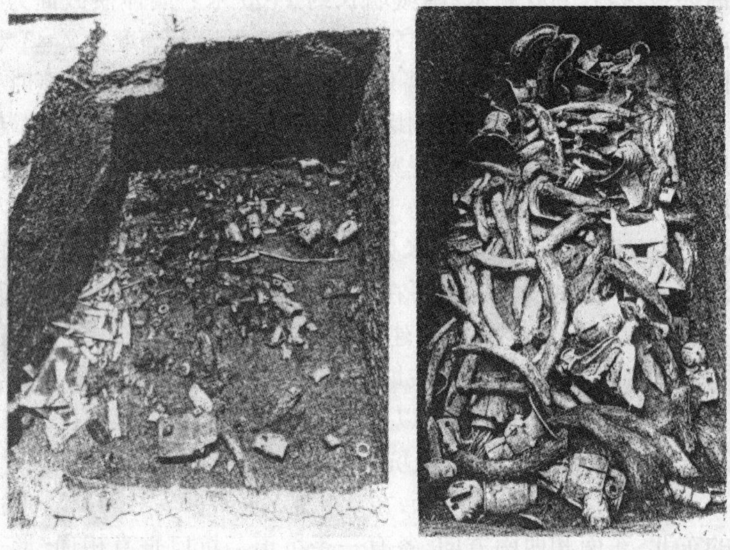

图2－43　三星堆一、二号祭祀坑

根据出土的青铜器、玉器、陶器等器物，与殷墟遗址及其他殷商时期的遗址中出土的同类器物相比，可以断定三星堆城址所处的时代是与殷商同期。如一号坑中的龙虎尊（图2－44）与安徽阜南殷商遗址出土的同形器十分相似，据此可推断出三星堆遗址最早是在殷墟一期，即盘庚迁殷后。又如两个祭坑中出土的玉戈、玉瑗，也与殷墟遗址妇好墓出土的同类器物相同，由此可知这些器物存在的时间为殷墟二期，即武丁在位以后。此外在三星堆文化遗存中，也有与殷墟三、四期文化遗存相同或相似的。如三星堆文化中出现的“重夔纹”，与殷墟遗址的三、四期的文化遗存相同。

图2－44　青铜龙虎尊（四川广汉三星堆遗址一号坑出土）

这些出土的器物及发现的纹饰，不仅证明了三星堆城址存在的时间，是与殷商同期，而且还表明三星堆文化与殷商文化是有许多相同或相似之处，说明三星堆城址与商王朝存在着一种特定的关系。而两个大型祭祀坑中出土的大量的玉器、青铜器等礼器，还证明这座城址绝非一般功能的城。它不仅是供人居住的场所，更是一座具有很高权力，且拥有众多供城内贵族役使的奴隶的区域中心城。从城中城的布局还能看出，居住在城内的贵族又为自己建起一道与平民、奴隶相隔绝的城墙，借以保护自身的安全和利益。因此三星堆城址显然是一座方国的都城。

3. 三星堆遗址探秘

在三星堆遗址中，还出土了许多与殷墟及其他殷商时期城址的文化遗存完全不同的器物。其中的青铜人头像、跪坐像、立体人像、人面具、兽面具，青铜瑗、戚形器等，在其他地区的商代文化遗存中，从未发现过。三星堆遗址中出土的这些人像神态各异，其中立体人像的铸造工艺尤为精细、复杂，是三星堆文化中最具代表性的杰作。

图 2－45　青铜立人像（四川广汉三星堆遗址一号坑出土）

立体人像共出土两尊，一大一小，大立体人像通高 2.6 米，由像座和人像两部分组成（图 2－45）。发现于二号坑内的这尊大立人像，出土时已在腰部残断，并分置两处。断裂处有明显的被砸痕迹，背部亦被砸。冠的边缘被砸后呈卷曲状，部分残缺，应是在入坑前即被砸损，埋入坑中的。其浓眉大眼，眼竖斜，高鼻，阔嘴，方脸大耳，耳上饰云雷纹，耳垂上有一穿孔。头戴筒形冠，冠上饰有两周回纹，冠顶较平，冠上还有冠饰。冠后部有一长方孔，可能曾插笄之类的发卡，脑后部可见到清晰的发际线。其身躯瘦高，唯手和手臂十分粗大，颇为夸张。两手于胸前呈抱握状。立人像身着窄袖及半臂式三件套上衣，均为右衽。最外层似单袖衣，衣襟自右肩斜下至左腋，左侧无肩无袖。右侧为半臂式连肩袖，袖较短，仅及上臂中段。其外衣下摆平齐，衣上佩戴编织的长“绶带”，从后背右侧结袢，经右肩、前胸、左腋，再至背后左侧结袢。衣上阴刻纹饰，左侧为两组相同的龙纹。在其外衣的左右两侧，各有两组竖行纹饰：一组为倒置的兽面纹，兽面头戴锯齿形冠，大眼，鼻部采用简洁的线条勾勒出轮廓；另一组为十分简单的蚕纹和回纹。铜人外衣内为短衣，衣身为外衣所掩，仅见领、袖和衽口。前后领均呈“V”形，衣襟下部呈剪刀状。半袖，长至两臂中间，内层衣服最长；长袖，袖肘部为镂空纹饰，前裾短，下摆齐平；后裾稍长，两侧下摆垂至脚踝。铜立人左右腕各戴镯。跣足，脚踝亦戴镯。像座由座基、座腿、座台三部分组成。座基呈梯形；座脚为四个相连的龙头，龙吻部与座基四角相连，龙角则与座台相接，龙头较长，立眼，齿外露，吻部呈象鼻状上卷。座台平面呈方形，台面无纹饰;四面纹饰均为中间一重圈纹,两侧有对称的卷云纹;重圈纹两侧外有3条斜平行线纹,平行线间填以卷云纹。这尊铜立人像180公斤,是我国目前已知最早、最大的青铜造像。

对于这尊青铜立人像的含义,考古学家及社会各界人士做出了诸多的假设和猜想:有人认为立人大得出奇的双手,应是手持器物,或执玉琮,用以祭祀天地;或执某种法器,表示正在施展某种"魔法";亦有认为手持象牙;还认为其正在向神祷告。种种假设和猜想,无一例外,都集中到"巫术"的内涵中。因此对这尊青铜立人像所表现的人物及寓意,基本都认为是"人巫"的象征,即是介于人和神之间,能施以某种"巫术"的贵族。

图2-46 青铜人踞像(四川广汉三星堆遗址一号坑出土)

三星堆遗址的两座祭祀坑中,还出土了几件坐姿像。一号坑出土的一尊坐像,头发从前向后挽成高髻,宽脸,云纹竖直方耳,耳垂有穿孔,斜竖三角大眼,眼珠外凸,正视前方。张口露齿,面目略显狰狞(图2-46)。其上身穿右衽交领长袖短衣。腰部系带,环绕两周,下身着"犊鼻裈"[①]。左右手腕各戴两镯,双手抚膝,双膝着地,臀部落于足后跟上,为古代的坐姿——踞,足上套袜。这尊青铜坐像高14.6厘米。在青铜坐姿像中,还有几尊跽姿像。二号坑出土的一尊跽姿像,双手抚于胯部,双膝着地,臀部抬起,上身挺直,显示出一种庄重、恭敬的神态(图2-47)。

图2-47 青铜人跽像(四川广汉三星堆遗址二号坑出土)

三星堆遗址的祭祀坑中,还出土了57件青铜人头像,一般高40~56厘米左右,小的只有10余厘米,这些头像与青铜立人像和踞、跽坐像的面部特征基本相似:均为高鼻、阔嘴、浓眉,斜竖三角大眼,脸呈方形,大耳,耳垂穿孔。此外,颈部下端作成尖状叉形,估计这些头像是套接在木柱或其他材料制成的基座上。这些青铜人头像的相貌采用了夸张的表现手法,铸造都比较精细。有的人头像在发饰部位曾饰以黑彩,在口唇部涂抹了朱砂;也有不少人头像还戴有面罩,有的还是金面罩(彩图8)。不过在三星堆遗址

① 犊鼻裈系古人穿着的一种短裤,形似后世的裤衩。因其形似犊鼻而得名。

图2-48　青铜人面像(四川广汉三星堆遗址一号坑出土)

中,也有极少数的人头像采用了写实的表现手法。一号坑中出土的一件人头像,头顶有子母扣,原来可能上接有顶饰或冠,现残高29厘米,头像的颈部下端前后皆做弧形,脑后可见清晰的发际线。其面部特征为斜竖三角大眼,高鼻,阔嘴,下颌圆润,脸部丰腴,云雷纹竖耳,耳垂有穿孔(图2-48)。这尊人头像的相貌及风格与其他的人头像相比,存在着明显的差异,它以柔和的线条勾勒出杏状的大眼、双眉、嘴唇,刻画了圆润的脸庞和端直的鼻梁,显示出优雅和自然的风格,给人一种青春女性之美。

在三星堆遗址出土的人头像中,最引人注意的是三件纵目人面像。其中最大的一件通高65厘米,宽138厘米。这三件人面像不仅体型庞大 ,而且眼球明显突出眼眶。最大的一件人面像,圆柱形眼球突出眼眶达16.5厘米。三件人面像的双耳亦呈翅状,大似兽耳,其鼻呈立体三角形,鼻梁高耸,两侧卷曲,人面像的嘴硕大无比,宽至耳根(图2-49)。这三件人面像在刻画和表现人面五官时,均采用极其夸张的手法,甚至达到极至的程度,给人以难以言表的惊奇和感叹。这种极尽夸张的艺术表现手法,显然是含有突出和强调人面五官各自所具有的特定功能的用意。其中一件人面像的鼻梁上方,还竖有高达66厘米的竖状装饰物,既像卷云纹,似翻卷升空;又像长有羽饰翘尾卷角的夔龙,似欲腾飞(图2-50)。在已有的夸张相貌的基础上,又增添了一种怪诞、诡异的色彩。而且这三件纵目人面像在刻画宽嘴时,均做成三条线状,中间部分呈平直状,两端向上呈曲线状,最后交汇成一点。这种简洁的手法,既表现了唇吻前突,又显露出口腔中的舌,似在显示口的语言功能。而三条线的向上卷曲,又表现了嘴角上翘的相貌,显示了一种微笑状,给人以神秘和亲切之感。这些人面像也有眼眉描黛、口唇涂朱的痕迹,旨在突出这些被夸张的五官,表现它们所具有的非凡的功能和作用。

图2-49　青铜纵目人面像(四川广汉三星堆遗址二号坑出土)

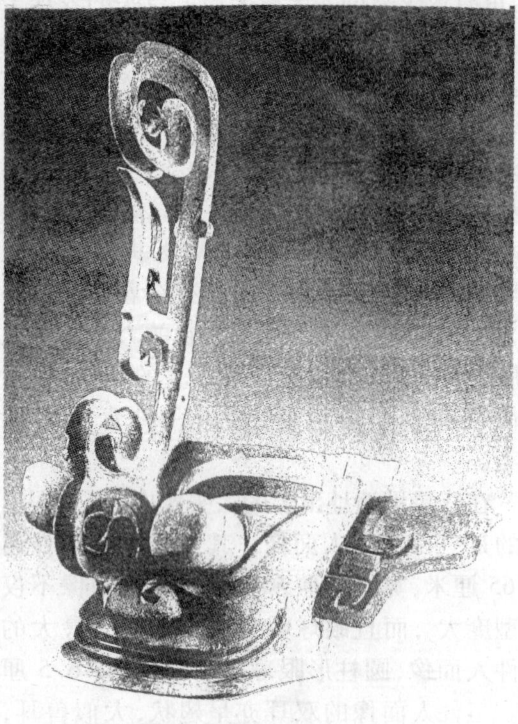

图 2-50 带竖状装饰物的人面像(四川广汉三星堆遗址二号坑出土)

至于这些大型纵目人面像究竟象征什么?具有什么含义和作用?学术界也有一些不同的看法。有的认为是表现了古史传说中蚕丛氏[①]"纵目"的特征,是古代蜀人崇拜的祖先神偶像;有的认为是表现了神、鬼、人特性的一个集合体,是古蜀国图腾崇拜的象征;还有的认为纵目、大耳寓含着远眺、博闻的涵义等。尽管对这3件纵目人面像的诠释不尽相同,但都归结到祭祀或崇拜的内涵上。事实上,三星堆遗址出土的涉及祭祀内涵的器物还有许多。如二号坑中出土的9件青铜兽面像,均为薄片状的平面浮雕面具类造型。这些采用浅浮雕手法铸造而成的面像,亦显示了夸张的面部特征(图2-51)。在面像的头顶和两侧的装饰,多由传说中的神奇动物所组成。其中一件最大的通高21.6厘米,宽39厘米。最小的一件通高18厘米,宽29.6厘米。这些兽面像大多为兽面大眼,张口露齿,长直鼻,卷云纹角,左右两侧向上内卷,面部两侧有向下勾卷的耳。在面像顶部左右两侧的卷云纹上和下颌的左右两侧,还各有一个小圆孔,应是通过小孔穿连绳索,绑附在其他的物品上,作为面具使用,很可能作为木雕人像的面具,用于祭祀等活动。这种兽面像或人面像,在全国许多地区的商周遗址中都有发现。在殷墟遗址出土的一些青铜器上,也发现了与之相类似的兽面造型。所以三星堆人铸造兽面像,也应与崇拜神鬼有关。

图 2-51 青铜兽面像(四川广汉三星堆遗址二号坑出土)

在三星堆遗址中,还发现了许多动物或神兽造型的青铜艺术

① 蚕丛氏为传说的蜀王先祖。参见《太平御览》卷166杨雄《蜀王本纪》。

品，如一号坑出土的爬龙柱形器、虎形器（图2－52）、龙等，二号坑出土的龙、蛇、鸡、鸟、怪兽等。据分析，这些青铜艺术品有的可能是作为神树等器物的附件。三星堆遗址发现的动物、神兽青铜艺术品，制作都比较精细，造型各异，有的形象十分逼真 。其中尤以鸟的造型数量最多。有的鸟形似公鸡，昂首引颈，尾羽丰满（图2－53）；有的鸟喙呈鹰嘴形；还有的鸟为细长嘴形，等等。这些鸟造型不同，都具有明显的特征，实际也是一种被神化的鸟。

图2－52　青铜虎形器（四川广汉三星堆遗址一号坑出土）

在三星堆遗址中出土的最具神化特点的是二号坑出土的青铜树。青铜树有大、小之分，由于入坑前，均被人砸毁，并经火烧，有些部件已残失。大型青铜树共2件，树干通高分别为3.95米和1.93米。最高的一件青铜树分底座、树身和龙三部分。底座为一圆形的座圈，圈上有3个立足，足尖向上勾卷，似树根状。每个足的内凹处，均有一长方形孔，推测这里原来嵌有附件。三个立足相交成一个底座小平台，其上连接树干（图2－54）。树干挺直向上，其上套铸3层树枝，每层有3侧枝，全树共有9枝。树尖有一圆环，圆环内竖有一花朵，顶端已残缺。龙嵌铸于树干的一侧，其胸、腹、尾各有一支钉与树干相接。龙的尾部残断，龙身呈绳索状，波浪形弯曲沿树干蜿蜒而下，前足落于底座圈足上。龙鼻、额部各有一长弯角，耳残断，颈后有一短翅。龙背上有爪，爪指很长。龙腹下和尾部各有一剑状羽。龙的形象采用了夸张的表现手法，十分生动地刻画出一条体态轻盈，又富于神奇、威猛之感的龙。树枝均布列于与龙相对的树干另一侧，每层树枝皆从中段分枝，二分枝呈弯曲下垂状，枝端为一朵绽开的花朵。在大部分的分枝弯曲部，另出一向上的短枝，枝顶亦有一花朵。这些花朵均由一长一短二镂空羽状花瓣和桃形果实组成。在这些短枝花朵上，皆有一鸟立于果实上。另一件较小的铜树已被砸碎，又遭火烧，残缺不全。从残存的部件分析，这件铜树由

图2－53　青铜鸟（四川广汉三星堆遗址二号坑出土）

底座、树干两部分组成,形制与前一件神树基本相同。不同的是,在底座座圈的三面正中处各起有一方台,台上均有一跽坐像。

对于这些青铜树的含义,因在其他地区的考古中,尚未发现同期同类的文化遗存,故无法对比研究。不过在古代文献资料中,却有关于这类神树的记载。如《山海经》、《淮南子》等书中,就有"建木"、"若木"的神话传说。称此树庞大无比,上通天庭,立于大地之中,是神上下的天梯。据此记载,再结合青铜树的造型,如最大的一件青铜树树干上,即由一条自天而降的龙,显然就具有这种特定的含义。由此也能看出,三星堆遗址中出土的这几件神树,表明当时生活在这里的人们是依据神话和传说,铸造出一种寄托人们企盼和愿望的神树,希望神灵能来到自己的身边,给自己带来福祉。

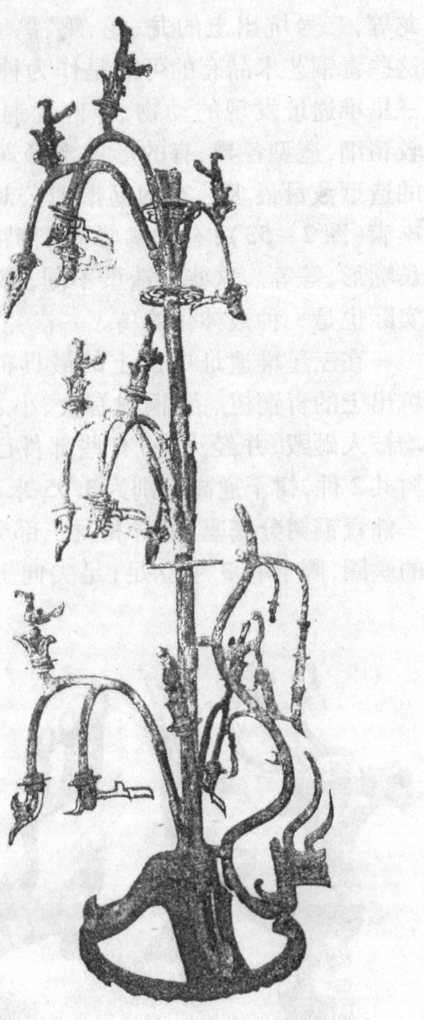

图 2-54　青铜大神树(四川广汉三星堆遗址二号坑出土)

尽管三星堆遗址中出土的许多文化遗存,我们尚不能准确地解释它的内涵和显示的寓意,但它与殷商文化之间存在着许多明显的共性文化特征,足以说明三星堆文化存在的时间,并且还证明它与商王朝确实建立了一种交往的关系,接受了商文化的影响。同时,仅在三星堆遗址中才见到一些文化遗存,有些是可以通过文献资料加以佐证、诠释的,有些则无据而依,这显然又是受当时流传的神话、传说,以及巫术等文化因素的影响,才以一种特定的形象方式制作而成的。这又表明建立于商朝时期的三星堆城,存在着具有明显地域特征的地方性文化,这正是国家建立后,方国所具有一种文化特征和现象。所以,对三星堆城址的性质,可以确认为是隶属于商王朝的一个方国,即蜀地方国。

可以看出,在殷商时期各地的方国遗址中,都出土了与殷商文化相同或相似的青铜器物等文化遗存,这正是方国与商王朝国家政权之间存在着臣属关系的实物例证。

4. 西周分封制的实证

国家政权机构的建设到西周王朝时期,就更为完善了。其中封邦建国,是西周加强地方统治的一项重要措施,即为分封制。1954 年,在江苏丹徒出土了一件"宜侯夨"青铜簋。簋的内壁底部有约 130 个字的铭文,记载了周王朝封邦建国的情况(图 2-55)。根据铭文的记载,作器者夨曾被周王先后册封过两个"侯"的爵位,即做过两个诸侯国的国君。最初继其父被封为虞侯，所建的虞国在周王朝的西部地区（今陕西陇县南）。周康王时，又改封为宜侯，所建宜国在今江苏镇江附近。在这篇铭文中，首先记述了周康王省视武王、成王伐商国，以及周王在宜地宗社祭祀等事。其后记录了周王册命的全文，内容主要是册封夨为宜地之侯，并赏赐礼器、土田、人口与弓矢等。铭文的最后是夨在受封这宜侯后，称赞周王美德，特制造这件铜簋，以纪念其父虞公等内容。铭文中的虞、宜，既是两个爵号，也是两个封国的名称，这说明周王朝是通过授爵封疆的办法，在所辖的区域内建立了许多诸侯国的。

图 2－55　宜侯夨簋铭文（江苏丹徒烟墩山西周墓出土）

在北京房山琉璃河燕国墓地中，出土的西周初年的青铜器上，都铸有“匽（燕）侯”的铭文。在其中的一些铭文中，记述了做器者受到匽侯赏赐货币、臣妾等内容。内有一件“堇鼎”上面的铭文记载了做器者堇受匽侯委派，前往宗周向太保进献食物之事（图 2－56）。与堇鼎一同出土的青铜甗、卣、方鼎等礼

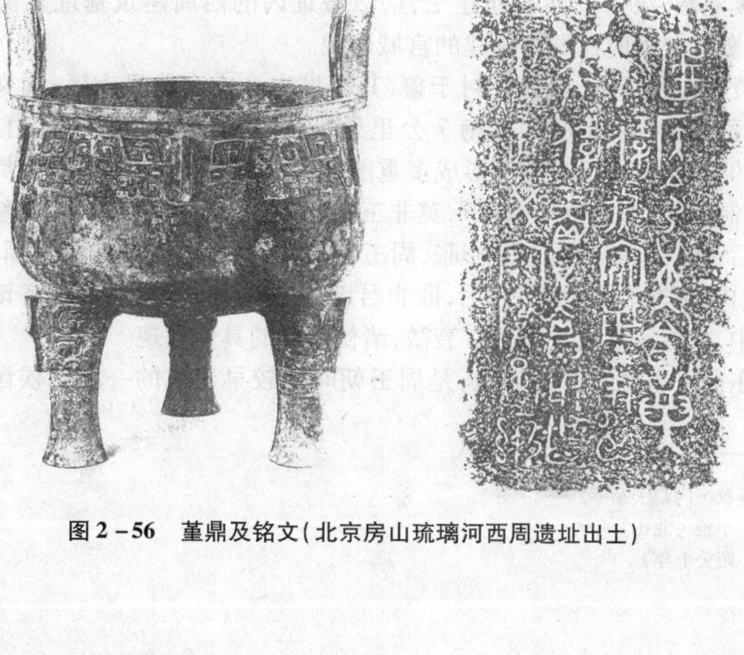

图 2－56　堇鼎及铭文（北京房山琉璃河西周遗址出土）

器上的铭文，则记述了做器者圉赴成周参加典礼，先后受到周王和匽侯赏赐之事，这些铭文还证实了周王“封召公于北燕”的文献记载，也证实了召公奭又将长子封于燕，而自己仍留在宗周辅弼王室的史实，这些出土于各地的青铜器铭文，为了解和研究西周时期的分封制度，诸侯与周王之间的臣属关系，地方政权及其管理方面的情况，提供了极重要和真实的资料。

5. 西周封国遗址

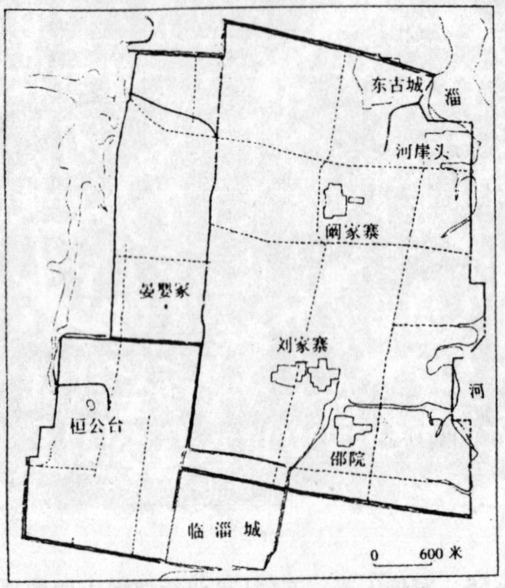

图 2－57　齐都临淄城城址平面图

在考古中，还发现了许多西周时期的封国遗址，在今天的山东、河北地区有三公，即太公、周公、召公的封国遗址。周初，姜太公（姜尚，字子牙，一说字尚）被周成王封于齐，建都营丘（今山东淄博东）。考古亦证明了这座封国都城的存在，城址位于今山东淄博临淄的齐都镇北，东临淄水，故称临淄。西有“桓公台”即古营丘。城由大小两城组成，小城位于大城的西南部（图 2－57）。据对两座城址相交处的城墙基址进行发掘获得的资料表明，大城的建造年代早于小城。临淄周城的发现，正与文献资料的记载相吻合，“晏子朝公（景公），公曰：‘先君太公以营丘之封立城，曷为夕？’晏子对曰：‘古之立国者，南望南斗，北戴枢星，彼安有朝夕哉！然而以今之夕者，周之建国，国之西方，以尊周也。’”①临淄周城朝向偏西，正是向居于镐京（今陕西西安附近）的周王表示敬重之意，由此亦可判定该城正是姜太公所筑。但由于东周以后又在此陆续建城，汉齐王亦在此建王宫，故城址内的西周建筑基址及文化遗存多被破坏，无法揭示姜太公当时在城内修建的宫城面貌。

据文献资料记载，周公旦曾受封于鲁，其都城在今山东曲阜市区；周文王之子错叔绣受封于滕，其都城在今山东滕州西南 7 公里处等，也都被考古所证实。由此可见，周王通过封邦建国的方式，在周王室周围形成多重藩屏，起到拱卫天子的作用。周王则通过这项制度，得以控制全国，形成“溥天之下，莫非王土；率土之滨，莫非王臣”②的统治格局。

东周以后，诸侯国的势力迅速膨胀，周王朝内部的分化、离心现象日渐加剧，最终又形成了“封略之内，何非君土；食土之毛，谁非君臣”③的局面，从东周时期各诸侯国都城遗址的考古资料中，就能清楚地看到王室衰微，诸侯强大的具体表现。

位于山东曲阜市区的鲁国故城，是周王朝时期较早建成的一座诸侯国都城。早期修

---

① 《晏子春秋·内篇·杂下》。
② 《诗经·小雅·北山》。
③ 《左传·昭公七年》。

建的诸侯国都城，即周公旦的鲁国都城，其城墙的宽度和夯筑的方法，都与西周雒邑的王城很相似。这一时期的文化遗存，主要分布在城址的西部和北部地区。东周以后，鲁国国君又在旧城的基础上，进行了改扩建，因此东周时期的文化遗存，遍布于全城址（图2－58）。这座城址的平面呈不规则的横长方形，城墙周长11771米，除南城墙较直外，其余三面围墙均有弧度，向外凸出。城的四周有护城壕，西、北两面是利用古洙水的河道。共发现城门11座。城址内有10条主干道路，东西和南北向各5条，道路一般宽10米左右，均通向城内的重要遗迹和城门。在城址的中部发现了大面积的夯土基址，正位于全城地势的最高处。基址内的建筑遗迹特别密集，在其北、东、西三面的边缘，残存夯土墙的遗迹，可知当时这里是用城墙围护而成的一个近方形的小城，是鲁城内的宫城。宫城里密集的建筑基址，是宫室建筑群。在宫城前面有一条大道直通南城墙的东门。城门正南的小沂河南岸、雩河之北处，还发现一处台基遗址，分上中下三层，这处台基应是鲁公行郊祀的祭坛。宫城、祭坛和连接两处的干道，构成了鲁城的中轴线。在宫城的东、北、西三面，还发现了铸铜、制陶、制骨等手工作坊的遗存，以及居住遗址。曲阜鲁城虽后又经西汉鲁王的再度大规模的改扩建，但仅从考古发掘获得的春秋时期的资料显示，鲁国都城在这一时期曾进行过较大的改扩建，这正是地方诸侯强盛的表现。

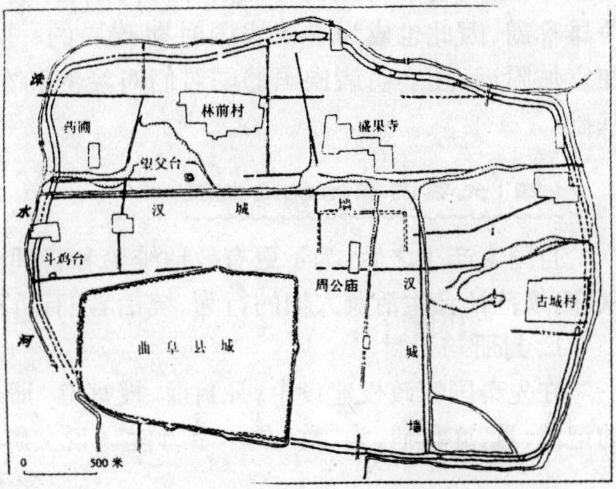

图2－58　鲁城城址平面图

东周时期各诸侯国的都城，与鲁国都城的布局有一些共同之处：一是采用城中城的布局，作为国君居住和处理政务的宫城，宫城内的宫殿群多呈中轴线分布。而都城的修建，已不再遵守周王室“匠人营国，方九里，旁三门，国中九经九纬”①的规定，事实上，许多诸侯国都城的面积和布局，都超出这个规定，有些诸侯国仅宫城的面积，就已逾制。如临淄城址的小城，即为东周时期齐国国君扩建的宫城，在这处城址中有一处南北长84米，高14米，略呈椭圆形的夯土台基——桓公台。台基分为三层，是宫城内的主体建筑基址。在其周围还分布着许多夯土基址，由此构成一个规模宏大的宫殿建筑群。诸侯国都城的修建，不再遵守“周礼”，则表明这些国君们已不再听从周天子的号令，具有很强的自主性。其二，即在诸侯国都城的宫城附近，多有铸造兵器和钱币等手工作坊遗迹。这些作坊是受官府直接管理和组织生产的。在春秋时期的遗址和墓葬中，还出土了大量的兵器，这些兵器制作精细，形制多样，功能各异，既有进攻型的，也有防御型的，这也表明这一时期的诸侯国不仅具有较强的经济实力，还拥有一支数量可观的军队。诸侯实力的强大，势力的

① 《周礼·冬官·考工记》

膨胀，严重削弱了周王朝的统治，也导致为争夺霸权而引发的列国纷争，诸侯国之间的争雄称霸，因此也成为春秋战国时期政局的一大特点。将铸造兵器和钱币的作坊设置在宫城附近，还表明诸侯国的国君们对经济和军事是很重视的，将它们视为争雄称霸的基础。

（四）先秦国家的统治制度

自国家产生之后，为了更有效地统治和管理全国，建立稳定的统治秩序和安定的社会秩序，规范社会生活及人们的行为，统治者们还订立了许多制度。

1. 封册与册封

在先秦国家政权建设中，凡封爵、授官有“册命”制度。在殷墟卜辞中，就有“用爯册”的记载，爯，亦作偁，为“称”的本字，许慎《说文解字》：“爯，并举也。”“册，符命也。诸侯进受于王也。”在卜辞中，册既作封册，是指用于封爵、授官的文书，是一种文字凭证；亦指册命、册封，即是依照文书授官。偁册，意为奉王之命，宣读册文。可知商王在任用重要的辅臣时，是采用“偁册”的方式，将官吏的任用权力控制在最高统治者的手中。

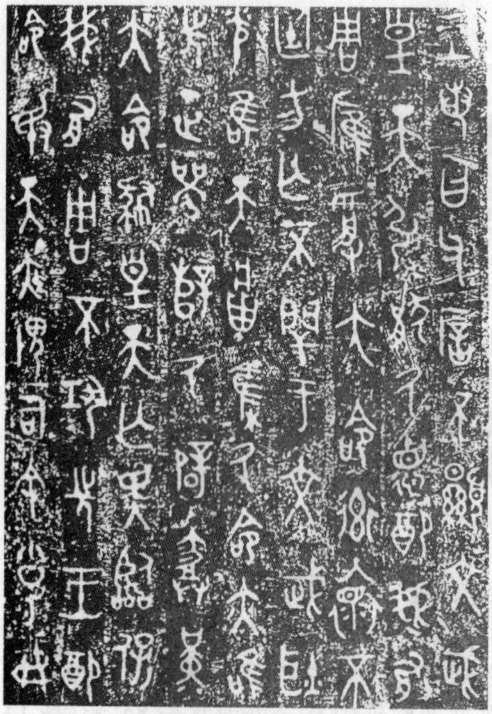

图 2－59 毛公鼎铭文

西周时期，册命已成为国家统治的一项极重要的制度，在其青铜铭文中，常见册命的记载。据传清道光末年出土于陕西岐山的毛公鼎，鼎的腹内铸有 499 个字的铭文，就是一篇完整的册命文书（图 2－59）：“王若曰：父厝，丕显文武，皇天弘厌厥德，配我膺受大命。率怀不庭方，罔不閈于文武耿光。……”此后直至中国封建社会结束，历朝历代一直沿袭册封制度，凡帝王祭告天地、宗庙，选立后妃、太子，任命诸王、大臣时所用的文书，均称为册。在帝王向诸王、大臣、嫔妃授予爵位或封号时，由主持仪式的官员面对受封者，宣读册文。册封仪式结束后，即将封册与印玺一同交给受封者。据文献资料记载，在西周时期已建立了五等爵制，“王者之制禄爵，公、侯、伯、子、男，凡五等”。① 后历朝历代在沿用五等爵制的同时，也沿袭册封的办法，并有一套相应的仪式。

在册封制度中，册尤为重要，它实际是作为一种凭证和信物，因册封的对象或受封者地位的不同，册也有质地的区别，如宋朝，“郊祀，宗庙，太子皆用玉册，皇后用金册，宰相、

① 《礼记·王制》。

贵妃用竹册”。[1] 选用不同质地的材料制作册,以此表明受封者地位的高下,实际也是中国古代社会等级制度的一种反映。

2. 刑法制度

刑法制度也是国家产生后,为维护统治集团的利益,建立稳定的社会秩序,镇压被统治者的反抗斗争而建立的一项重要的制度,史称“夏有乱政,而作《禹刑》”。[2] 但夏朝的刑法缺乏文献资料的记载,也没有文物资料的印证,尚不清楚其具体内容。入商以后“商有乱政,而作《汤刑》”。[3] 商朝的刑法制度,则在考古资料中得到证实。在殷墟卜辞中,有一些与刑罚有关的甲骨文字(图 2-60)。这些文字以象形的手法刻画了商朝刑罚的具体内容。其中既有刑名,如辟(大辟),即斩首;刖,亦作剕,即断足;⿰自刂(后世作劓),即割鼻;戜,即割耳,等。还有处罚的方式,如报、执和圉(关押)、鞭笞、火烤等。亦有学者考证,在甲骨文中已有后世合称为“五刑”的 5 种刑罚 [4]:墨[5]、劓,宫[6]、刖、大辟。从这些甲骨文字的象形特征可以看出,商代的刑罚已初步具备了徒刑、肉刑、死刑等几种刑罚的形式和量刑的标准。商朝统治者将这些极其严酷、残忍的刑罚,作为统治的一种手段,用于严厉惩罚和镇压那些反抗及反叛者,有助于巩固其统治地位。“五刑”因此也被后世王朝的统治者所沿用,所以史称“刑名以商”[7]。在殷墟遗址中,还出土了几件服刑陶俑,在这些俑的身上戴着枷、梏等刑具(图 2-61)。西周以

图 2-60　甲骨文中的刑罚文字

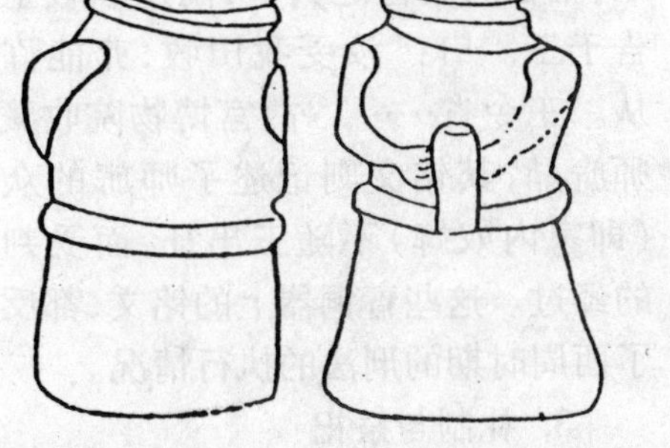

图 2-61　戴刑具陶俑(河南安阳殷墟出土)

① 《朱子全书·历代·宋》。
② 《左传·昭公六年》。
③ 《荀子·正名》。
④ 参见陈佩馨:《甲骨文中所见商代五刑——并释刖、㓹二字》,《考古》1961 年 2 期。
⑤ 墨刑,在面额上刺刻,并染以黑色,以示惩罚。秦汉以后,称为黥刑。
⑥ 宫刑,割去男性生殖器或破坏女性生殖机能。
⑦ 《荀子·正名》

后，随着社会等级制度的严格、缜密，又出现“礼不下庶人，刑不上大夫”①的社会现象，刑罚被专用于对待生活在社会下层的庶人及奴隶，亦更加残酷、严密。在青铜器的铭文中，不仅能够见到沿袭商朝的刑名，而且还有一些甲骨文字中未见到的刑法名称，如刑、罪、罚等，表明西周王朝的刑法已逐步完备。1975 年，在陕西岐山董家村发现了一处西周时期的青铜器窑藏，共出土了 37 件青铜器。其中有一件训匜，器盖和器内腹部上都有铭文，分别为 67 字和 90 字，可联成一篇，共 157 字（图 2－62）。铭文主要记述了做器者训在负责管理牛群时与他下属的牧牛之间发生争执，以及判决的结果。训的私属牧牛“敢于乃师讼”，即敢告上司，此案遂由司寇伯阳父负责审理。在审案过程中，铭文没有提及牧牛与训之间发生争执的原因。尽管对牧牛的处罚有所宽赦，但仍因其行为触犯了贵族的利益，被判了刑：“我宜鞭汝千，墨刑汝，今我赦汝。宜鞭汝千，墨刑汝，今大赦汝鞭五百，罚汝三百锾。”在这篇铭文中，提到了鞭刑、墨刑，还有赎刑的规定。从诉讼和判决的内容分析，西周时期已经有了一套诉讼和量刑的制度。有比较完备的成文法典，铭文中提到的宽赦、赎刑、罚金等处置办法，实际都属于法律的范畴。

蓋
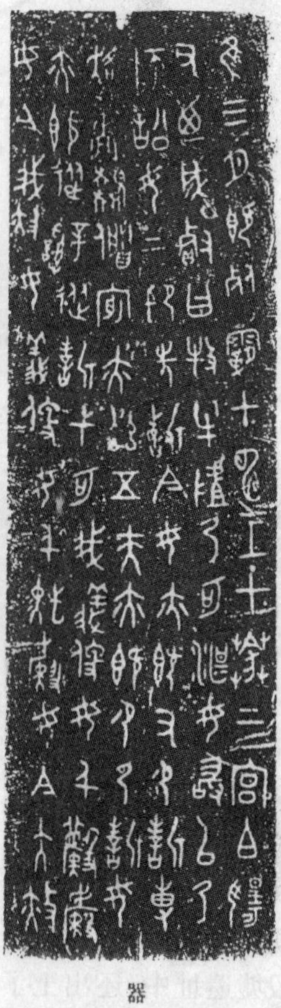
器

图 2－62　训匜铭文（陕西董家村窑藏出土）

涉及刑法方面的铭文，还见于西周时期的其他几件青铜顺，如鬲攸从鼎铭文，是周厉王时的一篇对拒不缴纳田租案件的判决词：“惟卅一年三月初吉壬辰，王在周康宫之大室，鬲从以攸卫牧告于王。曰：‘汝受我田牧，弗能许鬲从。’王令省……”②故宫博物院收藏的师旂鼎，其铭文则记述了师旂的众仆（即家内奴婢）不随王出征，而受判决的经过。这些青铜器上的铭文，都反映了西周时期的刑法的执行情况。

3. 礼制与祭祀

与刑相对的礼，也是国家建立后统治者采用的一种维护自身权益的一项重要的制度。旨在协调统治集团内部的关系，即所谓“以正君臣，以笃父子，以睦兄弟，以和夫妇”。③ 通过礼仪制度，以便建立一

① 《礼记·曲礼上》
② 参见马承源主编《商周青铜器铭文（三）》，文物出版社，1988 年。
③ 《礼记·礼运》。

种稳定、和睦的社秩序，礼源于远古时期的祭祀。在新石器时代晚期的许多遗址中，就出土了玉制的器物，如良渚文化的许多遗址中，都出土了制作很精美的玉璧、玉琮等大型玉器。其中草鞋山遗址的一座墓葬里，出土的一件长筒形玉琮，外方内圆，高 31.2 厘米，四面刻有较浅的横线和圆圈纹饰（图 2－63）。遗址中还出土了一件保存十分完好的大玉璧，直径 21 厘米，素面抛光，制作得很精致。另外在张陵山遗址中还出土了一件雕刻有圆目兽面纹的玉琮。玉琮、玉璧等玉制器物，是中国古代社会用于祭祀天地的重要礼器。在良渚文化的遗存中较多地发现这些玉器，说明祭祀活动在这个时期已是比较普遍的现象。

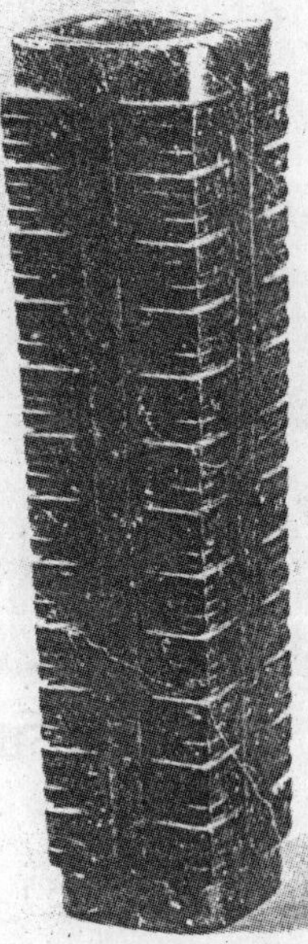

图 2－63　大玉琮（江苏苏州草鞋山遗址 M198 出土）

早期人类通过祭祀活动，是为了表达对神灵的信仰和崇拜。国家产生以后，祭祀又被统治者所利用，作为神化王权强化统治的一种手段。在二里头遗址中，就发现了商朝时期祭祀的遗存，出土了玉琮、玉璋等祭祀器物。在同一地点还发现 30 多具人骨架，有的双手呈捆绑状，有的身首异处，有的是与兽骨埋在一起的，推测这些死者是与杀牲祭祀有关。

殷商时期，祭祀更为盛行，不仅祭祀的规模大，祭祀的名目更为繁多。商王祭祀的对象，首先是上帝天神。在商人的心目中，它是一位至上之神，因此尤为重视。在殷墟卜辞中，祈祷上帝的内容特别多。但凡人间遭遇不幸，诸如自然灾害，疾患祸难等，商王们都要通过祭祀，祈求上帝消灾祛祸，或求得上帝对自己意愿或行为的允诺。卜辞中的“帝令雨足年”，“帝弗其降祸”，“王乍邑，帝若”，“我伐马方，帝受我又”等等，都属于此类。商王们还将日月星辰、风雨雷电、山川土地等均视为上帝的使臣，也要经常对这些神灵进行祭祀。在卜辞中，常将它们称作“帝史”、“帝臣”、“帝五臣”等名称。除祭祀这些自然界的神灵外，商朝社会还十分重视祭“社”。社是古人传说中的土地神，“共工氏之霸九州也，其子曰后土，能平九州，故祀以为社”。[①] 商人视社神为主宰作物生长之神，祭祀的目的是祈求丰收。1965 年，考古工作者在江苏铜山丘湾发现了一处商朝后期的祭祀遗址。在大约 75 平方米的范围内，发现 20 具人骨架、2 具头

图 2－64　社祭遗址（江苏丘湾出土）

① 《礼记·祭法》。

图 2-65　社稷坛（北京中山公园五色土）

骨和20具狗骨。人骨架分两层叠置，既没有明显的墓圹，也没有随葬品。死者都是双手呈反缚状，俯身屈膝，头皆朝向埋在遗址中心的4块大石（图2-64）。以方形椎头石柱代表社神，是中国古代社会普遍的做法，明清时期皇家的社稷坛（俗称五色土，位于今北京中山公园内），代表社主的石柱就埋于稷坛的中央（图2-65）。丘湾遗址是很典型的商代社祭遗址，它不仅反映了社祭的原始形式，还表明当时还有殉人祭社的仪式。

除祭祀这些神灵外，商王室还把祖先作为祭祀的对象，且这些祭祀活动，既频繁又隆重。据统计，在已发现的卜辞中，记载的商王室所祭祖先多达上百位，祭祀的方法有数十种之多。仅武丁时期的卜辞中，记载的祭祖祀典就有彡、壴、御、㞢尞、岁、既、勺、福、报、禘、烄、告、求、祝等。武丁以后，商王室又采取“周祭”的办法，即对先祖、先王、先妣轮番传神。商王室如此重视祭祖，说明他们认为先祖们仍具有某种神力，可以为后人消灾祛祸。如卜辞中的“佳王亥他雨”，“高且它禾”等等，就反映了这种心理，同时，商王们还相信借助先祖们的神力，能够协调王室成员之间的关系，巩固自己的统治地位，如卜辞“贞，勿告于帝丁”；“王其又彳于文武帝升”等，即含有这种用意。

祭祀神灵，在很大的程度上又为王权统治罩上了“天授”的光环，使最高统治者得以“天子”自居。为此，统治者们不惜花费大量的人力、物力，去“讨好”神灵，由此逐渐形成一套与之相关的制度。殷墟卜辞中常见在祭祀时有“牢”（图2-66）的记载，牢分大牢、小牢。大牢为牛、羊、猪三牲齐备，小牢则只用一牛。牢即用牛、羊、猪等家畜作为牺牲，进献神灵的一种特定的方法和规定。在殷墟遗址中，反映商王室祭祀神灵的遗存数量颇多。殷墟小屯村苗圃北地，发现了一个直径约1米的圆形祭坑，坑内有一具呈蜷伏状的完整牛骨架（图2-67）。这便是一处用小牢的祭祀遗迹。商王祭祀不仅用牲畜，还用人作为牺牲。在殷墟遗址中还有多处祭祀遗址，主要集中在宫殿宗庙区和王陵区，尤以王陵区的数量最多。宫殿宗庙区内的祭祀坑主要发现于乙组基址内，包括建筑基址的上、下层和基址附近（图2-68）。每座建筑基址的上、下层中压埋的祭祀坑少者2座，多者19座。坑中或埋人，或埋牛、羊、犬等。其中埋人多者9人，少者1人。根据这些祭祀坑所处的位置，可分为奠基、置础、安门、落成4部分，估计

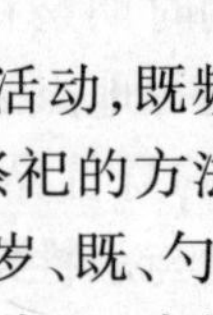

图 2-66　甲骨文“牢”字

是为建筑宗庙宫殿而祭祀的牺牲。在乙十二基址的北、西两面，也发现了密集的排列成行的祭祀坑。可分为北、中、南三组。北组有葬坑49座、车马坑5座。葬坑中大部分是被砍头后埋入的死者，多为3～5人，也有6～7人的。埋葬时先堆置躯体，再扔头颅。大部分坑内没有物品。中组有葬坑80座，大部分为无头人骨架，每坑埋人2～13具，多相互叠压。少数为人、马、犬同埋，亦有羊、犬合埋。南组只有一座葬坑。坑中有棺椁，有殉人，并随葬有青铜礼器、玉石器等。这座葬坑的主人，肯定具有较高的身份地位，为什么会葬在这里？有学者认为，他可能是这批人牲的“首领”，含有率领这些人牲们到“阴间”继续效力于先祖、先王的用意。

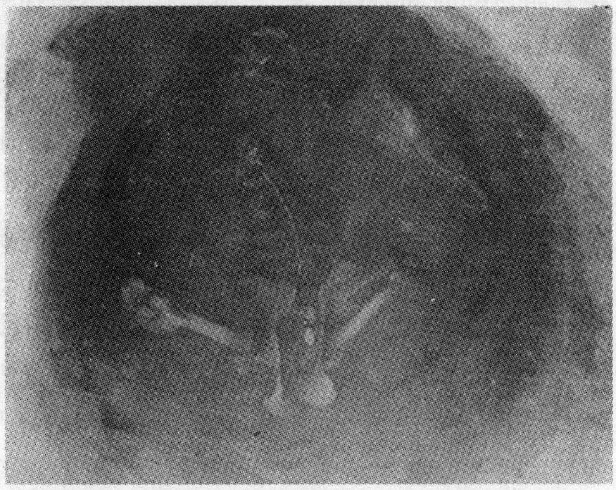

图2－67　牛祭祀坑（河南安阳殷墟出土）

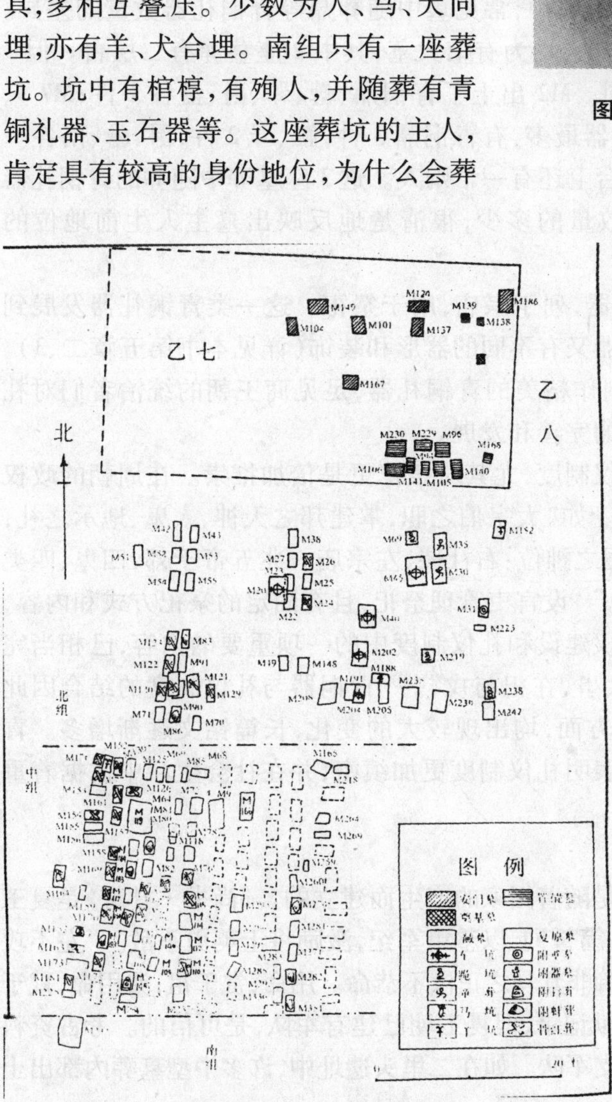

图2－68　安阳殷墟乙七宗庙基址祭祀坑分布图

在位于侯家庄西北岗的殷墟王陵区内，共发现小墓1483座。除一部分分布在大墓附近外，大部分都有规律的集中排列，可分为若干组。其中除少数陪葬墓外，绝大多数是祭祀坑。这些祭祀坑又分别埋有人、动物或器物。埋人坑多为无头躯体，少数为尸首分离的人头坑，亦有全躯坑。所埋躯体、头颅数量不等，少则1个，多则39个。全躯坑中的人牲，有的是死后埋入的，也有的呈挣扎状，应是活埋的。经对这些祭祀坑中人骨的鉴定结果，所有被砍头者都是男性，女性和儿童均为全躯。男性的年龄均为壮年，一般为15～35岁之间，没有中老年人。女性的年龄多在20～35岁之间，儿童则为6～10岁之间。根据祭祀坑的朝向和所处的位置分析，其祭祀的年代存在着明显的时间差距。每一组祭祀坑都是在一次大型的祭祀活动中，作为供奉的祭品而出现的。1976 年春，发掘的 18 组南北向的祭祀坑，埋人总数近千人。其中最多的一组，一次埋人竟多达 339 人。其余各组也均为数十至近百人。

在殷墟遗址中的祭祀坑内，还有与人牲一同埋入的青铜鼎、卣、爵等器物，说明商王在祭祀时，不仅有人牲，还要进献各种“礼器”，这在当时已成为一套固定的祭祀方式和程序。考古资料证明，从夏王朝开始，就有象征身分等级的青铜礼器。礼器因此也成为国家政治生活中重要的专用器物。在先秦时期，列鼎是标示社会等级的一项礼仪制度。在中国历史上，有禹铸九鼎的传说，喻示夏朝统有九州，既统治天下之意。商王朝以后，以列鼎多少标志权力和地位的高下，鼎又成为王权的一种象征。春秋时期，楚庄王为争霸中原，挥师北上，遂有“问鼎中原”的典故。在考古资料中，常见墓中随葬鼎等青铜礼器数量的差异。如河南郑州白家庄发现的 3 座商代的墓葬，均为有棺大墓，其中 2 座墓葬有二层台。但 3 座墓中出土的青铜器种类及数量却不同。M2 出土了青铜鼎、罍、斝、爵、盘各 1 件；M7 只出土了爵、斝之类的礼器；M3 出土的礼器最多，有青铜鼎 3 件，觚、斝 2 件，爵、罍、鬲各一件，而且墓底有腰坑，内埋狗 1 只，二层台上还有一个殉人。这 3 座墓葬中随葬的青铜礼器的数量和种类的明显差别，特别是鼎数量的多少，很清楚地反映出墓主人生前地位的高下。

商代，青铜礼器也被大量地用作祭器，列于宗庙，用于祭祀。这一类青铜礼器发展到商代后期，种类多达 10 余种，同一种礼器又有不同的器形和装饰（详见本书第五章二、3）。在商代考古中，出土的大量铸造精细、制作精美的青铜礼器，足见商王朝的统治者们对礼仪制度的重视，亦反映了商代礼仪制度的完善和发展。

周王朝建立后，又沿袭商王朝的礼仪制度，尤其对祭祀更是倍加推崇。在周朝的政权机构中，专置负责管理祭祀事务的官职。如“大宗伯之职，掌建邦之天神、人鬼、地示之礼，以佐王建保邦国”；“小宗伯之职，掌建国之神位：右社稷、左宗庙。兆五帝于郊，四鬼、四类亦如之。兆山川、丘陵、丘衍，各因其方。”①设官吏管理祭祀，且有固定的祭祀方式和内容，则标志着西周时期，祭祀已成为国家政权建设和礼仪制度中的一项重要的内容，已相当完备，且还成为国家的头等大事。“国之大事，在祀与戎”。② 青铜器与礼仪制度的结合因此也更加紧密。青铜礼器在种类、器形等方面，均出现较大的变化，长篇铭文逐渐增多。青铜礼器自西周以后发生的这些变化，也表明礼仪制度更加缜密，并在社会生活中占据着重要的位置。

4. 军队及装备

军队，作为国家统治的重要工具，也是随着国家的产生而建立的。《尚书·甘誓》是夏王启在出兵征伐有扈氏前，向军队宣读的一篇誓词，以整肃军纪，激励将士英勇杀敌。“左不攻于左，汝不恭命；右不攻于右，汝不恭命；御非其马之正汝不恭命。用命，赏于祖；弗用命，戮于社。予则孥戮汝。”这虽是一篇后世的文献记录，但夏王朝已建有军队，是可信的。考古资料证明，夏王朝统治者手中，确实掌控着一支军队。如在二里头遗址中，许多中型墓葬内都出土

① 《周礼·春官》。
② 《左传·成公十二年》。

了青铜兵器，主要有戚、戈、镞等。这些墓主都是贵族，生前应担任过与军队有关的职务。

在商代的遗址中，出土的兵器，包括战车在内，数量都相当多，说明商王朝的军队已具有相当的规模。殷墟卜辞中，也有关于军队的记载。如“王乍（作）三𠂤（师）：左、中、右”、“王其以众合右旅”等。甲骨文字则采用象形的方式，来表现兵器（图2－69）。在郑州商城遗址中，出土的商王朝前期的文化遗存不仅有戈、钺、镞等青铜兵器，还在手工作坊遗址内，发现了制作兵器的陶范34件。一般器形较大的兵器为一范一器，如戈；器形较小的兵器则为一范同器多件，如镞范中有1范5镞的（图2－70）。而殷墟商王朝晚期的文化遗存中，反映军队的文物数量更为丰富。这些考古资料既涉及兵器，还记录了商王朝军队的组织装备等情况。

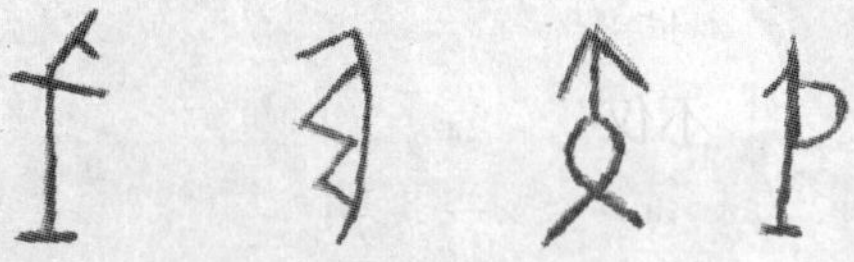

图2－69　甲骨文中的兵器字（戈、弓、矢、钺）

图2－70　镞范（河南郑州商城遗址出土）

在殷墟考古中，妇好墓的发现曾引起学术界的高度重视。妇好墓发现于1975年冬，次年春天开始发掘。该墓在殷墟王陵区内，只属于中型墓（图2－71）。墓内出土的随葬品十分丰富，仅青铜器就多达468件，包括礼器、乐器、工具、生活用具、兵器、马器、艺术品及杂器等。其中，礼器有210件，器型种类齐全，几乎包括了在殷墟出土的所有青铜器品种。内有带盖的偶方彝、三联

图2－71　殷墟妇好墓发掘现场

图 2－72　偶方彝(殷墟妇好墓出土)

甗、鸮尊、四足觥(图 2－72)等,是极具特色的青铜器。这座墓葬保存完好,所发现的如此丰富和精美的随葬品,使之宛如一座地下艺术博物馆。在出土的青铜礼器上,有 109 件都铸有"妇好"或"好"的铭文。"妇好"之名,在殷墟出土的商王武丁时期的卜辞中经常见到。据此判断,妇好为商王武丁之妻。不过,墓主虽是"王后"身份,墓中却出土了 134 件青铜兵器。主要有钺、戈、镞、弓形器和镈等。其中有二大二小四件青铜钺。大铜钺通长 39.5 厘米,宽 37.3 厘米,重 9 公斤(图 2－73)。其上也铸有"妇好"二字。在商王武丁之妻的墓中,出土数量众多的兵器,说明她生前曾握有兵权。在武丁时期的卜辞中,有"辛巳卜□贞,登妇好三千、登旅万、乎伐□方"(库 130)的记载。记述了妇好曾率军万余人,前去征伐方国之事。这些出土文物对了解商王朝军队的编制、职责和装备,无疑是极重要的实物和文字资料。

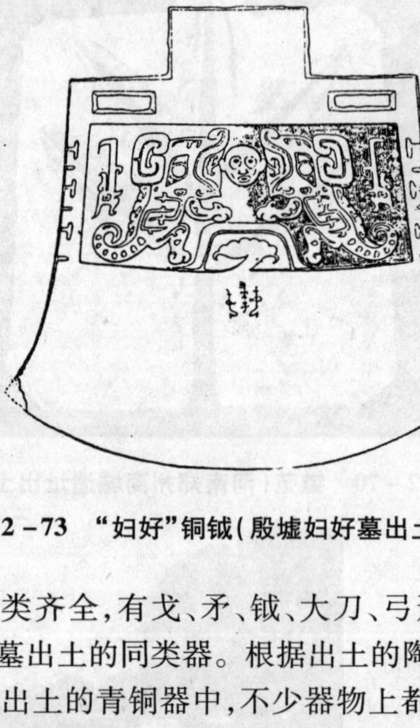

图 2－73　"妇好"铜钺(殷墟妇好墓出土)

在位于安阳西北的郭家庄商代墓地的 M160,也是一座随葬兵器的墓。墓内随葬的兵器种类齐全,有戈、矛、钺、大刀、弓形器、镈、镞等。其中的一件大青铜钺,其形制仅次于妇好墓出土的同类器。根据出土的陶器和青铜器分析,该墓所处的年代应属殷墟文化晚期。在出土的青铜器中,不少器物上都铸有"亚址"铭文。"亚"在殷商时期,是武职官名。据此推断,M160 墓主的身份应是效力于商王朝,且担任武官的址族首领或上层人物。而墓中出土的大铜钺与妇好墓中的大铜钺一样,都是军事统率权的象征。只是该墓的大铜钺,不及妇好的形制大,这也表明 M160 墓主生前曾是一位地位显赫的贵族,也是一位级别较高的武将。

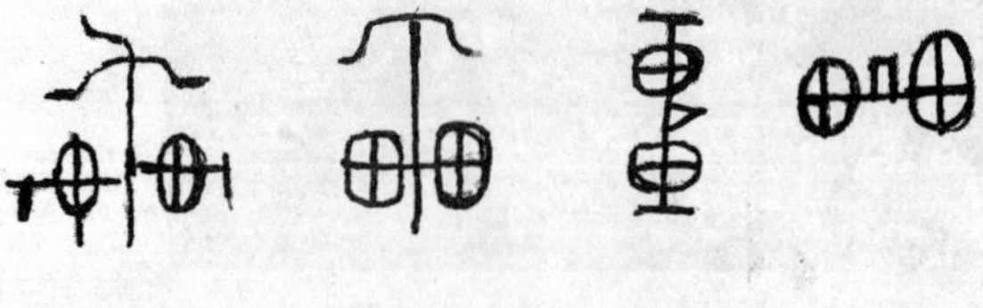

图 2－74　甲骨文"车"字

在殷墟西区墓地、后冈墓地等处的中型以上墓葬中,也有不少随葬有戈、镞等兵器的墓。这些墓主的身份虽不及妇好和亚址,但也是有一定社会地位的武职官员。这一发现表明,商王朝时期,在军队的编制上已有上、下级之分，统兵权因此也有大小之别。以铜钺作为统兵权的象征，而以铜钺的大小作为武将级别高下的标志。

商朝军队作战时，以车战为主，战车的“车”字，在甲骨文中是一个象形字（图2－74）。这与考古中发现的车很相似。在殷墟遗址中，发现了多座车马坑。坑中一般埋有一车二马，车为两轮单辕。出土时，两匹马分别置于辕的两侧。车厢为长方形，后边有缺口，为乘车人上下之处。在其中一辆车的车厢底部，还发现了盛箭用的圆筒形矢箙。箙系皮革制成，出土时已朽，不过里面还盛放着10个铜镞，镞尖朝下（图2－75）。这些车的形制与文献资料的记载是一致的，即每辆战车驾两匹马；车载甲士3人：一名御者，即驭手；在其身后两侧，各站立一名兵士，一人操弓箭，一人持戈或矛。殷墟遗址墓葬中出土的兵器多为戈、矛和镞，也反映了车战的装备和配置。

图2－75　车马坑、矢箙复原图（安阳殷墟出土）

兵器是军队的重要装备，也是体现军队战斗力的重要标志，兵器制作因此也备受统治者重视。

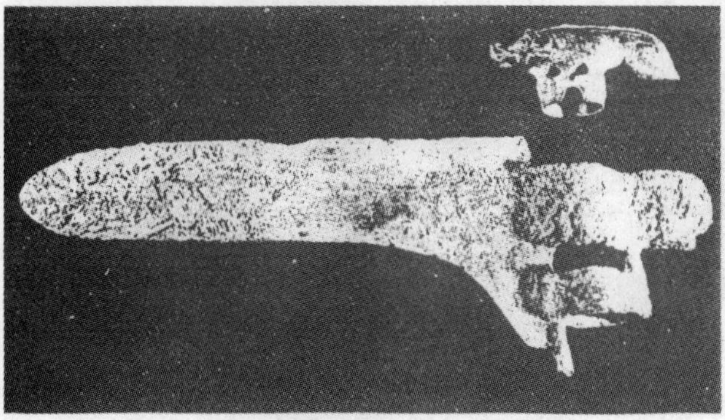

图2－76　铜銎内戈（安阳殷墟出土）

商朝的青铜冶铸业发展很快，在郑州商城遗址发现的两处铸铜作坊遗址中，位于紫荆山北的一处，出土的陶范多为兵器范，显然这处作坊是以生产兵器为主的。在殷墟的铸铜作坊遗址中，也发现了用于铸造兵器的陶范，其中有双合戈范，最大的长51厘米，厚4厘米。另有一种带銎的戈范，是在銎部另置一个内芯（图2－76）。出土的一件陶镞范，已残，尚存长脊镞模7个。据报道，殷墟出土的兵器多达2800余件，这些兵器大致可分为进攻型、防御型两大类：进攻型兵器主要有戈、钺、矛、大刀、镞等；防御型兵器主要有胄、甲、盾等。

在殷墟侯家庄西北岗一座墓葬的南墓道夯土中，至少出土了141顶青铜胄。这些青铜胄与今天军队使用的钢盔很相似（图2－77）。胄的正面下方有一个横长方形的缺口，缺口的上边基本位于眉毛处。胄顶的中部竖有一圆管，用于安装璎珞等装饰。胄的正面多

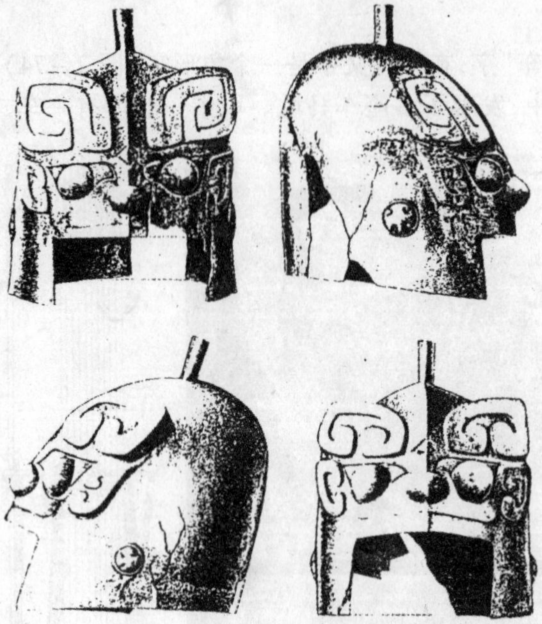

图 2－77　铜胄（安阳殷墟出土）

铸有形象威武、狰狞的兽面纹饰。铜胄一般高 22.8－26.9 厘米，底口最大宽度为 20－22.5 厘米，重 2000－3000 克左右。青铜胄的设计比较科学，基本覆盖了双耳及后颈部。这些胄外表均打磨光滑，但里面比较粗糙，估计当时兵士在佩戴时，需在胄内衬以软质的织物。此外，在殷墟遗址中还发现了皮甲的遗迹。皮革腐烂后遗留在穴壁上的纹理有黑、红、白、黄 4 种颜色的图案花纹。长度最大的有 40 厘米左右，似为整片的皮甲。据此分析，商王朝军队使用的皮甲，是将皮革裁制成大小不等的革片。再按需保护身体部位的形状，将革片连缀成形。在发现皮甲的遗迹处，还出土有青铜泡（图 2－78）。这些青铜泡呈圆形，直径为 10～10.8 厘米左右。泡的中部隆起，周沿有一窄边，边上有对称的穿。推测这些青铜泡是缀附在皮甲外面，起保护作用。

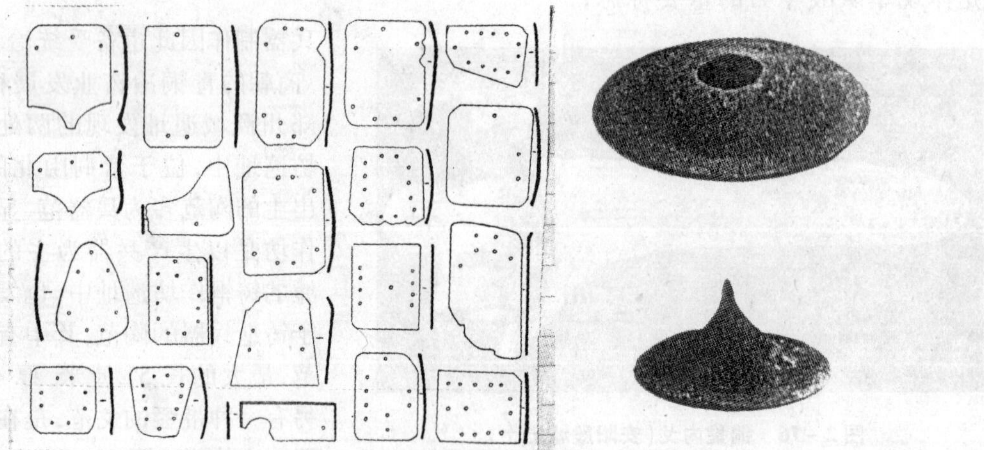

图 2－78　皮甲片残迹、铜甲泡（安阳殷墟出土）

盾是兵士手持的防护械具。殷墟遗址中发现的盾的遗迹，说明当时制作盾时，是先用木材制成一个框架，上面再蒙以皮革或用藤条编织。盾面略呈长方形，上边较下边稍窄。据遗迹复原的盾，上宽 65 厘米，下宽 70 厘米，高 80 厘米。盾面涂漆，有的还绘有虎纹。盾的正面向前凸，背面有把，用于手持。在殷墟遗址的一些墓葬中，还常见戈、盾同葬的现象，这说明商王朝军队在作战时，戈与盾是配套使用的。而在青铜铭文中，也有戈、盾合文或表现手持戈、盾的图像（图2－79）。殷墟发现的这些兵器，表明商王朝已拥有一支装备齐全，战斗力很强的军队。而且军队的武器和装备已具备了远攻近搏、长短结合、攻防兼备的特点，反映了中国古代冷兵器时代军队作战的基本方式及特点。

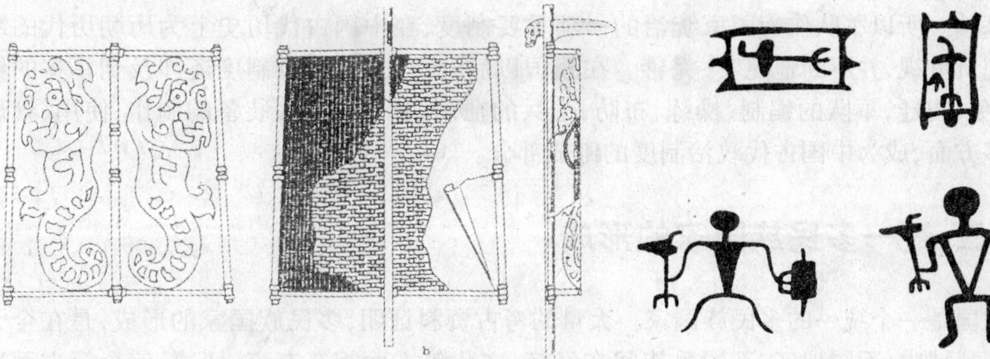

图2－79　商代盾复原图和金文中戈盾合文及持戈、盾的图像

春秋战国时期，诸侯之间的称雄争霸导致频繁且惨烈的战争。掌握在诸侯手中的军队，已不再承担拱卫天子的义务，而更多地用于争霸的战争。军队的武器装备和作战的方式，也因此发生了很大的变化。根据实际作战的需要，一些传统的兵器在形制和功能上，又得到进一步的改进和完善，如用于格斗的戈，主要的功能是勾、啄。对比从二里头遗址出土的夏朝戈，殷墟遗址出土的商王朝后期的戈，到东周时期的戈，可以看出这种兵器形制的变化：戈的胡越来越长，胡上的穿越来越多，特别是在援基部再置一个小穿，这样就能使戈头牢固地捆绑在柲上（图2－80）。戈头的形制自春秋时期开始，逐渐从援首呈圭首状

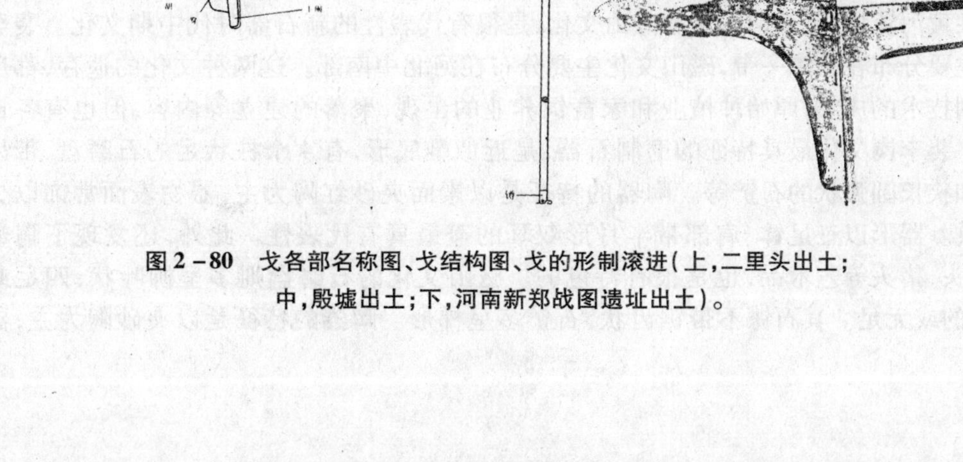

图2－80　戈各部名称图、戈结构图、戈的形制滚进（上，二里头出土；中，殷墟出土；下，河南新郑战图遗址出土）。

改进为尖叶状。到战国初期，戈援又从平直状改为弧曲状，且在下刃和胡上出现了孑刺，从而提高戈的勾杀功能。这些变化，都清楚地反映了随着诸侯国之间的对抗与战争的不断加剧，军队的建设，特别是武器装备的改进，普遍受到国君们的重视。

从这些反映军队装备和战争的文物中，不难看出自从国家产生以后，军队在国家政权建立和建设中所具有的作用和功能。正是军队的建立，才为国家的建立和发展奠定了坚实的基础。所以军队作为国家统治的一项重要制度，在中国古代历史上为历朝历代的统治者们所重视，并不断地充实、完善。在战国以后的历史中，军事制度还涉及到军将的铨选、任免、调迁，军队的编制、操练、布防，士兵的征调、装备、待遇，装备的制作、使用、管理等诸多方面，成为中国古代政治制度的组成部分。

三、统一多民族国家的形成

我国是一个统一的多民族国家。大量的考古资料证明，多民族国家的形成，是在今天的中国疆域内，不同地区、不同民族间在经济、文化等方面相互交流，情感、信念等方面逐渐趋同、融合的结果。在此基础上，逐渐形成了中华民族这个大整体，最终形成了一个统一的多民族国家。尽管这个交流、趋同、融合的过程，曾经历了一段漫长、曲折的历史，但却是历史的必然。

（一）文化同一、民族融合的先声

民族间的融合，主要是通过经济、文化交流的方式而逐步实现的。从考古资料分析，早在原始社会的新石器时代，这种经济、文化的交流便出现在不同的地区和血缘家族之间。

1. 文化区的形成

自新石器时代人类定居以后，工具制作技术的进步促进生产迅速发展，聚落随之不断地壮大，人们活动的范围也因此不断扩展。于是便与其他血缘家族及聚落的人们之间，有了接触和交往。在这种接触和交往中，自身固有的经济、文化及生活习俗，以及崇拜、信仰等观念意识，逐渐被对方所熟悉、认同。随着交往、交流的不断扩大和深入，便逐渐产生了经济、文化的趋同性，最终在交往、交流所及的区域和范围内，产生了有共同特征的文化，从而形成了一个文化区。在考古学上，被称为考古文化。在新石器时代的考古资料中，反映文化区的资料是十分丰富的。

在黄河流域，裴李岗文化和磁山文化，是很有代表性的新石器时代中期文化。裴李岗文化主要分布在豫中一带，磁山文化主要分布在河北中南部。这两种文化的遗存，都反映了磨制技术的成熟，原始种植业和家畜饲养业的出现，聚落的建立等内容，但也有各自的特点。裴李岗文化最具特征的磨制石器，是近似鞋底形，有 4 个柱状足的石磨盘、带齿的石镰和狭长圆弧状的石铲等。陶器的特征是以素面夹砂红陶为主，器物表面常饰以少量的蓖纹。器形以三足钵、肩部带半月形双耳的壶最具有代表性。此外，还发现了陶塑人头、羊头、猪头等艺术品，也是很有特色的。磁山文化的石磨盘则多呈柳叶状，四足或三足，有的或无足。其石镰不带锯齿状，石铲多呈梯形。陶器的特征是以夹砂陶为主，器物表面多饰以绳纹及编织纹、蓖纹等。器型以盂和支架最具代表性(图 2－81)。

从这两种文化分布的范围和各自所具有的特征中,可以清楚地看出,每一种文化都有一定的区域范围。在每一种文化所覆盖的区域范围内,已发现的遗址中,都能见到相同或相似的文化遗存,表现出一种十分鲜明的相同文化特征,这种文化特征往往是生活在这个区域范围内人们共同的生活习俗和某种观念意识的反映。而这种共性的文化特征的产生,绝非是一种偶然的现象,正是生活在这个区域范围内不同聚落内的人们,通过长期的相互交流和交往才逐渐产生的。

图 2－81　陶盂(河北武安磁山遗址出土)

在以后的历史中,随着生产的不断发展,建筑技术,特别是筑井技术的广泛应用,人们的活动范围更加扩大,聚落之间的交往也更趋频繁,文化区的区域范围也因此随之扩展。仰韶文化是新石器时代分布范围最广,存在时间最长的一种考古文化。它以黄土高原为中心,遍及河南、山西、陕西、河北、宁夏、内蒙古南部和湖北西北部一带,其所覆盖的区域,东西长 300 公里左右,南北宽 100 公里左右,面积达 3 万平方公里。仰韶文化存在的时间,上迄公元前 5000 年至公元前 2900 余年,经历了 2000 多年的持续发展历程。仰韶文化的遗存,反映了这一时期生活在这一区域内的人们,已普遍种植粟、黍等作物,原始的农业经济已具有一定的规模。其制作的器物中,最具特征的是磨光红陶和彩陶。陶器以手制泥质红陶和夹砂红陶为主。泥质陶器上多有彩绘,一般是环绕器物外壁的上部,用黑彩绘出几何形图案和动物、植物花纹。陶盆等敞口、器身较浅的器物,还在器壁内侧及底部施以彩绘。夹砂陶器则较普遍地在器物的外壁拍印粗、细绳纹,或施以锥刺纹、指甲纹、附加堆纹,刻画的弦纹、线纹、齿状纹等。比较典型的器型是小口尖底瓶、长颈壶等。这些文化特征和典型器,在仰韶文化所覆盖区域内的遗址中,都可以清楚地看到。

2. 文化区内的差异现象

不过,在这些共同的文化特征之下,在仰韶文化区内的各地区间还存在着一些明显的差异,所以又出现在了不同的类型,这从彩陶的纹饰上,就能清楚地辨析出来。

以西安半坡遗址为代表的仰韶文化半坡类型,主要集中分布在渭水中下游地区,其范围南至汉水中上游,北抵河套地区,东到豫西、晋南、西达陇东。半坡类型的彩陶纹饰,以红底黑彩为主,多绘有鱼、鹿(或羊)、蛙、人面等图形,以及由曲线、横线、三角、圆点、折波等线条组成的几何形图案。

分布区域与半坡类型基本相同的仰韶文化史家类型,是以陕西渭南的史家遗址为代表的一种仰韶文化的类型,其存在时间晚于半坡类型。史家类型的陶器纹饰与半坡类型相同，但彩绘中增加了由弧线、圆点组成的花纹，鸟鱼合璧的动物图案。

以山西芮城西王村遗址上层文化遗存为代表的仰韶文化西王村类型，主要分布在渭水流域陕西、晋南和豫西地区。其存在的时间，相当于半坡类型晚期。西王村类型的陶器纹饰以绳纹为主，附加堆纹、篮纹，还有少量的镂孔、方格孔，作为装饰。还有一些红底施红彩或白彩。纹样极为简单的彩陶。

因最先发现于河南荥阳秦王寨遗址而得名的仰韶文化秦王寨类型，主要分布在河南省境内黄河以南，郑州至洛阳之间，南至汝河河谷平原及丘陵地带。其陶器纹饰有堆纹、方格纹、篮纹、镂孔、彩纹等。彩陶上多施红、紫、灰、黑等几种颜色配合的复彩，并常以白衣作补底。纹样有网状、宽带、平行线、波浪、锯齿、兰草、六角星形、弧线三角等。

位于河南陕县老城南关东南的庙底沟遗址，也是仰韶文化的一种类型。其分布范围很广，东抵豫中，西至青海民和，南至汉水中上游，北达内蒙古中南部地区。其存在的时间相当于仰韶文化的繁盛时期。庙底沟类型的彩陶器以白衣黑彩为主，很少使用红彩。花纹一般都画在陶器的口、腹部，主要为由圆点、勾叶、弧线三角和曲线组成的相互衔接的带状花纹，极少见动物花纹。

此外，还有后岗类型、大司空村类型、下王岗类型、八里岗类型、赵湾类型、王墓山类型等仰韶文化类型。在陶器的器形和纹饰上，也都有各自的特点。（图 2 – 82）

图 2 – 82　仰韶文化彩陶纹饰（上一、二排，半坡类型；上三、四排，庙底沟类型）

从仰韶文化所具有共同特点和地区不同类型之间存在的差异中，可以看出各地区的经济、文化发展并不完全一致，而是相对独立的。然而这种发展并不是封闭和孤立的，还存在着地区间的交流和交往。这种交流和交往，也为本地区经济、文化的发展，注入新的活力。而在地区间的交往与交流中，有一些原属于某个地区或某个聚落的文化，逐渐被其他地区及聚落的人们所认识、了解，进而认同并接受，由此形成了范围更为扩大的区域性文化特征，也拓展了以这种特征为代表的文化区。正是这种交往与交流，逐渐增进了不同地区人们之间的相互了解，从而形成了共同的习俗和信仰、崇拜；并在同一种习俗和信仰、崇拜的基础上，最终成为一个共同体。这个共同体虽然不是一种组织形式，但它是在保留各地区人们原有的经济、文化及习俗的基础上，形成的有着共同的观念和意识，情感相融的共同体。考古中发现的这一现象，表明新石器时代形成的文化区，是人们在生产和生活过程中表现出的一种合群态势。但它不是一种封闭式的文化群体，而是建立在相需共存的意识和关系上的文化群体。事实上，这一考古发现的现象，还揭示了民族形成的途径和过程。

3. 跨越区域的文化趋同现象

在新石器时代考古中，不仅发现了区域文化的存在，还证明各地区之间也存在的交往与交流，且具有不同群体间相互融合的性质。交流的范围随着社会发展，也在不断地扩大。这种交流不仅有毗邻两地的直接交流，还有跨越地区的间接交流。

在大汶口文化的遗存中，较普遍地发现了一种拔牙的习俗。即大汶口人要拔掉上颌的侧门齿和犬齿，其中尤以拔掉一对上颌左右侧门齿最为普遍（图2－83）。各地墓葬中发现的拔牙者均为成年男女，而未成年的少儿则无一拔牙者。虽然拔牙的习俗在大汶口文化覆盖的区域都有发现，但拔牙者的数量还是有差异的。有些墓地中发现的拔牙者数量可多达全部成年者数量的30%。这说明拔牙习俗在大汶口文化时期也并非所有的人全都接受，只是一种比较流行的时尚。拔牙的年龄一般是在14～15岁的性成熟期。对此有的学者认为这是大汶口文化时期人们追求美的一种表现，亦有学者认为这很可能是作为成年的一种标志，或与原始的宗教信仰、地区的巫术有关。

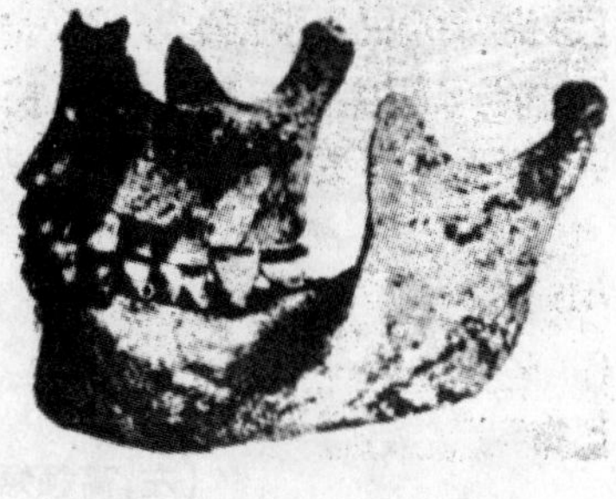

图2－83 大汶口人的拔牙习俗标本
（山东兖州王因遗址出土）

这种源于东方居民的拔牙习俗或时尚，在大汶口以后的历史中，又出现在位于长江中游以江汉平原为中心的屈家岭文化中。因首次发现于湖北京山屈家岭遗址而得名的屈家岭文化区内，一些聚落遗址的墓地中，也见到拔牙的现象。屈家岭文化的分布范围东起大别山南麓，西至三峡，北抵豫西南，南到洞庭湖北岸，存在时间约公元前3000～公元前2600年。在屈家岭文化晚期的墓葬中，上颌骨多缺左右对称的两个侧门齿。屈家岭文化区内居民的拔牙习俗出现得较晚，拔牙的形式则与大汶口文化居民的习俗相同，因此可以看出屈家岭文化晚期出现的拔牙习俗，是向大汶口人学习和仿效的。

不过，山东与湖北两地相距很远，在当时的条件下，两地间的直接交往是不可能的。然而在考古中还发现，屈家岭文化的影响，特别是向北方地区的影响，实际已经超出这一文化区的范围。在河南郑州、禹州等地的仰韶文化晚期和龙山文化早期的遗存中，就出土了高领圈足壶、高圈足杯等陶器以及三矮足陶碟等屈家岭文化的典型器。在这些遗存中的一些陶器上，还绘有屈家岭文化常见的圆形黑彩漩涡纹（图2－84）。这些发现充分说明，以江汉平原为中心的屈家岭文化通过交往和交流，实际已进入了黄河流域文化的腹地。郑州大河村遗址，是黄河中游地区的一处重要的新石器时代遗址。其文化层分为六期：一、二期的文化遗存与仰韶文化庙底沟类型很相似，三、四期文化遗存则属于仰韶文化秦王寨类型，五、六期文化遗存则为河南龙山文化。其中在第四期文化遗存中出土的陶尊、陶锅等陶器，分别与大汶口文化和屈家岭文化相同或相似。由此可以证明，屈家岭文化与大汶口文化曾在这一地区相遇。屈家岭人正是在这个地区进行交往与交流的活动中，认识和了解了大汶口人的拔牙习俗，并认可和接受了这种习俗，而使之流传于江汉平原。

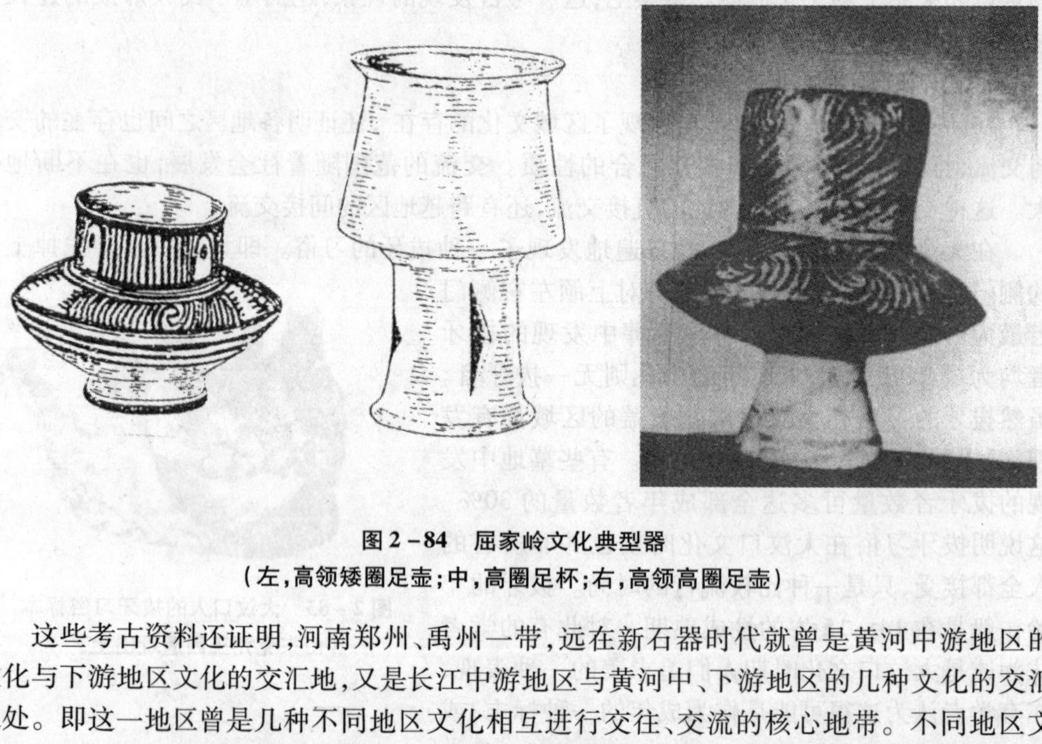

图2－84　屈家岭文化典型器

（左，高领矮圈足壶；中，高圈足杯；右，高领高圈足壶）

这些考古资料还证明，河南郑州、禹州一带，远在新石器时代就曾是黄河中游地区的文化与下游地区文化的交汇地，又是长江中游地区与黄河中、下游地区的几种文化的交汇之处。即这一地区曾是几种不同地区文化相互进行交往、交流的核心地带。不同地区文化间的交往与交流，既增进了相距遥远地区的人们之间的相互了解，更重要的是在此基础上逐渐形成一种观念和意识的趋同，更促进了情感的交融。所以，在历史上很早就出现的不同地区文化之间的相互交汇，对促进各地区的经济、文化的发展，无疑是起有积极作用的。

也正是由于郑州、禹州一带曾是东西、南北多种文化的交汇这地，源于东西南北各地区的文化都曾经过这里，传播到其他地区，因而这一带在各种文化的传播和交汇中，实际是处于中心的位置。各种文化在这里相遇，不断迸发出文明的火花。这一地理位置的特殊地位，也为以后这一带成为国家统治的中心奠定了重要的基础。因此这一地区在以后的历史上，被人们视为“天下的中心”，而被称为“中原”、“中土”、“中州”、“中国”、“中华”等名称。

4. 跨越海峡的交流

地区之间的交往与交流，在原始社会时期不仅出现在平原地区，还跨越崇山峻岭和海峡，在更为广阔的区域内，突破了血缘和地域的界限，逐渐形成了具有相同或相近文化特征的更大群体。从20世纪60年代起，台湾大学考古人类学系与地质系联合在台湾台东长滨乡樟原村（又称八仙洞），进行了多次大规模的发掘。八仙洞是长滨乡临海峭壁上10余个大小不等的洞穴的统称。在其中的乾元洞、海雷洞和潮音洞等洞穴中，共出土了6000多件打制石器和100多件骨角器，这一文化的遗存被台湾学者称为"长滨文化"。据对洞穴遗址出土的木炭标本测定的结果，长滨文化所处的年代为公元前4000～公元前3000年。长滨文化的石器多采用锐棱砸击法，亦用锤击法。主要有刮削器、尖状器、砍砸器等，其中砍砸器是用砾石单面或两面直接打制的。砾石石器是中国内地的华南地区传统的打制石器，锐棱砸击法亦是中国内地西南地区旧时器时代晚期特有的打制办法。由此证明，八仙洞遗址出土的石片、石器与大陆西南部地区的文化遗存，是相同或相似的。两地之间远在距今5000余年前，就已存在着交往或交流的活动。据地质部门的调查，在5000多年前，台湾岛与大陆基本相连，即使已有水域，也只是浅海。两地之间人们的交往，是可以涉海前往的。那时地球正处于最后一次冰河期，海平面下降，大陆架大面积露出水面，所以台湾岛与大陆两地的先民们，在这个时期所创造的原始文化中，已开始建立起一定的联系。

1964年，台湾学者在台北八里乡的大坌坑贝丘遗址发掘中，出土了一些陶器残片。这些陶片的胎质含粗砂，胎壁较厚。器物表面自颈部以下，都印有粗且深的绳纹。有的器物还在器表的肩、腹部，施以刻画纹。这些陶器的口部一般都显得比较厚重，上面也施以画纹。这种以绳纹、刻画纹粗砂陶为代表的大坌坑文化，在台湾岛的分布范围很广。主要遗址还有台北圆山贝丘下层、台南归仁乡八甲村遗址、高雄林园乡凤鼻头贝丘遗址等。而以绳纹、刻画纹粗砂陶为特征的文化遗存，在大陆东南、华南地区的新石器时代遗址中，也常有发现。如广西东兴贝丘遗址、广东潮安陈桥贝丘遗址等，都发现了与大坌坑文化有相同特征的文化遗存（图2－85）。此外，在台湾高雄林园乡凤鼻头贝丘遗址的第三、四文化层中，出土有杯、盆、碗等橙红色胎质的陶器，杯、豆、罐等黑陶器，以及碗、杯、豆、罐等彩陶。这与福建闽侯昙石山贝丘遗址中层发现的粗砂灰陶、橙黄陶，以及少量的印纹陶、彩陶相比（图2－86），无论是器型、陶质、印纹、刻画纹饰、彩绘纹饰及彩绘的位置等，都有很多的相似之处。

图2－85　彩陶片（台湾高雄凤鼻头贝丘遗址、福建闽侯昙石山贝丘遗址出土）

从这些出土于海峡两岸的

图 2-86 昙石山文化陶器（福建闽侯昙石山贝丘遗址出土）

同时代的文物中，可以清楚地看出两地的文化远在旧石器时代晚期及新石器时代早期，已具有鲜明的共性特征。可见早在四五千年前，居住在海峡两岸的人们已有密切的联系和交往，从而建立起两地间文化的源流关系，共同创造出原始的文明。这些文物资料更反映了一个确凿的事实，即台湾与大陆文化同源，两岸人民是同祖、同根的关系。

5. 龙，中华民族共性文化的象征

正是有了地区之间的这种交往和交流，才使人们突破狭隘的血缘和地域界限，形成一个具有相同或相近文化特征的大群体。事实上，中国历史上的民族融合，即始于不同血缘家族间的交往与交流。龙，作为中华民族共同信奉和崇拜的神，这种文化习俗的产生也是一个跨地区文化交流的最好例证，从中也能揭示民族融合的过程。

龙在自然界中是不存在的，至于它的产生，至今尚未有翔实的考古及文献佐证。但考古资料证明，在新石器时代晚期已出现了龙的形象。对于龙这个传说中的神产生的背景和原因，学术界有多种解释。其中大多数的解释是与原始人类的生产劳动及社会生活有关系。在生产力十分低下的原始，社会人们随时面临来自自然界的各种威胁，其中包括凶猛的食肉动物和恶劣的天气等。人们生活在险象丛生的自然环境中，常因此惨遭不幸。无法摆脱这种处境，人们便企盼能有一种力量驱除危害，给自己带来平安、吉祥。人们希望这种力量应该具备动物和天气中所有最凶猛、最神奇的功能。于是便设想出能兴云雨、利万物的神灵。明朝医药学家李时珍在《本草纲目》中，引用了东汉学者王符对"龙"形象的描述："其形有九，头似驼，角似鹿，眼似兔，耳似牛，项似蛇，腹似蜃，鳞似鲤，爪似鹰，掌似虎是也。其背有八十一鳞，具九九阳类。其声如戛铜盘，口旁有须髯，颌下有明珠，头上有博山。"人们将自己所熟悉的各种动物身上最具威力和特殊功能的肢体器官集合在一起，使之成为一个威力无比，且能形象感知的神灵，正寄托了人们希望这个神灵能够降服自然界中所有给人类造成危害，带来灾难的事物的企盼。所以，龙这种神灵的出现，是特定历史时期和历史背景的产物，也是原始信仰、崇拜的体现。

不过，龙这种人们心目中的设想出来的神灵，也并非从出现之初就有如此威严、神奇的形象和功能，而是在以后的历史上，人们又继续按照自己的企盼和意愿，凭借自己的想象，不断对龙的形象进行改进，以更好地体现其驱害消灾的吉祥内涵。值得注意的是，龙的形象出现在各地区文化遗存中的时间虽有早晚的差异，但最终却被生活在中国这片土地上的人们所普遍接受，这其中也足以反映出各地区间存在着文化交流的客观事实。

据考古资料的证明，已知龙这种神灵形象最早出现在新石器时代晚期的仰韶文化遗存中。1987 年，考古工作者在河南濮阳的仰韶文化西永坡遗址中，于 M45 大墓的墓主人骨架东侧，发现了一条由白色蚌壳精心摆塑的"龙"。（图 2－87）。"龙"全长 1.78 米，高 0.67 米。头北尾南。"龙"头似兽，昂首瞠目；其吻很长，半张的大嘴，长舌外吐；其颈部长而弯曲，颈后有一短鬣，身躯细长而略呈弓形；躯干前后各有一短腿均向前伸，爪趾分开；"龙"尾长而微曲，尾端似掌状分叉。这条"龙"似站似行，显示出威严的形象特征。在墓主人骨架的西侧，与"龙"相对的还有蚌塑的虎。这只虎的形象基本采用了写实的手法，虎头微垂，虎目圆睁，张口露齿，长尾后撑，其四肢呈行走状。在墓主人骨架的正北，有一蚌塑的三角形图案，其东侧，横置着两根人的胫骨。墓主人是一位身长 1.84 米的壮年男子，仰身直肢葬于墓室正中。对于这座墓葬中龙、虎形象蚌塑的含义，考古及历史学界有一些不同的解释，但均称之为"龙"。

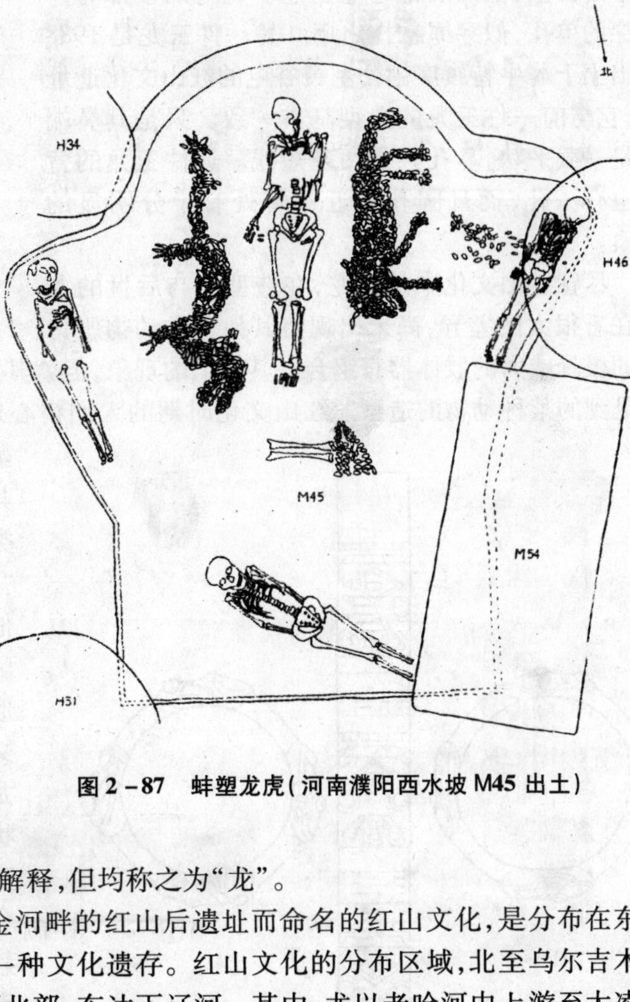

图 2－87　蚌塑龙虎（河南濮阳西水坡 M45 出土）

因最先发现于内蒙古赤峰英金河畔的红山后遗址而命名的红山文化，是分布在东北地区辽河流域新石器时代晚期的一种文化遗存。红山文化的分布区域，北至乌尔吉木伦河一带，南至渤海沿岸及华北平原北部，东达下辽河。其中，尤以老哈河中上游至大凌河中上游之间的遗址最为密集。其所处年代，为公元前 4000～公元前 3000 年之间。红山文化除发现聚落建筑、陶器、磨制石器等文化遗存外，还在位于辽宁喀左、建平、凌源三县交界处，发掘出当时的"坛、庙、冢"等大型宗教礼仪性建筑基址及遗存。喀左东山嘴遗址发现的石砌建筑基址有方形、圆形两种。方形基址边长约 10 米，周围散布着许多与祭祀有关的彩陶筒形器残块；圆形基址直径约 2.5 米，附近地面上则散落着一些陶塑裸体人像残件。据此专家们将这些基址确定为具有宗教意义的祭坛。此外，红山文化还发现许多玉器，如玉龙、玉兔及鸟蝉等，造型及制作均十分精美。已发现的两件玉龙，一件是 1971 年在内蒙古翁牛特旗三星他拉村的地表下出土的（图 2－88）。这件玉龙是用墨绿色玉雕磨而成，高26厘米，弯曲呈C形。截面呈椭圆形，直径2.3～2.9厘米。其造型：龙头较长，吻很长且略上翘；鼻端截平，端面近椭圆形，有一对圆形鼻孔；额及颏部皆刻有细密的网格状纹。龙双眼细长呈突起的棱形。嘴紧闭成一条线。龙的颈脊部有一条长21厘米的长鬣，鬣的后部弯卷上翘。龙身的中部有一对穿的单孔，似穿绳悬挂之用。另一件玉龙是1988年出土于翁牛特旗广德公乡黄谷屯的红山文化遗址中，它与前一件玉龙的造型基本一致。只是其鼻端不是一截平状，鼻孔只是两条短线。这件玉龙的背部也有一孔，而且圆孔靠近背脊处有十分明显的磨痕。

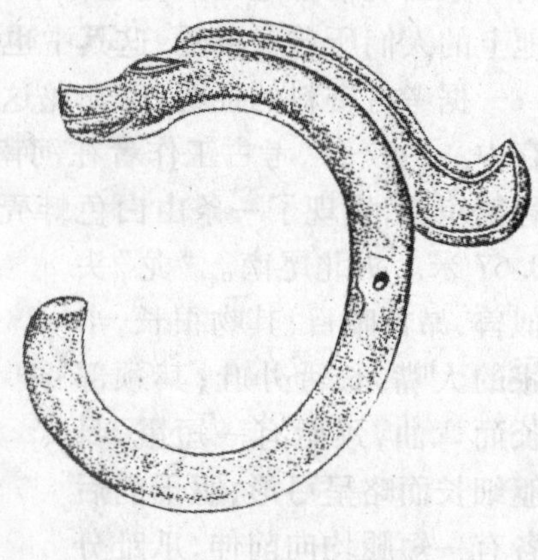

图2－88　红山文化玉龙（内蒙古翁牛特旗三星他拉村出土）

尽管红山文化中的玉龙，在造型上与后世的龙存在着很大的差异，尚未出现将其他兽类动物所特有的极具威力的肢体器官组合在其身上的现象，但就其形象而言，也绝非是现实生活中可以见到的某种动物的造型。红山文化时期的人们精心地将玉石琢磨成这种形象，其中即蕴含着人们的某种企盼和意愿。将其系挂起来，显然又具有崇拜之意。类似红山文化这种原始形态的“龙”，也在新石器时代中晚期的其他文化遗址中有发现。如在江南地区的良渚文化中，也出现了“龙”的形象。其中在浙江杭州余杭的良渚文化瑶山遗址墓葬中，出土了一件玉龙手镯。这件龙手镯的镯体呈扁宽状的环状，内壁琢磨得平整光滑。外壁采用浮雕加线刻的方法，雕琢出4个相同的龙首形象，且高出于器表。其龙首正面下端为宽平的嘴，露出平直的上唇和上门齿9～10枚。在上唇的两侧琢出圆形突起的鼻孔，扁宽的鼻部与上唇平齐。龙首正面上部琢出一对圆突的眼球，外饰一道圆形的眼圈。两眼的上方用阴线刻出一对短角，角端呈圆头状。短角的后方采用浮雕的方法，琢出近方形的双耳。在镯外壁眼与鼻之间，被琢磨呈微凹的弧状，以突出长且大的鼻梁。

图2－89　良渚文化玉龙手镯及展开图（浙江余杭瑶山遗址出土）

在龙首镯的侧面用浅浮雕和阴线刻，表现深且长的嘴裂、鼻及头部的侧视外形（图2－89）。

在稍晚一些的龙山文化中，也出现了“龙”的形象。在龙山文化陶寺类型的文化遗址中，就发现了“蟠龙”的纹饰。在陶寺墓地的一座大型墓葬中，出土了一件黑底红边的彩陶盘，盘内绘有一条盘曲的“龙”（图2－90）。“龙”的头与躯干无明显界线。其颈两侧各有一后掠的短棒状物；龙眼小而圆；长嘴微张，嘴内有呈排状的利齿，嘴中衔有一根羽状物；躯体粗且长，盘曲呈环状；躯体上有对称的U字形花纹，尾部渐细，呈尖状。这件“蟠龙纹”彩陶盘上的“龙”，其形象似与蛇很相似，但其嘴则与蛇有明显的不同。尤其是其吻部很长，且嘴中有成排的利齿。在出土彩陶盘的大墓中，还出土了鼍鼓。鼍鼓的鼓皮已朽，不过在鼓腔内发现有数枚至数十枚不等的鳄鱼骨板，可见鼍鼓当时是用鳄皮蒙鼓的。根据这一发现，联系彩陶盘的蟠龙纹，就不难看出，其嘴及牙齿与鳄鱼是十分相似的，龙身的纹饰也与对称成行的鳄甲相同。由此证明，陶寺文化时期的人们已将能吞噬体型较大动物的鳄鱼嘴，能阻挡锐利武器刺杀的鳄鱼甲，视为一种特异的功能，而将其移植到自己的设想出的神身上。

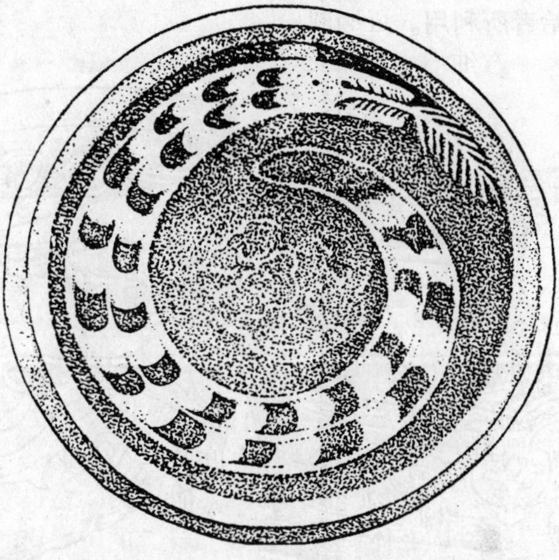

图2－90　蟠龙纹彩陶盆（山西临汾陶寺墓地出土）

从这些新石器时代考古发现的资料中，不难看出，距今5000～6000年前的人们在原始的崇拜中，出于自己的意愿和企盼而设想出一些神灵。在刻画这些神灵的形象时，人们采用自己所熟知的，并且感到恐惧或认为具有某种神力的动物肢体器官及相貌，组合成一种有形的神。这样，这种被当时的人们从多种动物身上“移植”成一个整体的神灵，便具有了超常的功能和威力。发现于这个时期各地区不同文化遗址中的“龙”，虽然在形象上存在着一些明显的差异，但凸现“龙”的威严和威力，却是一个共性的特征。在这些“龙”形象中，无一不是刻意地通过凶猛的嘴、凶狠的双目、灵活的躯体、锋利的爪等形象，来反映“龙”的这一特征。“龙”这种神灵出现在新石器时代中晚期以后的不同的文化区中，亦表明对这种神灵的崇拜和信奉，已随着人们之间的交往与交流，逐渐成为一种共性的文化现象。而且正是各地区的人们对于神灵的企盼和意愿逐渐成一种共识，于是蕴含着某种企盼和意愿的特定形象，也随之被应用在“龙”的身上。这样“龙”在以后的历史中，其造型越来越丰富，形象越来越完善，最终成为人们共同认可的一种造型。

经过漫长历史的演进，在河南偃师的二里头遗址中出现的“龙”，已与龙山文化及其以前的“龙”又有形象上的差异。二里头遗址所发现的夏代的“龙”，主要为陶器上的刻画纹饰（图2－91）。由于出土的有龙纹的陶器均已破损，所以我们只能从残缺的陶片上寻觅“龙”的形象。其中，“龙”的身躯呈蜿蜒状，背部有鳍，腹下有弯曲状爪。在龙的上下，还饰有云纹,表明“龙”正在腾云驾雾。“龙”的躯干很长,且翻卷自如。二里头遗址中发现“龙”的形象,更重要的是表明它已被人们普遍接受和崇拜,并在国家产生以后,又开始被统治者所利用。

图2-91 龙纹彩陶(残片)(河南偃师二里头遗址出土)

商朝时期,随着国家政权建设的逐渐完善,统治者的地位和权力不断得到加强。“龙”在这时期又大量的出现在统治者用于祭祀的礼器上。在殷墟遗址中出土的青铜礼器上,“龙”的形象又有一些变化,首先是出现了不同造型的龙角:尖状角、多齿角、卷曲角,还有类似鹿角状的。其次是龙嘴,或短吻巨齿;或长吻张口,呈咆哮状。再有是龙足,或一足(为两足的侧视)、两足(为四足的侧视或呈鳍状足等)(图2-92)。将“龙”的形象作为礼器的一种装饰,显然是借用人们传说中的“龙”所具的有神力和威力,象征和显示礼器拥有者的地位和权势。这一做法,正说明商朝的统治者们已清楚地认识到,“龙”是普天之下人们所共同信奉和崇拜的神灵,将其形象镌铸于礼器上,或制成玉器,则更能说明自己具有“龙”一样的威严和威力,同时也表明自己对“龙”的崇敬。

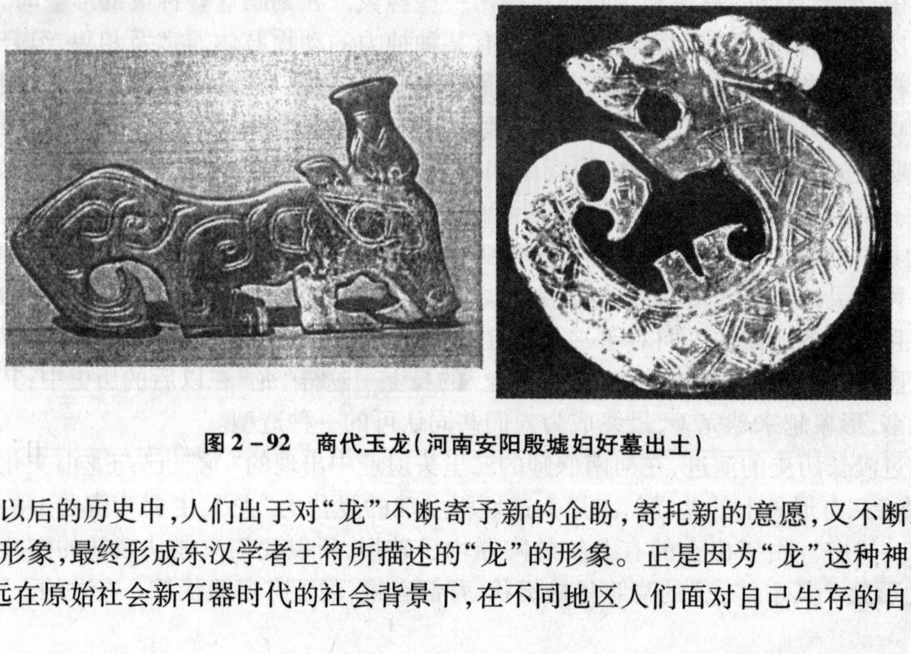

图2-92 商代玉龙(河南安阳殷墟妇好墓出土)

在以后的历史中,人们出于对“龙”不断寄予新的企盼,寄托新的意愿,又不断地完善着它的形象,最终形成东汉学者王符所描述的“龙”的形象。正是因为“龙”这种神灵的出现,是远在原始社会新石器时代的社会背景下,在不同地区人们面对自己生存的自然环境

图 2－93　“二龙戏珠”石雕（北京故宫太和殿）

而产生的企盼和意愿中，是人们设想出的形象，所以“龙”便不断按照人们 的意愿变幻着形象，逐渐具有了人们所赋予的一切功能，其形象也随着更加完善（图 2－93）。由此可见，“龙”这种源于原始信仰的神灵，虽然它最先出现于什么地区及文化中已无从考证，但自从它出现后，在长期的历史进程中，通过不同地区间的文往与交流，逐渐扩大了信奉的人群和区域，最终在今天中国这块土地上，为生活在各地的不同民族的人们所接受和认同，因而人们才称自己为“龙”的传人。

（二）统一多民族国家的建立

公元前 770 年，周平王东迁雒邑（今河南洛阳）后，周王室日渐衰微。而日渐强盛的诸侯国为争夺霸权，展开激烈的争战。直至战国时期，形成七雄并立的局面，最终由秦国打破这种分裂割据的局面，建立了统一多民族的国家。

1. 反映秦国强盛的文物资料

在战国七雄中，地处西戎的秦国曾遭遇“诸侯卑秦，丑莫大焉”①的境地，为此秦孝公下令求贤，遂有商鞅变法。

现收藏于上海博物馆的秦国铜方升，就是一件商鞅变法的实证（图 2－94）。铜方升内口长 12.5 厘米，宽 7 厘米，容积 210.25 立方厘米，升的一端有柄。与柄相对的升壁上，刻有“重泉”二字。左侧升壁上，还刻有“十八年，齐逹（率）卿大夫来聘。冬十二月乙酉，大良造鞅爰积十六尊（寸）五分尊（寸）壹为升。”这段铭文与《史记·秦本纪》记载的商鞅变法的时间和内容是一致的。在经过商鞅的第一次变法后，秦国逐渐强盛，秦孝公遂于十年（公元前 352 年）晋封商鞅为大良造②。这件铸造于孝公十八年（公元前 344 年）的铜方升，就是商鞅为秦国统一度量衡而监制的标准量器，颁发给重泉县（秦置，汉隶左冯翊）作为官量使用。

图 2－94　商鞅量（上海博物馆藏）

---

① 《史记·秦始皇本纪》

② 爵位名。又称大上造，为秦国二十等爵制中的第十六等爵。

这件铜方升还印证了商鞅第二阶段变法中的一项重要的内容:“为田开阡陌封疆,而赋税平”。① 即废除西周实行的“井田制”,允许土地私人占有和买卖,但需向国君交纳赋税。由国君统一制作度量衡器,颁发给地方官府使用,具有统一赋税征收标准的作用。当然,这项措施也方便了各地区间商贸活动的开展,促进经济的交流和发展。

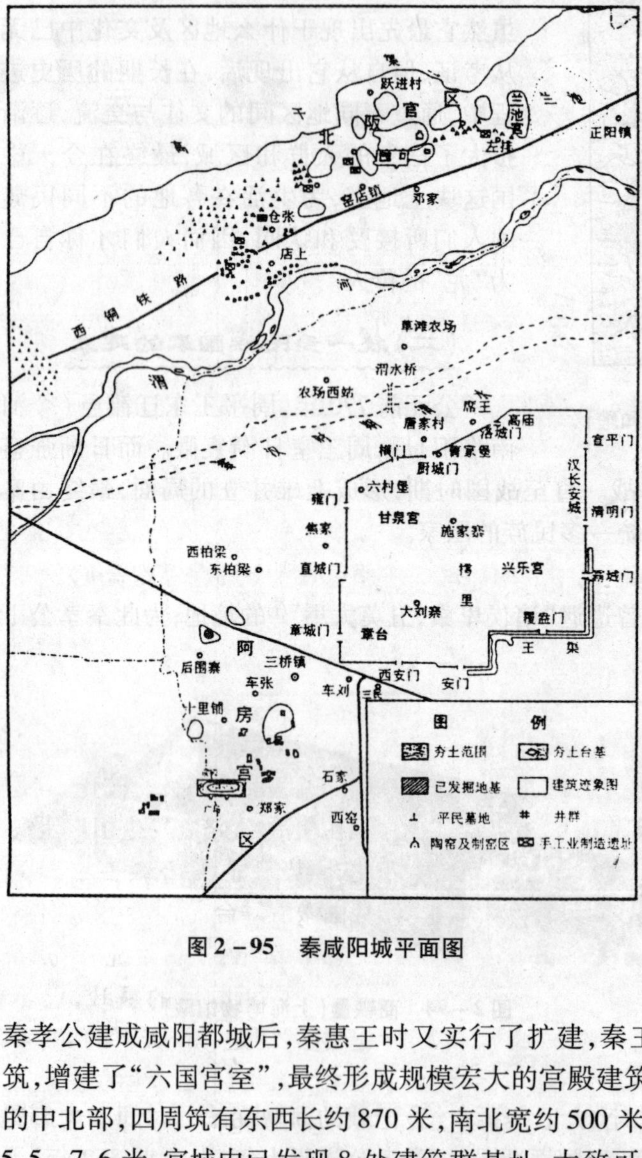

图 2 -95　秦咸阳城平面图

此外,铜方升上的铭文“重泉”,还印证了商鞅“集小乡邑聚为县,置令、丞”②的变法内容。商鞅在变法中推行地方县制,以县作为一级地方行政区划,置令、丞管理。其实质是通过分而治之的办法,加强对地方的统治,以稳定各地的社会秩序。这件铜方升即证明早在秦统一前,秦国已在地方管理上采取行政区划的办法,通过设置官吏有效地实现国君对地方的统治、管理。这无疑对秦统一后,如何维护统一的局面,保证政令的畅通,提供了极有益的经验。

经过商鞅的两次变法,秦国实力大增,为了进一步争霸中原,秦孝公将国都从雍城(今陕西凤翔城南)向东迁至咸阳。考古发现,秦孝公所建的咸阳都城位于渭河之滨,受河床北移的影响,遗址早已遭严重的破坏,无法揭示其全貌。不过城中宫殿区的遗址仍保存比较完整(图 2 -95)。据文献资料记载,秦孝公建成咸阳都城后,秦惠王时又实行了扩建,秦王嬴政在位时,又仿关东六国宫殿建筑,增建了“六国宫室”,最终形成规模宏大的宫殿建筑群。秦宫城遗址位于咸阳城遗址内的中北部,四周筑有东西长约 870 米,南北宽约 500 米,周长约 2747 米的夯土城墙,墙基宽 5.5 ~7.6 米,宫城内已发现 8 处建筑群基址,大致可分为 20 多处相对独立的单元建筑。其中在已发掘的 3 座建筑基址中,出土了战国时期的文物,证明它们是秦国咸阳宫城中最早的建筑基址其中的一号宫殿基址,平面呈凹字形,东西长 130 米,南北宽 45 米,是建在高

---

① 《史记·商君列传》。
② 《史记·商君列传》。

出地面6米的台基上(图2－96)。由于台基中间被后来形成的一条沟(当地俗称牛羊沟)穿过,故被分隔成东、西相对的两片台基。沟东的台基已被夷毁。据对沟西的台基发掘出的建筑基址和遗迹分析,这里曾建有一座南北朝向且上下两层的曲尺形高台式建筑。上层为主体殿堂。在下层东侧的一室中,发现了用于取暖的壁炉遗迹和大型陶质地漏及排水管。这些遗存、遗迹表明,这里曾是一间浴室。由此推断,在这处建筑中,除殿堂外的其他隔间应是起居室。在这座殿堂建筑的周围,还建有回廊和大小不等的宫室建筑。这处台基与沟西的台基呈东、西对称形制,因此沟西台基上也曾建有相同的高台式殿堂建筑。据遗存分析,在两座高台建筑之间还曾建有一座长廊,将两座建筑相连接,构成一组东西对称,形似双阙的建筑群。

图2－96　秦都咸阳一号宫殿复原模型

建造如此宏大的宫殿建筑,也从一个侧面表明经商鞅变法后,秦国在政治、经济上发生了巨大的变化,国势明显增强,改变了秦国在战国政治舞台上的形象和地位。

2. 秦维护、巩固统一的实证

灭亡六国后的嬴政,已不仅是秦王,更是一统天下的“共主”,因此他不再沿用传统的统治制度和方式,另创一套新的制度。在咸阳秦都遗址中出土的嵌于权身的秦始皇诏版上,有这样一段铭文:“廿六年,皇帝尽并兼天下诸侯,黔首大安,立号为‘皇帝’。”(图2－97)在这则诏令中,嬴政是以“皇帝”作为自己新的称号,这

图2－97　秦始皇诏版铭文(拓本)

图 2 –98　秦二世诏版铭文(拓本)

与文献资料的记载是一致的。即他认为自己统一天下是“德兼三皇,功包五帝”,[①]而决定取“皇”、“帝”二字合称,作为天下共主的称号,以显示其是统一天下的君主。为使自己创立的江山永远传袭下去,嬴政还决定自称“始皇帝”,后世子孙世代相承,依次称为“二世、三世,至于万世,传之无穷”。[②]在传世文物“秦二世诏版”中,即称嬴政为“始皇帝”,自己为“二世”(图 2 –98)。正是因为“皇帝”之称表现出至高无上的权势和地位,所以其后的历朝历代君主,都以此为称。

秦始皇不仅以皇帝自称,考古资料还证明他还曾制定了一套充分体现个人独尊地位的朝仪和文书制度。有所谓的“制”、“诏”和“玺”等。秦始皇规定,凡皇帝之“命”,称为“制”;皇帝之“令”,称为“诏”;皇帝自称为“朕”;皇帝和皇后之印,称为“玺”。在战国时期,官印、私印都可称“玺”,秦始皇立国后,令官、私印一律改称“印”,不准称“玺”。据文献资料记载,秦始皇在处理日常政务时,有六种专用的印。即所谓“ 乘舆六玺”:皇帝行玺、皇帝之玺、皇帝信玺、天子行玺、天子行玺、天之信玺。这六种印均为金质,方形,上有螭龙纽。还有一种玉玺,据传是用蓝田玉镌刻的,亦有螭虎纽。文曰:“受命于天,既寿永昌。”另有文献称印文作:“受天之命。皇帝寿昌。”是丞相李斯所书。《史记·高祖记》记载,刘邦统兵攻入咸阳时,秦主子婴就是持始皇帝玉玺降汉的。汉朝统治者还曾以此玉玺作为传国之玺,这一制度也被后世统治者所沿袭。在中国封建社会,皇帝专用的玺也称为御玺、

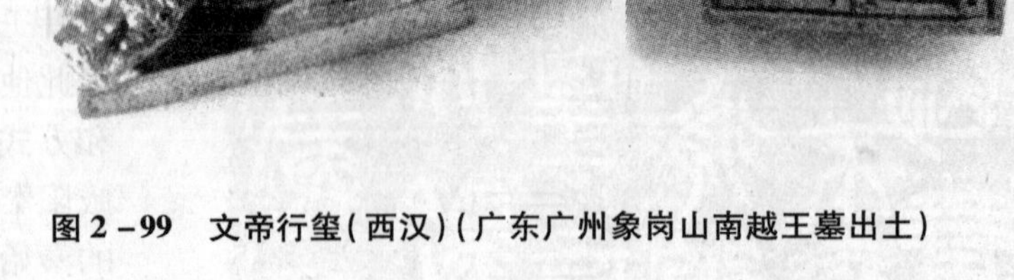

图 2 –99　文帝行玺(西汉)(广东广州象岗山南越王墓出土)

① 蔡邕《独断》上。
② 《史记·秦始皇本纪》。

国玺，并且作为国家政权的一种象征（图2－99）。所以在中国历史上，凡灭国之时必要灭玺，以示亡国。

秦朝的官印至今已发现50余种，这些官印均有统一的形制和文字。官印全部采用阳文凿刻，一改战国时期阴文、阳文并用的传统。刻印书体均为小篆，略带一些古隶的风格。字形趋于方正，笔势圆转自然，以四字作为官印的基本印式（图2－100）。如果某官名加地名后，已满四字，则官名后无"印"字；不足四个字，则加"印"字。此外在印面还镌刻有界格，方印为田字格，印文刻于格内，布局十分规整。秦朝官印形制的统一和规范化，也体现了中央集权政治的特点。

图2－100　秦官印"法丘左尉"、"右厩将马"印文

"制"、"诏"这两个皇帝专用的文书用词，在秦始皇和秦二世的诏版中，均能看到。秦始皇在二十六年（公元前221年）的诏令中称："乃诏丞相状、绾"，就是向丞相隗状、王绾下令。秦二世的诏书中，称"元年，制诏丞相斯"，即是命丞相李斯。秦始皇首创的充分显示其个人独尊地位及至上权力的朝仪和文书制度，也与"皇帝"称号一样，一直为历代统治者所沿用。"制"、"诏"等专用名称和"皇帝"、"朕"的称谓一样，在中国古代历史上沿用了2000余年。"玺"、"印"等则一直沿用到唐朝时，治印又增加了"宝"、"记"、"章"等名称。①

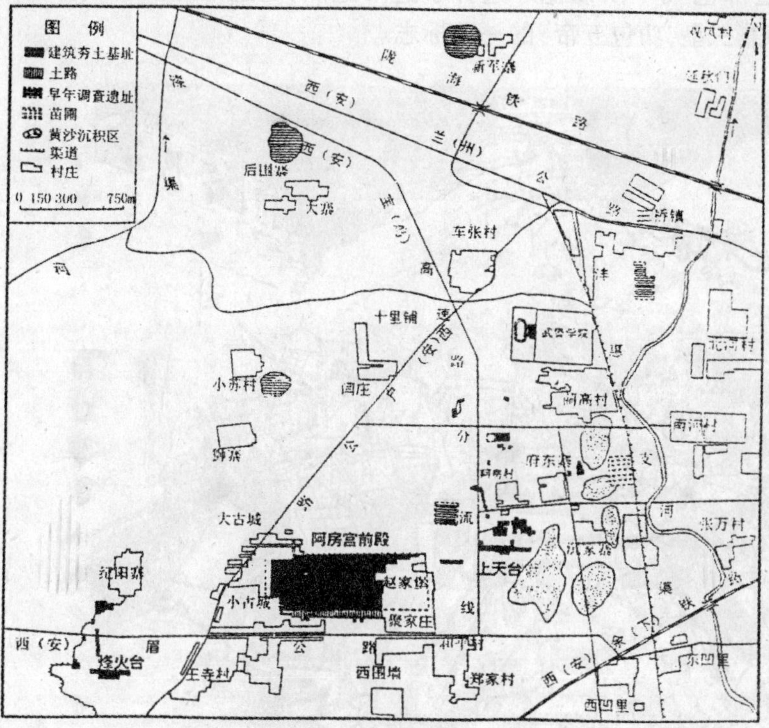

图2－101　秦阿房遗址平面图

反映秦始皇建立统一多民族国家后，拥有天下独尊地位的文物，还包括宫殿和陵寝建筑。在秦都咸阳城遗址中，发现了一处规模十分宏大的宫殿建筑基址。据考古调查与发掘，这座位于今西安西郊约15公里

① 唐武则天时，将帝印改称为"宝"。并规定，"印"为县署以上的官印之称，"记"为县级僚属官的印之称，这些名称又被后代所沿用。

处的宫殿群遗址，纵长5公里，横宽3公里，占地约15平方公里。在这一区域内，至今保留在地面的夯土台基还有20余处，其中尤以前殿的台基面积最大。根据文献资料的记载，这处宫殿的遗址即为阿房宫（图2－101）。阿房宫始建于秦始皇三十年（公元前217年）。3年后，秦始皇即死，秦二世即位后又继续修建。不过，很快由于陈胜、吴广起义，攻入关中，工程被迫停止。公元前206年，项羽统兵入咸阳，将阿房宫焚毁。现存阿房宫的前殿，亦是主殿的基址，是一个巨型的夯土台基，东西长约1300米，南北宽约500米，台基高约7米，总面积约65万平方米。规模如此宏大的宫殿基址，足以说明当年这座宫殿建筑是何等的巨大、宏伟。《史记·秦始皇本纪》载："乃营作朝宫渭南上林苑中。先作前殿阿房，东西五百步，南北五十丈，上可以坐万人，下可能建五丈旗。"通过对这座前殿基址的发掘及实测，说明司马迁对阿房宫的记载，毫无夸饰。而考古发掘证明，阿房宫的夯土台基实际比司马迁的记载还要大得多。

此外，在距阿房宫前殿基址东北、西南约数百米处的地面上，还有多座夯土台基，出土了筒瓦、板瓦、瓦当、铺地砖、陶水管、石柱础等建筑材料，以及戳印文字的陶片等遗物。表明在阿房宫内，还建有许多附属或配套的建筑，构成一组庞大的宫殿群落。秦始皇在统一天下10年后，开始兴建阿房宫，则不仅是嫌"先王之宫廷小"，更在于"吾闻周文王都丰，武王都镐，丰、镐之间，帝王之都也"。[1] 所以他才选择了这个地点，建造如此恢宏气势的建筑，也是将其作为自己"德兼三皇，功包五帝"的一种标志。

① 《史记·秦始皇本纪》。

3. 叹为观止的秦始皇陵

位于陕西临潼城东5公里处的秦始皇陵，是秦始皇生前为自己建造的陵墓，即骊山墓（图2－102）。这项规模宏大的工程始建于嬴政即位后。为建造这座陵园，前后共征调役

图2－102　秦始皇陵（骊山墓）

夫70余万，延续30余年，直至秦亡，工程仍尚未结束。虽然“宫观、百官、奇器、珍怪，徙臧满之”①的地下宫殿内部情况，目前尚不清楚，但仅陵园地面的遗存和考古调查收集到的资料，以及对陵墓进行局部发掘出土的文物，就已令世人瞩目，叹为观止。秦始皇陵园平面呈南北长、东西窄的长方形，围绕陵园筑有两重夯土垣墙：内垣墙长1355米，宽580米；外垣墙长2513米，宽974米。另外在内城的东北角还发现一座小城，南北长695米，东西宽330米。陵园的外垣四面各建有1门；内城的东、西、南三面各建有1门，北面建有2门；小城的南垣建有一门（图2－103）。秦始皇的陵冢建

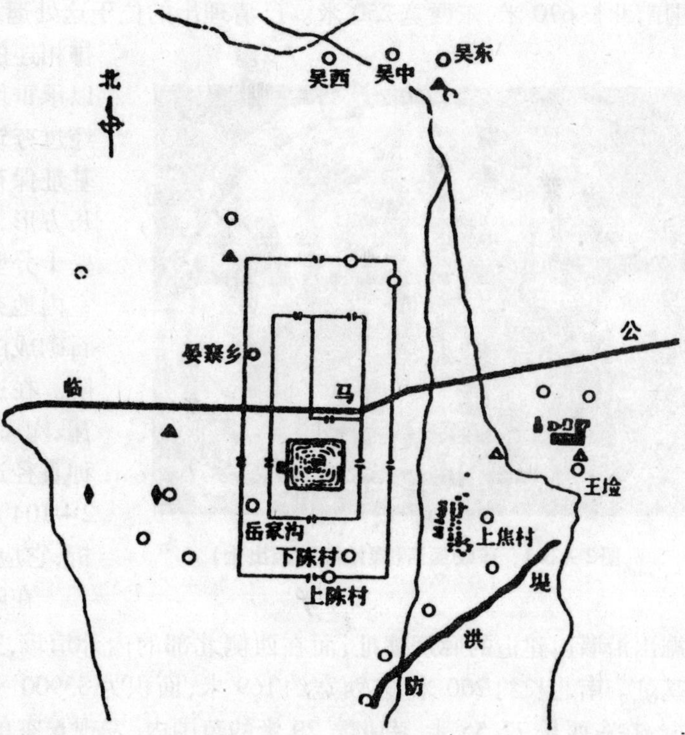

图2－103　秦始皇陵平面图

① 《史记·秦始皇本纪》。

在陵园的南半部。夯土筑造的陵冢由于年代久远，损毁严重，现已难看出原来形状。从观存的遗迹推测，当年完工时应为覆斗形。陵冢平面呈方形，底部边长约350米，冢高残存约43米。

陵冢的下面是秦始皇陵的墓穴，亦称地宫。近年来，一些专家、学者运用现代科技手段和方法，探测出秦始皇陵的封土中有极强的汞异常反应，汞的含量远高于周围的地区。这与司马迁在《史记·秦始皇本纪》中记载的地宫中，“以水银为百川江河大海，机相灌输，上具天文，下具地理”是相吻合的。这种异常的汞含量，很可能就是地宫内大量水银挥发后的结果。经物理探查和陵冢四周的铲探，已初步获得了地宫形制的一些资料。其地宫的主体部分是一口大底小，呈多级台阶状的长方形竖穴坑。坑上部南北长515米，东西宽485米；底部东西长约160米，南北宽约120米，深33米多，长方形墓四边均筑有斜坡墓道。其中，陵冢东侧探出五条墓道，中间一条长60米；西侧墓道呈“巾”字形；北侧墓道2条。每侧的墓道都附有多个大型耳室，里面葬有十分丰富的物品。如出土的秦始皇陵一、二号铜车马，及出土的彩绘铜车马、彩绘木车马，即发现于西墓道的耳室中。

在陵冢以北53米处的内城西侧，发现一处夯土建筑基址。其形状正方形，南北长62米，东西宽57米，面积约3534平方米。在基址四周，还发现回廊遗迹和散水、砖瓦、墙壁碎块、红烧土及灰烬等遗存。根据这座基址的位置、形状和规模推断，应为秦始皇陵的“寝殿”建筑。另外，在陵冢北约150米，内城的西北部，还发现成组的密集建筑遗址，分布范围南北长670米，东西宽250米。已清理出的位于这处遗址南面的1~4号基址，是东西成排相连的4座建筑。每两座建筑之间，以承重墙相隔，自成单元。室内地面均经过夯筑，有的还铺有石板。其中，2号基址保存比较完整，基本呈南北向的狭长方形，由主室和门道组成。夯筑的墙壁十分坚固，外表涂有白灰，光滑平整。室内地夯筑路得十分平整，北半部有片石砌成的甬道通往室外。入室处有石台阶。在这组建筑基址中，出土了板瓦、筒瓦、陶屋脊和砖等建筑材料，还发现了一种直径达61厘米的特大型夔纹瓦当（图2－104）。从这组建筑的位置和形状分析，它应是秦始皇陵的“便殿”。

图2－104　夔纹瓦当（秦始皇陵园出土）

在陵园内城的东、西、南三面，还发掘出沿墙边建造的廊房遗址，而在西侧北部的内外垣墙之间则发现一处面积很大的建筑基址。南北长约200米，东西宽约169米，面积为33900平方米。经对这处遗址南端的发掘，在东西长77.55米，南北宽29米的范围内，发现6座单元式建筑（图2－105）。遗址内除发现有大量的建筑材料外，还出土一件刻有“乐府”铭文的错金银铜钟，以及形体很大的陶甕、甑、盆、罐等器物。其中有5件陶罐上刻有“丽山飤（食）官”、“丽山飤（食）官左”、“丽邑五升”、“丽邑二斗半”、“丽山橱（厨）”等文字。丽山，即骊山；飤官，即食官。在这处建筑遗址内，还有巨大的贮藏室、水井和井台，以及排水用的渗井。据此推断，当年在这里建造的是专为秦始皇陵设置的乐府官署和食官官署。秦始皇在自己的陵园中设置的这些官署，是要臣僚们在他死后，依旧按其生前一样侍奉他，每天为他进食、奏乐，定期举行祭祀仪式。据《后汉书·百官志》载："先帝陵，每陵食官令一人，六百石。"注曰："掌望晦时节祭祀。"

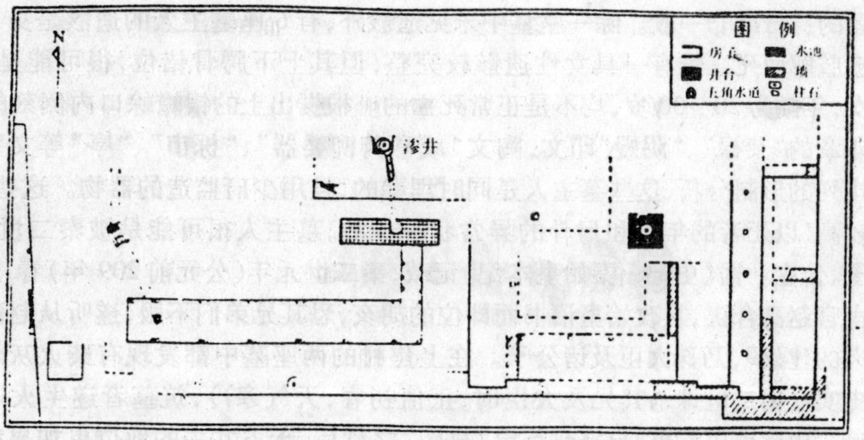

图 2-105 骊山食宫遗址（东段）建筑平面图

骊山陵的修建，首开中国古代帝王的陵寝制度。这一制度一直为后代所沿袭，而成为中国封建社会中的一项重要的礼仪制度。

秦始皇生前为自己建造陵园，死后还杀人殉葬。在陵园的东边就发现了陪葬墓，以及埋有陶俑、活马的从葬坑群。中国古代有以方位区分尊卑的习俗，"西方，长老之地，尊者之位也，尊者在西，卑幼在东"。① 这些陪葬墓都位于秦始皇陵冢的东边，显然是按照这种习俗安排的。始皇陵的陪葬墓区共有3处，其中1976年发现的位于陵东上焦村的一处陪葬墓区，共有17座墓（图2-106）。已发掘清理的8座墓，除M7朝东外，其余几座都是带斜坡墓道，朝西的方圹墓或方圹洞室墓。8座墓的葬具均为一椁一棺，椁有头箱、边箱、脚箱、棺室。出土的随葬品数量很多，有金箔、银蟾蜍、玉璞、玉璧

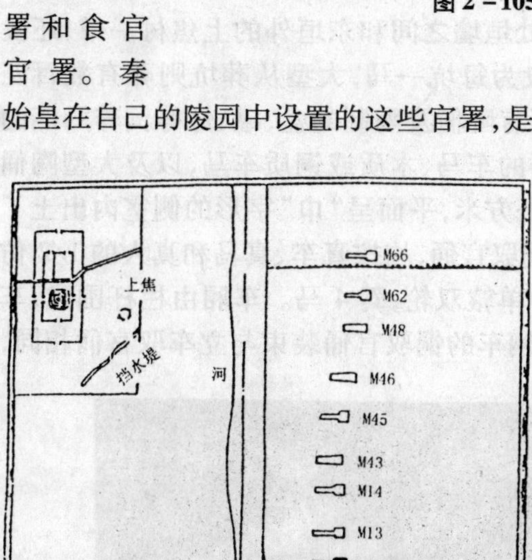

图 2-106 秦始皇陵上焦村陪葬墓群平面图

① 《论衡·四讳》

和漆器、丝绸等物品，还有铜印章，以及铜剑、带钩、铃、匜等生活用品。这些随葬品表明死者的身份绝非一般。除一座墓中未见遗骸外，有6座墓主人的遗骸是身、首、四肢分离，系被肢解而死。惟有一具女性遗骸较完整，但其上下腭骨错位，很可能是缢死。这五男二女，年龄为20~30岁，均不是正常死亡的。根据出土的银蟾蜍口内侧刻的“少府”二字，铜印章的“荣禄”、“阴嫚”印文，陶文“咸亭芮柳婴器”、“栎市”、“亭”等文字，和墓葬整齐的排列的形制分析，这些墓主人是同时埋葬的，且用少府监造的器物。这些墓葬的形制规模较高，以死者的年龄和尸骨的异常状况推测，墓主人很可能是被秦二世处死的始皇的公子、公主。据《史记·秦始皇本纪》记载，秦二世元年（公元前209年）春，通过与丞相李斯、宦官赵高合谋，篡改始皇诏书而即位的胡亥，恐其兄弟们不服，遂听从赵高“灭大臣而远骨肉的建议”，乃诛大臣及诸公子。在上焦村的两座墓中都发现有柴火灰烬，亦印证了这一史实。因二世诛杀其兄及大臣时，正值初春，天气寒冷，筑墓者遂生火取暖，故留下此遗迹。由此也可看出，自嬴政首定“皇帝”之称后，天下共主的地位更加显赫，围绕着帝位的争斗也因此更为激烈、残酷，其手段益发专制和残忍。

此外，在秦始皇陵的封土外侧四周、陵西内处垣墙之间和东垣外的上焦村一带，还发现数百个从葬坑。这些从葬坑多为马厩坑，一般为每坑一马，大型从葬坑则葬有数百匹马。这些马或被杀后埋入，或直接活埋。坑内还有陶俑及陶制的盆、罐、灯等饲养马匹的工具。在陵冢四周的从葬坑内，则多葬有带武器的车马、木质或铜质车马，以及大型陶俑等。1980年，在陵冢西墓道的一个面积达3025平方米，平面呈“巾”字形的侧室内出土了两乘彩绘铜车马，分别为立车和安车。车、马和铜驭官俑，均按真车、真马和真人的1/2仿制。车、马上鞍具、挽具齐全。立车又称高车，为单辕双轮，驾4马。车厢由栏杆围成，车门在后面。安车是坐、卧兼用的（图2－107），这辆车的铜驭官俑装束与立车驭官俑相同，

图2－107　铜安车（陕西临潼秦始皇陵出土）

只是其跽坐在车的前厢里。安车乘坐比较舒适，尤其是车厢有圆形篷盖，四周有厢板，既可遮阳，又能御寒，故秦时称“辒辌车”。立车与安车，是中国古代皇帝出行时，卤簿仪仗的组成部分。出土时，立车在前，安车随后，也反映了古代皇帝出行时车驾的排序情况。

在秦始皇陵的西侧还发现两处修陵人墓地。一处破坏严重，在地表0.5~0.7米以下，

层层叠压着凌乱的骨骼。另一处保存比较完整，墓地南北长 180 米，东西宽 45 米。已探明墓葬 160 余座，分 3 行排列：西边两行呈东西向，东边一行呈南北向。已清理的 32 座墓，均为竖穴土坑，一般长 1.1 ~ 1.76 米，宽 0.6 ~ 0.76 米，墓圹中少则一人，多则二三人，最多的有 14 人。清理出土的 103 具遗骸中，除 3 具女性、2 具儿童外，其余均为 30 岁左右的青壮年男性。墓地中出土了 18 件墓志陶文（图 2 – 108）。内容为地名、服役性质、姓名等。瓦文涉及 10 个县名和 4 个里名，多为原关东六国地区。由此可见，秦始皇在为自己建造陵墓时，是从全国各地征调了大量的役夫。这些人的葬式，绝大多数均为身体极度蜷曲的屈肢葬，有的还身首异处，有的尸骨上留有刀伤的痕迹。死者没有葬具，随葬的物品主要是铁质生产工具，如臿、锛、凿、刀、锄、镰等，以及罐、瓮、钵等陶器，表明这些役夫的命运十分悲惨。在瓦文中，还有"居赀"，系秦朝的刑名，即因有罚，而以服劳役抵偿罚金的犯人，亦说明当年在为秦始皇修建陵墓的役夫中，也有刑徒。这些考古资料，也反映了这位"千古一帝"的专制和残暴。

图 2 – 108　秦陶文（秦始皇陵修陵人墓地出土）

4. 威武壮观的秦兵马俑

1974 年，因当地农民打井而偶然发现的秦始皇兵马俑坑，位于骊山墓东 1 公里多。兵马俑坑共有 3 座（图 2 – 109），均为土木混合结构的地穴式坑道建筑。3 座俑坑内，原来都有立柱支撑枋木，枋上架棚木，上面覆盖芦席，席上压灰泥，再盖土。一、二号俑坑内还筑有多道夯土隔梁，起着承重墙的作用。3 座俑坑中，一号坑面积最大，东西长约 230 米（不含门道）南北宽约 62 米，深 4.5 ~ 6.5 米，总面积约 14260 平方米。二号坑东西总长 124 米，南北总宽 98 米，总面积 6000 平方米，三号

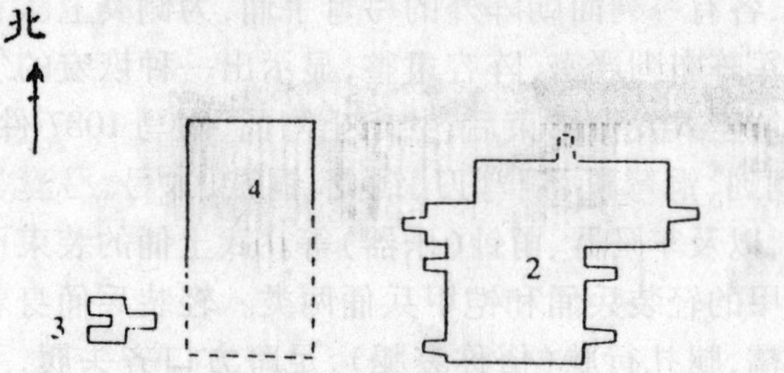

图 2 – 109　秦始皇陵兵马俑坑分布平面图

坑最小，面积约520平方米。3座俑坑的平面形状不同：一号坑为长方形，二号坑为曲尺形，三号坑为凹字形。

一号俑坑的东、西两端各有5条斜坡门道。紧接门道的是南北向的长廊，与俑坑南北两侧的过洞构成一道环绕兵马俑军阵的回廊。兵马俑军阵布列在由东西向10条隔梁分隔成的11条过洞中（彩图9）。俑坑东端的长廊内是3列面朝东方的武士俑，每列70个，均为弓弩手（图2－110），作为军阵的前锋。紧随其后的是由步卒俑和驷马战车混合编制

图2－110　秦兵马俑一号坑军阵前锋

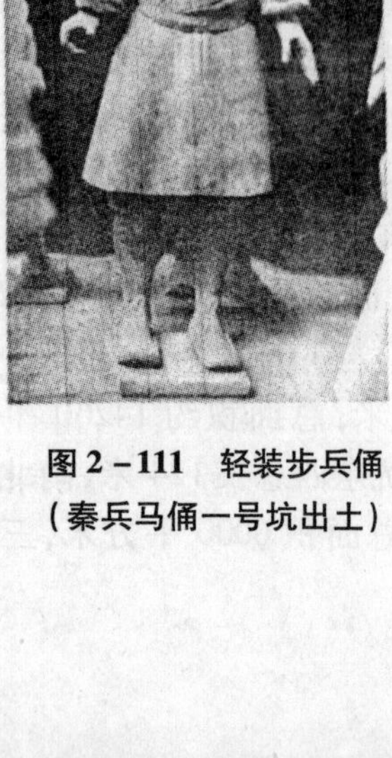

图2－111　轻装步兵俑
（秦兵马俑一号坑出土）

的38路东西向的纵队，是为军阵的主体。在军阵的左、右两侧和后面，各有一列面朝阵外的弓弩手俑，为侧翼卫队和后卫。这个军阵布列严密，阵容肃整，显示出一种恢宏的气势。一号俑坑正式发掘结束后，共出土陶俑、陶马1087件，还有木车、铜剑、铜弩机、铜弯刀、铜殳、铜镞、木弓、弓囊等各种兵器具，以及车马器、甬钟（乐器）等。武士俑的装束可分为不着铠甲的轻装兵俑和铠甲兵俑两类。轻装兵俑身着交领右衽长襦，腿扎行縢（俗称裹腿），足蹬方口齐头履，手持弓、矛等兵器（图2－111）。铠甲兵俑束发或戴小冠，有的腰佩铜剑。铠甲俑身着的铠甲形制有多种，依兵俑身份地位的高下及兵种的不同，而有明显的差异（图2－112）。陶俑的头、手与躯干是分别制作的。大多数的陶俑是先用模制成粗胎，再雕刻五官等细部，躯干则是手塑而成。烧制前，再用泥条将头、手与躯干连接。待烧成后，还要对兵马俑进行通体彩绘，色彩有绿、朱红、紫、蓝、橘黄等（彩图10）。

兵马俑在制作时，不仅按照真人、真马的大小和躯体比例精心设计，对兵俑的相貌、发髻、服饰以及马俑的鞍、辔等马具制作更是精细。可见，当初工匠们在为秦始皇制作兵马俑时，不仅要再现秦军宏大、壮观的气势，还要尽可能真实地将人生百态融入其中，以满足秦始皇君临天下、叱咤风云的需要，实际也是将真实的人生世界移入冥间。

图 2－112 秦兵马俑铠甲形制

位于一号俑坑东北 20 米处的二号俑坑，是由弓弩手、战车、车徒、车骑 4 个方阵组成的曲尺形军阵，共出土陶俑、陶马 1400 余件（图 2－113）。第一方阵位于俑坑的最前端，即俑坑的最东端，是由 332 件手持弓弩的跪射俑和立射俑所组成。第二方阵位于俑坑的南半部，是由 8 列每列 8 辆战车组成的方阵。第三方阵位于俑坑的

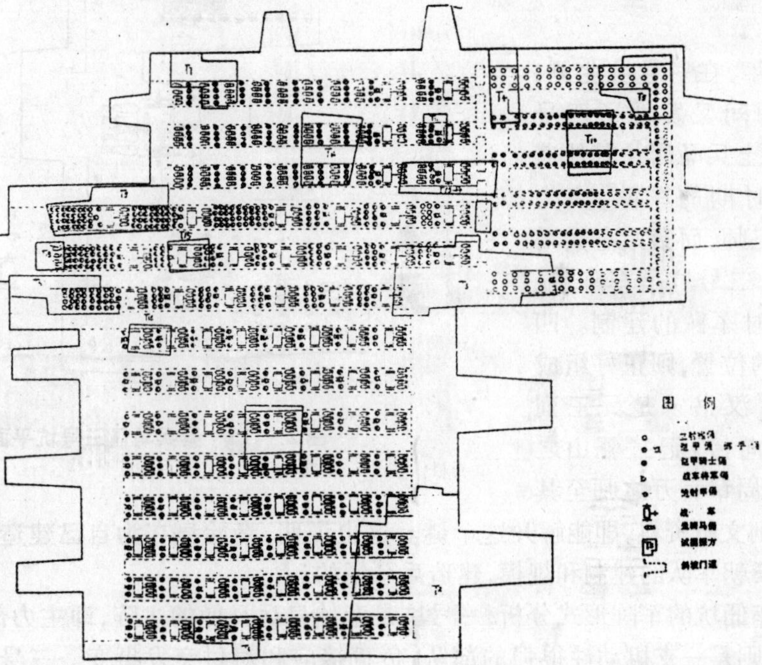

图 2－113 秦兵马俑二号坑平面示意图

中部，即一、二方阵之间，是一个由步卒与战车相间排列的长方形军阵。第四方阵位于俑坑的北侧，与第三方阵毗邻，是由 6 辆战车和 108 件骑兵俑组成的骑兵军阵（图 2－114）。

图 2－114　骑兵俑（秦兵马俑二号坑出土）

由 4 个方阵组成的这种曲尺形的多兵种军阵，既可发挥协同作战的优势，又可以分开各自独立作战。

三号俑坑位于一号俑坑西北 25 米处（图 2－115），出土了一辆髹漆彩绘战车，驾 4 匹陶。马在战车的四周，环列有 68 尊武士俑，面对面呈夹道式排列（图 2－116）。此外，在俑坑中部与南、北两部相接处，还发现门楣的遗迹。上面有 3 个等距安置的钮形带柄铜环，说明这里曾挂有门帘之类的遮挡物。而且出土的兵器均为铜殳，是秦汉时期仪卫兵士所执的兵器。根据这一发现，说明三号俑坑所表现的不是军阵，而是统帅一、二号坑兵马俑军阵的指挥部。

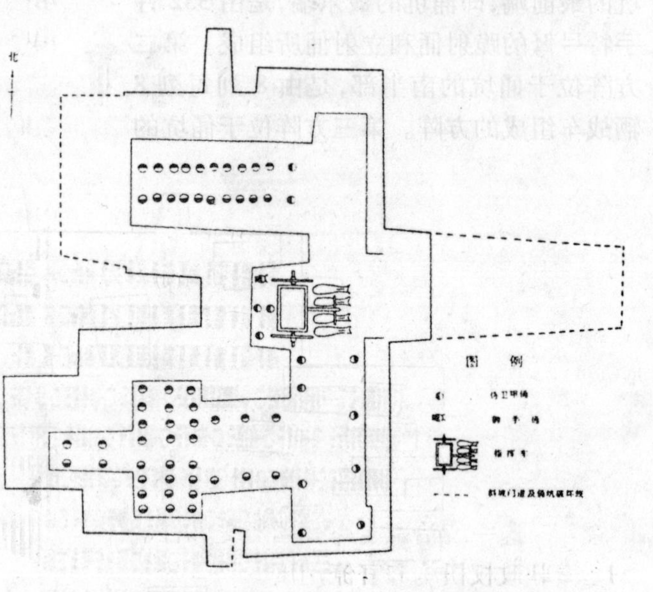

图 2－115　秦兵马俑三号坑平面图

1976 年，在一号坑北侧，二、三号中间又发现了四号坑，但未出土兵马俑及其他遗存。先秦时期的军队，多为左、中、右三师，而秦始皇兵马俑只有一、二号坑是军阵，显然不符当时军队的建制。四号坑所处的位置，则正好组成三师。据《汉书·楚元王列传》附《刘向传》记："骊山之作未成，而周章百万之师至其下矣。"这则文献资料，即能解开这个谜。这也说明，秦始皇在为自己建造陵墓时，是完全按照当时秦朝军队的建制和规模，建造兵马俑的。

从三座俑坑的军阵形式分析，一号坑是秦始皇兵马俑的主阵，即主力部队。二号坑内的兵马俑，则是一支机动性很强的部队，负责接应和对付突发事变。三号坑则是一、二号坑兵马俑军队的统帅部。值得注意的是，在三号坑内，未发现等级高的将军俑。对此，考古学界有多种推测，或认为可能与 3 号俑坑西侧 150 米处的一座秦代大墓有关，墓主人应是一位统领军队的将领；或认为秦始皇生前是秦军的最高统领，其死后亦要继续统率这支庞大的兵马俑军队，以显示其号令天下的权势。无论何种推测，秦始皇在自己陵墓的前方，建造规模如此宏大的兵马俑军阵群，不仅象征着护卫陵园，也反映了秦始皇是凭借着

图 2-116 武士俑(秦兵马俑三号坑出土)

强大的军队,才得以“创大业,建万世之功”。[①]

(三)中央集权统治的创建

在中国古代历史上,秦朝始创的专制主义中央集权统治始终贯穿于封建社会,历时2000余年。这一统治制度对我国历史和社会的发展,产生了极其深远的影响。

1. 秦朝政权机构和官僚制度

大量的文物资料证明,秦始皇在灭亡关东六国,统一天下之后,便着手建立一个能有效治理全国的政权机构,以便号令天下,实现专制、集权统治。在出土的秦代文物中,有很多反映秦始皇建立郡县制的资料。

20世纪70年代,在湖北云梦睡虎地出土的秦简[②];20世纪90年代,在陕西西安章台出土的秦封泥等文物,都记有郡县的名称。如秦封泥中即有“上郡”、“代郡”、“邯郸”等郡名和“蓝田”、“下邽”、“高陵”、“杜”等县名(图2-117)。封泥,又称泥封,是秦汉时期十分流行的一种封缄文书的方法。因当时人们多在简、牍上书写,若要发给他人时,则先用绳将简或牍捆缚牢,再于绳端处或绳交叉、结扣处加以检木,封上粘土,上盖印章,作为信

① 《史记·秦始皇本纪》。

② 云梦秦简出土于湖北云梦睡虎地第11号秦墓中,总计1155支完整的竹简,按其内容大致可分为10类。详见《睡虎地秦墓竹简》,文物出版社,1978年11月版。

验,以防私拆。这种钤有印章的泥块,即称封泥。章台出土的秦封泥,是地方官府向中央朝廷上奏文书时用的封缄。这一发现既证明了文献资料所载,秦始皇为确保地方政权机构能够听命于皇帝,维护皇帝的绝对权威,而没有沿袭周王室的分封制,改行郡县制的史实。又充分说明秦始皇实行郡县制后,地方官府与中央朝廷的联系十分密切,凡事均要上报或请示,一切听命于朝廷。

乐府丞印　　左乐丞印

图 2－117　秦印泥印文
(陕西西安章台出土)

在云梦秦简中(图 2－118),更明确地记载了郡与县各为一级行政单位。这与《史记·秦始皇本纪》"分天下以为三十六郡,郡置守、尉、监"的记载,是完全相符的。在云梦秦简中,有一篇《法律问答》,其中即提到郡、县的行政权力和职责。如"□今郡守为廷 不为?为殹(也)。"即问到郡守算不算是一级官署?回答是肯定的。又如"今咸阳发伪传,弗智(知),即复封传他县,他县亦传其县次,到关而得。今当独咸阳坐以赀,且他县当尽赀?咸阳及他县发弗智(知)者当皆赀。"①是说咸阳官署拆开伪造的通行证后,未认真分辨其真伪,就重新加封后传给了其他县。这些县的官署亦未觉察,又继续传给邻近的县,直到持"伪传"者出关时才被查获。对此《秦律》规定,从咸阳官署开始,凡这份伪造的通行证所经过的县署,都要受到惩罚。秦始皇正是通过设置郡县,任命郡县长官,对地方实施有效

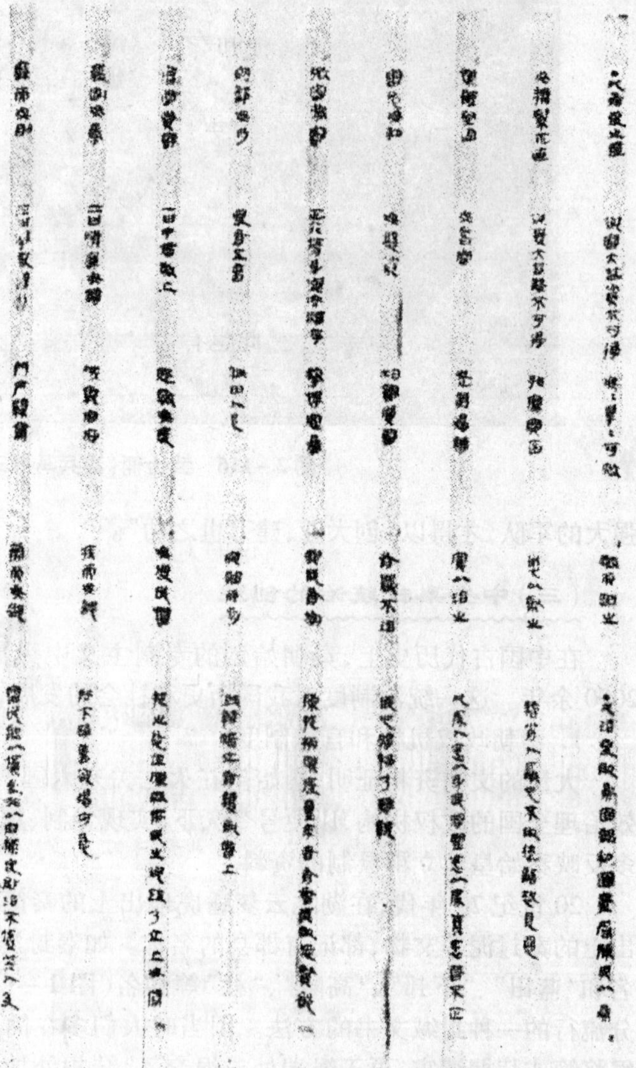

图 2－118　秦简(湖北云梦睡虎地秦墓出土)

① 《睡虎地秦墓竹简·法律问答》。

的治理，实现中央集权统治的。郡县制从此也成为国家政权建设的一项重要内容，并为历朝历代所沿袭。

秦统一后，始皇帝还在中央建立了一套与专制集权统治相适应的官僚制度。但由于文献资料对此缺少明确的记载，又因汉承秦制，故后人多以汉朝的官制来推断秦朝的中央官制，如“三公九卿”等。而出土的秦代文物，如印泥、简牍及兵器上的铭文等，时常见到一些官署及职官的名称，在一定程度上弥补了文献资料记载的不足，亦能纠正后世文献资料记载的错误。

在秦封泥和秦简上，发现的中央机构设置的官员有左丞相、右丞相，中尉、□尉、御史、奉常丞、郎中丞、宗正、少府、内史等。据统计，在已发现的秦封泥中，收集到的中央机构属官名称就有130例左右。秦封泥和秦简中涉及地方机构的官吏名称，有郡一级的郡守（亦作太守）、郡丞等；县一级的县令（或称县啬夫）、县丞、县尉、县司马、县司空等。这些资料表明，秦朝地方两级机构设置的官吏是有明确的职责分工。“可（何）谓‘官长’？何谓‘啬夫’？命都官曰‘长’，县曰‘啬夫’”。[①]《秦律》规定，称都官的主管官员为“长”，县的主管官员为“啬夫”。由此可见，秦朝已建立了一套完整的政务与事务管理机构。

秦封泥中发现的官名之多，上至中央朝廷的丞相，下至地方官吏，这也说明秦朝的中央和地方各级官吏，都要通过文书的形式，向皇帝汇报，请示和述职，这也已成为中央集权的重要的措施之一。《秦律》对此也有明确的规定：“有事请殹（也），必以书，毋口请，毋羈（羇）请。”[②]

为了严格控制地方，秦始皇在设置郡县的同时，还将官吏的任免和监督权集中朝廷。云梦秦简中就有官吏选任的条件、任免的时间、官吏的职责，对官吏的监督与考核，对官吏违法行为的界定，以及对官吏的教育等规定。如“下吏能书者，毋敢从史之事”，“令赦史毋从事官府”。即使是有一定地位的人，只要一旦被治罪，尽管他擅长文书，亦不准起用为史，或已被赦免的史，也不准再入官府供职。“任法（废）官者为史，赀二甲”。[③]如果保举有罪或被撤职者为官，则要给予其缴二副铠甲的处罚。对于被举荐而入官者，还需经过正式的任命。“除（注：委任官职）吏、尉，已除之，乃令视事及遣之。所不当除而敢先见事，及相听从遣之，以律论之。啬夫之送见他官者，不得除其故官佐、吏以之新官”。[④]即规定官吏必须在正式的任命下达后，才可赴任行使职权，如有擅自行事及私自委任或派遣官吏者，依法论处。官吏调任，其属吏不准随同调任。《秦律》的这些规定，表明任免官吏的权力是在中央，各级官吏不允许擅自选用属吏。对于任免官吏的时间，《秦律》也有具体的规定：“县、都官、十二郡免、除吏及佐、群官属，以十二月朔日免，除，尽三月而止之。”“其有死亡及故有夬（缺）者，为补之，毋须时。”[⑤]可见任免官吏既有统一的固定时间，也有随时的补缺，是相对灵活的。这显然是出于避免因官吏缺员而影响执行中央政令，导致办事效率低的考虑。

---

① 《睡虎地秦墓竹简·法律问答》。
② 《睡虎地秦墓竹简·秦律十八种·内史杂》。
③ 《睡虎地秦墓竹简·秦律杂抄》
④ 《睡虎地秦墓竹简·秦律十八种·置吏律》。
⑤ 《睡虎地秦墓竹简·秦律十八种·置吏律》。

在云梦秦简中，有一篇写在51支竹简上的《为吏之道》，内容是对为官者的作风、品德所做的严格的规定。如“为吏之道，必精絜（洁）正直，慎谨坚固，审悉毋私，微密韱（纤）察”。又如“吏有五善：一曰中（忠）信敬上，二曰精（清）廉毋谤；三曰举事审当；四曰喜为善行；五曰龚（恭）敬多让。五者毕至，必有大赏。”“吏有五失：一曰见民杲（倨）敖（傲）；二曰不安其鼌（朝）；三曰居官善取；四曰受令不偻；五曰安家室，忘官府。一曰不察所亲，不察所亲则怨数至；二曰不智（知）所使，不智（知）所使则以权衡求利；三曰兴事不当，兴事不当则民傷指；四曰善言隋（惰）行，则士毋所比；五曰非上，身及于死。”①这篇《为吏之道》涉及的内容很多，范围很广，其核心宗旨是要求官吏必须必须效忠于上司，直至朝廷、皇帝；为官者必须清廉，忠于职守；办事谨慎，为人正直。根据其内容和书写的形式分析，这篇《为吏之道》应是供为官者学习的读物。由此亦见秦朝对官吏职责的规定是非常严格的，且注意对官吏的教育问题。

2. 监督和法律制度

秦朝还对通过法律的形式，对官吏的监督和考核做出十分细致、严格的规定。《秦律》中的《仓律》、《金布律》、《效》、《内史杂》等律文，都涉及到这方面的内容。如“入禾仓，万石一积而比黎之为户。县啬夫若丞及仓、乡相杂以印之。……啬夫免，效者发，见杂封者，以隄（题）效之，而复杂封之，勿度县。唯仓自封印者是度县”。② 即谷物入仓后，县啬夫或丞需和仓、乡的主管者共同封缄仓门，啬夫免职，则要检查封缄。又如“官府受钱者，千钱一畚，以丞、令印印。不盈千者，亦封印之。……出钱，献封丞、令，乃发用之”。③这些规定均旨在明确官吏的职责，在管理中应履行的手续，责任的分解及追究等具体事项。尤其是《秦律》还明确了上、下级官员的连带责任。规定凡下级官员失职，必须追究其上级主管官员的责任。“同官而各有主殹（也），各坐其所主。”④“仓扇（漏）歺（朽）禾粟，及积禾粟而败之，其不可食者百石以下，谇官啬夫；百石以上到千石，赀官啬夫一甲；过千石以上，赀官啬夫二甲。令官啬夫，冗吏共赏（偿）败禾粟。”⑤对于失职或违法法官吏的处罚及制裁，《秦律》规定有免职、降职、判刑，以及罚盾、甲赎罪等多种方式。在量刑和处罚上，上、下级官员则须连带追究。“官啬夫赀二甲，令、丞赀一甲；官啬夫赀一甲，令、丞赀一盾。”⑥

秦朝对官吏的考核也是十分严密的，主要有检查、评比等方式。《秦律》中的《厩苑律》、《仓律》、《田律》、《金布律》、《工律》、《徭律》等律文，都规定了对主管官吏进行考核的具体内容、时间、标准、方法等。其中既有以数字或比率的形式作为考核的标准，还制订了一些考核的原则。如“以四月、七月、十月、正月肤田牛。卒岁，以正月大课之。最，赐田啬夫壶酉（酒）、束脯，为旱 <皂> 者除一更，赐牛长日三旬；殿者，谇田啬夫，罚冗皂者二月”，“今课县、都官公服牛各一课。卒岁，十牛以上而三分一死；不［盈］十牛以下，及受服

---

① 《睡虎地秦墓竹简·为吏之道》。
② 《睡虎地秦墓竹简·秦律十八种·仓律》。
③ 《睡虎地秦墓竹简·秦律十八种·金布律》。
④ 《睡虎地秦墓竹简·效率》。
⑤ 《睡虎地秦墓竹简·秦律十八种·厩苑律》。
⑥ 《睡虎地秦墓竹简·效率》。

牛者卒岁死牛三以上，吏主者，徒食牛者及令、丞皆有罪。”[①]又如“治狱，能书从迹其言，毋治(笞)谅(掠)而得人请(情)为上；治(笞)谅(掠)为下，有恐为败”。[②]即对审理刑狱的官员进行考核时，凡在审理案件中，不拷打逼供就能获得真情实据者，为上等；动用刑具，拷打犯人者，为下等；若恐吓、威迫犯人者，则为失败。

在睡虎地秦墓中出土的千余支竹简，大部分记录的是秦朝的法律条文，证明秦始皇在创建中央集权统治时，还统一并完善了全国的法律制度。尽管这些秦简上记录的并不是一部完整的《秦律》，但仅就竹简上记录的律文等内容，就足以反映秦朝法律的基本结构、主要内容等情况。从这些秦简记录的内容可以看出，《秦律》包括田、厩苑、仓、金布、关市、工、工人程、均工、徭、司空、军爵、置吏、效、传食、传书、内史杂、尉杂、属邦共十八种专门的法律。还有专为监督、审核县级官署账目和物资管理而制订的《效率》；记载治狱案例的《封诊式》；解释法律名词、条文的《法律问答》，以及《为吏之道》等。内容涉及农田水利、山林保护、牲畜饲养、仓储管理、货币流通、市场交易、徭役征发、工程兴建、监管刑徒和呈报受灾情况，以及官吏任免、军爵赏赐等诸多方面的具体规定，已具备了刑法、民法、诉讼法、行政法、军法、经济立法等法律的基本框架。所以，《秦律》不失为一部比较完备的成文法典。在《秦律》中，尤以刑法最为成熟。在《法律问答》中，记载有戮、弃市、磔、定杀四种死刑的名称，此外还有灭族、连坐等法律规定。除此之外，还有流、徒、笞、黥等刑名。可见，秦始皇首创的专制集权统治，是通过严酷的刑律得以推行和维护的。

秦始皇始创的中央和地方两级行政机构，及其相配套的职官制度、成文法典等制度和措施，为专制主义中央集权的统治创设了一个基本的模式。虽然后代王朝的统治者在政权机构的设置、制度和法律的制订等方面，还有一些变动，但都没有突破这个基本的模式和框架。从这个意义上讲，秦始皇正是专制主义中央集权统治的奠定者。

（四）统一多民族整体局面的确立

春秋时期，随着周王室的衰落，诸侯割据局面的形成，地区间的交往与交流受到阻隔和限制，导致各诸侯国之间，也包括内地与周边地区在经济、文化等方面，存在着很大的差异，“田畴异亩，车涂异轨，律令异法，衣冠异制，言语异声，文字异形。”[③]出土或传世的许多战国时期的文物，就清楚地反映了这种差异，如文字的字形，货币的形制，度量衡制的标准和单位等，都各不相同，如货币的形制各异：有布币、刀币、方孔或圆孔圜钱等（图2－119）。各诸侯国使用的货币多为铜质，但也有用金银制作货币的。如楚国的郢爰即是黄金货币。这种混乱的状况，又阻碍了地区间的相互交住和交流，严重制约着社会经济的发展。

1. 度量衡制的统一

面对统一后各地区在政治、经济和文化，以及不同民族之间存在的习俗等诸多的差异，秦始皇采取了一些强制性的措施，以消除隔阂，促进地区间的经济、文化交流，确保统

① 《睡虎地秦墓竹简·秦律十八种·厩苑律》。

② 《睡虎地秦墓竹简·封诊式·治狱》。

③ 《史记·秦始皇本纪》。

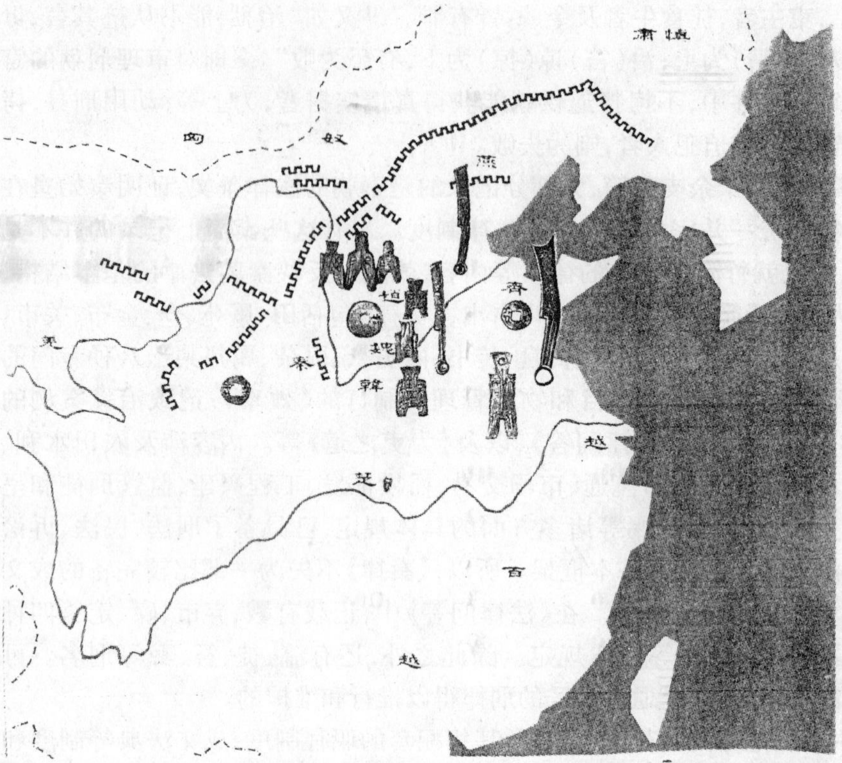

图 2－119 战国时期各种货币使用范围示意图

一局面的巩固。统一度量衡，是秦始皇统一和规范全国经济生活的一项重要措施。但文献资料对此只作了十分简单的记载：“一法度衡石丈尺”。[①] 后人也就依此得出秦始皇统一度量衡的结论。但事实上，度量衡制的统一远非史料记载的那么简单，因为度量衡制涉及到单位、进位制、标准和实际执行等具体问题。其中有一些问题，如度量衡的标准是无法通过政令的方式加以规范和统一的。而出土的一些秦代文物，则清楚地揭示了秦始皇统一度量衡的全过程和具体的措施、方法。正是这些文物，才弥补了史料记载的缺憾。

在陕西咸阳地区、山西左云、山东文登，以及内蒙古等地出土的秦始皇诏版有些是嵌在量、衡等计量器具上的。在出土的一些量、衡器具上，也刻铸有相同内容的诏令（图2－120）。从诏令中可以看出，秦始皇在其即位后第二十六年，即统一全国的当年（公元前 221 年），“乃令丞相（隗）状、

图 2－120 秦权（陕西临潼秦始皇陵出土）

① 《史记·秦始皇本纪》。

(王)绾,法度量则不壹歉(嫌)疑者,皆明壹之。"说明秦始皇是通过法令的形式强制实行统一试度量衡的,并且是由当时的两位丞相隗状、王绾具体负责此事。

出土的秦国时期的文物,还说明秦始皇是在商鞅变法的基础上,以秦国的度量衡制作为标准,很快在全国范围内,推行"器械一量"的措施。如"数以六为纪。符、法冠皆六寸,而舆六尺,六尺为步,乘六马"。① 也就是说,在秦始皇正式统一度量衡制时,已经具备了一定的条件和基础。但尽管如此,面对原各诸侯国不同的度量衡制,实现以秦国旧制为标准的统一,也绝非易事。

战国时期,各诸侯国使用的度量衡制单位很纷杂。如重量单位,魏国用镒、钎,中山国用石、刀等,至于秦统一后的度量衡制单位,则因文献资料记载不详,后人多依"汉承秦制"之说来推断。据《汉书·律历志》载:"度者,分、寸、尺、丈、引也,所以度长短也。……量者,龠、合、升、斗、斛也,所以量多少也。……权者,铢、两、斤、钧、石也。所以称物平施知轻重也……"《汉书》中记载的这些度量衡制单位,有些在湖北云梦睡虎地秦墓中出土的竹简上可以见到,如尺、寸、升、斗、铢、两、斤、钧、石等。由此证明,秦始皇统一后的度量衡制单位,确实被汉朝所沿袭。秦始皇正是通过法令的形式,统一和规范了全国的度量衡制单位,从而结束了战国时期的度量衡制单位混乱的局面。

秦始皇统一度量衡还包括对度量衡进位制的统一。据《汉书·律历志》记载,秦汉的度量衡的进位制比较复杂,其中只有度是十进位制;量,除龠到合为二进位制外,其余均为十进位制;衡的进位制最乱,有四、十六、二十四、三十等几种进位制。这些不同的进位制,是与古代的天文节候、纪年有一定的渊源关系。虽然在度量衡的进位制上是比较乱的,但与度量衡制的单位一样,通过法令的形式也是完全可以解决的。事实上,秦始皇在其诏令中提出的"明壹",当然也包括统一度量衡进位制的问题。从出土的秦量、权和秦简中,还能比较清楚地看到秦朝统一后的度量衡进位制。据对出土的秦量、秦权的实测数据表明,秦量分为一升、一斗、半斗等 5 种容积,这显然与十进位制有直接的联系。秦权则分为一斤、五斤、十六斤、二十斤、二十四斤、三十斤、一石等几种,这又与衡制不同单位之间的进位制有关:"一龠容千二百黍,重十二铢,两之为两。二十四铢为两,十六两为斤,三十斤为钧,四钧为石。"②在云梦秦简上,也常见"十六两、八两、四两"等衡器重量的记载。这些出土的文物资料也可以证明,汉朝的度量衡进位制正是在秦朝时被统一后而确立的。

在度量衡制统一的问题上,单位和进位制,都可以通过法令的形式,在全国范围内强制推行,规范实施,但长度、容积、重量的量值标准,即计量标准则无法采用法令的形式,必须有一个具体的参照标准,并严格按照这个标准执行。否则缺斤短两、缺尺短寸的现象就难以避免,最终导致度量衡制的统一流于形式。所以,在秦始皇统一度量衡时,统一度量衡制的标准是关键所在。

在战国时期,许多诸侯国虽均用升、斗作为容积的单位,但在量值标准上却存在着很大差异。如同为一升,秦升约合今 200 毫升,赵升约合今 175 毫升,韩升约合今 169 毫升,而楚升则约合今 225 毫升,可见同为一升的最大量值和最小量值相差多达 56 毫升。如果

① 《史记·秦始皇本纪》。
② 《汉书·律历志》。

仅凭一纸法令来规定一个标准，显然是不行的，还必须有一个参照物作为依据的标准。秦朝统治者已经认识到这一点，并且采取了非常严格的措施。从各地出土的大量的秦量、秦权，就足以证明这一点。根据这些秦朝的量、衡器（由于竹、木易腐、损，故未发现秦朝的度器）和秦简的记载，足以揭示秦始皇统一度量衡制标准的具体措施。

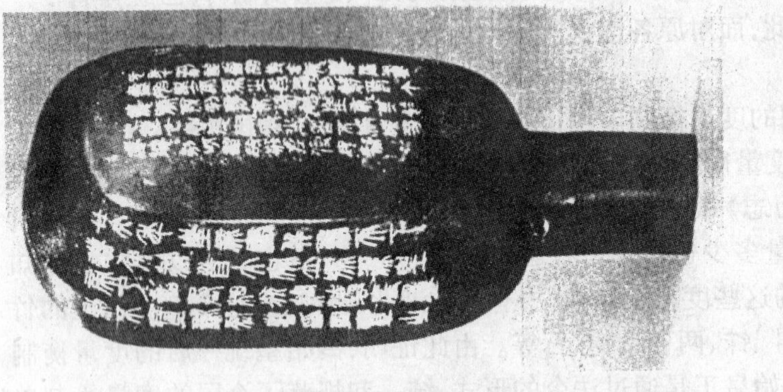

图 2－121　秦量（内蒙古赤峰出土）

首先是由朝廷职掌手工业的官署——少府严格按照规定的秦制标准，统一制作出一批不同规格和量值标准的度量衡器，并将秦始皇统一度量衡制的诏令有铸在器壁上（图2－121）。对于已在使用的秦制度量衡旧器，凡符合规定标准的，则于器壁上镌刻诏令，或另铸诏版嵌于器壁上。之后，秦廷便将这批或铸或嵌或刻有秦始皇诏令的度量衡器，作为标准器颁发给全国各地的郡县官署，供参照执行。将秦始皇诏令刻铸在度量衡器具上，正显示其权威性，也是法定执行标准的一种标志。

不过，这种度量衡标准器绝非是供各地日常经济活动中实际使用的计量器具，而只是向各地提供的一个参照标准。地方官府还要依据这些标准器，再制出供本地征收赋税、市场交易等经济活动中使用的实用型的计量器具。在这些地方官府按统一标准制作的实用计量器具上，则须刻铸郡县名，以便监督、检查（图2－122）

图 2－122　秦铜石权（陕西省博物馆藏）

由于这些度量衡标准器具有特殊的用途，在统一的度量衡中起着至关重要的作用，所以秦朝统治者在制作这些度量衡标准器时，特别注意到制作材料的选用。“凡律度量衡用铜者……铜为物之至精，不为燥湿寒暑变其节，不为风雨暴露改其形。”①出土的秦量标准器基本是用铜或青铜制成，就是为了使其保持一个稳定不变的量值标准。

2. 保障度量衡制统一的措施

有了中央朝廷向地方颁发的度量衡标准器，还需要地方不折不扣地执行这个标准，为

① 《汉书·律历志》。

此，秦朝统治者还制订了具体的措施。“为器同物者，其大小、短长、广亦必等。”[①]这则《秦律》条文明确规定，官营手工业的工匠在制作同一种器物时，其长度、容积必须一致，这实际也是对执行统一的度量衡制标准提出的具体且严苛的要求。在如何确保这个标准的正确执行的问题上，秦始皇要求地方官府必须承担监督本地所用的度量衡器具准确性的责任。《秦律》规定：“县及工室听官为正衡石、羸（累）斗，用（桶）、升，毋过岁壶 <壹>。有工者勿为正。叚（假）试即正。”[③]这则《秦律》条文要求地方官府每年需对正在使用中的计量器具进行一次校正，而这则律文还反映了地方官府设有专职的校正工匠。

度量衡器具既然是依照标准器制作的，同样具有法律效力，并受到保护。“亡久书、符券、公玺、衡羸（累），已坐以论，后自得所亡，论当除不当？不当。”[④]若将衡器丢失，在量刑上与丢失文书、符券、官印同罪处罚。甚至即使又找到，仍不能免罪。这足以说明秦朝统治者对统一度量衡制的重视程度，并千方百计地防范可能出现的一切舞弊行为，以维护度量衡制标准的权威性和准确性，以及正常的经济秩序。

对于没有严格遵守和执行度量衡制标准的行为，秦朝统治者采取十分严厉的处罚措施，并在《秦律》中对比作了细微的规定。“衡石不正，十六两以上，赀官啬夫一甲；不盈十六两到八两，赀一盾。甬（桶）不正，二升以上，赀一甲；不盈二升到一升，赀一盾。”“斗不正，半升以上，赀一甲；不盈半升到少半升，赀一盾。半石不正，八两以上；钧不正，四两以上；斤不正，三朱（铢）以上；米斗不正，少米升以上；参不正，六分升一以上；升不正，廿分升以上；黄金衡羸（累）不正，半朱（铢）以上，赀各一盾”。[⑤] 秦朝统治者对没有认真执行统一的度量衡标准的行为，视其违犯程度的严重与否，具体规定了或罚一甲，或罚一盾的处罚尺度。处罚规定得如此细密，既有警示的作用，又便于照章执法，不给舞弊者丝毫可乘之机。

值得注意的是，这些律文还具体点明了处罚的对象，即责任人是官啬夫。这里所说的官啬夫，是指地方各级各类官府的最高行政长官，即使所发生的度量衡器具的舞弊行为，与他并无直接的关系，仍要追究最高行政长官的责任。可以说，秦朝之所以能够实现度量衡制的统一，是与各级各类官吏认真执行秦始皇的旨意，严厉督察度量衡制标准的正确执行有直接关系的，这也正是秦朝统一度量制成功的关键所在。

还需指出的是，秦朝虽在中央统一制定了度量衡的标准，并将标准器颁发给各地，但在实际执行中，受各种自然或人为因素的影响，不可能有绝对的准确，误差总是客观存在的。允许误差值出现在度量衡制中，非但没有影响度量衡制标准的统一，而且由于明确了误差的允许值，并加以严格的控制，才使得度量衡制的标准得以在相对准确的基础上实现统一。这也正是秦朝统一度量衡制的独到之处，是十分科学的。

据对各地出土的秦量、秦权的实测结果，误差基本均在秦律规定的允许值内，最小值还不到1%。可见，秦朝制定的度量衡制标准是得到认真执行的，度量衡制的统一确实收到了明显的效果。

---

① ③《睡虎地秦墓竹简·秦律十八种·工律》；

④ 《睡虎地秦墓竹简·法律问答》。

⑤ 《睡虎地秦墓竹简·效率》。

3. 统一文字货币

统一文字,也是秦始皇巩固国家统一的一个重要步骤。秦初是以小篆作为全国统一使用的标准字体,现存的秦代刻石,出土的秦始皇诏版、官印等,均使用了这种字体。而云梦秦简则是用隶书体书写的,这说明秦朝时期也使用更为简便的隶书体。所以,秦始皇向全国推行统一的小篆字体,应为官方使用的标准字体,而民间则以隶书体作为统一通行的字体。这两种字体的同时使用,并不影响秦朝的文字统一,因为作为官方正式文字的小篆与民间通行的文字的隶书,同时使用,既有利于确立小篆作为官方文字的权威性,又使得隶书这种民间流行的更为便捷的文字得以普及和推广。从这个意义上讲,秦始皇推行全国文字的统一,最终结束了战国的时期"书不同文"的局面,又使文字结构趋于简化,并逐渐定型,对于促进文化的传播和地区间文化的交流,具有积极的意义。

图 2-123　秦"半两"钱(拓片)

统一货币,也在出土的秦代文物中得到充分的证实。据《史记》记载,秦始皇将统一后的货币分为两等:以黄金为上币,上币以"镒"为单位;以圜钱为下币,下币以"半两"为单位。"秦钱半两,重为其文"。各地出土的秦"半两"钱,数量颇多,而每一枚钱的重量和厚度基本一致(图 2-123)。这说明"半两"钱作为秦朝的法定货币,已在全国范围内流通使用,并且对钱的制作非常严格。货币的统一和流通对于经济的交流,特别是商品的交换,提供了便利的条件。

4. 强化对边疆民族地区的管理

秦统一后,在其幅员辽阔的疆域内,生活着诸多的民族。秦朝建立时,北方的匈奴族正处于强盛之时,严重威胁着秦朝的边境地区。为此,秦始皇一方面征调役夫修筑长城,一方面又于三十二年(公元前 215 年),命蒙恬北击匈奴。经过两年的战争,夺取了阴山以南的广袤地区。为了加强北部边疆与内地的联系,秦始皇于三十五年下令,"除道,道九原抵云阳,堑山堙谷,直通之"。目前已在内蒙古东胜二顷半村南和陕西北部地区,发现了"直道"的遗迹(图 2-124)。道残宽约 22 米,残高 1~1.5 米,系用当地的红砂岩填筑而成。之后秦始皇又令从内地迁万户居民,开发河套。1975 年,在内蒙古准格乐旗瓦吐沟发掘了多座墓葬,出土的双耳圜底铜、铁釜,都是内地常见的秦代典型文物。另外在内蒙古赤峰、敖汉旗等

图 2-124　秦"驰道"遗迹(陕西榆林古杨村)

地，曾出土了秦量和秦权。这都说明秦朝时期内地与北方民族已建立了比较密切的联系，交往已越过长城的界限并延伸到大漠地区。

在北击匈奴的同时，秦始皇又南下用兵百越。为解决粮饷运输的困难，秦始皇令监御史禄开凿一条运河，这就是位于今广西兴安境内的灵渠（图 2－125）。它沟通湘江、漓江，联接长江和珠江水系，总长 34 公里。灵渠的开凿，不仅在秦统一岭南的战争中发挥了重要的作用，更对促进中原与岭南地区的经济文化交流，巩固多民族国家的统一，发挥了积极的作用。

图 2－125　灵渠

为了加强对周边民族地区的治理。秦朝设置了专门的机构。在秦封泥中，有“郡左邸印”、“郡右邸印”（图 2－126）。据《汉书·百官志》载，汉朝设典客掌管少数民族事务，属官有郡邸长丞。据此分析，秦朝亦设有典客一职。秦始皇在周边少数民族聚居的地区，也划定了行政区域。与内地郡县制不同的是，郡下设道。《汉官仪》载：“内郡为县，三边为道。”在云梦秦简中，就有一篇南郡（治今湖北江陵）太守腾颁发给所辖各县、道的文告。值得注意的是，这篇文告的内容是重申秦国的法律，整饬民风、民俗。“廿年四月丙戌丁亥，南郡守腾谓县、道啬夫：古者，民各有乡俗，其所利及好恶不同，或不便于民，或害于邦。是以圣王作法度，以矫端民心，去其邪避（辟），除其恶俗。法律未足，民多诈巧，故后有间令下者。凡法律令者，以教道（导）民，去其淫避（辟），除其恶俗，而使之之于为善殹（也）。今法律令已具矣，而吏民莫用，乡俗淫失（泆）之民不止，是即法（废）主之明法殹（也），而长邪避（僻）淫失（泆）之民，甚害于邦，不便于民。故腾为是而脩法律令、田令及为间私方而下之，令吏明布，令吏民皆明智（知）之，毋巨（歫）于罪。”①这篇文告发布于秦王嬴政二十年（公元前 227 年），正是秦统一六国期间。南郡是秦昭王二十九年（公元前 278 年），于原楚国都城郢（今湖北江陵）设置的郡。这说

图 2－126　秦封泥“郡左邸印”、“郡右邸印”（陕西西安章台出土）

① 《睡虎地秦墓竹简·语书》。

明还在秦始皇出兵的关东时，就已对秦国管辖和新占领的地区，按照秦国已有的法律和秦王新颁布的法令，进行严格控制的整顿，以建立一个稳定的社会秩序，为秦始皇实现统一大业，提供一个巩固的后方。

秦始皇通过统一政令和法律，使用同一的文字、度量衡和货币，将不同的地区和民族，结成一个统一的整体，促进了内地与边疆民族地区的经济文化交流，使得不同民族间的联系更为紧密，民族融合不断扩大和深入，统一多民族国家的格局，由此而正式确立。此后，民族融合不断发展，统一多民族国家的局面也时一步得到巩固并继续发展。

第三章

统一多民族国家的发展

自秦朝建立统一多民族的国家政权后，国家的统一和民族间的融合，就成为中国历史和社会发展的主流。大量的文物资料，充分地证实了这一点。

一、中央集权统治的强化

秦始皇首创的中央集权统治，不仅巩固了政权和统一的局面，更极大地提高和强化了皇帝的地位和权力，故此后历朝历代皇帝对此十分重视，不断强化专制主义中央集权统治。

（一）专制集权统治的加强

在考古中，历朝都城在规模、布局、宫城形制及建筑等方面的资料，都比较清晰的反映了当朝在政权建设和集权统治方面的史实。

1. 西汉长安城的皇权至上格局

自西汉王朝建立后，在沿袭秦朝统治政策的基础上，又进一步加强中央集权的统治。西汉都城长安城的考古资料，即反映了这一时期政权的建设和中央集权统治加强的史实。

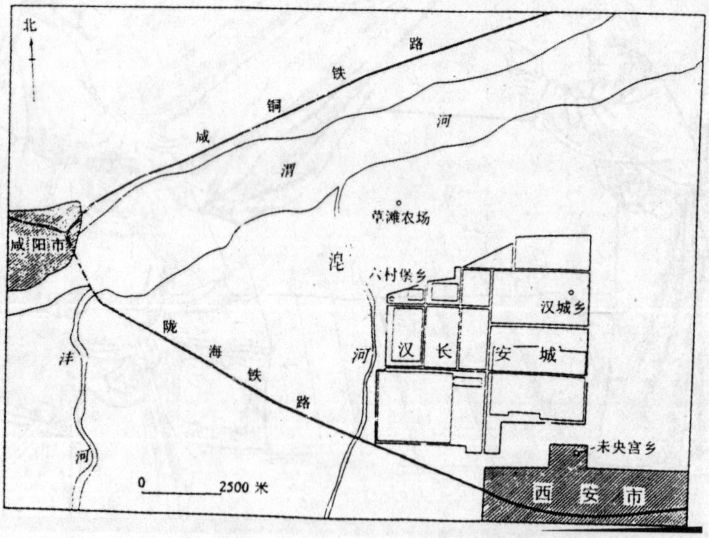

图3－1 汉长安城遗址位置图

长安作为西汉的都城，也是当时全国的政治、经济和文化中心。与同一时代的罗马城，并称为世界著名的大都城。自1956年以来，考古工作者对位于今陕西西安西北郊的汉长安城遗址，进行了全面、系统的考古工作，揭示了这座都城的基本面貌（图3－1）。据文献资料记载，汉高祖五年（公元前202年），刘邦决定定都长安，并置长安县。七年，正式迁都。汉武帝时，又对长安城进行了第二次大规模的修建，扩建了宫城，长安城的规模遂达到极至。

据勘察实测，汉长安城平面呈不规则的方形（图3－2），城墙周长约25700米。其中，东城墙长约6000米，南城墙尺约7600米，西城墙长约4900米，北城墙长约7200米。现保存较好的有东、南两面的城墙。城墙纵剖呈梯形，底部宽约 16 米。推算原高度应在 10 米以上。墙体均为夯土版筑，土质纯净，质地坚硬，夯层厚 7～8 厘米。在城墙外 30 米处，有一条与城墙平行的护城壕，宽 40～45 米，深 3 米。此外，在城墙的东南、西南、西北、东北角，还曾建有角楼（图 3－3）。已勘探出长安城共有 12 座城门，城门的结构基本相同。已发掘的几座城门遗址，均发现城门门道上有两条平列的隔墙，将城门分为 3 个门道。这一发现与班固《西都赋》的记载，“披三条之广路”是相符的。

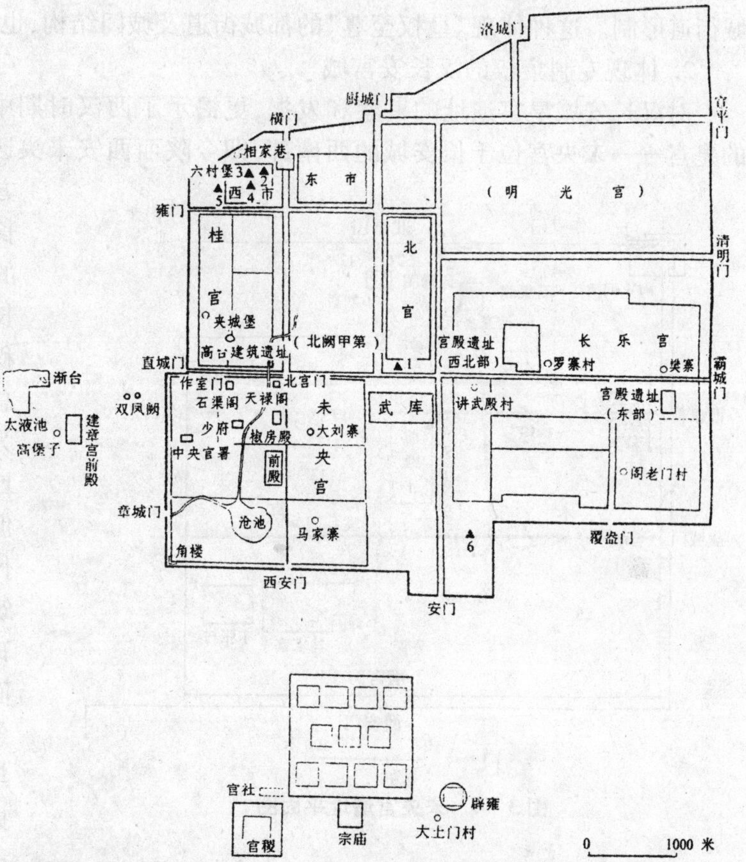

图 3－2　汉长安城遗址平面图（陕西西安）

汉长安城内的主要街道已基本探明，共有 8 条，于城内交叉、会合，形成 8 个丁字路口和 2 个十字路口。街道最长的 5400 米，最宽的有 45～56 米，距今地表深约 1～1.5 米，路土厚 0.3～0.4 米。这 8 条主要街道的结构基本相同，均有两条排水沟将道路分为并行的 3 股道。中股道一般宽 20 米，两侧道路各宽约 12 米。排水沟系明沟，宽约 0.9 米，深约 0.45 米。据汉代文献资料记载，中股道即为“驰道”，是专供皇帝行走的道路。两侧的道路，才是供吏民行走的“涂”。街道与城门均为三涂，说明西汉时期，尤其是自汉武帝强化中央集权统治后，皇权得到进一步的加强，因此在都城的城市生活中，也要体现“皇权至尊”的思想。“一门三涂”、“一道三

图 3－3　汉长安城西北角楼遗迹

涂”，则是这种思想的表现。考古发现的汉长安城“一道三涂”遗迹，是目前已知最早的都城街道形制。这种体现“皇权至尊”的都城街道及城门结构，也被后世所承袭。

2. 体现专制集权的汉长安宫城

对汉长安城皇宫遗址的勘察和发掘，更揭示了西汉时期中央集权统治的强化。西汉的皇宫——未央宫位于长安城的西南部，即今陕西西安未央区未央宫乡。宫城平面近似方形（图3－4），所处位置是长安城内地势最高处。宫城的东、西墙长2150米，南北墙长2350米，周长8800米，面积5平方公里，约占汉长安城总面积的1/7。宫城城墙均为夯筑，宽7～8米。虽今在地面以上已不存宫墙的遗迹，但在墙基附近发现了许多汉代瓦片。据此推测当年在修筑宫墙时，墙体的顶部曾覆瓦。在勘探中发现宫城的四面各有一座宫门，分别连接一条道路，直通未央宫前殿。这与《三辅黄图》记载的“汉未央、长乐、甘泉四面皆有公车司马门”是一致的。公车司马门，即是宫门，未央宫四座宫门的大小和形制相同，均为一个门道，宽约8米。在东宫门外发现有两个南北对称分布的夯土基址，二者相距150米。据《汉书·高帝纪》载，西汉初年，萧何在建未央宫时，曾于东、北两座宫门外修建了高大的阙楼。东宫门外发现的这两处基址，即是阙楼遗迹。北宫门外的阙楼基址尚未发现。汉承秦制，亦以西方为上，故未央宫位于汉长安城的西南部。建有阙楼的北宫门和东宫门，实际是未央宫通往城内的两座宫门。在这里建阙楼，显然是为了表示宫城所在和禁地之意。另外，在西宫门和北宫门遗址还出土了铁矛、铁甲片、铜镞、陶弹丸等兵器，北宫门遗址则发现了“卫”字瓦当。“卫”即“卫尉”，“掌宫门卫屯兵”。① 这些出土的文物，表明未央宫置有专门的负责安全、护卫的机构，并于宫门驻扎有兵士，戒备十分森严。

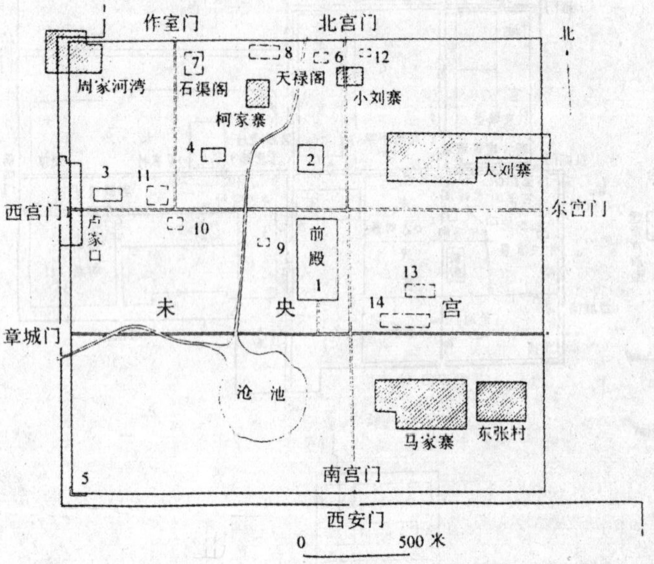

图3－4 未央宫遗址平面图

未央宫遗址中布列着为数众多的建筑基址，按其使用功能的不同，可分为前殿、后妃宫殿、后宫掖庭，还有政务机构、池苑等建筑群。前殿遗址位于未央宫的中部，所在地势南低北高，高于今地面0.6～15米，是筑于自然形成的一座小丘陵上（图3－5）。在遗址上，南北排列着3座大型宫殿基址，每座宫殿基址的南面均有一个很大的庭院。南、中两座宫殿之间，有一东西向的夯土基址，东西长134米，南北宽12～15米，推测为一座廊式的建

① 《汉书·百官公卿表》。

筑。这座廊式建筑，实际将未央宫前殿的3座宫殿分作两部分，更突出了位于南端，即最前面的大殿的地位。在前殿基址的南边大致居中的位置，有一门址，东西宽46米，现存南北进深约26米。此门可能就是文献记载的端门，即宫殿的正门。

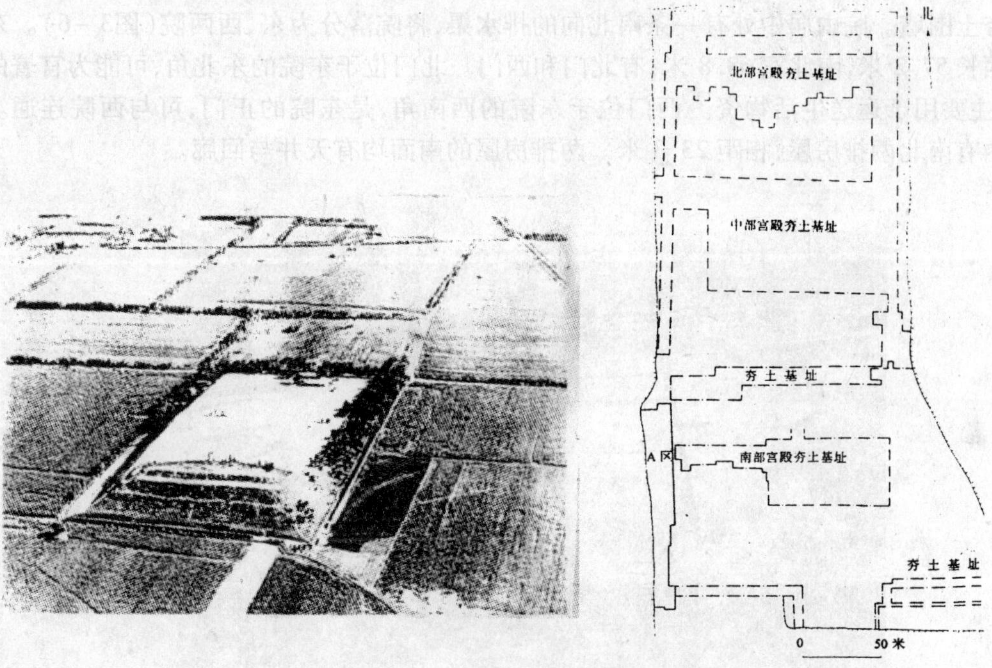

图3-5　未央宫前殿遗址鸟瞰、平面图

从前殿3座宫殿所处的位置和面积分析，南殿应为“外朝”，是举行大朝、即位、婚丧等大典的场所。中殿、北殿则有可能是“内朝”和“正寝”。而3座大殿中，中殿的面积最大，为8280平方米，是前殿的正殿。据文献资料记载，未央宫的前殿有“宣室”，亦称“宣室殿”，是宫城的“布政之室”。据此分析，前殿中的中殿即是“宣政殿”，是汉武帝及后继者与“中朝（亦称内朝）”臣僚们决定军国大政的场所。北殿的平面形状比较特殊，其东、南、西三面均比较平直，北面则有凹有凸，说明这座宫殿内有隔间、套间，结构比较复杂，不可能是作为众多臣僚聚集的场所。据此推断，这座宫殿应为汉帝的“寝殿”。未央宫内前殿的三大殿布局和形制，对后世产生了重大的影响。唐长安城宫城内的太极殿、两仪殿、甘露殿，大明宫内的含元殿、宣政殿、紫宸殿；北宋开封城宫城内的大庆殿、文德殿、紫辰殿；明南京城宫城内的奉天殿、华盖殿、谨身殿，北京城宫城内的皇极殿、中极殿、建极殿（清朝更名为太和殿、中和殿、保和殿），都采用了三大殿前后并列的布局。由此可见，宫城主体建筑的三大殿形制和布局，很鲜明地突出了其作为国家决策和宣政的功能，是国家政治生活的中心。而未央宫的前殿建在一座丘陵上，丘陵经修整、夯实后，作为建筑的台基。这种建造的方法，无疑是要使前殿显得更为高大、雄伟，以体现皇帝“居临天下”的权威。虽后代宫城的三大殿没有像未央宫这样，选择高岗作为台基，但也都采用了十分高大的台基这种形制，以突出主殿的雄伟，以此表现皇帝的“重威”。

3. 西汉的“中朝”遗址

未央宫遗址的考古发掘，还揭示了西汉时期的官僚机构设置的情况。在汉长安城未央宫西北，距未央宫前殿遗址 850 米处，发现了西汉时期的中央官署遗址。遗址东西长 135.4 米，南北宽 71.2 米，面积 9460.8 平方米，是一座封闭式的大型院落。院落的四周筑有夯土围墙。院内居中处有一条南北向的排水渠，将院落分为东、西两院（图3－6）。东院东西长 57.2 米，南北宽 68.8 米，有北门和西门。北门位于东院的东北角，可能为官署的后门，主要用于运送生活物资。西门位于东院的西南角，是东院的正门，可与西院连通。东院内有南北两排房屋，相距 23.3 米。两排房屋的南面均有天井与回廊。

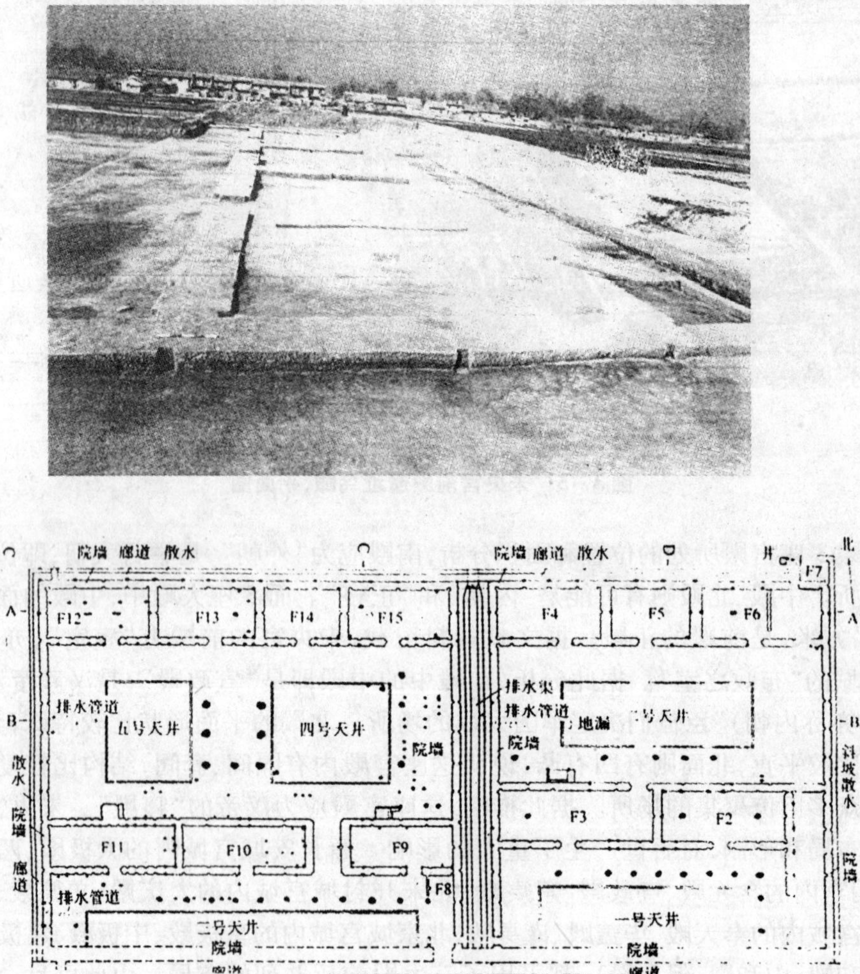

图 3－6 未央宫中央官署遗址及平面图

北排房屋也是东西并列的 3 座，平面均为长方形。自东向西，3 座房屋的面宽分别为 19.8 米、13.2 米和 17 米，进深均为 8.4 米。其中东边的房屋内有一道南北向的木板隔墙，将该室分为东西二室。在木板隔墙的南端，有一条宽1米的通道。这座房屋的东室北面有一门，即为东院的北门。北门的东外侧有一间小屋，似为官署大院落北门的门卫室或“传达室”。其西边2.2米处有一口水井，水井口径0.85米，井深7.1米，井壁是券砖砌筑(图3-7)。这口井应主要用于向官署工作人员提供生活用水。

图3-7　未央宫中央官署水井及“传达室”遗迹

西院有东门和南门各一座。东门位于西院东南角，与东院的西门隔排水渠东西相对。估计当时可能在排水渠上架设有木桥，供官员往来通行。南门位于西院的东南角，是中央官署的大门。西院内也有南、北两排房屋，间距19.5米。两排房屋之间是天井，建有回廊和亭子。南排房屋为东西并列的3座，其南面与大院南墙之间，也有天井和回廊。3座房屋的进深皆为6.7米左右，面阔除东侧一座为17.3米外，其余两座均为21.5米。在东侧和中间两座房屋之间，有一条宽4.4米的通道。另外在东、西两座房屋的北墙外侧，各发现一处楼梯基座遗迹。北排房屋为东西并列的4座，进深皆为8.4米，面阔自17~12.9米不等。在西院南排房屋的东南角有一小屋，正扼守西院的南门，即中央官署的正门，同时又地处西院的东门，推测其为中央官署兼西院的门卫和“传达室”。

考古发掘的资料表明，西汉时期的中央官署建筑群规模是很庞大的。不过在同期的堆积层中，随处可见建筑材料遭火焚烧的痕迹。如土坯、瓦片被烧结成一团，说明这组庞大的建筑群是毁于王莽新政末年的战火中。尽管如此，在汉未央宫中央官署遗址中出土的遗物仍十分丰富。其中包括陶器、石器、铁器、铜器和骨器等。陶器主要是砖、瓦、瓦当和五角形水管道等建筑材料，纺轮、火眼等生产工具，器盖、灯、碗、盆、盘、甑、奁等生活器具等。石器有石磨、磨石等；铁器有锛、臿、凿、刃器、刮刀、锉形器、锥形器等生产工具，环、环柄刀、直柄小刀、双挂钩等生活用具。还有许多铁或铜制的兵器、车马器等，以及汉代的货币。最为重要的则是在遗址中，出土了6万多枚骨签。

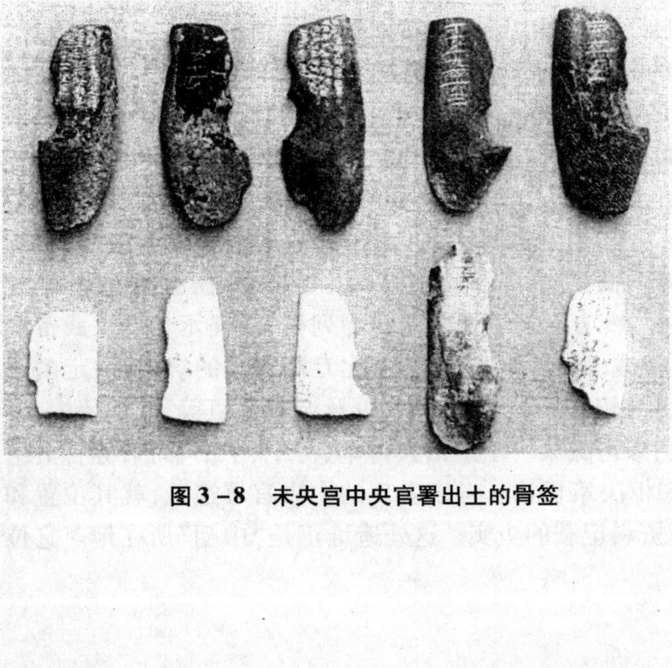

图3-8　未央宫中央官署出土的骨签

骨签大多出土于房屋遗址内或其附近，且多集中分布在房屋的墙体旁边。据此分析,这些骨签原来是放置在房屋内靠墙而立的架子上(图3-8)。骨签上多刻有文字,从刻文的内容可知,这些骨鉴来自不同的地区。骨签是用动物骨骼,主要是牛骨制成的。其形制和大小基本相同,长5.8~7.2厘米,宽2.1~3.2厘米,厚0.2~0.4厘米。上、下端呈圆弧形,一般下端稍尖。骨签正面的上部经过磨制,比较平整光洁,文字即刻于其上。在骨签的中腰一侧,都琢磨出一个半月的凹槽,不过,凹槽亦有左右之分。骨签大多是两个一对,每对骨签的半月形凹槽的位置正相反,便于背面相对捆系,以防绳索脱落。

骨签文字的内容,可分为两类。一类多为物品代号、编号、数量、名称、规格等。这类骨签上的文字一般数量较少,主要是弓、弩、箭、镞等兵器和器物编号等。如"甲二万一千七百"、"乙万四千四百中卅六"、"丙万二千一百九十六"、"丁四万二千三百卅八"、"服六石"、"力五石三钧廿三斤"、"大黄力卅石"、"乘舆力十二石"、"射三百八十步"等字样。第二类则为年代、工官或官署名称、官吏及工匠的名字。这类骨签上的文字数量较多。如"元年河南工官令霸丞广成"、"始元年南阳工官令捐守丞"、"元康三年颍川护工卒史福工"、"永光四年光禄弩官郎中"、"晏工辅缮力六石"、"万年啬夫临工易缮"等。

骨签在出土时,凡内容反映的是同一地区的,大多集中在同一座房屋及附近。这一现象说明骨签是按不同地区分开保存和管理的。这些骨签记载的内容,涵盖西汉初期到西汉晚期的百余年间,说明骨保存的时间是很长的。骨签主要是记载生产或上缴的器物,将它保存在官署内,证明它绝非是作为一般的"标志",而是为了向中央官署提供有关各郡工官管理和组织生产,以及"供进之器"和上缴器物的资料,便于中央官署及有关机构掌握和核查。骨签较之木牍、竹简,有体形小便于微雕书写的特点,且保存时间长,因此西汉中央官署采用这种方式保存备查的资料。从这个意义上讲,出土于未央官中央官署遗址中的骨签,实际是中央朝廷的档案。保存在中央官署内,也说明西汉时期随着专制、集权统治的不断加强,通过建立"档案",作为检查、考核各级官吏的政绩,亦成为一项重要的制度措施。同时,发现于不同房屋内的记录同一地区工官政绩的骨签,还反映出在中央官署内部有明确的分工,且各负其责。

根据清理出的中央官署建筑遗址的布局和出土的遗物分析,这处位于未央宫的遗址,与宫殿建筑完全不同,也不是一般的起居生活场所。中央官署建筑群共有15座房屋,除两座"门卫"面积较小外,其余房屋的面积都很大。最大的房屋面积有215.04平方米,最小的房屋面积也有109.2平方米,而且这些房屋的形制基本相同。结合在房屋建筑遗址中出土的文物分析,这处中央官署是由许多具体负责某项职责的机构组成的。这些机构的级别基本相同,只是职掌不同,但职掌权限是很清楚的。将中央官署设置在未央宫内,也是汉武帝改革官制的佐证。西汉初年,高祖刘邦及继任者以功臣封侯者任丞相,丞相地位及权势日重。景帝时,开国功臣尽亡,然功臣之子仍可受封为列侯,继任丞相。汉武帝即位后,针对丞相权力过大、权势过重的弊端,为加强皇权,强化专制集权的统治,决定削弱丞相的权力。为此,他选拔了一批出身较低但文才超群者,以及亲贵大臣等,授予侍中、常侍、给事中等加官,让他们出入宫廷,参与决策。于是由大将军、侍中、中书、尚书等官员组成的"中朝",或称"内朝",便成为中枢决策机构。考古发现的中央官署遗址,就其位置和建筑的布局、形制而言,正符合文献资料记载的史实。这处遗址正是"中朝"所在地。它位于未央宫内，距皇帝的宫殿不远，说明“中朝”在决策军国大政时，需随时向皇帝请示，听命于皇帝的决断。

（二）专制集权统治的不断强化

唐宋时期，是中国历史与社会发展的一个时期，也是中国古代封建社会经济快速发展的历史阶段。同时，封建专制主义中央集权制度也在这一时期得到进一步的完善。大量的考古资料反映，这一历史时期，都城及宫城的形制、布局，宫廷建筑的形制及功能，与前朝相比，又有了许多新变化。

1. 凸显皇权的唐长安城格局

隋朝都城大兴，唐朝都城长安，均位于今陕西西安市区。是由隋朝著名建筑家宇文恺主持规划设计的，包括宫城、皇城及外郭城。唐定都于此后，改称长安，又进行扩建，终成为一座规模宏大的都城。不幸的是，这座盛世之都最终又毁于唐末的战火。

自20世纪50年代，经多次考古勘探和重点发掘，逐渐揭示了这座两朝都城的基本面貌。长安外郭城的平面呈长方形，其东西长9721米，南北长8651.7米。周长36.7公里，面积84平方公里。残存的城墙大部分埋入地下，墙基宽9～12米。城的东、南、西三面各开有三座城门，北垣有三座城门（图3－9）。在已探明的城门中，南垣的正门明德门最大。门址东西长55.5米，南北进深18.5米。共

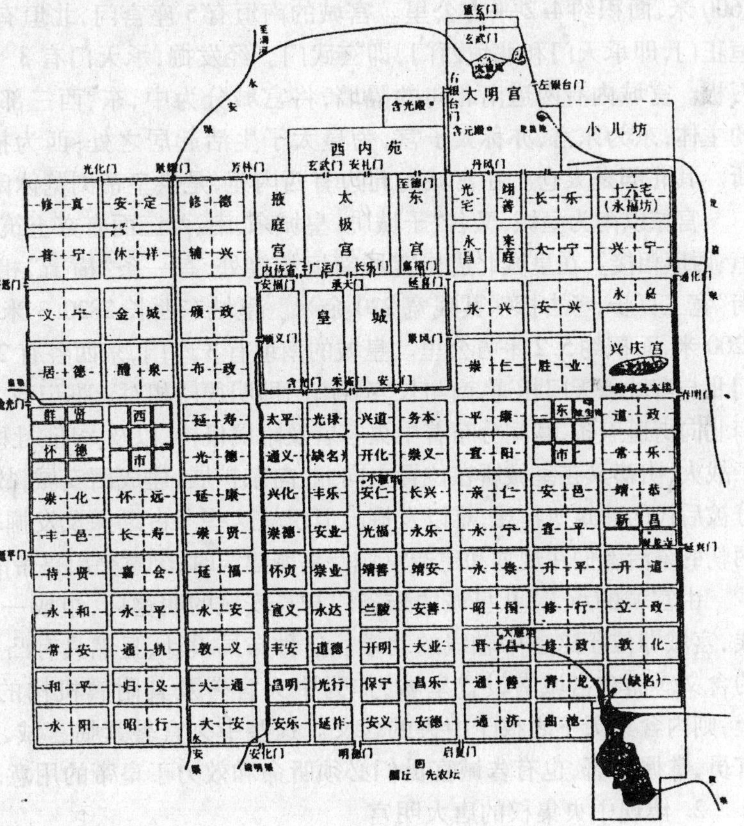

图3－9　唐长安城平面图（陕西西安）

有5个门道，各宽5米，两侧的门道还清理出清晰的车辙痕迹。其他的城门均为3个门道。城墙为夯筑，城垣的外侧有城壕。分别从城东、城南引浐水、潏水和洨水入城，称为龙首渠、清明渠、永安渠。这些引入城中的渠水，主要用于解决皇宫、园林和坊市的用水。

郭城内有南北向街道11条，东西向街道14条。现已探明的通往南垣三门和贯通城东西的6条街道，宽度多在100米以上，是城内的主干道。而连接南垣明德门和皇城朱雀门的南北向大街，宽150～155米，路面中央略高，呈弧形，两侧有排水沟。即使是不通城门的大街，即次干道，其宽度也在39～68米之间。这些街道的两侧也都有排水沟，并植有槐树和榆树。这些纵横交错的街道，将外郭城划分成网格状，十分严谨有序。这种城市的格局，是前朝历代都城所没有的。白居易诗中有对长安城的描绘："百千家似围棋局，十二街如种菜畦。"十分形象地描绘了长安城的网格状格局。宫城位于长安城的中北部，体现了"君临天下"和"权归中央"的主旨。而这种网格状的道路分布，又将郭城分割出一个个独立的区域，作为城中居民居住的里坊，以及交换的场所——市。从长安城考古获得的资料可以看出。这座隋、唐两朝的都城，更多的是体现了政治和军事的职能。

唐长安宫城位于长安城北部正中处，平面为长方形，四周围有夯土筑墙。墙基大部分保存完好，埋于地表之下，宽18米左右。宫城东西长2820.3米，南北长1492.1米，周长约8600米，面积约4.2平方公里。宫城的南垣有5座宫门，北垣有3座宫门。已探明的有南垣正门，即承天门和北垣西门，即玄武门。经发掘，承天门有3个门道，路面上铺有石条和石板。宫城内有两道南北向的隔墙，将宫城分为中、东、西三部分：中间为太极宫，是宫城的主体；东为东宫，亦称太子宫，为皇太子生活起居之处；西为掖庭宫，为后宫人员居住之所。其北部是太仓。在宫城的北边有西内苑，是供皇帝浏览休闲的宫苑。

宫城以南为皇城，又名"子城"。皇城东、南、西三面有夯土筑墙，其东西两垣与宫城的东垣、西垣相接。在皇城北边与宫城南垣相接处，有一条"横街"相隔。据文献资料记载，"横街"宽三百步，考古探明其残宽220余米。皇城东西长2820.3米，南北长1843.6米，周长约9200米，面积约5.2平方公里。皇城的南垣有3座门，东西各有2座门。其南垣正门即朱雀门北与宫城承天门相通，南与长安城南门即明德门相对。据记载，皇城内有东西向街道七条，南北向街道五条，其间分布着中央官署及附属机构，以及太庙、社稷坛等。由于唐末长安城毁于战火，明初又在皇城所在位置上向北、向东扩展，建成西安城，故唐朝宫城和皇城遗址大部分被后代的建筑所覆压，难以发掘。但仅就这些考古勘探及发掘获得的资料，也能看出隋唐两朝的统治者们在规划和建造宫城及皇城建筑时，刻意突出皇帝的至尊地位。

由宫城的承天门、皇城的朱雀门与长安城的明德门，组成一条纵贯长安城南北的中轴线，宫城即位于这条中轴线的北端。这种布局设计，显然具有凸显皇帝位居中心和"驭宇"的含义。而在宫城南设置皇城，作为中央官署及其附属机构的办公场所，亦处于中轴线上，则内含集天下之权于中央的含义。这些中央官暑紧临宫城，无疑是便于皇帝随时宣召官员，掌握官署，也有告诫官员们必须听命和效力于皇帝的用意。

2. 体现中央集权的唐大明宫

"玄武门之变"后不久，唐高祖李渊传位李世民。贞观八年(634)，李世民于宫城东北禁苑的龙首塬高地为太上皇兴建作为"清暑之所"的夏宫，定名为永安宫。次年，改名大明宫。后因太上皇亡而停建。高宗时，又于此处修建新的殿堂，逐渐形成一个宫殿群。龙朔三年(663)，高宗移至此处听政。武则天执政后，再重修大明宫，并最终取代太极宫，成为这一时期唐廷主要的朝会场所。这一史实，也在考古资料中得到佐证。

大明宫遗址南部呈长方形，北部略呈梯形。其西垣长2256米；北垣长1135米；东垣北段偏向西南，长1260米，又东折304米，再南折1050米，与南垣（即长安城外郭城北垣）相接；南垣长1674米。大明宫总面积约3.2平方公里。在北垣以北160米处和东、西垣外侧约50米处，还有与城墙平行的夹城，墙基宽约4米。在大明宫的这三个方向修建夹城，亦是出于安全的考虑。大明宫的四面皆有门，其中南垣的正门（中门）即丹凤门，为3个门道，其余各门均为一个门道。在大明宫遗址内，已发现宫殿基址30余处，已进行发掘的有含元殿、麟德殿、清思殿、三清殿、朝堂及翰林院遗址等。

大明宫的主体建筑是含元殿，始建于龙朔二年（662）。这座正对丹凤门的大殿，其台基高出平地15.6米。台基的四壁为石砌。台基东西长76.8米，南北宽43米。殿堂基址东西长55米，南北宽20米（图3－10）。含元殿遗址出土有石柱、螭首残片、素面方砖、莲花方砖等。遗址附近还发现了建成时间早于含元殿的21座砖瓦窑，出土的砖瓦与含元殿的砖瓦相同，说明在建造含元殿前，先在此烧制建筑材料。根据建筑基址及遗迹，以及出土的建筑材料复原出的这组殿堂建筑群，正中是雄伟、巍峨的含元殿。其前侧左右是两座高耸的楼阁，中间是一条漫坡且坡度很大的龙尾道（图3－11）。这一组建筑气势宏大，含元殿在两侧楼阁的映衬下，在龙尾道的烘托中，更凸显其雄伟。由此可见，经过唐太宗的“贞观之治”和唐高宗初年在贞观旧臣长孙无忌和褚遂良等的潜心治理下，唐朝的国势强盛，含元殿也正体现了大唐气势。同时，也表现出大唐皇帝的独尊的地位。

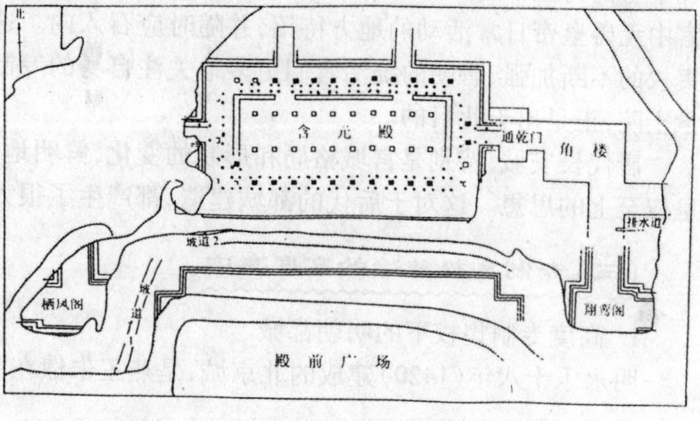

图3－10 唐大明宫含元殿遗址平面图

图3－11 唐大明宫含元殿复原图

在大明宫西夹城南部还建有翰林学士院，现已发掘出建于夹城南墙与大明宫西垣相交处的学士院门和院内南、北厅各5间，以及附属建筑。据载，唐贞观年间，唐太宗常召魏征、李百药、许敬宗、褚遂良、上官仪等人入禁中驱使，但尚未有名目。唐玄宗开元初年，始置翰林待诏，职掌四方表疏批答，应和文章。后因中书事务烦重，文书多壅滞，又选文学之士，号翰林供奉，与集贤学士分掌制诏书敕。但诸翰林均非正式官职，仅指以文学会艺伎奉宫廷者。开元二十六年(738)，唐玄宗改翰林供奉为学士，又以宫中所居处为学士院，直接秉承皇帝的旨意，向有关的官署发布命令。尽管这些翰林学士职责极重，有"内相"之称，但却没有官署、属官，多为临时差遣。考古发掘出的翰林学士院遗址中，没有发现殿堂建筑遗迹，而只有厅房遗迹，可见这里的建筑是比较简陋的。不过，这处翰林学士院设在大明宫的夹墙内，说明翰林学士们与皇帝的关系是比较密切的。这些考古资料充分证明唐朝的翰林学士们需要在宫中无碍皇帝日常活动的地方待诏，并随时应召入内。这一考古发现，则反映了随着中央集权的不断加强，唐朝的统治者们更多地关注自身的专制和集权，在宫中夹墙内设置翰林学士院，正是出于此目的。

唐代长安城，特别是宫城格局和形制的变化，鲜明地表现出中央集权的时代特征以及皇权至上的思想。这对于后代的都城建造，都产生了很大的影响。

(三)专制集权统治的高度集中

1. 高度专制集权下的明朝都城

明永乐十八年(1420)建成的北京城，是燕王朱棣在"靖难之役"即位为明成祖后，定北平为都城而营建的。这座历经明、清两朝的都城，无论在城市的布局、形制，还是建筑的等级、规格等诸多方面，都更加鲜明地集中体现了专制主义中央集权统治的主题。

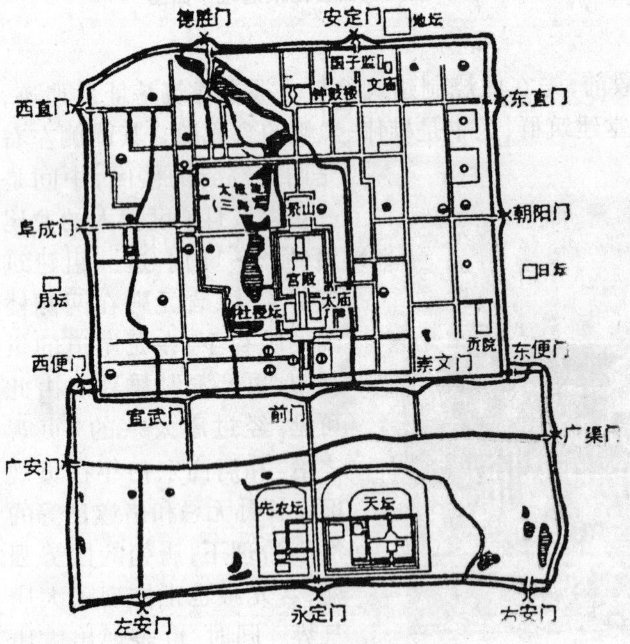

图3-12　明北京城平面图

明后期北京城的平面呈"凸"字形，面积约为15.4平方公里。分为外城、内城、皇城和宫城四部分(图3-12)。

明北京城的内城沿袭了元大都城的基本格局，但又做了较大的调整和变动。其中最突出的是以位于城中央的宫城为中心，采取左右对称的方式规划和设计都城的布局。首先废弃元大都为其今后都城的发展预留的北部空旷之地，在原大都北城墙南五里处另筑新墙，只设二门，即德胜门、安定门。当然明北京城的北城墙南移，亦与防御北元军反攻有直接的关系，即便于收缩防守。其后,又将元大都南墙拆除,向南近二里处另筑新墙,仍设三门,即正阳门、崇文门、宣武门。不过,北京城墙在最初修建时,因为突击修建,故墙体土质较松,夯层薄厚不均,其中还夹杂着许多砖瓦等杂物。后于墙体外包砖,进行加固。“土木之变”后,明英宗认为京城防御薄弱,于正统元年(1436)下令重修并新建各门瓮城。经过这次加固,北京的城墙十分雄伟、坚固。同时,9座城门还修建了城楼和瓮城箭楼。城楼都为重檐木结构建筑,下层覆腰檐,上层覆重檐歇山顶。瓮城修建的箭楼,为砖木结构。箭楼一般为多层,朝向城外的墙体上,设有射孔和瞭望孔。此外,在内城的东南和西南二角处,还修建了平面呈曲尺形的高大角楼(图3-13)。经过正统年间对北京城城墙、城门的加固,极大提高了北京城的防御功能,反映了统治者极力维护专制集权统治的实质,也暴露了腐败无能的本质。

图3-13　明北京东南角楼

明嘉靖皇帝即位后,仍感京城防御薄弱,曾决定于内城四周加建一圈外郭城,遂先从人口聚居较密集的南面开始。后因国库空虚,只将南面的天坛、山川坛(清朝改为先农坛)和工商业区围筑在外城之内。外城东西宽7950米,南北长3100米,城墙亦用大砖包砌,城外有护城河。至此,北京城平面呈北短南横长的“凸”字形平面。外城的南墙设有3门:永定门(图3-14)、左安门、右安门;东、西墙各设一门:广渠门、广宁门(清朝改为广安门),另在东北、西北处,各开一便门。

图3-14　明北京永定门城楼

2. 明朝北京的皇城与宫城

明北京城的皇城是在元大都皇城的基础上向东、向南拓展而成。皇城东西宽2500米,南北长2750米。皇城的南门为承天门(清朝改称天安门)。承天门前筑有一道向南突出,呈长方形状的红色围墙。突出部分,称为皇城的“外郛”。前突围墙的正中位置,建有大明门(清朝改称大清门,民国时改称中华门)(图3-15)。门内有御路直通承天门,御路两侧为千步廊。两边则建有除三法司(即明代的大理寺、都察院、刑部)之外的中央官署,多集中在这里,且按文左武右排列。中央的主要官署都集中在皇城前方两侧的布局,这既改变了元朝中央主要官署分散布局,不易皇帝掌控的弊端,又因官署集中设置,利于分散权力,相互牵制,最终听命于皇帝。同时,又体现了集地方及各级官署的权力于中央的专制集权内涵。

图3-15 明清北京城大明门(中华门)

宫城,又名紫禁城,位于内城的中央。其范围东西宫墙与元大都宫城相同,但南、北宫墙则分别南移400米和500米。宫城置4门,南门为午门,北门为玄武门(清康熙皇帝即位,为避玄烨名讳,改为神武门),两侧为东、西华门。宫城东西宽760米,南北长960米。其前朝主殿为皇极殿(清朝改建后称太和殿),后宫主殿为乾清宫,东、西华门的位置在皇极殿的前方左右,这样连接两座侧门的横街便被移至前朝之前。

宫城的前左方为太庙(今劳动人民文化宫),前右方为社稷坛(今中山公园)。这一布局,仍沿袭中国古代都城传统的“左祖右社”的布局,体现了“国之大事,在祀与戎”①的立国之本。

明代北京城最显著的特点是在突出宫城的中心位置的同时,更强化了都城的中轴线。由于外城的南扩,也使北京城的中轴线延长,而明朝统治者在拆除元朝宫城建筑和开挖紫禁城护城河时,又将垃圾和土在宫城正北堆成一山,压住元朝宫城的延春阁,名为万岁山(亦称景山、镇山、煤山),以取镇压元朝王气之意。万岁山高约50米,山顶建大亭,名万春亭,恰在北京城的中轴线上。这不仅起着突出中轴线的作用,更因万春亭居全城最高点,显示了这条中轴线具有“居高临下”的含义。此外,明朝统治者在营建北京城时,还将钟楼、鼓楼建在中轴线的最北端。这样的规划和设计,使北京城的中轴线南北长达8公里,自外城永定门起,向北经正阳门、大明门、承天门,穿过前朝的皇极殿和后宫的乾清宫,出玄武门,越过景山万春亭、地安门(图3-16)、鼓楼,止于钟楼。

明北京城中轴线的形成,是与城市及大型建筑群的布局有直接的关系。明初营建北京城时,无论是皇城、宫城,还是内城、外城,都采用了对称的布局。这种布局,不仅使北京

① 《左传·成公十三年》。

图 3－16　明北京地安门

城的整体结构更加严谨，井然有序，同时也使中轴线更为鲜明和突出。而位于中轴线上的宫城主体建筑：前三殿、后三宫，均为皇帝的专用建筑，实质是将皇帝置于中心的位置上，凸显皇帝至尊、至上的地位和权势，表明皇帝是国家政权的中心，是最高的统治者。这种城市的布局，还清楚地表明，中国封建社会进入明朝以后，专制主义中央集权制度已发展到高度集中的程度，皇帝个人的专制集权达到登峰造极的境地。国家的统治和政治生活，更多地体现了皇帝个人的意志。

正是因为明朝的北京城布局具有这些特殊的含义和功能，体现了专制集权的宗旨，因此清朝定都北京后，没有再对京城进行大规模的修建，依然保持了北京城的布局。

今天，虽然北京城随着社会的进步和城市的发展，许多明清时期的建筑已不复存在，原有的对称的城市布局也很难寻觅，但遗留至今的城市主要地名，依然证明当初特有的对称布局，如有“东”，就必定有“西”；有“左”，就必定有“右”。

3. 记录科举制度的“状元卷”

始创于隋朝的科举制度，在中国封建社会的中后期，一直作为统治者培养和选拔人才的重要途径。入明以后，明太祖又将尊孔作为维护封建专制统治的重要手段，力图以孔子的学说和思想规范臣民的思想和行为。明朝统治者规定科举考试专取四书、五经命题。应试者不得擅自发挥，只能以程朱等宋儒经义为本旨，“代圣贤立言”，并采用严格排偶分股的文体，即八股文体应答。考试分乡试（省级考试）、会试（由礼部主持的中央一级考试）、殿试三级。殿试及第者即为进士。进士分一、二、三甲。一甲取三名，赐进士及第，其名次顺序分别为状元、榜眼、探花。现收藏于山东青州博物馆的《明赵秉忠状元卷》，就是记录明代科举制度的一件珍贵文物。

图 3－17　明状元赵秉忠像（山东青州博物馆藏）

这件由赵秉忠第十三代孙赵焕彬捐献

给国家的状元卷，是状元赵秉忠于万历二十六年（1598）参加殿试的考卷。赵秉忠（1573～1626），字季卿，号𡺚阳，明青州府益都县（今山东青州）人（图3－17）。其十五岁时，补府学生。二十岁中举人，二十五岁中状元。历任侍读学士、礼部侍郎、礼部尚书。后因触犯大宦官魏忠贤而遭革职，晚年死于家乡。状元试卷为册页式，共19折。卷首有顶天朱批“第一甲第一名”六个大字。卷尾有9位读卷官的职务、姓名，还有“礼部之印”、“弥封关防”之印。试卷采用馆阁体小楷字书写，共2460字。正文中有读卷官的朱笔断读（图3－18）。

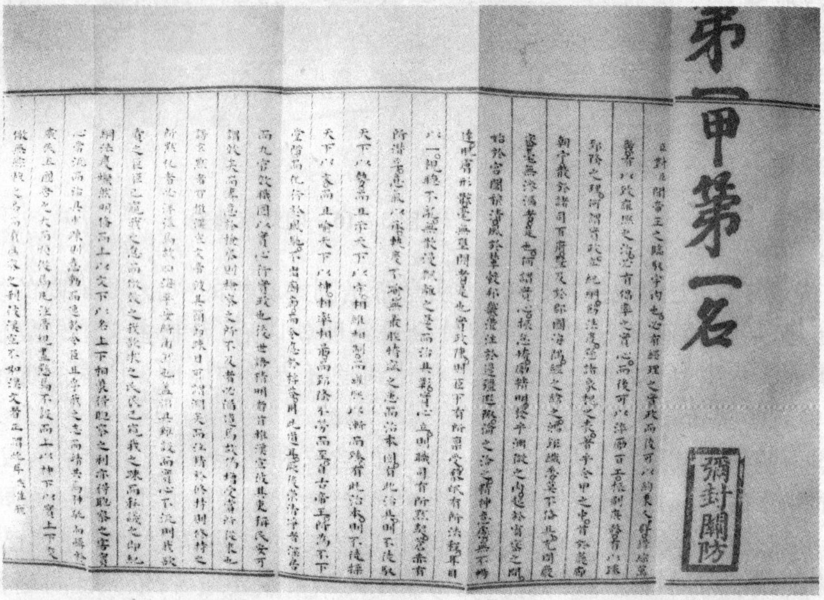

图3－18　明状元卷（上，卷首部分；下，卷尾部分。山东青州博物馆藏）

这份状元卷是一篇很典型的八股。八股文分破题、承题、起讲、入手(亦称领题)、起股、中股、后股、束股八个部分。破题,即点明题目要义。赵秉忠在试卷开头写道:“臣对:臣闻帝王之临驭宇内也,必有经理之实政,而后可以约束人群,错综万机,有以致雍熙之治;必有倡率之实心,而后可以淬励百工,振刷庶务,有以臻郅隆之理。”随后为承题,即承接破题,阐明题目要义。“何为实政?立纪纲,饬法度,悬诸象魏之表,着乎令甲之中,首于岩廊朝宁,散于诸司百府,暨及于郡国海隅,经之纬之,鸿钜纤悉,莫不备具,充周严密,毫无渗漏者是也;何谓实心?振怠惰,励精明,发乎渊微之内,起于宥密之间,始于宫闱穆清,风于辇毂邦畿,灌注于边疆遐陬,沦之洽之,精神意虑,无不畅达,肌肤形骸,毫无壅阏者是也。”其后为起讲,即开始阐发议论。“实政陈,则臣下有所禀受,黎氓有所法程,耳目以一,视听不乱,无散漫飘离之忧,而治具彰;实心立,则职司有所默契,苍赤有所潜孚,意气以承,轨度不逾,无丛脞惰窳之患,而治本固。有此治具,则不徒驭天下以势,而且示天下以守,相维相制,而雍熙以渐而臻;有此治本,则不徒操天下以文,而且喻天下以神,相率相勖,而郅隆不劳而至。”之后,则为入手,即引入本题。而自起股至束股,才是文章的主要部分,是正式的议论,其中又以中股为重心。在这四股中,各有两股排比对偶的文字,对仗工整,相对成文,共合为八股,故称“八股文”,亦称“八比”。

八股文的文体格式化,且十分呆板,它不仅要求应试者在答卷时严格按照八股的格式应对,且亦注重词藻是否华丽,对仗是否工整、严谨,阐议是否切题、达意,因此,自八股这种文体在科举考试应用后,文人士子为求得功名,只得刻意习作八股文体。整日除熟读四书五经及朱熹的集注外,就是学习堆砌词藻和程式化的文章格式,而不再考虑现实的社会问题。尽管内容空洞,废话连篇,只要词藻华丽,对仗工整,严格遵循圣人的教诲作答,即有入仕的可能,因此,中国封建社会的科举制度发展到明清时期,以八股文作为科举考试的必用文体,实际是进一步引导人们脱离社会现实。为了“功成名就”,人们只能埋头读书,熟练八股文,这在很大程度上,又禁锢了思想。

二、中华民族大家庭的形成

(一)多民族局面的发展

自秦朝建立统一的多民族国家之后,随着内地政权的发展,生活在中原及内地的以汉族为主体的民族,又与周边民族不断进行着交往和交流。这些交往和交流的形式,既有战争,也有和亲,而更多的还是日常民间的相互往来。正是通过不同形式的交流和交往,促进了不同民族之间的相互了解,增进了相互之间的友情,进而逐步在共同的观念、意识基础上,结成一个整体。大量的出土及传世文物,比较清楚地反映了这一发展的过程。

1.“化干戈为玉帛”的汉匈关系

秦汉之际,北方的匈奴族正处于强盛时期,匈奴单于冒顿率部众,“大破灭东胡王”,且“西击走月支,南并楼烦、白羊河南王”。①为了阻止匈奴的南侵,西汉王朝借鉴秦朝的防御

① 《史记·匈奴列传》。

方式，再次修筑了长城，其西端延长至玉门关、阳关（图 3－19）。因在砂碛之地修筑长城，

图 3－19　汉玉门关、阳关遗址

不能再采用夯土版筑的方法建造墙体，遂就地取材，采用用一层砂土加一层芦苇的方法，砌筑成墙体（图 3－20）。汉长城的修建，对阻止匈奴的南下侵扰，起有一定的作用。汉武帝时，西汉国势强盛，遂对匈奴由被动防御转为主动出击，迫使匈奴大部退入漠北地区。同时，对于投降汉廷的匈奴人，则在边疆地区设置郡县进行安置，并将内地人口大量的迁往匈奴故地，进行垦植。因此在汉长城以北地区，便出土了大量的反映汉与匈奴民族融合的文物资料。

图 3－20　汉玉门关长城遗迹

鄂尔多斯高原是匈奴族曾长期活动的地区，也是汉王朝击败匈奴后，设置五原郡（治今内蒙古包头西北）安置匈奴人的地区之一。在今内蒙古伊克昭盟西部的霍洛柴登古城遗址及附近的草滩、沙地上，曾出土了许多汉代的铁制农具，在这一地区还征集到 3 枚汉代官印。其中两枚分别为“西河农令”、“中营司马”（图3－21）。据《汉书·百官公卿表》载：“治粟内史，秦官，掌谷货，有两丞。景帝后元年更名大农令，武帝太初元年更名大司农。”西河郡（治今内蒙古东胜境内）是西汉王朝于北部边疆地区设置的一个郡，

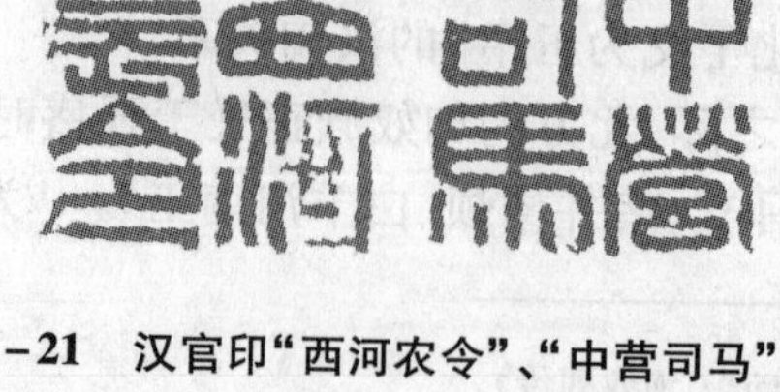

图 3－21　汉官印“西河农令”、“中营司马”印文

在这一地区出土了掌管农业生产的“西河农令”印，以及数量较多的铁制农具，说明在汉武帝太初元年前，这里已成为一个农耕地区；而“中营司马”印则说明汉王朝在这里还驻有数量较多的军队。“中营”是汉朝军队编制五部营之一，是为主将直接统辖的部队。“司马”则为武官之称，其官秩略低于校尉。在这个地区还发现了匈奴人墓葬，表明安置在这一地区的匈奴人已同移居在此的汉人杂处，并且接受了内地的汉文化，已从传统的游牧生活转为农耕生活。

类似这种反映匈奴民族与内地交往与交流的文物资料，在西北许多地区的是很常见的。如青海大通上孙家寨墓地区的 M1，出土了一件驼钮铜印，印文为“汉匈奴归义亲汉长”（图 3－22）。证明了汉王朝的统治者对归附的匈奴部族采取友善的政策，向其首领颁发官印，实际也是对与汉朝友好交往的匈奴部族给予的褒奖。像这样的用汉语官号做印文的铜印，也有很多传世品。如“汉匈奴归义亲汉君”、“汉匈奴守羌长”、“汉匈奴破羌长”等。

图 3－22　“汉匈奴归义亲汉长”印文

不仅如此，传世的汉代官印中，还有不少是汉王朝赐给其他少数民族首领的官印。如“汉归义胡长”、“汉破虏胡长”、“汉归义羌长”、“汉率善羌长”、“汉归义鲜卑王”、“汉归义氐佰长”、“汉归义蛮邑长”、“汉保塞乌桓率众长”（图 3－23）等等。这些官印的印文涉及到羌、氐、鲜卑、蛮、胡等一些少数民族的族称，且授予的官名有不少是含有褒扬之意的称号，这充分证明汉王朝与这些民族之间已建立起一种亲善的关系，民族之间已消除隔阂，成为一个友好团结的整体。

图 3－23　“汉率善羌长”、“汉保塞乌桓率众长”印文

在出土或传世的汉代官印中，还有一些是汉王朝赐给匈奴贵族及上层官员的。如“汉匈奴呼卢訾尸逐”（图 3－24）、“汉匈奴恶适尸逐王”、“汉匈奴栗借温禺鞮”等铜印，这些印文中的“尸逐”、“恶适”、“温禺鞮”等名称，均为匈奴官名的汉语音译，且为匈奴二十四长之一。采用匈奴官名作为印文，显然是对这些与汉王朝友好交往的匈奴部族给予尊重的一种表示，更承认他在部族中的首领地位，赋予统领部族的权力。这些使用匈奴部族官名的汉代官印，更是当时汉王朝与匈奴等民族结成亲善关系的重要见证。

图 3－24　“汉匈奴呼卢訾尸逐”印文

在内蒙古包头召湾出土的“单于和亲”瓦当（图 3－25），更见证了西汉王朝与匈奴“和亲”结好的历史。西汉初年，因经济调弊，国势不强，汉高祖深感西汉王朝难以同实力强盛的匈奴作战，遂采取“和亲”的政策，以宗室女替代皇帝女儿为公主，嫁予匈奴单于，且每年

图 3－25 "单于和亲"瓦当(内蒙古包头召湾出土)

向匈奴赠送大量的丝绸、酒、米等物品,并约为兄弟,以此缓和汉匈关系。在此后的七八十年间,西汉王朝一直采用这一政策,但这并未遏制匈奴对内地的掳掠。汉武帝即位后,"因文景之畜,忿胡越之害",[①]对匈奴展开大规模的反击战。匈奴遭到汉朝军队多次打击后,实力大为削弱,内部发生分裂。汉昭帝时,因五单于争立,进而分立为南、北两单于。汉宣帝甘露元年(公元前53年),南匈奴呼韩邪单于归汉。汉元帝建昭三年(公元前36年),汉王朝帮助呼韩邪单于重新统一匈奴各部。竟宁元年(公元前33年),呼韩邪单于入朝觐见汉元帝,"自言愿婿汉氏以自亲。"[②]汉元帝遂将王昭君嫁予呼韩邪。王昭君,字嫱(一说名嫱,字昭君),南郡姊归(今属湖北)人。元帝时,被选入宫中。闻呼韩邪求婚,乃请求出嫁匈奴。她与呼韩邪成婚后,被封为宁胡阏氏(正夫人)。从此汉匈恢复和亲,结束了长达百余年的战争局面,民族之间和睦相处。"单于和亲"瓦当正是匈奴与汉朝友好交往的实证。

2. 沟通西域与内地的"丝绸之路"

汉代的西域是指玉门、阳关以西,葱岭(今帕米尔)以东,昆仑山以北,天山南北的广大地区。汉初,随着匈奴的强大,月氏、乌孙等部族纷纷从河西走廊西迁,与原居住在西域地区的民族杂处。因此,在广袤的西域地区布列着诸多的小国,它们择绿洲而居,逐水草而牧。匈奴强盛时,这些小国又尽归匈奴控制。

汉武帝建元三年(公元前138年)、元狩四年(公元前119年)两次派遣张骞出使西域,以联络乌孙、大月氏等国共同抗击匈奴,从而开通了连接内地与西域的"丝绸之路"(图3－26)。此后,汉武帝又出兵远征西域,击败控制西域地区天山南路的匈奴势力。汉宣帝神爵二年(公元前60年),匈奴内乱,南匈奴首领日逐王降汉,天山北路诸国亦摆脱匈奴的控制。汉王朝遂于乌垒城(今新疆轮台东)设置西域都护府,西域地区从此正式隶属于汉王朝。新疆考古工作队在沙雅什格提遗址发现一枚铜质篆文卧羊钮印,印文为"汉归义羌长"(图3－27)。据《汉书·西域传》记载,西汉王朝曾授予归属汉廷的西域诸王、侯等长汉文官印"三百七十六人"。出土的这枚汉官印,当是其中之一。这枚官印还表明,当时西域诸国的官员都是经过汉王朝中央政府正式任命的。向其颁赐官印,显然具有同属一个国家政权的含义。

随着"丝绸之路"的开通和西域都护府的设置,西域地区各民族与内地汉族等民族的

① 《汉书·食货志》。
② 注《汉书·匈奴传》。

图 3－26　壁画《张骞出使西域图》（甘肃敦煌莫高窟 323 窟）

交往与交流日趋频繁，内地的文化也越来越多地传入西域地区。清光绪初年，在今新疆拜城东北喀拉克达格山麓的岩壁间，发现一处东汉时期的摩崖石刻，内容是当地的人们对汉龟兹将军刘平国筑路的颂辞。这处《汉龟兹将军刘平国治路颂》石刻，记述了东汉永炁四年（158），龟兹将军刘平国率“秦人孟伯山”等“六人共来作”。这里提到的“秦人”，是汉代边疆地区的民族对汉人的称呼。《史记·大宛列传》中也记载了大宛国都城被汉将李广利围攻时，城中即有“秦人”。这些资料都充分地证明，汉代内地与西域地区的交往与联系是十分密切的，内地汉文化正是在这种交往和联系中，逐渐在西域地区传播。

图 3－27　“汉归义羌长”印文

从 20 世纪 80 年代以来，考古工作者在新疆地区又陆续发现了一些汉简。其中，在洛浦山普拉发现了一处古墓地，于两座墓中出土了数枚汉简。一件为汉字封检，写有“□小名□”字样。据C_{14}测定，这座古墓的年代相当于西汉时期。这也是目前已知汉简西传最远的地区。1993 年 10 月，在塔克拉玛干沙漠腹地的尼雅遗址中，发现了两枚汉简，其中有一枚残简系汉代字书《苍颉篇》残文。这些考古发现更清楚地表明，文字的传播已成为文化交流的重要内容。使用同一种文字，更利于不同民族之间的交往，促进民族间的融合。汉王朝正是通过这些方式，与周边的不同民族建立起隶属的关系，民族间的交往日益密切，联系日趋紧密，多民族的整体也因此不断壮大。

3. 反映北魏民族大融合的实物资料

魏晋南北朝时期，是中国古代历史上的民族大融合时期。尽管这一历史时期，内地处于政权分立的局面下，但民族之间的融合却是社会历史发展的主流。这一时期民族融合的形式不是单纯的汉文化向周边民族的传播，更不是周边民族简单、被动地融入汉文化中，而是内地汉文化中也融入了北方民族的文化和习俗，进而又不断丰富了内地的文化。

反映周边民族与内地民族文化交融的文物资料，常见于魏晋南北朝时期北方地区的墓葬中。位于甘肃西部酒泉、嘉峪关、敦煌一带的戈壁滩上，发现了许多魏晋十六国时期的墓葬，墓冢多由砾石堆成。在墓室内的室或甬道壁上，嵌砌画像砖或绘有小幅壁画。其题材有宴饮、厨事、庄园耕牧、采桑、扬场等生活和生产情景。这些壁画的题材，真实地反映了生活在这里的人们主要从事农耕生产。其中在厨事、宴饮等题材的壁画中，绘有烤肉、椎牛等内容（图3－28）。这些北方游牧民族所特有的饮食习俗，出现在以农耕经济为主的地区，显然是内地民族从游牧民族那里学会的，并且还作为自己日常生活中的饮食方式，即所谓的“汉人胡食”。应该说这也是民族之间相互学习的产物，更鲜明地反映了民族融合的方式和过程。

图3－28　画像砖《采桑》、《椎牛》
（甘肃嘉峪关魏晋壁画墓出土）

北魏孝文帝即位后，为缓和民族矛盾，实行了包括推行汉化政策在内的一系列改革。

自古以来，内地与周边民族之间因文化习俗的差异，而产生“华夷有别”的观念。这种观念反映在社会生活的诸多方面，其中最为突出的是服装的形制有右衽、左衽之分。内地汉族的服装为右衽，亦称右掩，即左衣襟掩压右衣襟，直至右腋下。周边民族的服装则为左衽，亦称左掩，即右衣襟掩压左衣襟，直至左腋下。虽然只是在服装穿着时，使用哪侧的衣襟掩压的问题，是一个看似十分简单的服装穿着的方式问题，但在“华夷有别”的历史时期，右衽和左衽又表现了民族间的差异和隔阂，是一道不可逾越的鸿沟。出土和传世的文物资料表明，鲜卑族在入主中原前的服装即为左衽，然而经过北魏孝文帝改革后，其服装即改为右衽（图3－29），即所谓“穿汉服”。孝文帝下令鲜卑贵族及臣僚一律改穿“汉服”，实际是改左衽为右衽，从而铲平了这道服饰观点上的鸿沟，消除隔阂。这也是对“华夷有别”的大胆挑战，是倡导“华夷同一”的具体体现。正因如此，经过北魏孝文帝一系列的改革和推行包括穿汉服、说汉话，采用内地政权官制，改汉姓，与汉人联姻等在内的“汉化”政策，扩大和强化了民族间的同一性，更有利于民族间的交往，增进民族间的相互了解和友情，实现民族间的大融合，进而又扩大了多民族的大群体。

图3-29　左衽供养人(山西大同云岗北魏石窟)
和右衽文官造像(残,河南洛阳龙门北魏石窟)

(二)多民族国家整体的扩大

在魏晋南北朝民族大融合的基础上,隋朝的统一又进一步巩固了多民族整体的局面,统一多民族的国家得到继续发展。

1. 见证唐与边疆民族友好交往的实物资料

入唐以后,强盛的国势,不仅为统一多民族国家的发展奠定了坚实的基础,更为民族间的交往和整体的扩大提供了重要的条件。在唐朝边疆地区的考古中,就发现了许多边疆民族与内地民族友好交往,边疆民族政权与内地政权建立隶属关系的文物资料。

唐朝时期,在今云南区住着众多的民族,族称繁杂,其中尤以生活在洱海地区的白蛮和乌蛮最为强盛。贞观末年,乌蛮诸邦陆续建立自己的酋邦,称为"诏"。在相互的兼并中,形成了六诏,蒙舍诏地处诸诏之南,故又称南诏。景云年间,吐蕃入侵洱海,南诏以外的五诏皆归附吐蕃,惟有南诏归附唐朝。开元二十六年(738),在唐王朝的支持下,南诏兼并了蒙嶲、浪穹、逗赕、施浪和越析五诏,建立了统一的南诏政权。次年,迁都至太和城(今云南大理)。此后,唐王朝与南诏建立了友好的关系。

南诏与唐王朝在文化上的交往十分密切。现存的《南诏德化碑》、《崇圣寺钟铭》、《石宝山石窟题记》等文物资料,就清楚地反映了这种交往的情况。从《南诏德化碑》在碑阴官职题名中,可以看出南诏政权机构的设置一如唐制。而且这些文物资料还表明,南诏通行汉文。碑文及传世的佛经都是用汉文书写,字迹工整,文理通顺达意,说明当时南诏社会的汉文化已达到很高的水平。南诏不仅通用汉字,其建筑的形制和风格也与中原地区基

图 3－30 大理三塔

本相同。如大理三塔中的千寻塔，高 58 米，为密檐式塔，共 16 层，其形制和风格与今西安小雁塔很相似，而与东南亚地区流行的螺旋式尖顶佛塔的风格截然不同，这显然也与内地的文化交流有直接的关系（图 3－30）。且千寻塔在三塔中体形最大，又居中，这其中无疑又蕴含着尊崇唐朝文化的内涵。

出土的唐代官印中，有一些是属于设置在边疆民族地区的官署之印。这些官印也证明了唐王朝对这些地区已实行了有效的管理，1973 年，在新疆吉木萨尔的唐代北庭都护府故城出土了一枚“蒲类州之印”（图 3－31）。这枚鼻纽铜印，方形，印面边长为 5.7 厘米。据考证，蒲类州隶属北庭都护府，治所在今新疆奇台、木垒一带。唐王朝设置该行政机构，是为了直接管理在此游牧的突厥部落。

图 3－31 唐“蒲类州之印”印文（新疆吉木萨尔唐北庭都护府故城出土）

2. 唐蕃和亲的珍贵资料

唐王朝与吐蕃之间的交往，亦是这一时期民族关系继续友好发展的重要事件。大约在2000 多年前，生活在我国西北地区的一些西羌部落陆续迁入青藏高原，与长期居住在这里的土著居民融合，形成藏族的先民。古代藏族自称“博巴”，汉文史籍则称之为“蕃”或“吐蕃”。约在唐贞观七年（633），弃宗弄赞赞普建立了吐蕃王朝，定都逻些（今西藏拉萨）。随后，统一了吐蕃各部，弃宗弄赞因此被尊为松赞干布，意为刚毅深沉。吐蕃王朝建立后，与唐王朝的关系良好。贞观八年（634），松赞干布遣使入唐朝贡并求婚。十四年，松赞干布再次遣使入唐求婚。唐太宗以宗女文成公主嫁予他。在传世的文物中，有一些即记录了这一史实。

文成公主的入藏，对促进吐蕃经济文化的发展和汉藏两族的友好交往，做出了重要的贡献，受到藏族民众的崇敬，故在今拉萨大昭寺内，为纪念她而塑造了一尊造像（图

3－32）。这也是继王昭君出塞与匈奴单于联姻后，内地政权通过“和亲”的方式与周边民族结好，建立和睦友善关系的又一个实例。

图3－32　松赞干布和文成公主塑像（西藏拉萨大昭寺）

现保存在拉萨大昭寺前的《长庆会盟碑》，则是见证汉藏关系友好发展的一件重要文物。唐长庆元年至二年（821～822），应吐蕃赞普赤祖德赞（亦作可黎可足）请求，唐王朝与吐蕃先后于长安、逻些会盟，并订立盟约：“大唐文武孝德皇帝与大蕃神圣赞普，舅甥二主，商议社稷如一，结立大和盟约，永无渝替。”这块用汉、藏两种文字镌刻的盟誓碑，碑身呈方柱形，高4.76米，宽95厘米，厚50厘米。碑的正面和两侧，分别用汉、藏两种文字镌刻盟约全文及唐、蕃双方参加会盟官员的姓名、职务；碑阴则用藏文铭刻唐蕃建立友好关系的历史和此次会盟的经过（图3－33）。《长庆会盟碑》以无可辩驳的事实，表明唐代吐蕃民族与内地民族之间的交往十分紧密，且建立了一种亲如一家的关系。

图3－33　《长庆会盟》碑（西藏拉萨大昭寺）

（三）元朝民族考古中的文物资料

元朝是中国历史上由蒙古族统治者建立的统一王朝，也是在契丹、党项、女真等民族与内地民族融合的基础上，再一次将统治区域内的不同民族统一在同一个国家政权中。因此元朝在中国这个统一的多民族国家的发展史上，具有极其重要的历史地位。

1.“遵用汉法”与蒙古族生活习俗的变化

蒙古族是生活在今蒙古高原地区的一个古老民族。其原为东胡语系室韦的一支，唐时被称为“蒙兀室韦”，居望建河（今额尔古纳河）之东。1206 年，统一了蒙古各部的铁木真被奉为大汗，尊号成吉思汗，并建国号大蒙古国。蒙古国的建立，为蒙古民族共同体的形成奠定了基础。1251 年，成吉思汗子蒙哥即大汗位后，命其弟忽必烈主管漠南汉地军国庶事，从而开始了蒙古贵族对汉族地区的统治。1260 年，忽必烈在开平（今内蒙古正蓝旗东）即大汗位，即以“中统”为年号，表示大蒙古国是继承中原的历代王朝。此后他进一步推行“遵用汉法”的政策。及至元八年（1271），他又取《易经》“乾元”之义，建国号“大元”。历史文献所记载的蒙古贵族“遵用汉法”，在考古资料中也有较多的反映。

北方地区，尤其是长城以北地区的元代墓葬大体可分为前、后两个时期。在“遵用汉法”的影响和作用下，蒙古贵族的葬俗、葬习等从前期到后期发生了很大的变化。发现于陕西蒲城洞耳村的张按答不花及其妻李氏墓，埋葬的时间是至元六年（1269），即元朝建立前。该墓为八角形单室砖墓。墓室皆为穹窿顶，且仿蒙古包形制于墓顶开天窗。彩制的壁画题材，主要为着蒙古装的墓主人夫妇对坐及乐舞、出行等情景。此外还有放牧图、停舆图等反映蒙古贵族经济生活的壁画题材。另外在内蒙古赤峰三眼井、元宝山、沙子山的几座元墓也是方形墓室的砖室壁画墓，有土坑竖穴台阶式墓道，拱形墓门。墓室为穹窿顶。壁画的题材有墓主人夫妇对坐、出行、行旅、山居或闲居、备宴等生活内容（图 3－34），墓门的两侧绘有武士形象的门神或仪仗队伍。在甘肃漳县发现的汪世显家庭墓，共有 27 座，时间起自蒙古海迷失后癸卯年（1243），至明万历丙辰年（1616）。在墓地中较早的墓葬还保留了金墓的特点。在方形墓框上砌出八角形叠涩顶。墓中以砖雕作为主要的装饰。再晚一些的墓葬中，则出现了方形叠涩和长方形券顶，砖雕装饰逐渐减少，代之以彩绘壁画表现各种生活场景。有的墓中还出土了较多的铜器和完整的木制床帐。

图 3－34　壁画《墓主人对坐》（内蒙古赤峰元宝山元墓出土）

这些元朝建立前和元朝早期的北方墓葬，在墓的形制上，从最初沿袭唐朝的多角形逐渐变为方形和长方形墓室。墓室流行以壁画作装饰，壁画一般都表现了一个比较完整的场面或情节，主题与金朝时期的墓室壁画变化不大，但许多人物皆着蒙古装，且出现狩猎、放牧、停舆等新题材的壁画，墓室内较普遍地采用垂幕、蒙古包式的墓顶彩画作为附属装饰。这些墓葬的特点，表明蒙古贵族主中原时，蒙古民族的传统文化也随之传入内地。不过，蒙古族传统文化并未完全取代内地传统文化，而是将其吸收并融入自己的传统文化中，形成了一种既有蒙古民族特点，又有内地民族风格的文化现象。尤其是时间更晚的墓葬中，随葬品中常有一套陶制的模型明器和俑类，其中最常见的是瓷器。而且北方的大、中型墓中常以南方生产的瓷器作为主要的随葬品，小型墓中则以当地或临近地区生产的瓷器为主。这又说明，随着蒙古族与内地民族交往的日趋频繁、密切，内地传统文化和习俗更多地被蒙古贵族所接受，在元朝的统治区域内出现文化逐渐趋同的发展特点。

墓室的装饰也同样反映了文化的交融。在北方地区发现的早期墓葬的墓室，其形制多为穹窿式，因此在墓顶的装饰上多表现蒙古包的特点。后期的墓葬多为仿木构砖室墓，在装饰上则有门窗、屏风、桌椅等内容。壁画的题材也由反映蒙古族的游牧生活，变为表现一种十分稳定、安逸的家居生活。在发现元墓最多的山西地区，这里的墓室壁画题材更为丰富多彩。北壁多绘夫妇对坐图；东北及西北壁面常绘条几，其上摆放饮食器，或绘制备餐图；东壁和西壁有的绘骑马出行图，有的则绘山水画、影屏或山水挂轴，更有的绘“侍酒图”、“侍茶图”和“五子登科”画像石等（图3－35）。墓葬中发现的这些题材的绘画，表现的正是墓主人生前的生活情景，从中可以看出当时在北方地区，人们的生活习俗已恢复了旧有的传统，不同的民族已表现出文化习俗的同一性。

图3－35　画像石《五子登科》（内蒙古多伦砧子山墓地出土）

2. 印证统一多民族国家发展的元朝官印

内地文化对蒙古贵族的统治政权也产生重要的影响，元朝的许多统治政策，基本是沿袭内地政权的。在忽必烈尚未灭亡南宋统一全国之前，就命国师、吐蕃高僧八思巴创制蒙古字。至元六年(1269)正式颁行,称为蒙古新字[1],次年改称蒙古国字。从此八思巴文成为官方的法定文字。这种蒙古国字是据藏文字母改制而成,为方体,自上而下直写,自右而左成行,主要用于官方文书和官印印文。出土和传世的大蒙古国和元朝的官印,印文所用的文字有两种:一种是汉字篆书,一种是八思巴文篆体。不过,这两种文字印章的印背上,都有汉字楷书的刻款。从时间上划分,汉字官印主要流行于八思巴文颁行之前,如1973年出土于山东阳谷徐集的"东平路宣抚司奏差黄字号印"(图3-36)。印面边长5.1厘米,背款"奏差黄字号",侧刻"东平路宣抚司,中统元年七月日造"。至元六年,八思巴文颁行后,汉字官印数量减少,但也没有完全消失。

图3-36　元"东平路宣抚司奏差黄字号印"印文

出土的八思巴文官印数量较多。目前已知年代最早的八思巴文官印,是故宫博物院收藏的一方"□□□印"印,背款右侧的楷书汉字印文名已残损,左侧则有汉字"中书礼部造,至元九年八月日"。尽管八思巴文是法定的通行文字,但在官印的印背上依然用汉字镌刻印名,也反映了汉文化的影响之大。元朝的官印是由中书省礼部铸印局统一铸造的。据《元典章·礼部·印章》记载,官印所用材料,形制皆依官品高下而定。如诸王用金印,正一品至正三品用银印,从三品以下皆用铜印,出土的元代官印与这一记载基本相符。元官印的钮多为扁长方形杙钮,其印文为极典型的九叠篆,边框较宽。在元朝的政权制度中,还有一项重要的内容,即朝廷委派中书省官员分赴各地处置具体事务,行使中书省权力,称为行中书省,简称行省。最初是因事而设,后逐渐成为辖有一定区域的常设机构。凡钱粮、兵事、农耕、漕运等事务,均受其管理。1983年,出土于江西九江的"江西等处行中书省烧钞库印"印(图3-37),背款"中书礼部造,至元卅年七月日"。即反映了这一制度设置的情况,表明行中书省负有在地方监管纸币流通的职责。元朝统治者制订的这些制度,有效地保障了中央政权对地方的统治,也统护了多民族统一国家的整体性。

图3-37　元蒙古八思巴文"江西等处行中书省烧钞库印"印文

元朝统一后,为了加强对吐蕃地区的统治,设置宣政院职掌全国佛教和吐蕃地区的军政事务(图3-38)。吐蕃及其所在的今青藏地区,从此成为统一多民族国家的重要组成部分。佛教在吐蕃地区广为传播,因此拥有很强大的势力。其往往与地方世俗统治者相结合,成为一种地方势力。根据这一特殊情况,元朝统治者采取"因其俗而柔其人"[2]的统治

① 1204年铁木真时,畏兀儿人塔塔统阿依据畏兀儿文字书写蒙古语言,遂始创蒙古文字。

② 《元史·释老传》。

政策，即通过扶植宗教势力，实现对吐蕃地区的统治。元世祖忽必烈即位后，就将带头归附蒙古且长期生活在宫廷，与自己关系最为密切的吐蕃佛教萨斯迦派首领八思巴封为国师，并命八思巴之弟萨斯迦寺恰纳统治全吐蕃。至元六年（1269 年），八思巴创制出蒙古新字后，忽必烈又升其为帝师大宝法王。传世的元代官印中，即有“大宝法王”玉印。忽必烈还亲从八思巴受戒，备极尊礼，并以八思巴领宣政院。“[世祖]乃郡县吐蕃之地，设官分职，而领之于帝师”。① 自忽必烈以后，元朝历代皇帝都设置帝师一职，给予极尊崇的地位和优厚的待遇。这些帝师主要出自于八思巴家族或其门徒。为使这些宗教首领能更好地行使行政权力，表明其是代表元朝中央政府治理地方，元朝历代皇帝都采用封“王”的办法。

图 3－38　元“宣政院印”印文

图 3－39　“大元帝师统领诸国僧尼中兴释教之印”印文（西藏文物局藏）

西藏自治区文管会收藏的一枚“大元帝师统领诸国僧尼中兴释教之印”玉印（图3－39），是元成帝铁穆耳于元贞元年（1295）赐给帝师策喇实巴鄂尔加勒的。这些元朝皇帝赐给吐蕃宗教首领的官印，都清楚地记录并见证了一个重要的史实，即今西藏及青海地区在元朝时期已正式并入中国的版图，成为统一多民族国家不可分割的一部分。

三、统一多民族国家的最终形成

（一）记录明朝多民族国家发展的文物资料

明朝考古所发现的有关多民族国家发展的文物资料，不仅数量较多，而且其内容也十分丰富，既有反映这一时期国内民族关系发展的实物，也有记录统一多民族国家进一步发展的实证。

1. 明朝对边疆地区治理的实证

1957 年，在内蒙古乌兰浩特北发现了一枚“木答里山卫指挥使司印”印，背款为“木答里山卫指挥使司印，礼部造，永乐四年十月日”，侧面刻有“慈字五十五号”；20 世纪 70 年代，在吉林洮南还出土了一枚“塔山左卫之印”，背款“礼部造，正统十二年”；此外，还有“禾屯吉卫指挥使司印”（图 3－40）。这 3 枚官印，都涉及到明朝在东北地区设置的卫所。木答里山卫、塔山左卫、禾屯吉卫，均隶属奴儿干都司。奴儿干都司是明朝中央政府在东

① 《元史 · 释老传》。

图 3－40　明“禾屯吉卫指挥使司印”印文

北部地区设置的地方最高军政机构，其管辖范围，西起鄂嫩河，东至库页岛，北抵外兴安岭，南濒日本海，下辖 184 卫，20 所。永乐年间，奴儿干都司最高长官为都指挥同知。至宣德二年（1427），又升为都指挥使。其下属卫所都督、都指挥、指挥、千百户、镇抚等职，一般由当地部族首领充任，世代相袭。但必须经朝廷直接委任，服从明廷命令，戍守边疆，交纳土贡。这 3 枚官印应是明朝中央政府授予女真部落首领的。它的发现，充分证实了明朝中央政府对东北边疆地区实施了有效的管理，也证明这一地区与内地政权一直处于隶属的关系。生活在这里的女真等民族与内地政权和其他民族之间，建立了十分密切的联系，是统一国家的重要组成部分。

明朝中央政府在西南地区也同样采取了维护国家统一，促进民族间友好交往的措施。明朝中央政府鉴于生活在西南地区的少数民族首领、头人，“各长其部，割据一方”[①]的局面，沿袭了元朝的土司制度。对归附明朝的各少数民族首领，分别授予宣慰使、宣抚使、安抚司、招讨使、长官等官职，土司皆为世袭，“袭替必奉朝命，虽在万里外，皆赴阙受职”。[②] 1959 年，出土于湖北鄂西土家族苗族自治州咸丰大悔寨的一枚“金峒安抚司印”印（图3－41），背款为“金峒安抚司印，礼部造，永乐五年四月日”，侧刻“节字四十六号”。同出的还有一铜质印盒，仅残存底部，上刻“监造合目，知印长官覃胜廉；冠带大头目覃亮，工作林凤朝制”。1973 年，又在咸丰活龙坪出土了一枚“唐崖长官司秦关方（防）”印，印背上方刻有“上”字，同出的有一素面铜印盒。“金峒安抚司”位于今咸丰黄金峒区，今仍称金峒司处。唐崖长官司位于今咸丰尖山，据文献资料记载，出土印章的地点活龙坪为其副司所在地。印文中的“秦”字，应是担任“唐崖长官司”的土司首领之姓。由此证明，这两枚官印是明朝中央政府颁发给鄂西地区的土司首领，证明明朝统治者对西南地区少数民族实行的“土司”制度。正是通过这种制度，明朝中央政府有力地维护了国家的统一，使这些少数民族居住的地区统一在祖国的版图之内。同时这种制度，也方便了各民族之间的交往，进而促进少数民族地区社会经济的发展。

图 3－41　明“金峒安抚司印”印文

2. 明朝对西藏地区的管理

明朝建立后，对西藏地区的治理是在元朝政策和制度基础上的改进和调整。现收藏于西藏文管会的明代文物，充分表明明朝时期西藏与内地政权的关系继续友好发展。其中有一件明洪武八年（1375）正月，明太祖朱元璋的圣旨（图 3－42）。圣旨为白棉纸地，正

① 《清史稿》卷五一五。
② 《明史》卷三一零《土司总序》。

方形，长宽各76厘米。墨笔楷书："皇帝圣旨，中书省官我根前题奏，西安行都卫文书里呈来，说乌思藏哈尔麻剌麻卒尔普寺在那里住坐修行，我想修行是好的勾当，教他稳便在那里住坐，诸色人等休教骚扰，说与那地面里官人每知道者。洪武八年正月□日。"并钤"制诰之宝"之印。这道圣旨是明太祖根据西安行都卫的报告，颁给楚布寺喇嘛乳必多吉的。乳必多吉是藏传佛教噶举派的支系——噶玛巴的第四世活佛，是当时藏传佛教内部一位颇有名望的僧人。元朝末年，应元顺帝之召，于元至正二十年(1360)到达元大都，为顺帝父子授金刚亥母灌顶，并为蒙古、汉、畏兀儿等族的王公贵族传法。元至正二十四年(1364)，乳必多吉在大都居住5年后，返回西藏。明洪武元年(1368)，明太祖即位后，即遣使入藏，召僧俗首领进京授职。虽乳必多吉受召而未赴京，但从洪武七年起，均按期派贡使入朝进贡。故明太祖特颁圣旨，以示对其褒扬。这道圣旨沿用元朝的白文体，全篇88字，通俗简短，也含有沿袭元朝对西藏政策的意图。

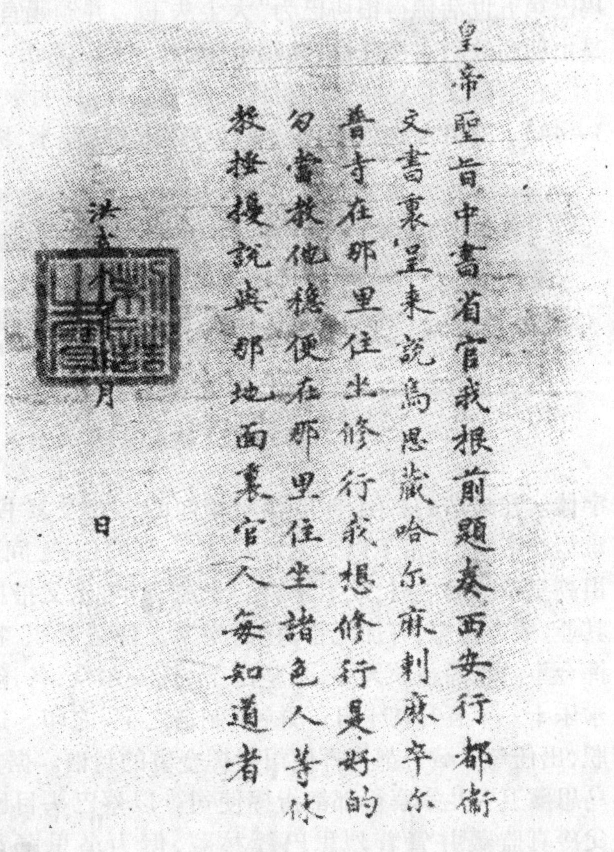
皇帝聖旨中書省官我根前題奏西安行都衛
文書裏呈來說烏思藏哈尔麻剌麻卒尔
普寺在那里住坐修行我想修行是好的
勾當教他穩便在那里住坐諸色人等休
教搔擾說與那地面裏官人每知道者
洪武　月　日

图3-42　明太祖洪武八年圣旨(西藏文物局藏)

图3-43　"明初八王"印(正觉大乘法王之印、如来大宝法王之印)印文

明朝初年继续采取加封藏传佛教各教派首领的方法，先后加封了八位王：大宝法王、大乘法王、大慈法王、阐化王、赞善王、护教王、辅教王、阐教王。有关"明初八王"的文物，包括印章、诰书等，现均收藏于西藏文管会(图3-43)。

明朝统治者十分

重视藏传佛教噶玛巴派系，将其地位置于其他派系之上。明成祖于永乐五年(1407)封噶玛巴第五世活佛得银协巴为“大宝法王”，并颁赐官印。其他的几位受封的宗教首领，也都是由明朝政府直接任命，并赐予印、诰、白金、彩币、衣装等，实际成为明朝的官员。

在西藏文物局收藏的明代文物中，有一件明永乐十一年(1413)五月初十日的封诰(图3-44)。这件封诰为彩色云绫纹，横长390厘米，纵宽32厘米。其上墨笔楷书汉、藏两种

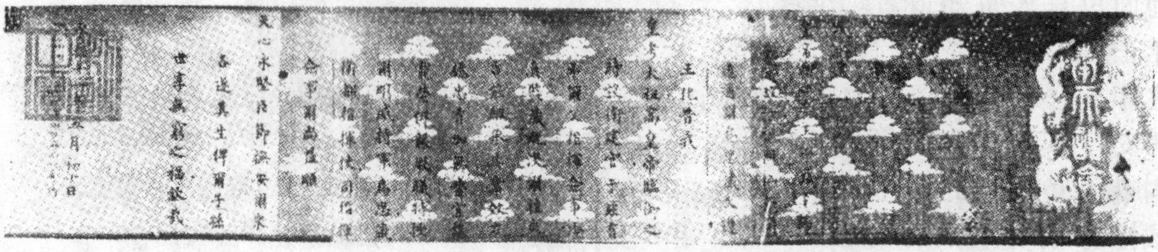

图3-44　明永乐十一年封诏(西藏文物局藏)

字体。在封诰的右侧，织有相对相向的二龙及篆书“奉天诰命”4字。封诏正文为：“奉天承运皇帝制曰：帝王以天下为家，故一视同仁，无间远迩。尔乌思藏久遵王化，昔我皇考太祖高皇帝临御之时，设卫建官。于兹有年，尔父指挥佥事冷真监藏既歿，尔挫失吉能继承其业，效力摅忠，有加无替，宜锡宠幸。俾袭厥职，特授尔明威将军、乌思藏卫都指挥司指挥佥事。尔尚益顺天心，永坚臣节，抚安尔众，各遂其生，俾尔子孙世享无穷之福。钦哉！永乐十一年五月初十日。”并钤“制诰之宝”之印。这是明朝中央政府册封挫失吉继承其父职，出任乌思藏卫都指挥使司指挥佥事的封诰。据文献资料记载，“明永乐十一年二月，置乌思藏卫牛儿宗寨行都都指挥使司。以蔡巴头目巴儿藏卜继其兄葛谛藏卜，挫失吉继其父冷真监藏并管着烈思巴簇林藏，俱为乌思藏都指挥使司都指挥佥事。各赐诰命，彩币。”①

明朝中央政府为了更直接、有效地治理西藏地区还设置了乌思藏都指挥使司和朵甘卫都指挥使司。明永乐十一年的封诰就是乌思藏都指挥使司设置的见证。另在西藏文物局还收藏有一枚“朵甘卫都指挥使司印”银印(图3-45)。印为直钮，印面正方形，边长9.4厘米，通高9.4厘米。印文为九叠篆书“朵甘卫都指挥使司印”，印背右刻阴文“朵甘卫都指挥使司印”、“赐南葛监藏”两行；左刻阴文“礼部造”、“永乐五年二月

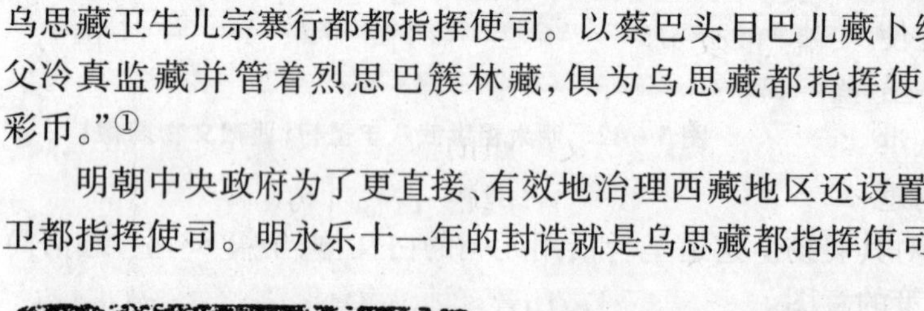

图3-45　明“朵甘卫都指挥使司印”印文及背文

① 《明成祖实录》卷八七。

□日”；印左侧刻“智字三十七号”。这枚明朝官印与文献资料的记载完全相符。“永乐五年三月丁卯，命馆觉（今西藏自治区昌都市贡觉县）头目南葛监藏、阿屑领占俱为朵甘行都指挥使司都指挥使……南葛监藏者，剌兀监藏之子也。剌兀监藏，洪武中率先朝贡，授朵甘卫都指挥使。及卒，以弟着思巴儿监藏暂领其职。至是，南葛监藏并诸头目亦各遣人来朝贡马，故有是命。”①明朝设置的乌思藏都指挥使司和朵甘卫都指挥使司，分别管辖今青藏、川西地区。

从西藏自治区文物局收藏的这些文物中，不难看出明朝中央政府正是通过加封藏传佛教各派系首领的方法，继续保持与西藏地区僧俗民众的友好关系。同时又通过设置朵甘、乌思藏两个指挥使司，任用宗族首领担任各级地方官员的措施，巩固和加强了对青藏、川西等藏族聚居地区的治理，使西藏地区与内地的联系更加紧密，交流更加频繁。这为统一多民族国家的最终形成，奠定了极为坚实的基础。

（二）统一多民族国家最终形成的实证

在考古发现和传世的诸多文物中，有相当多数量的实物及文字资料，都清楚地记载了在清朝前期（鸦片战争以前）中华民族大家庭的最终形成，也见证了中华民族抗击外来侵略者，维护国家统一的英勇、悲壮史实。

1.“满汉一体”的清代官印

清顺治元年（1644），清军自东北入关，定都北京，从而开始了对内地及东南、西南、西北等周边地区的统治。清朝是由满洲（今满族）贵族建立的封建政权。早在清太祖努尔哈赤时期，就创制了本民族的文字——满文。入关以后，面对内地受中原传统文化影响颇多的众多民族，清朝统治者采取“尊孔尚儒”的政策，以缓和尖锐的民族矛盾，巩固对全国的统治。这一点在清朝的官印上，就有鲜明的反映。

清朝官印的一个突出特点，就是印文采用满、汉文对照的形式，汉文用篆书，满文有楷、篆两种书体。据《清史稿》和《大清会典》记载，清朝官印统一由礼部铸印局铸造。吏部或兵部具题印文通报礼部，礼部再据文奏请皇帝批准后，由钦天监择日交铸印局开炉铸造。印章铸成后，还要送内阁复核无误后再颁发。每枚印章的大小、厚薄、成分和重量，以及颁发的日期，都要详细记录在册，存档备查。可见，清朝统治者对官印的铸造、颁发是十分重视的，制度十分严密。但其印文采用满、汉文对照的形式，显然是为了适应对内地统治的需要。而且自乾隆十三年（1748）开始，印文中的满文又改楷书体为篆书体（图3－46），与篆书体汉字印文在字形和风格上，十分相似，有相得益彰之感。这些变化，都表明作为满族贵族的清朝

图3－46　“大清嗣天子宝”、“太医院印”印文

① 《明太祖实录》卷四八。

统治者，并未对内地的传统文化抱以排斥的态度，而是在逐步吸收和接受它，并充分利用汉文化，为自己的统治服务。

2. 见证西藏与内地政权关系密切的实物

现收藏于西藏自治区文物局的达赖喇嘛印和班禅额尔德尼印，更进一步见证了西藏地方与中央政府隶属关系得到继续加强的史实。14 世纪末，出生于青海湟中塔尔寺地方的藏族僧侣宗喀巴去西藏求佛法，随后又进行宗教改革，创建了格鲁派。因其要求僧侣（喇嘛）身着黄色的僧衣和僧帽，故被称为黄教。在宗喀巴的弟子中，最著名的是达赖喇嘛和班禅额尔德尼。明朝末年，五世达赖借助蒙古和硕特部固始汗的力量统一了全藏。其后，五世达赖与四世班禅分掌前、后藏，实行政教合一。

清顺治九年（1652），五世达赖亲至北京，觐见顺治帝。据《清世祖实录》记载：顺治九年十二月"癸丑，达赖喇嘛至，谒上于南苑，上赐坐，赐宴。达赖喇嘛进马匹、方物，并纳之"。顺治帝亲自出京城，于南苑迎接五世达赖，足见其对五世达赖远道来朝所表现出的敬重和欢迎。清朝中央政府不仅以隆重的礼节接待五世达赖一行，还在安定门外为他修建了一所寺庙——黄寺（图 3－47），供其居住。次年二月，五世达赖辞归，顺治帝又在紫禁城中太和殿设宴，为其饯行。五世达赖此次进京，得到顺治帝的敕封。四月，顺治帝即遣礼部尚书觉罗

图 3－47　清黄寺清净化域塔（北京）

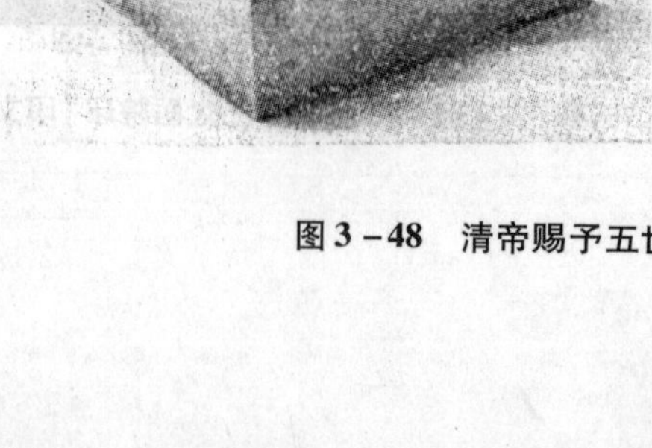

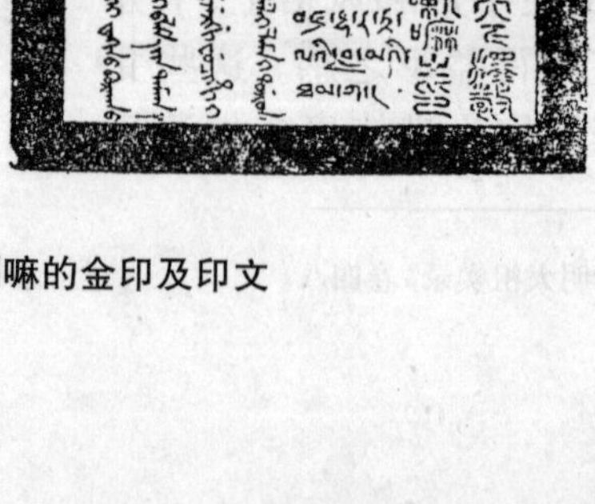

图 3－48　清帝赐予五世达赖喇嘛的金印及印文

郎珠、理藩院侍郎席达礼等持敕封金册、金印，颁赐给五世达赖。收藏于西藏自治区文物局的达赖喇嘛金印，就是顺治十年颁赐给五世达赖的。印为如意钮，印面正方形，边长11.5厘米，厚3.8厘米。印文为满、汉、藏三体文字："西天大善自在佛所领天下释教普通瓦赤拉呾喇达赖喇嘛之印"（图3－48）。从此正式有了"达赖喇嘛"这个封号，并正式确立了达赖喇嘛在政治上的地位。

另一枚班禅额尔德尼印，则是康熙五十二年（1713）颁赐的。这枚金印同样见证了清朝中央政府维护国家统一，保护西藏地方权益的史实。清康熙二十一年（1682），五世达赖逝世。因西藏第巴（行政官）桑吉嘉措与固始汗的后裔拉藏汗争权，而秘不发丧，并盗用达赖的名义，把持西藏地方政府，由此引发了一系列的事变。直至康熙四十四年（1705），青海和硕特部拉藏汗入藏杀桑吉嘉措，才基本结束了西藏地区的动乱局面。清朝中央政府遂委任拉藏汗管理西藏地方事务。为了更好地协助拉藏汗管理藏务，安定地方局势，故敕封五世班禅封号。据《清圣祖实录》记载："康熙五十二年正月戊申，谕理藩院，班禅胡土克图为人安静，熟谙经黄，勤修贡职，初终不倦，甚属可嘉。著照封达赖喇嘛之例，给以印册，封为班禅额尔德尼。"班禅额尔德尼印，即是这一年颁赐的。印亦为如意钮，印面正方形，边长10.8厘米，通高8.7厘米。印文为满、汉、藏三体文字："敕封班臣额尔德尼之印"（图3－49）。"班臣"与"班禅"为同音异译。从此，正式有了"班禅额尔德尼"的封号。此外，清朝中央政府还进一步明确划定了达赖和班禅分别在前、后藏的辖区范围。

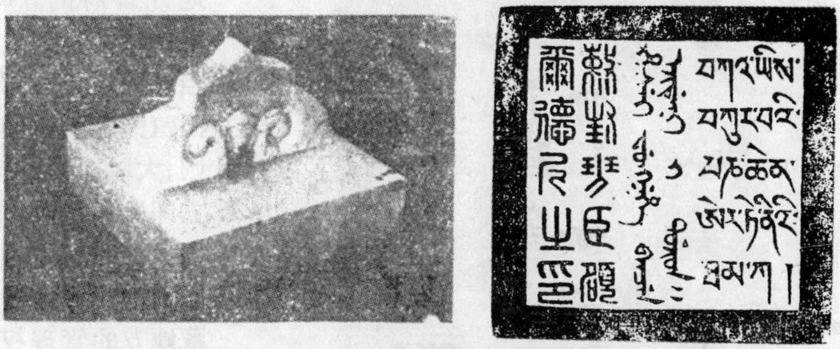

图3－49　清帝赐予班禅额尔德尼的金印及印文

图3－50　清宣宗敕封十一世达赖喇嘛的金册

达赖喇嘛和班禅额尔德尼两枚金印无可辩驳地表明,西藏地方在清朝时期是受中央政府管理的。由于西藏地方是政教合一,因此敕封藏传佛教最高首领,实际具有由中央任命西藏地方官员的含义,西藏地方因此与中央政权的关系更加紧密。此后,清朝皇帝一直沿袭这做法,向转世的达赖或班禅颁赐金册、金印(图3-50)。保存至今的达赖喇嘛、班禅额尔德尼金印和封册等文物,十分清楚地表明,西藏地方与清朝中央政府之间已建立起一种牢固的,制度化的隶属关系。

在西藏自治区文物局收藏的金本巴瓶(汉译金瓶),则更能见证西藏是祖国不可分割领土的实物。金本巴瓶,为金质,长颈直口,圆肩鼓腹,圈足。通高34厘米,瓶身通体饰以莲花瓣纹、如意头纹、缠枝纹等图案,并镶嵌有各种宝石(图3-51)。瓶口内套有签筒,签筒内放置如意头象牙签5支。这件金本巴瓶是清朝中央政府于乾隆五十七年(1792)颁赐给西藏地方官府的。乾隆五十六年(1791年),廓尔喀(今尼泊尔)军队在西藏当地贵族舍玛尔巴的引诱下,并在英国殖民者的唆使下入侵西藏,攻日喀则,大肆抢掠扎什伦布寺。清廷闻讯,立即发兵入藏,击败廓尔喀军队。为了保护西藏地方安全,确保社会秩序的稳定,更有效地保证中央政府对西藏地方的管理权,清朝中央遂采取积极的措施,颁布《钦定西藏章程》,颁行"金本巴瓶掣签"制。金本巴瓶是为了防止西藏地方贵族把持选定达赖、班禅及各活佛转世灵童之权,避免反叛、分裂而设置的。规定今后凡遇确认转世灵童时,在按照藏传佛教仪轨,经过问卜、问影、寻认、初选后,将灵童姓名,以及出生年月,用满、汉、藏三种文字写于象牙签上,放入签筒,置于瓶内。再选学问极深的活佛祈祷七日。然后由各呼图各图和驻藏大臣在大昭寺释迦牟尼佛像前,开启金本巴瓶,抽出一签,即确认为转世灵童。若经初选后,只有一名灵童,则须将写有灵童姓名和出生年月的象牙签与另一支空白象牙签一同置入瓶中。若抽出空白象牙签,则被认为未寻访到灵童,重新按程序进行。

图3-51　金本巴瓶和象牙签、签筒(西藏文物局藏)

3. 抗击外来侵略,维护民族团结的珍贵文物

在清朝考古中,更有反映中华民族英勇抗击外来侵略,维护民族团结、祖国统一的实证。1975年5月,在黑龙江齐齐哈尔建华机械厂发现了一门铜炮。炮身长248厘米,炮口内径11厘米,外径27.5厘米,底径34.5厘米。炮身呈筒形,前细后粗,前后有5道隆起,近中部有柱状双耳,尾有球冠。炮口与底部正上方分别有用于瞄准的"星"和"斗",火门作正方形(图3-52)。炮膛底部尚遗有一枚实心铁弹,重2.7公斤,直径约9厘米。这门铜

图 3－52　清"神威无敌大将军"铜炮(黑龙江齐齐哈尔出土)

炮的炮身保存完好，上镌刻有满、汉两种文字："神威无敌大将军"，"大清康熙十五年三月二日造"。这门重达1000公斤的"神威无敌大将军"铜炮，正是清军抗击沙俄入侵，在雅克萨战役中使用的。

据嘉庆年间西清所撰《黑龙江外记》记载："齐齐哈尔、墨尔根、黑龙江皆有炮，曰神威无敌大将军。齐齐哈尔、黑龙江各四门。……皆平定罗刹故物也。""罗刹"即俄罗斯，"平定罗刹"，即指雅克萨之战。17世纪中叶，沙俄军队侵入黑龙江流域，疯狂杀戮当地各族土著居民。康熙帝亲政后，曾派使者与俄军交涉，但沙俄军队拒不撤兵。从康熙二十四年(1685)起，清军两次出兵进攻被沙俄军队盘踞的雅克萨(今俄罗斯阿勃巴金)，最终将其收复，并迫使沙俄政府接受清朝政府的谈判建议，签订了《中俄尼布楚条约》。这门铜炮就是当年随清军进抵雅克萨城下，痛击沙俄侵略军，战后被存放于齐齐哈尔城的。

新疆自治区收藏有8方银印，均为清乾隆十四年(1749)颁赐给旧土尔扈特部以及和硕特部的官印。其中有7方是颁赐给旧土尔扈特部的。印面均为方形，边长10.6厘米，虎钮。印文皆用满、蒙两种文字，分别为："乌讷恩苏珠克图旧土尔扈特部卓里克图汗之印"、"乌讷恩苏珠克图旧土尔扈特北部盟长之印"、"乌讷恩苏珠克图旧土尔扈特南部盟长之印"、"管理旧土尔扈特部南右旗札萨克之印"、"管理旧土尔扈特部南左旗札萨克之印"、"管理旧土尔扈特部南中旗札萨克之印"、"管理旧土尔扈特部东左旗札萨克之印"(图3－53)。1996年，在新疆伊犁还发现两方与上述7方印相关的银印。印文也使用满、蒙两种文字，分别为"乌讷恩苏珠克图旧土尔扈特部西部盟长之印"、"管理旧土尔扈特部西旗札萨克之印"。这两方银印亦为虎钮，方形，印面边长10.6厘米。这几方清朝官印，清楚地印证了漠西厄鲁特蒙古土尔扈特部回归祖国的悲壮史实。

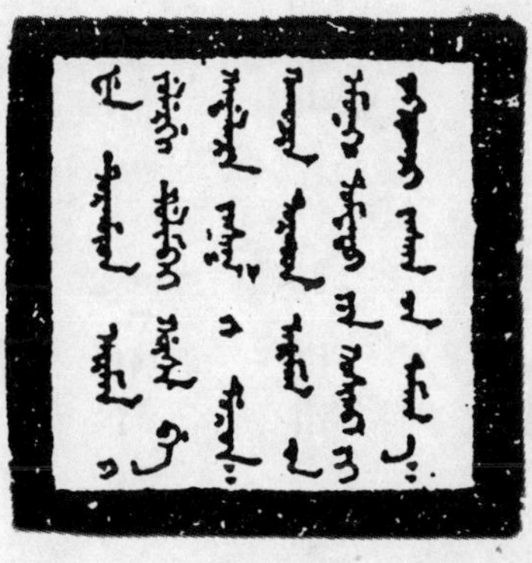

图 3－53　清"管理旧土尔扈特部南中旗扎萨克之印"印文

明末，漠西厄鲁特蒙古分为准噶尔、和硕特、杜尔伯特、土尔扈特四部。势力强盛的准噶部首领噶尔丹在沙俄的支持下，大举进犯漠南。土尔扈特部因不堪其袭扰，于明崇祯初年西迁至额济勒河（今伏尔加河）下游地区，受到沙俄的控制。在康熙、雍正、乾隆三帝先后出兵，最终平定准噶尔部的叛乱后，西北边疆地区恢复了和平、安定的生活。乾隆三十六年（1771），土尔扈特首领渥巴锡汗毅然率全族部众冲破沙俄的层层阻拦，历尽艰辛，返回祖国。乾隆帝曾在热河避暑山庄接见并宴请渥巴锡，将其部从分为4路、10路，安置在准噶尔盆地游牧。这些清朝中央政府颁赐给土尔扈特部首领们的银印，证实了土尔扈特部族人自伏尔加河流域回归祖国后，受到清朝统治者安抚的史实。为表彰土尔扈特部回归祖国的壮举，乾隆帝还亲自撰写《土尔扈特全部归顺记》、《优恤土尔扈特部众记》二通碑文，镌刻成石碑，立于承德普陀宗乘庙碑亭内。

清朝考古和传世的大量文物，都表明了这一历史时期的民族关系友好发展，统一多民族国家得到进一步的加强并最终形成。

第四章

文物资料反映的古代社会经济

中华民族以自己的勤劳智慧，在中国古代历史上创造了极其辉煌、灿烂的文明，从而不断地推动社会的进步和发展。古代社会经济所取得的一系列成就，也充分地证明了这一点。

一、农业生产的进步与发展

我国自原始社会新石器时代产生种植业后，农业生产一直是社会经济的基础。因此，出土和传世的反映古代社会不同历史时期农业生产的文物资料数量极大，内容也颇丰富。

（一）农业生产工具的沿革与创新

中国古代农业生产工具的发展，突出表现在工具的制作材料、性能与功能、工具使用的动力等方面。

1. 铁的问世

从原始社会时期的先民们“伐木而树谷，燔莱而播粟”①开始，在原始种植业生产中便有了石质的刀、斧、铲、镰等工具。进入青铜时代以后，金属也开始成为农具制作的材料。如在商朝考古中，就发现有铜铲、铜臿等农具（图4－1）。金属材料与石质、木质、骨角质等材料相比，具有硬度大，耐摩擦，易于加工（铸造）等优点，因此很快便引起人们的兴趣。但铜矿的储量有限，在一定程度上也制约了青铜的产量有限。而夏、商、西周时期的统治者又将有限的青铜主要用于制作供祭祀和显示等级地位的礼器，所以这一时期的青铜农具数量极少。但人们毕竟认识到金属这种材料的

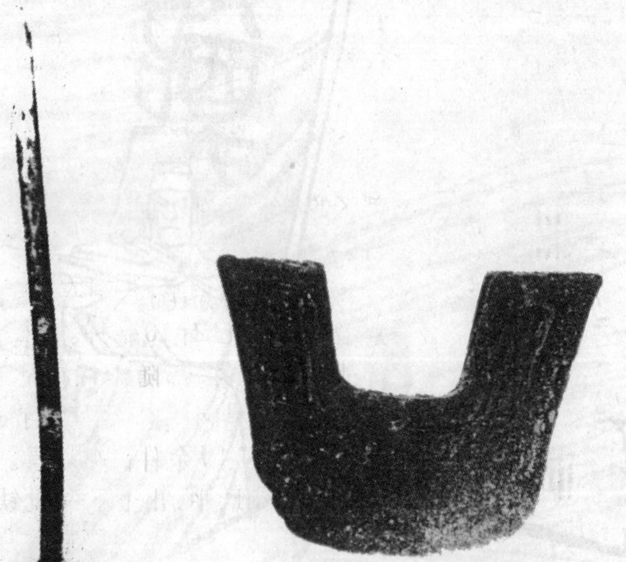

图4－1　商代铜铲、铜臿（河南郑州、江西新干大洋洲出土）

① 《盐铁论》卷一。

优点，便不断地在自然界中去探寻可以制作工具的新的材料。

1972年，在河北的藁城台西村一处商代中晚期遗址的一座墓葬中，出土了一件铁刃铜钺（图4－2）。残长11.1厘米，宽8.5厘米，外刃部已断失，残存的铁刃嵌包入铜钺内，约1厘米。1977年，在北京平谷刘家河的商代晚期墓葬中，也发现了一件铁刃铜钺，残长8.4厘米，铁刃嵌入铜身约1厘米。这两件铜钺上的铁刃，经化验鉴定，均为陨铁锻造而成。人们将铁加工成锋刃，嵌入铜钺中，显然是认识到铁比铜的硬度更大。这一发现表明，中国人最早认识铁是在商朝中晚期。尽管人们最初是从来自天外的陨铁认识了这种金属，但很快又从陨铁中认识了这种金属的特性，进而促使人们从自然界中去寻找铁这种性能更优的金属，从而揭开了铁器时代的序幕。

图4－2　铁刃铜钺（河北藁城出土）

2. 铁制农具的出现

在春秋后期的遗址墓葬中，常出土有铁制农具，表明这一时期人们已经寻找到铁矿资源，并开始了冶铁的历史。如在湖南长沙郊区的早期楚墓中，就出土了凹形铁臿（图4－3）。

图4－3　战国铁臿（河南辉县出土）

到战国中期以后，铁制农具的数量迅速增多，种类已有10余种。在许多地区的战国墓葬中，都随葬有铁制农具。如河南郑州二里岗一座战国时期的韩国墓葬中，出土了10余件铁制农具。河北石家庄赵国遗址中，出土了一批铁、石、骨、蚌质的生产工具，其中铁制农具占到总数的65%。在战国时期的一些冶铁遗址中，也多发现有用于铸造铁制农具的范。在河北兴隆大副将沟战国遗址中，就出土了40副用于浇铸生产工具的铁范，其中有䦆范、锄范、镰范等。这些考古发现充分证明，进入战国中期以后，铁制农具已较普遍地使用于农业生产中。同时也证明，我国早期的冶铁业在这一时期得到迅速的发展。

已发现的战国中晚期铁制农具，用于整地、中耕、收获等农作方面的农具种类，除沿袭传统的石质、骨质、蚌质及青铜质农具的形状外，又有新的改进，出现了一些新的类型。主要用于挖掘的整地工具在出土的农具中数量最多，这也说明这一时期开垦土地是社会的普遍现象。铁镬、铁臿是当时用于平整土地的主要工具。铁镬出土的数量最多，在形制上一改单一的空首直銎式，出现了横銎式。河南辉县出土的横銎镬（图4-4），其銎口与銎体垂直。木柄插入銎口后，与銎体形成一个夹角，两者结合更加牢靠。使用时由于改变了用力的方向，且借用了惯性，因此更加省力。所以横銎镬很快得到推广，取代了直銎镬，并一直沿用至今。

图4-4 战国横銎式铁镬（河南辉县出土）

铁镬在形制上的另一种改进，是出现了齿镬。在河北易县燕下都遗址中，就出土有二齿、三齿的铁镬（图4-5）。齿镬较之平首镬，更利于松土。所以它的出现，反映了战国时期的农业生产已朝着精耕细作的方向发展。这种齿镬经后代不断的改进，即为今天的铁耙。

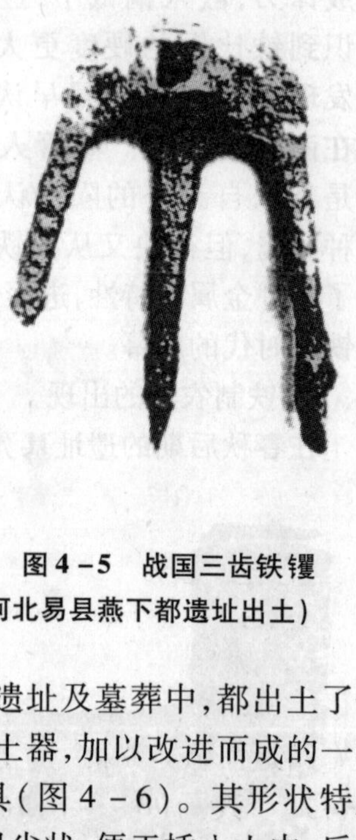

图4-5 战国三齿铁镬（河北易县燕下都遗址出土）

3. 犁的演进

犁是一种借助于动力牵引的耕地农具。其源于新石器时代中晚期的石质三角形破土器（亦称犁形器），它在以后的历史中形制又发生了一些重要的变化。因此，从不同历史时期的铁犁形制所发生的变化中，也能揭示中国古代农具演进、创新的历程。

在河南辉县固围村、陕西咸阳窑店、河北易县等地的战国遗址及墓葬中，都出土了铁制犁具。犁具包括犁铧和犁冠。犁铧是沿袭等腰三角形石破土器，加以改进而成的一种耕地农具（图4-6）。其形状特点是一端呈尖状，便于插入土中；后端较宽较厚，以利于在动力牵引下向前移动时，将位于其上方的土壤拱起，使之破碎、疏松。战国时期，犁冠出土的数量更多。这种呈V字形的犁冠，宽度多在20厘米以上，它是套在犁铧前端使用的（图4-7）。出土的犁冠数量明显多于犁铧，充分说明这一时期人们在使用犁耕作时，已考虑到犁铧经长期使用，其尖

图4-6 战国铁犁铧（河北易县燕下都遗址出土）

端易磨损，故发明了犁冠。套在犁铧前端使用，以便磨损后可以及时更换，不至于整件犁铧报废，以减少损失。同时，同于犁冠可以及时更换，使犁继续保持锋利的程度，实际又极大地提高了耕地的效率。所以，铁犁铧和铁犁冠的出现，也反映了战国时期农业生产的进步和发展水平。

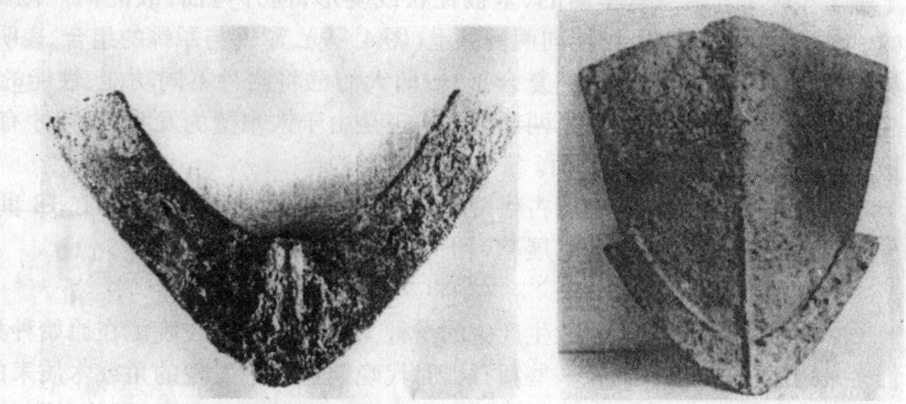

图4-7 战国铁犁冠（河南辉县固围出土）

不过，目前在考古中发现的战国铁犁，只有犁铧部分，因此它的功能只是破土，是比较单一的。但由于制作材料的改变，仍能极大地提高其效能。同时由于这种农具需要借助于外力牵引，因此人们又探索寻找替代人的外力，于是便发明了牛耕。从而又从单一的农具使用，演进为一项农业生产技术，即牛耕技术。从人力进步到畜力，不仅极大地解放了劳动力，更为犁这种整地农具在使用性能上的进一点扩大和完善，提供了有利的条件。

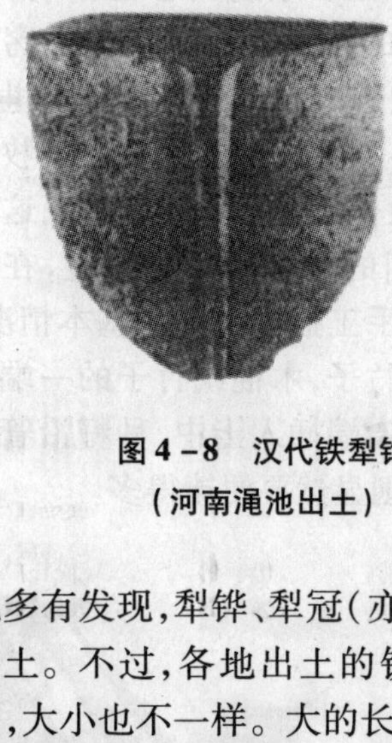

图4-8 汉代铁犁铧（河南渑池出土）

中国古代的犁，在汉代的农业生产中，不仅已相当普及，而且在形制上还出现了重大的变化。汉代的铁犁在全国各地多有发现，犁铧、犁冠（亦称犁刀）均有大量出土。不过，各地出土的铁犁铧形制不太相同，大小也不一样。大的长、宽均为40厘米以上，小的长、宽则只有20厘米左右（图4-8）。这是人们根据不同土壤的性质和耕作要求而设计制作的。特别值得注意的是，这一时期的铁犁在原有的犁铧基础上，又增加了一件犁壁。使之不仅具有破土的功能。又多了翻土的功能，在陕西、河南等地出土的汉代铁犁，是由犁铧和套接在其上的犁壁（亦称犁镜、翻土板）两部分组成的。犁铧用于破土，犁壁则用

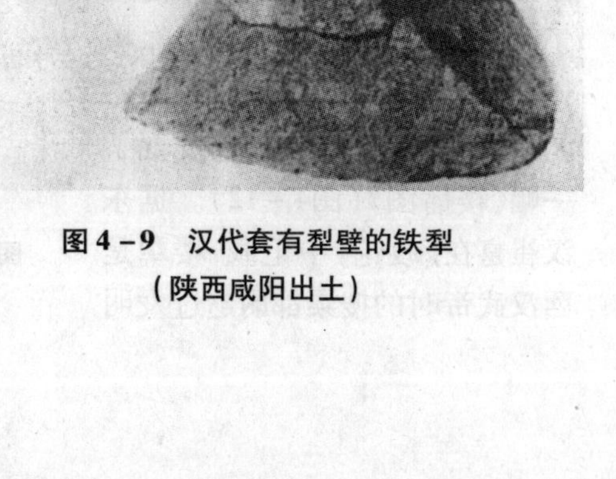

图4-9 汉代套有犁壁的铁犁（陕西咸阳出土）

于翻土和碎土。犁壁有单面的，呈板瓦状或菱形，向外弯曲，故能向一侧翻上；也有双面的，呈马鞍形向外弯曲，则能向两侧翻土（图4－9），犁壁与犁铧的组合，表明我国古代的工具制作，已从组合工具进步到复合工具；即人们已将两种不同功能、性能的工具结合在一起使用，一次劳作即完成原来两项劳动。正是由于铁犁壁的发明，汉代才有可能大面积地垦荒屯田，出现“强汉”的局面。

将犁铧套接犁壁，是中国古代劳动人民的一项重要发明。大约在18世纪中国的铁犁传入欧洲，又对世界文明的发展起到积极的作用。

4. 播种工具的创新

在中国古代历史上，农业生产中的播种工具出现相对较晚。在原始种植业产生时，人们多采用撒播的方法；而在一些新石器时代晚期遗址中发现的角或木质耒的遗存，应是这一时期人们用于播种的工具，即先用耒尖在土地上钻出一个洞，再将种子放入洞中。这种播种方式，称为点播或穴播。然而，真正意义上的播种工具，则产生于精耕细作时代。在农业生产主要依靠人力、手工的时代，为了提高播种的效率，先民们又发明了“窍瓠”。窍瓠最早见于东魏贾思勰在《齐民要术》中的记载：“两耧重構，窍瓠下之。”贾思勰总结的是公元6世纪前黄河中下游地区的农业及畜牧业生产经验，但考古中尚未发现这一历史时期的窍瓠遗存。不过，在河北栾平岑沟出土的金代窍瓠（图4－10），却向我们展示了这种手工播种工具的基本情况。窍瓠是用瓠子长老后的硬壳制成的，中间穿一根中空的木棍或竹子，木棍或竹子的一端剖开，瓠壳内盛种籽。播种时，用手持木棍或竹子的上部，将下部尖端插入土中，种籽沿管落入穴内。这种播种方式，尽管仍属于穴播，但与用耒播种相比，则显然要便捷得多。

图4－10　金代窍瓠（河北滦平岑沟出土）

在铁犁和窍瓠这两种农具的基础上，西汉时期又发明了新的播种农具——耧犁。耧犁即是现在北方地区农村仍在使用的耧车。在北京海淀清河镇、陕西富平、河南渑池等地，都出土了西汉时期的铁耧足（亦称耧铧）（图4－11）。在山西平陆枣园村的一座东汉墓中，还发现了一幅《耧播图》（图4－12）。据东汉崔寔在《政论》中记载，耧犁是西汉武帝时的搜粟都尉赵过发明

图4－11　汉代铁耧足及耧车复原模型（河南渑池出土）

的。"三犁共一牛，一人将之，下种挽耧，皆取备焉，日种一顷。"可见这种播种农具的效率是极高的。耧车有一足（或称独脚）、二足（脚）、三足（脚）、四足（脚）等几种形制，其中尤以二三足最为普遍。关于耧犁这种播种工具的结构和使用方法，明代王祯在《农书·耒耜门》中有较详细的记载："两柄上弯，高可三尺，两足中虚，阔合一垄。横桄四匝，中置耧斗，其所盛种粒各下通足窍。仍旁挟两辕，可容一牛。用一人牵，傍一人执耧，且行且播，种乃自下。"

图4－12　东汉壁画《耧播图》（山西平陆枣园出土）

耧犁实际也是一种复合工具。铁耧用于破土，而耧斗内的种籽经连接耧足的中空木管，直接落入刚被耧足拱开的小沟里，这样一次就完成了开沟或钻穴、播种的全过程，因此可以极大地提高播种的效率。所以，这种播种农具，在汉代以后的北方地区一直被使用。

5. 中耕农具的改进

中耕是农业生产的一个重要环节，即在农作物生长过程中进行田间管理，诸如锄草、间苗、松土等。这些劳动同样也离不开生产工具。在商周及其以后朝代的考古中，便较多地发现了中耕农具，主要有锄、铲等。

锄是一种横銎式锄地工具。考古发现的青铜和铁器时代的锄，一般分大小两种形制。大型锄主要用于挖掘，小型锄则用于松土、锄草、间苗。锄在商周时期称为镈。《诗经·颂·良耜》："其镈斯赵，以薅荼蓼。"可见镈这种农具在当时是作为锄草工具的。刘熙《释名·释器用》："镈亦锄也。"镈在春秋时期又称为耨。据《吕氏春秋·任地》记："耨（耨）柄尺，此其度也，其博六寸，所以间稼也。"根据文献资料的记载，可以看出，锄这种中耕农具在这一历史时期已较普遍地用于锄草等农作中。而且在形制上也发生了很大的变化。

图4－13　西汉鹅颈状三角形铁锄（湖北枣阳出土）

西汉时期，还出现了一种铁薅锄，其刃平直，锄身近似三角形，上接一鹅颈状的锄钩，用于安装木柄（图4－13）。由于这种锄的木柄与锄身之间，有一向前呈拱状弯曲的铁条相连,使锄身与木柄形成一个小于90°的夹角。人在使用时,可以直立身体,锄刃就能以很小的角度插入土中。这与此前横銎式鐝相比,具有很大的优势。因为这种带鹅颈状锄钩的铁薅锄,既节省体力,又十分便捷,可以极大地提高劳动效率,因此为后代所沿用,只是锄身变为半月形 。王祯在《农书·钱镈门》中,记述这种当时被称之为"耰锄"的农具。"其刃如半月,比禾垄稍狭。上有短銎,以受锄钩。钩如鹅项,下带深裤,皆以铁为之,以受木柄。钩长二尺五寸,柄亦如之。北方陆田,皆举用此。"

6. 收割农具的进步

收割农具是用于收割农作物的专用工具。自原始种植业产生后,人们便尝试着用带刃的石器去割断谷物的穗茎。在此基础上,逐渐发明了石镰、石刃等收获农具。进入青铜时代以后,主要的收获农具是铜镰、铜铚。《说文解字》:"铚,获禾短镰也。"据河北平山灵寿城、云南呈贡龙街等墓葬中出土的铜铚分析,铚是一种宽刃短镰,铚身有孔,使用时用手直接持握。安徽贵池和江苏句容出土的铜铚,器形略呈椭圆形,刃部铸有斜线纹锯齿,故更较为锋利(图4-14)。战国以后,在收获农作物中,人们又使用铁铚。尽管在汉代以后,铁镰成为主要的收获农具,铁铚逐渐减少,但始终没有完全消失,至今在华北的一些农村中仍有使用,只是名称改称为"爪镰"等。

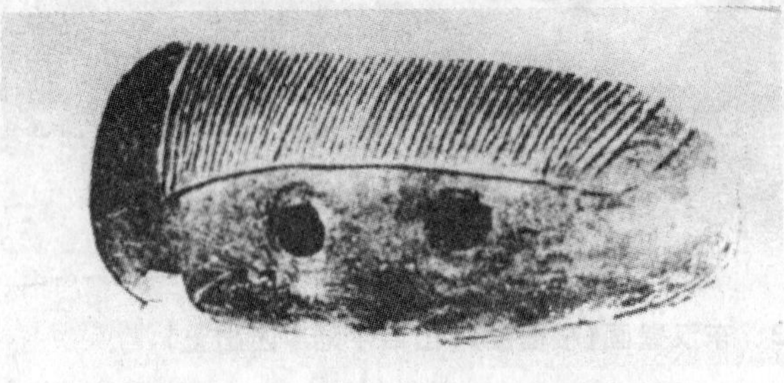

图4-14 春秋铜铚(江苏句容出土)

镰刀的历史十分悠久。最早的镰,有直刃、弯刃之分,刃也有锯齿状、平刃之别。人们采用不同形制的刃,是根据作物茎秆的特点和自己在生产劳动中的长期实践、探索中创制的。进入青铜时代以后,青铜镰的形制仍有平、弯刃之分(图4-15)。但进入铁器时代以后,在各地的战国中晚期考古中,发现的大量铁镰在形制上与此前的青铜镰多有不同。如河北平山灵寿城、兴隆大副将沟、河南新郑郑韩故城等战国时期的遗址中,出土的镰范及铁镰,其镰身的弯曲度明显加大(图4-16)。

图4-15 西周青铜镰(江苏仪征破山口出土)

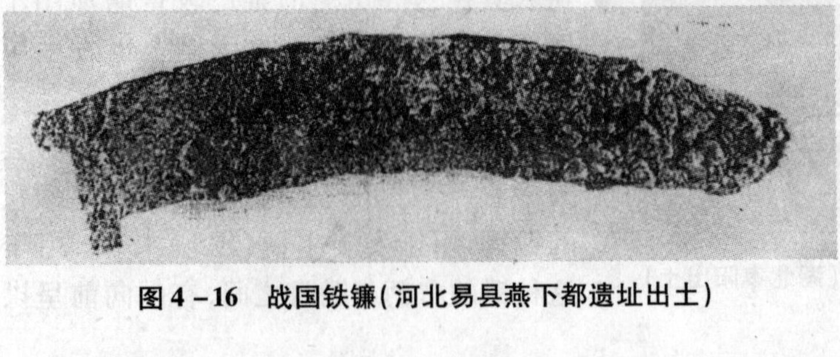

图4-16 战国铁镰(河北易县燕下都遗址出土)

弯镰的大量出现,显然是根据收割农作物的操作特点而改进的,便于勾住农作物的茎秆,提高收割农作物的效率。

在传统的收获农具的基础上,人们又结合自己生产劳动的实际,不断地加以改进和创新。湖北省博物馆收藏的一件铁钹镰,就是一个实证。这件铁钹镰,镰身细长且呈弯月状,两面有刃(图4－17)。关于它的用途和使用方法,在四川德阳出土的东汉《芟草播种》画像砖上,有很形象的描绘(图 4－18)。《说文解字》对这种农具的解释是:“钹,两刃,木柄。可以刈草。”可见这是一种专用于芟割野草或禾秆的农具。它不同于镰刀是将作物的穗茎割下,而是连同禾秆一起割断,而且采用两面刃,在使用时可以双向割除,无疑是极大地提高了效率。

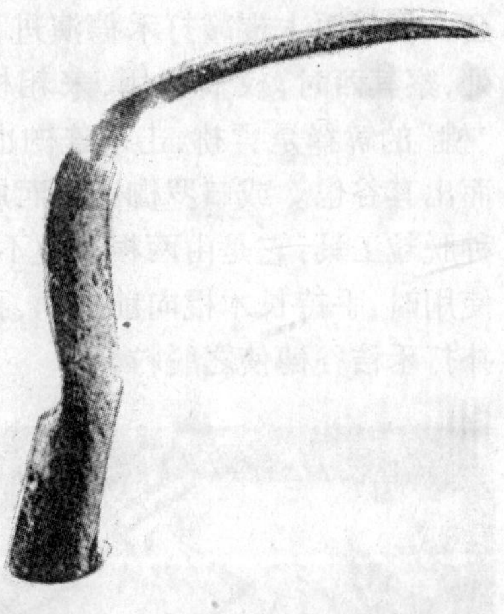

图 4－17　铁钹镰(湖北省博物馆藏)

图 4－18　汉画像砖《芟草播种》(四川德阳出土)

7. 脱粒农具的发展

谷物收获后,还需进行脱粒,才能使籽粒与谷穗脱离。在新石器时代,人们采用抓握禾穗摔打或用木、石敲打禾穗的办法,使穗粒脱落,所以后代人们使用的脱粒及加工农具,都与之有关联。

在甘肃嘉峪关的魏晋壁画墓中,有一幅《打连枷图》(图 4－19)。画面上绘有一人,手持由一长一短两根木棍连接而成的一件工具,在扑打一堆谷物。这件农具,即为连枷,它实际是从原始社

图 4－19　画像砖《打连枷图》(甘肃嘉峪关魏晋壁画墓出土)

会人们采用木棍敲打禾穗演进而成的。连枷最早见于《国语·齐语》:“今农夫群萃而州处,察其四时,权节其用,耒耜枷芟。”韦昭注:“枷,拂也。所以击草也。”《说文解字》对“拂”的解释是:“拂,击禾连枷也。”刘熙《释名·释用器》:“枷,加也,加杖于柄头以挝穗,而出其谷也。或曰罗枷三杖而用之也。”从壁画和文献资料的记载中,能较形象地认识这种脱粒工具:它是由两根长短不一的木棍组成的,即在长木棍的一端连接一根短木棍。在使用时,手持长木棍向前甩动,再迅速向回收,如此重复,遂使短木棍呈连续回转状,不断扑打禾秸谷穗使之脱粒。

图4－20　画像砖《扬场》(甘肃嘉峪关魏晋壁画墓出土)

在农作物脱粒中,还需将混杂在谷粒中的谷壳、茎叶及尘屑等杂质祛除。在长期的劳动实践中,人们发明了借助风力的办法,即后世称为的扬场(图4－20)。早期的扬场方法,是采用簸箕或木锨将谷物抛向空中,利用自然风将轻于谷粒的茎叶、谷壳和尘土吹走,从而达到分开谷粒和杂质的效果。在考古中,这些竹木制的农具因不易保存,故极少发现。但这种借助于自然风力祛除杂质的方法,仍可以从壁画得到印证。

扬场需要借助自然风力,而没有风的时期,这项劳作就无法进行。因此,至迟在西汉时期,人们就又发明了风扇车。风扇车,又称风车、扇车,古时又作飏扇。在河南洛阳东关汉墓、济源泗漳沟西汉晚期墓、山东临淄金岭和山西芮城城南等地的东汉墓中,都出土过陶风扇车模型。其中泗涧沟墓葬中还出土了一套带陶俑的陶碓和陶风扇模型(图4－21),风扇车旁的陶俑正在转动风扇车的摇把。当时的风扇车的箱体为长方形,风扇位于箱体的尾部。风扇前面的上方,有一方形的孔,谷物从这里倒入箱中,箱体的另一端为一方形

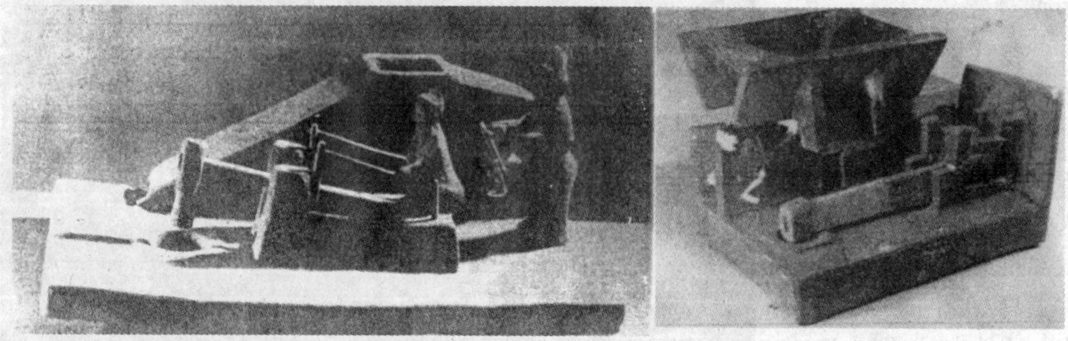

图4－21　汉陶风扇及踏碓模型(河南洛阳、济源泗沟出土)

的孔,用于将吹出的壳、叶和土等杂质排到外边。使用时,一人摇动摇把,使箱内的风轮转动,产生气流;另一人则将谷物缓缓倒入箱内。在气流作用下,较轻的谷壳、茎叶及尘屑等杂质被吹出箱外,较重的谷粒则直接落入风扇车底,沿斜坡状的底部流出车外。

风扇车的使用,解决了扬场受天气影响的弊端,这也是中国古代劳动人民的一项重要发明。它与整地、中耕、收获等农具相比,结构要复杂得多,已属于农业机械的范畴。

8. 粮食加工工具的进步

在中国传统农具的分类中,粮食加工工具主要是指去壳、粉碎等专用的农具。在新石器时代出土的石磨盘、石磨棒和杵臼,是目前发现的先民们最早使用的粮食加工工具。这两种农具的使用方法,分别采用了碾压、摩擦和捣、砸等方式,使谷粒的籽粒脱壳或粉碎。不过,这两种粮食加工工具使用起来,都十分费力,且效率极低。随着农业生产的持续发展,人们又不断地探索改进这些农具的使用方式,以求节省体力,提高效率,由此而发明了碓、碾、磨等一些新的农业机械。

在北京平谷西柏店,河南洛阳、陕县,湖北云梦,四川绵阳,山东济源等地的汉代墓葬、遗址中,都出土了反映碓这种农业机械的文物资料,其中包括陶碓模型、陶俑踏碓模型、陶碓房模型、踏碓画像砖等。碓是由杵、臼发展而成的,它利用杠杆原理,由一根一端装有碓头的长木杆和石臼组成。使用时,将谷粒放入石臼中,再用脚踩踏碓杆的另一端,使碓头翘起,然后移开脚,碓头即刻落下,舂打谷粒(图4－22)。连续踩踏,很快就能将石臼内的谷粒脱壳,效率高,且很省力。四川绵阳出土的东汉画像砖上,有一幅《踏碓》(图4－23),

图4－22　汉陶碓及踏碓模型(北京平谷西柏店、河南陕县刘家渠出土)

生动形象地描绘了踏碓时的情景。碓在汉代的文献资料中多有记载,如桓谭《恒子新论·离事》记载:“宓牺之制杵舂,万民以济。及后人加巧,因延力借身重以践碓,而利十倍杵舂。又复设机关,用驴、骡、牛、马及役水而舂,其利乃且百倍。”可见,汉代不仅有用人踩踏的碓,还有用水或畜力作为动力的碓,即水碓和畜力碓。后代还发明了“连机水碓”。即利用一个水轮,同时带动多个碓舂米,效率更高。东晋傅阳《晋诸公赞》:“杜预、元凯作连机水碓,由此洛阳谷米丰贱。”所以后人多在江河边建水碓。“今人造作水轮,轮轴长可数尺,列贯横木相交,如滚轮之制。水激轮转,则轴间横木间打所排梢,一起一落舂之,即连机碓也。”[①](图4－24)

① 王桢《农书·利用门》。

图 4－23　汉画像砖《踏碓》（四川绵阳出土）

碾是用于碾脱谷壳、粉碎谷米的加工工具，主要由碾台、碾槽、碾磙、碾架几部分组成。从考古资料分析，这种农具出现较晚，已发现最早的是河南安阳市安阳桥隋墓出土的陶碾。但根据文献资料记载，碾应出现于北朝时期。“奏于张方桥东堰谷水造水碾磨数十区。”①“又凿渠引水，周流城郭，造治碾硙，有利于时。”②可见在北朝时期，使用水碾已是比较普遍的现象。在以后的历史中，碾的使用更加普遍，因此在唐墓中常有陶碾出土（图 4－25）。

图 4－24　元《水碓图》（引自王桢《农书》）

石磨亦称转磨，是一种将谷物磨碎至粉状的加工机械，由上、下两扇扁状圆形的石块组成的；上扇凿有磨眼，还装有拐柄；上、下两扇在相结合的一面，都凿有磨齿，中央装有一短轴，用于将两扇磨石套合在一起。使用时，用手持握拐柄转动，使上扇磨石绕轴旋转，谷物由磨眼注入，被两扇间的磨齿研磨破碎，最终被磨成细小的颗粒或粉状。迄今发现最早的石磨，出土于河北邯郸和陕西秦都栎阳故城遗扯（图 4－26）。这与文献资料记载的石磨出现时间，基本相符。“公输班作硙”③，硙即是磨，即石磨相传为春秋时期的鲁班发明的。这一发现。也有力地驳斥了国外学者认为石磨是张骞通西域后才从西方传入的错误观点。

① 《魏书 · 崔亮传》。
② 《北齐书 · 高隆之传》。
③ 《世本 · 作篇》。

图 4-25　唐代陶碾(山西长治王深墓出土)

两汉时期,石磨的使用十分普遍,各地多有出土。这一时期出土的石磨主要有两种:一种是陶制模型,属于明器,主要用于随葬;一种是石质,多为实物。出土的地点分布很广,山东、江苏、河北、河南、湖北、陕西、宁夏等省区均有发现,从各地出土的石磨分析,西汉时期制作的石磨,磨齿多为窝点状,因此磨出来的粮食呈细小颗粒状。而东汉时期的石磨,磨齿已改进为放射线形,磨出来的粮食呈颗粒细微的粉末状。这一变化,自然也直接影响到当时人们的饮食习俗。即使用米或麦粉制作食物,应出现于东汉时期。河北满城的刘胜墓中出土了一件大型石磨,通高 18 厘米,直径 54 厘米,分上、下两扇,扇齿为圆窝状。磨盘的中央有一铁轴,将两扇石磨套合在一起(图 4-27)。石磨放在一个口径 94.5 厘米的漏斗形铜器中。铜器的内壁有 4 个支爪,用于架在由 4 根立柱组成的木架上。出土时木架已朽。在石磨旁还发现一具牲畜遗骨,说明当时已使用畜力来牵引转动石磨。

图 4-26　秦国石磨(陕西栎阳秦都遗址出土)

图 4-27　西汉石磨及铜漏斗(河北满城汉墓出土)

汉代以后,石磨作为一种粮食加工工具,在人们日常生活中的使用更加普遍。同时,随着社会经济的发展和商品经济,特别是城市商品经济的活跃,社会生活日趋丰富多彩,人们对于饮食的要求亦趋于精细。因此石磨的磨齿也逐渐发生变化,从窝点状变为平行线状(图 4-28),磨出的谷、豆类粉更加细微。而且在石磨的使用中,也更多地使用畜力、水力,生产效率得到更大的提高。

图 4－28　宋代石磨（河北巨鹿出土）

考古发现的历朝历代的农具，展现了中国古代农业生产工具演进的历程，也反映了古代农业生产的进步和发展。

（二）文物资料记载的农业生产技术

1. 施肥

施肥，是农业生产中的一项重要技术。在殷商时期的甲骨文中就有粪肥的记载。甲骨文的“[illegible]”字，据专家考证为“𡰥”字，形似人在大便，意指粪肥。甲骨文还证明，商代的粪肥包括人和牲畜的粪便。卜辞：“贞般圂氏。”圂，即指猪圈；般，搅拌之意。说明商人已懂得积粪沤肥，认识到肥料与提高农作物产量的关系。① 据文献资料记载，西周时曾专设“草人”一职，“掌土化之法以物地，相其宜而为之种”。② 即草人职掌改良土质，并采用因土施肥的技术，使土壤肥沃。

这项农耕技术在以后的农业生产中，被广泛地应用。汉代的画像砖石上，常见拾粪积肥的画面。如山东腾县出土的汉画像石《拾粪图》，收藏于陕西省博物馆的汉画像石《拾粪》（图 4－29）等。在四川峨嵋出土的东汉水塘水田石刻模型（图 4－30），左上角的稻田中还刻有两个肥堆。广东佛山澜石出土的陶水田模型中，也有一些粪堆（图 4－31）。另外，在辽宁辽阳三道壕西汉晚期村落遗址的发掘中，发现厕所与牲畜圈栏十分靠近，里面多有粪肥的遗迹。

图 4－29　汉画像石《拾粪》（陕西省博物馆藏、山东滕县出土）

2. 记录牛耕技术发展历程的文物

犁问世后，犁耕技术便随之产生。这项农业生产技术在中国古代社会最初是解决牵引的动力，随后是如何方便操纵、使用的问题。这在考古文物资料中，都有清楚反映。

① 参见《殷墟的发现与研究》柒・六《甲骨文反映的商代经济生活》。

② 《周礼・地官》。

牛耕出现在春秋时期。但目前尚未发现有确切反映春秋时期使用牛耕的文物资料。在学术界一般认为春秋时期出现牛耕技术的依据，主要有三：一是出土的春秋时期的青铜牛尊，有些牛的两个鼻孔间，穿有铜环（图 4－32）。因此被认为是用于牵牛拉犁。二是生活在春秋时期大思想家、教育家孔子的两个弟子：冉耕，字伯牛；司马耕，字子牛。在他们的名和字中分别出现了"牛"、"耕"二字，故有理由认为当时人们已经将牛用于耕地，用来牵引犁。三是这一时期的文献资料中，涉及到用牛耕地的问题。如"范、中行氏不恤众难，欲擅晋国。令其子孙将耕于齐，宗庙之牺，为畎亩之勤"。① 是说春秋末期晋国崛起的范氏、中行氏等新兴势力，将宗庙祭祀时用作牺牲的牛，牵到田里去耕地。这三个依据中，文献资料确实能够证明牛耕的出现，但带穿鼻环的牛尊被用于证明牛耕，则有些牵强。因为牛被穿上鼻环，未必是牵牛耕地，亦可牵牛拉车。

图 4－30　汉石刻水塘水田模型（四川峨嵋出土）

图 4－31　东汉陶水田模型（广东佛山出土）

图 4－32　春秋铜牛尊（山西浑源出土）

① 《国语·晋语》。

不过,大量的考古资料证明,战国时期牛耕已得到推广。一是出土的战国时期铁犁数量较多,且出土的地点分布范围很广。出土的铁犁,不仅有犁铧,还有许多犁冠。说明当时人们在农业生产中,使用犁耕是十分普遍的,且经常使用。但犁的耕作,需要很大的力量作牵引,人力难以胜任,故使用牛等畜力是完全有可能的。二是出土的云梦秦简中,有关于饲养和使用"田牛"的法律条文。称"田牛",显然是指用于田间劳动的牛,即耕牛。如"以四月、七月、十月、正月膚田牛。卒岁,以正月大课之。最,赐田啬夫壶酉(酒)、束脯,为早(皂)者除一更,赐牛长日三旬;殿者,谇田啬夫,罚冗皂者二月。其以牛田,牛减絜,治(笞)主者寸十"。[①] 即规定每年要定期对饲养的耕牛进行检查评比,根据评比的优劣,分别给予负责管理耕牛的官吏不同的奖罚。使用耕牛犁田,若使用不当,牛累瘦了,牛腹围较使用前每缩一小寸,要鞭打用牛者十下。从秦律这两则律文可以看出,秦代统治者专门为饲养、使用耕牛制定有法律条文,且明确规定对负责耕牛饲养的官吏,以及使用耕牛者因管理或使用不善,应给予的处罚。由此可以看出,秦代统治者十分重视耕牛的管理和使用,足见在当时的农业生产中,牛耕已具有极重要的作用,它的使用已十分普遍。

图4-33 汉画像石《牛耕》(陕西米脂出土)

汉代,汉代以后,反映牛耕技术的文物资料更为丰富,不仅有大量的铁犁铧,还有描绘牛耕情景的画像砖石。在河北满城汉中山王刘胜墓中出土的铁犁铧,长、宽均超过40厘米,属大型铁犁。这种大铁犁,已不能靠人力牵拉,既使用一牛牵引,也是极费力的。此外,汉代的铁犁铧又套装了犁壁,因此需要更大的牵引力,于是便出现了二牛一犁的耕作方法。在汉代墓葬中,常见描绘这种牛耕方法的画像砖石(图4-33)。

汉代画像砖石及壁画上的牛耕图,也使我们更直观、形象地了解汉代耕犁的结构。汉犁主要由犁辕、犁箭、犁床、犁梢等部件组成。犁辕由一根直木制成,有长短之分,从画面分析,长直辕一般是由两头牛牵引,短直辕则由一头牛牵引,这显然与铁犁铧的大小有一定的关系(图4-34)。使用两头牛牵引时,则在二头牛的颈肩部横着捆缚一根长木,长木的中间与犁辕相接,即所谓"二牛抬杠"。画面上,有一人执犁的,也有一人在前牵牛,一人在后执犁的,不同的犁耕方式,反映了这一时期生活在不同地区、不同环境中的人们,在使用牛耕时不断地探索和创新着这种生产技术。

---

① 《睡虎地秦墓竹简·秦律十八种·厩苑律》

图 4－34　汉画像石《牛耕》(陕西绥德王得元墓出土)

汉代考古中发现的呈马鞍形的双面犁镜，还反映了汉代的一项耕作技术，即代田法。“赵过为搜粟都尉。过能为代田，一晦三甽，岁代处，故曰代田。……一晦三甽，一夫三百甽，而播种于甽中。苗生叶以上，稍耨陇草，因赜其土以附(根苗)。……言苗稍壮，每耨辄附根，比盛暑，陇尽而根深，能风与旱，故儗儗而盛也。”①代田法并非是赵过发明的，实际是战国时期“垄作法”的发展，所以《汉书》称之为“古法”。它是将田地挖出一条条宽深各一尺的沟，将挖出的土堆在沟侧，遂在两沟之间堆积出一道道垄。第一年播种时，将种籽种在沟里。出苗后，随着作物的生长，人们不断地将垄土及杂草铲到沟里，壅到作物的根部。这样待作物基本长成时，垄上的土被全部填入沟中，垄与沟平。第二年，再于原来垄的位置开沟，又形成新的沟、垄，继续种植。代田法实际是在同一块土地上交替耕种，即轮作休耕。较好地利用了地力。出土的文物中，也有真实反映这项耕作技术的实物模型(图4－35)。汉代犁耕技术的进步，也为代田法的推广提供了极便利的条件。由于汉代的铁犁加装了呈马鞍形的双面犁壁，可同时向左右两侧翻土，因此犁耕后，地面便留下一条沟，这正适宜代田法开沟的需要。

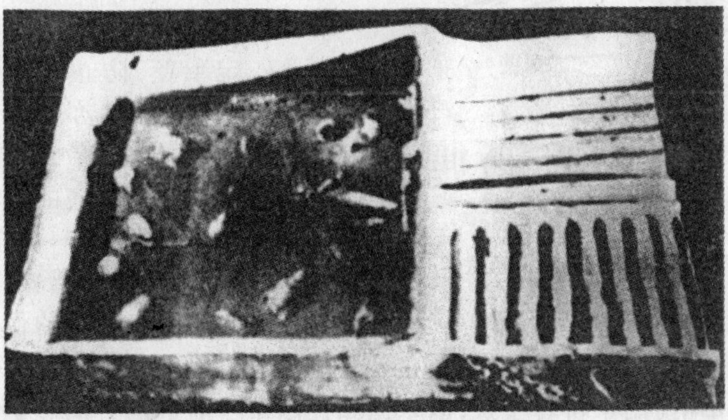

图 4－35　汉代田法模型(陕西勉县出土)

在甘肃嘉峪关的魏晋壁画墓中，有一些反映当时犁耕技术的画像砖。画面

图 4－36　画像砖《犁耕》(甘肃嘉峪关魏晋壁画墓出土)

① 《汉书·食货志第四上》。

上有一牛一犁，也有二牛一犁；犁辕或长，或短（图4－36）。据北魏农学家贾思勰《齐民要术·耕田》载："长辕，耕平地尚可，于山涧之间则不任用，且回转至难，费力，未若齐人蔚犁之柔便也。"可见，在南北朝时期的犁辕形制上，已有长、短辕的区分。长辕适宜平地耕作，而山涧谷地等小块土地则需要使用短辕犁，便于在耕作到田边地头时，执犁回转。与长辕犁相比，它更具有重量较轻、移动方便等优点，这也为唐代曲辕犁的出现奠定了基础。

3. 反映"曲辕犁"的文物

犁耕技术在唐代得到快速的发展，其最重要的标志就是"江东犁"的出现。据唐末文学家陆龟蒙所撰《耒耜经》记载，当时在江东（指今安徽芜湖以东的江南地区）农村使用的一种耕犁，共有11个部件组成。即有犁底（用于固定犁铧的位置和稳定犁体）、压镵（协助犁底稳定犁铧，并兼有固定犁壁的作用）、策额（用于固定犁壁，防止其摆动）、犁箭（亦称犁柱，用于贯穿在策额、压镵、犁底的孔中，使之联为一体，其上端贯穿犁辕，起有固定犁辕的作用）、犁辕（用于承受牲畜的牵引）、犁评（用于控制耕地的深浅）、犁建（用于限制犁辕、犁评，防止其从犁箭上端脱落）、犁梢（用于耕者手扶，以掌握和控制犁身前进的方向和平衡）、犁槃（亦称犁舵，便于犁身的摆动和掉转方向）（图4－37）。这种江东犁全长一丈二尺，其最大的特点是它的辕呈弯曲状，故称为曲辕犁。由于在曲辕的末端装有能转动的犁槃，用绳索与牵引的耕牛相连，犁辕可随耕牛转弯而改变方向，从而克服了此前农业生产中普遍使用的长直辕犁耕至田边地角时，"回转相妨"的缺点，因此极适于江南地区小块水田的耕作。这种曲辕犁还有一个重要的部件，即犁评。用它可以调节犁箭前后移动，改变犁铧的角度，以控制犁地的深浅。因这种曲辕犁简便轻巧，操作省力便捷，能适应各种土壤和不同面积土地的耕作要求，极大地提高耕作的效率和质量，故被后代一直沿用。

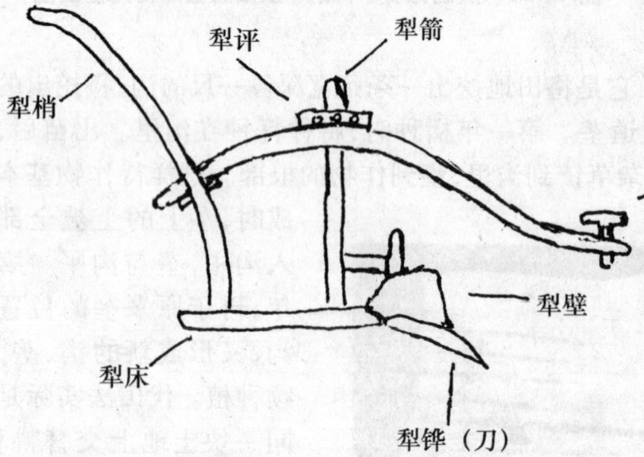

图4－37　江东犁（俗称曲辕犁）结构示意图

反映曲辕犁的唐代文物资料主要是壁画。其中最重要的是敦煌高窟445窟唐代壁画中的《牛耕图》、陕西三原的唐朝李寿墓壁画《牛耕图》（图4－38）。这两幅《牛耕图》壁画中的犁辕都呈弯曲状。但犁辕弯曲的方向不同：李寿墓壁画中的犁辕向下弯曲，其优点是降低了牵引点，使犁头不易上飘，能减轻人、畜的劳动强度。莫高窟445窟壁画中的犁辕则向上弯曲，犁辕末端是和犁衡固定在一起的，而犁衡则横架在两牛肩上，因此它的犁辕很长，实际与李寿墓壁画中的犁，同属长曲辕犁，这与陆龟蒙《耒耜经》中记载的"江东犁"

是有很大区别的。从时间上分析，莫高窟445窟开凿于盛唐时期，而陆龟蒙则生活在唐朝晚期，可见“江东犁”的产生当在唐朝后期。所以，用李寿墓和敦煌莫高窟445窟中的壁画《牛耕图》复原曲辕犁，显然是不够确切的。

现收藏于厦门大学人类博物馆的唐三彩胡人执犁陶俑和陶耕牛，则是最能直观、形象地反映唐代曲辕犁的实物资料。据传出土于河南洛阳的唐三彩胡人执犁陶俑，为一头戴斗笠的胡人，弓腰，肩扛一犁（图4－39）。其手左扶犁，右手似握缰绳，似正驱赶耕牛下地耕作。这件陶俑肩上所扛的正是短曲辕犁，犁辕短而弯曲如弓，整个犁身显得十分短小。能够被

图4－38　壁画《牛耕图》（甘肃敦煌莫高窟445窟唐代壁画（上）、陕西三原唐李寿墓出土（下））

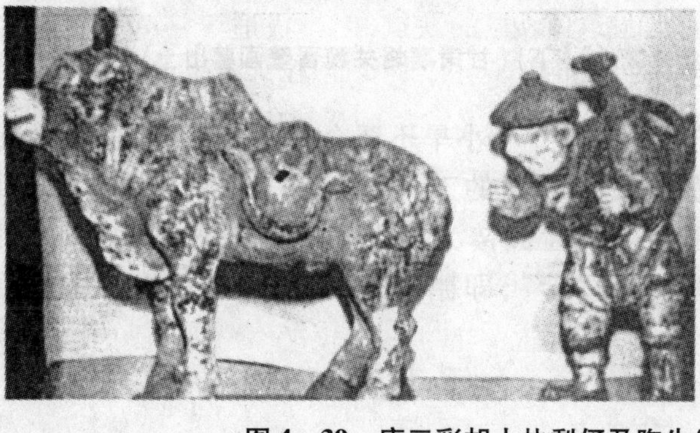

图4－39　唐三彩胡人执犁俑及陶牛（相传出于河南洛阳）

人肩扛，也说明这种曲辕犁很轻便，而且只需一头牛牵引即可。这与《耒耜经》中记载“江东犁”主要使用于河湖密布的江南地区，多用于丘陵地貌和小面积土地的耕作，是完全相符的。尽管从比例上分析，陶俑身上所扛的曲辕犁要比《耒耜经》记载的“江东犁”短得多，手工艺人在塑造这件作品时，可能采用了夸张的手法，但犁的形状、结构却与“江东犁”是基本相符的。采用唐三彩这种工艺品的形式，来塑造执犁俑，无疑也说明，曲辕犁在唐朝后期确实出现了，并被比较广泛地使用于江南地区的农业生产中。

短曲辕犁的产生，也反映了中国古代犁耕技术已十分完善，发展到一个相当成熟的阶段。此后的犁耕技术虽有一些改进，但终未出现犁的结构、犁耕方式的重大变化。

4. 精耕细作技术的推广与应用

农业生产的精耕细作，不仅促进对传统农具和耕作技术的改进，也促使人们不断地发明和创制新的农具及耕作技术。在嘉峪关魏晋墓中，出现了以耙地、耱地为题材的壁画（图4－40）。耙、耱是北方地区至今仍在使用的用于抗旱保墒的一项农业生产技术。这项生产技术在《齐民要术》中，有较详细的介绍。“耕荒毕，以铁齿𨱼楱再遍杷（耙）之……劳

图4－40　画像砖《耙地》（上）、《耱地》（下）（甘肃嘉峪关魏晋壁画墓出土）

（即耱）亦再遍。”“再劳（耱）地熟，旱亦保泽也。”“小小旱不至全损，何者？缘盖耱数多故也。”[①]贾思勰记载的耙地工具为“铁齿𨱼楱”，耱地的工具为“劳”。所谓铁齿𨱼楱，即为铁制的有齿的碎土农具。魏晋墓壁画中的铁齿𨱼楱为一根长辕拖一根横木，横木的下方装有一排铁齿，即为丁字形耙。壁画中的“劳”，即耱亦是一根长辕，后拖一根圆形的横木。

① 《齐民要术·耕田第一》。

耙和耱这两项耕作技术，实际在战国就已经出现。由于北方地区全年降水量少，比较干旱，加之黄土结构比较疏松，土壤中的水分极易蒸发生长。因此战国时期人们便发明了耰和椎。这两种农具均为木制，用于打碎土块，将土地耱平。其目的，是为切断土壤中的毛细管，在地表形成一层松软的土层，以减少水分的蒸发，达到保墒防旱的目的。在此基础上，汉代又演进为摩和耱。摩沿袭战国时的耰，而耱则成为一种由牛牵引的丁字形农具（图4－41）。其为一圆形的粗木棍，中间装有一长辕。随着牛向前牵引，横圆木便将耕翻的土壤耱碎。魏晋墓壁画中的耙、耱，则又有发展。耙也是由牛牵引，其铁齿能将耕翻的土壤耙碎，且效率较之用摩打碎土块能呈数倍或十数倍的增长。而且壁画上耙和耱在使用时，上面要站或蹲坐人以增加其重量，以利于耙得更深，耱得更细，同时增加覆土和镇压的作用。

图4－41　汉画像石《耙耱》（山东滕县黄家岭出土）

耙、耱是生活在干旱地区的劳动人民发明的两项耕作技术。嘉峪关魏晋壁画墓中的耙、耱画像砖，使我们对《齐民要术》中记载的这两项耕作技术有了形象、直观的了解。同时，也证明沿用至今的耙、耱技术，在魏晋时期已经成熟，标志着当时北方旱地农业的精耕细作技术已达到很高的水平。

（三）水利灌溉设施及技术

古代劳动人民在改进农具和农业生产技术的同时，还认识到水利是农业生产的重要保障。大禹治水的传说，就反映了人们对水患的忧虑和根治水患的愿望。在殷墟出土的卜辞中，也有不少是商王祈求风调雨顺的内容，说明统治者也十分注意水与农业生产的关系。但大禹治水的传说和商王祈雨的卜辞，反映的是人们在被动地承受自然的前提下，力求改变水对农业生产造成的不利影响；而随着生产力的进步，人们又主动地采取一些措施，为农业生产提供比较可靠的水源保证。

1. 都江堰，先秦时期水利工程的杰作

随着原始种植业的进步，逐步发展为古代社会的一项主要产业——农业，人们更加重视水利的兴修。迄今为止，已发现的最早的水利工程遗迹，是始建于故国时期的。其中，尤以位于今四川灌县境内，由秦国蜀郡守李冰主持修建的都江堰，最为重要和著名（彩图11）。

都江堰古称“湔堋”、“湔堰”、“都安大堰”、“金堤”等，唐代又称“楗尾堰”，宋代才改称都江堰。虽这项水利工程经过2000多年的不断扩建和维修，逐渐形成今日的规模，但其基本雏形，是李冰始建时奠定的。都江堰的设计十分巧妙、科学，它利用常年水量都十分充沛的岷江作为水源。修建时，先在岷江的江心处，用盛装大卵石的竹笼堆砌成一个呈鱼嘴状的分水堤，称为分水鱼嘴或都江鱼嘴。在分水堤的后面两侧，分别筑有内、外两道金刚堤，从而将岷江水一分为二，分别流入西侧的外江，即岷江的正流；东侧的内江，即引岷

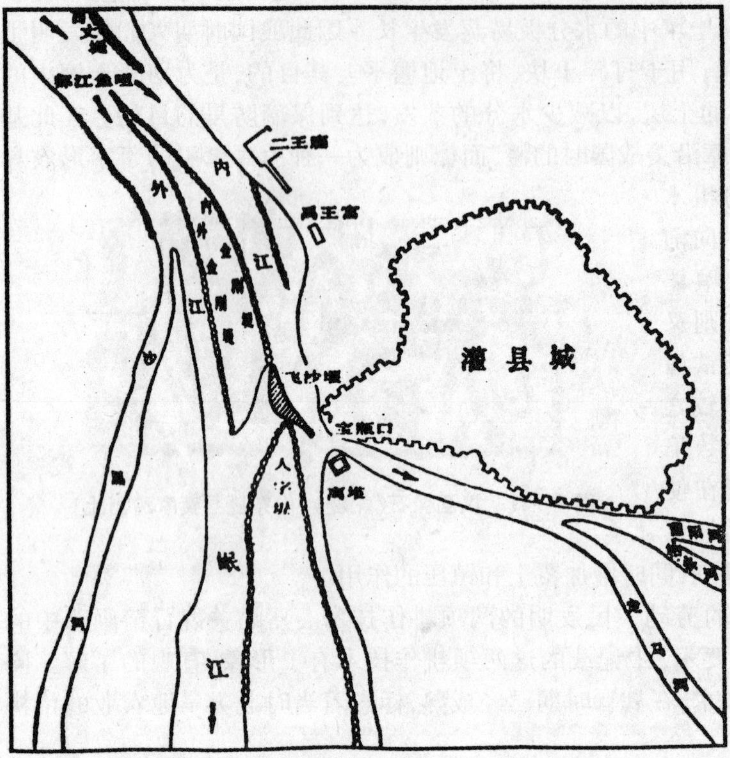

图 4－42　都江堰平面示意图

江水的河道（图4－42）。在内江流经的玉垒山，凿有一个形似瓶口状的豁口，称为宝瓶口。进入内江的水经过宝瓶口后，分别流入走马河、蒲阳河、柏条河，浇灌成都平原。在宝瓶口前不远处，筑有一道长 120 米的溢洪设施——飞沙堰。如果流入内江的水量过大，宝瓶口实际起有控制流量的作用。受它的限制，内江的水位上升，多余的水便从飞沙堰溢出，排入外江。以此保证内江的水量适中，不致淹灌农田。内江水在灌溉成都平原的农田后，余下的水一部分流入沱河，一部分又流回岷江。所以都江堰水利工程实现了无坝自流引水、自动泄洪、自动调节和控制水量，有灌有排，堪称中国古代水利工程的杰作，也是举世闻名的古代大型水利工程。

自都江堰建成后，“溉三郡，开稻田，于是蜀沃野千里，号为陆海。旱则引水浸润，雨则堵塞水门。故记曰：水旱从人，不知饥馑，时无荒年，天下谓之天府也。”[①]

1974、1975 年，在都江堰的分水鱼嘴附近，先后发现了两尊东汉建宁元年（168）立的石人像：一为李冰立像（图 4－43），一为持臿石人像。据晋《华阳国志·蜀志》记载：李冰当年在修筑都江堰时，曾在白沙邮（今白沙河入岷江附近）的岷江和内、外江中各立一石人，其上刻有“竭不至足，盛不没肩”的水则，以观测岷江及内、外江水位的变化。这是我国见于史料记载的最早水尺。它提示人们，当水位低至石人脚部以下，流入内江的水就严重不足，会影响浇灌；而当水位达到石人肩部，则流入内江的水过多，会发生洪灾，必须采取相应的措施，避免灾害发生。1974 年发掘出的李冰石像，高 2.9 米。石人身上有字，为东汉建宁元年都水长陈壹所立。[②] 东汉陈壹仿当年李冰造“三神人”，显然是按照李冰确定的测量水位的“水则”，对经过整修后的都江堰重新设定一个流量的标准。从而也证实了李冰

① 《华阳国志》卷八《蜀志》。
② 参见《都江堰出土李冰石像》，《文物》1974 年 7 期。

在修筑都江堰时,曾对岷江及内、外江的流量进行过测量,比较科学地确定了有利于浇灌成都平原农田的最大和最小流量,以便采取必要的措施,保持内江基本稳定的流量。这也是中国古代水利工程修建史上的一项创举。

2. 水利灌溉设施的兴修

汉代以后,农业生产发展迅速,人们更加重视兴修水利。现存历代兴修的水利工程及设施数量很多,许多经过后代多次整修,至今仍在使用。除大型的水利工程外,人们还因地制宜,修建了许多围堰、陂塘等中小型水利设施。在四川、陕西汉中、河南、广东、贵州、云南等地的许多东汉墓中,都出有水田池塘模型。模型多呈长方形,中间有坝相隔,坝上设闸门,表明其用于控制和调节流量。坝的两侧大多分别为水田和池塘。陕西汉中出土的一件陂池稻田模型为圆角方形(图4-44),横置在池塘与水田中间的坝,向池塘一侧呈弧形外鼓。这样修建的目的,显然是为了减小塘水对水坝中部的压力。在坝的中部筑有一个拱形的出水口,并装有提升式闸门。水田被两条纵横相交成十字形的田埂分为四块。出土时,水田中还画有成行排列的秧苗和水流的痕迹;池塘内塑有鱼、鳖、蛙、螺和菱角等陶艺品。

图4-43　李冰石像(四川灌县都江堰出土)

图4-44　汉陂池稻田模型(陕西汉中出土)

四川宜宾出土的一件水塘水田模型,模型左边是鱼塘和水塘,右边为水田(图4-45)。水塘的右边堤岸上有缺口,可引塘水流入右上方的第一块小田。通过小田田塍上的缺口,塘水又可以继续流入第二块田里,再流入第三块田里。这件模型的浇灌方法,与《氾胜之书》的记载是一致的。"始种,稻欲温,温者,缺其塍,令水道相直。夏至后,大热,令水道相错。"即通过水在田中漫流,受阳光照射,能较快地提高水温，利于水稻的生长。而夏至后，进入伏天，天气炎热，水温过高，又对水稻生长不利。因此这时的浇水，则先将塘水引入水沟，再从水沟向田引水。四川新津出土的陶水田模型（图4－46），就是暑天浇灌方法的真实写照。这两种不同季节和气候条件下的浇灌方法，分别称为串灌和沟灌，至今仍在江南地区水稻种植中被广泛采用。这些陶制或石制的稻田模型中的池塘，实际就是一个小型水库的缩影。人们采用挖池塘的方法，贮存雨水、河水等水源，从而为稻作的生长及时提供水。同时，池塘里又养鱼、鳖，种菱、藕，可以说是因地制宜，充分利用土地和水利资源。

图4－45　汉水田模型（四川宜宾出土）

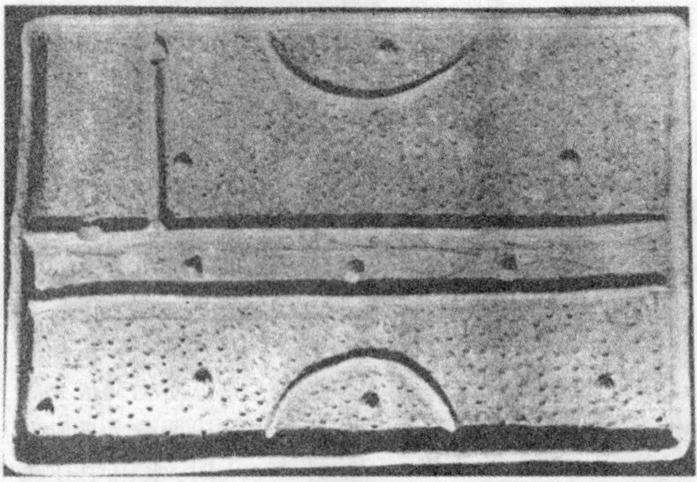

图4－46　东汉陶水田模型（四川新津出土）

蓄水工程的遗迹，在考古中也有发现。安徽寿县有一处始建于春秋时期的蓄水工程，原名芍陂。隋唐以后，改称为安丰塘。塘呈不规则方形。原塘周长60余公里，环塘建有24座斗门。现存塘周长25公里，面积约34平方公里，四周筑有高达31米的堤。1959年，曾在此发掘出一座建在泄水沟上的汉代闸坝遗址。闸坝是用一层黑泥、一层草相间迭筑而成的。坝体内有排列整齐的木桩作支撑。据分析，这座闸坝兼有蓄、泄的双重功能。

始建于北宋熙宁八年（1075），于北宋元丰六年（1083）竣工的木兰陂，也是中国古代的一处大型水利工程。其位于福建莆田城南木兰山下。木兰陂地处木兰溪水和兴化湾海潮汇流处，兼有引、蓄、灌、排、挡等多重功能。这处水利工程分为陂首枢纽、渠系和沿海堤防三大部分。陂首枢纽工程为堰闸式滚水坝，为巨块花岗岩石纵横钩锁叠筑而成，由溢洪堰、进水闸、导流堤等组成（彩图12）。当年建成时，陂内开大渠7条，小沟无算，使2万余顷土地受益。

3. 井灌技术的进步

在地表水不充裕的地区，人们则采用凿井汲取地下水的办法，解决农作物的浇灌问题，即井灌。反映井灌的文物资料数量颇多，且分布的范围也很广。在东汉中期以后的墓葬中，多有陶制水井模型出土。事实上，井灌很早就被用于农业生产。但因这种浇灌方法，需要从低于地面很深处用容器将井水提升上来，故十分费力。于是人们发明了提水机械——桔槔。在战国时期的文献资料中，即有对桔槔的记载。如“子独不见桔槔者乎？引之则俯，舍之则仰。”①“子贡南游于楚，反于晋。过汉阴，见一丈人方将为圃畦，凿隧而入井，抱瓮而出灌。搰搰然用力甚多而见功寡。子贡曰：‘有械于此，一日浸百畦，用力甚寡而见功多，夫子不欲乎？’为圃者仰而视之曰：‘奈何？’曰：‘凿木为机，后重前轻，挈水若抽，数如泆汤，其名曰槔。’”②从文献资料的记载中可以看出，桔槔是利用杠杆原理制成的一种提水机械，能极大地减轻劳动强度。但考古中尚未发现反映先秦时期桔槔的文物资料。不过汉代的画像砖石中，有许多桔槔图，为我们了解这种提水机械，提供了极为形象、直观的图像资料（图4－47）。

图4－47　汉画像石《桔槔》（山东嘉祥武氏祠出土）

图4－48　汉水井模型
（河南洛阳五女冢出土）

但桔槔因受木杆长度的限制，不能用于深井汲水，于是，汉代人们又发明了滑轮从井中汲水的机械。据《洛阳烧沟汉墓》一书记载，仅在洛阳烧沟汉墓中出土的水井模型就多达96件。同出的还有井架、滑轮、水斗、水槽模型（图4－48），说明当时生活在这一地区的人们，很普遍地采用滑轮从井中汲水。在山东嘉祥武氏祠画像石中，有一幅使用

图4－49　汉画像石《辘轳提水》
（山东嘉祥武氏祠出土）

① 《庄子·天运》。
② 《庄子·天运》。

滑轮提水的画像(图4－49)。这些文物资料都清楚地表明,在一些缺少地表水的地区,人们在农业生产中主要采用井灌技术,以解决农田的灌溉问题。

正是由于水利与农作物生长关系尤为紧密,在以后的历史中,人们在改进传统的汲水工具中,又不断地创新,从而又发明了辘轳、翻车、筒车、水车等新的汲水机械,为农业生产的发展提供了有利的保证(图4－50)。

图4－50　古代汲水机械模型(东汉手摇翻车、唐代筒车)

二、手工业生产的成就

在中国古代社会经济中,手工业生产具有极重要的地位。它不仅为古代社会各阶层人们提供生活所需的各种物品,也为农业生产的发展和商品经济的活跃,提供了必要的保证。

(一)持续发展的陶瓷制造业

陶瓷制造业是中国古代手工业生产的一个重要部门,也代表了中国古代手工业生产发展的水平。在不断地探索和改进陶瓷制作技术的过程中,制瓷业迅猛发展。大批精美瓷器的问世,使中国很早便被世界誉为“瓷器之国”。

1. 陶器制造业的发展和瓷器的问世

自从原始人类发明陶器后,人们便不断地改进陶器制作和烧制技术。在经历了从红陶、灰陶到黑陶的漫长发展后,人们又在自然界中发现了一种可以用来制作陶器的新原料，即瓷土和高岭土①，从而使我国成为世界上最早使用瓷土和高岭土的国家。瓷土与高岭土的成分为三氧化二铝（Al_2O_3），使用这两种原料烧制出的陶器，胎质呈白色，故有白陶之称。从仰韶文化晚期开始，白陶出现；到大汶口文化和龙山文化时期，白陶已比较流行。而自陶器发明后，原始人类在烧制技术上，也经历了从横穴窑到竖穴窑的发展过程。烧制时的窑室温度因此从900℃上升到1000℃左右。

商代，陶窑在形制上又有了进一步的改进。在河南郑州铭功路西侧发现的商代中期烧陶窑场遗址内，曾清理出几座窑炉。其中保存较好的一座，窑室顶部已毁，底部直径为1.15米，周边略呈上弧形收敛。火膛与窑室底部上下相通，高约0.68米。火膛与窑室间的箅厚0.15～0.3米，孔径约为0.14～0.18米。从这座陶窑的形制分析，它不仅窑室的密闭程度更好，且室壁呈内收状，有利于火力的集中，更重要的是，窑箅的孔径加大，便于火焰直接通过，提高窑室的温度。正是在这一背景下，原始瓷器便在商周时期，逐渐从白陶中脱胎而出。

瓷器与陶器的区别，主要有三点：一是原料，即瓷土、高岭土与陶土的区别；二是烧成温度的差别：瓷器的烧成温度为1200℃以上，陶器则在900℃～1150℃之间；三是器物表面有无施釉，釉胎结合是否牢固。前两个条件，在考古中都已经得到证实。至于釉的出现，亦从考古中得知，其源于新石器时代人们制作陶坯时，为使器物表面光洁，常于陶坯外表涂抹浓稠的泥浆。在黄河中下游地区的河南、河北、山西和长江中下游地区的湖北、湖南、江西及江苏南部地区的商代中晚期遗址、墓葬中，都出土了一些具有上述三个特征的原始瓷器（图4－51）。由此也证明，我国是世界上最早发明了瓷器的国家。出土的原始瓷器，釉色呈黄绿或青灰色。据分析，这些釉多为石灰釉，推测是将石灰石与粘土调匀后涂抹、烧成的。后代的釉，主要以石英、长石（主要成分为钾、钠、钙，以及铝硅酸盐）、硼砂、粘土等为原料，研磨成粉末后加水调制而成，用于涂抹在瓷器半成品的表面，再入窟烧制，遂呈现玻璃光泽。

图4－51　商中期原始瓷器
（江西青江吴城出土）

由于瓷器具有胎质细腻、坚硬，不吸水的优点，且施釉后，器物表面呈玻璃态，提高白度，增强透明度，同时还能提高胎质的机械强度，因此自其问世后，便受到人们的喜爱，更多地用它制作日常生活用具。而陶器则因其原料分布广泛，制作相对简单，成本亦比较低廉，故继续在人们的日常生活中，充当着重要的角色。同时在生活用陶的基础上，随着制陶技术的不断进步，社会生活的日趋丰富，特别是城市建筑的兴建，又进一步拓展了陶器的制作范围。在商代考古中，就出土了陶水管；而在西周考古中，又出土了陶板瓦、筒瓦

① 高岭土，因最早发现于江西景德镇附近的高岭而得名。我国北方地区则将同类的粘土称为瓷土。

等。这一发现充分说明，至迟从商代开始，我国古代的制陶业便走上了日用陶和建筑用陶并存的发展道路。其后的秦砖、汉瓦，以及琉璃砖瓦，都与原始制陶业有渊源的关系。

2. 秘色瓷与唐三彩

神秘的秘色瓷

在商以后的历史中，制瓷业逐渐发展、成熟。考古中出土的瓷器数量和种类，亦随时代的进程而不断增多。到唐代，制瓷业出现了“南青北白”的布局，并在前代的基础上，形成了瓷窑相对集中分布的局面。

1981年，建于明万历年间的法门寺砖塔因雨水浸渗而半边倒塌。1987年，在重建砖塔清理原塔基时，意外地发现了唐代的地宫，出土了佛骨舍利和大量的珍宝。在多达2499件出土的文物中，包括14件唐代秘色瓷器，从而揭开了流传于世，只见史载不见实物的秘色瓷的神秘面纱（图4－52）。唐代诗人陆龟蒙有一首七言绝句《秘色越器》：“九秋风露越窑开，夺得千峰翠色来，好向中宵盛沆瀣，共嵇中散斗遗杯。”这首以越窑秘瓷为题的诗作，提到秘瓷为青釉，系越窑烧制。至于这种瓷器冠以“秘”的原因，古人也有论述。如宋人周辉《清波杂志》：“今之秘色瓷器，世言钱氏有国，越州烧进，为供奉之物，臣庶不得用，故云‘秘色’。”即所谓秘瓷，是因由官营手工工场专为皇帝及宫廷烧制的瓷器，绝对不允许流入市场，官宦和士庶人等也是绝对不允许使用的，所以其在生产中，原料、配方及工艺是秘不宣人的，故人们难得一见，遂有“秘瓷”之称。

图4－52 唐秘色瓷器（陕西扶风法门寺地宫出土）

在法门寺塔地宫中出土的秘瓷，是依据同出的《衣物帐》确认的。“……真身到内后，相次赐到……瓷秘色碗七口，内二口银棱，瓷秘色盘子、叠子共六枚。”据此确认的唐代秘瓷以青绿色调为主，也有黄釉和青黄色釉。这些秘瓷器胎质细腻、致密、纯净，说明秘瓷的坯体泥料均经过精心的粉碎、淘洗、捶炼等多道工序。这些秘瓷均通体施釉，釉面光滑明净，釉质晶莹滋润，色调鲜亮清新。其釉色的光亮度和玻璃质较其他瓷器为强。由此也可以看出，唐代的制瓷技术已达到十分精湛的程度。

不仅如此，在秘瓷的装饰上也颇具特色。传统的瓷器装饰，主要采用器表施以青、白、黄、黑等单色釉；或在瓷胎上粘贴浅浮雕型的装饰图案，或采用刻、画、刷、印等方法，施以阴纹线条纹样，再施釉烧制。而法门寺砖塔地宫出土的秘瓷，则不仅采用了这些传统的装饰手法，更创造了瓷器“金彩”装饰工艺。这种新工艺是以金、银等贵金属作为装饰材料，借鉴并采用了传统漆器“金银平脱”的工艺。即在瓷器的口沿，用延展得极薄的银箔镶贴，成为“银棱”（彩图13）。此外，在秘器外壁选用经捶辗而薄如蝉翼，厚度约在0.01毫米以下的金箔或银箔雕凿、镂刻的鸟、花等平面纹样，再用漆或胶等粘合剂，将其粘贴于需要装饰的部位；然后在秘瓷器的外壁上，髹涂面漆，经反复多次，直至面漆完全掩盖图案，其厚度超过金、银箔为止；最后再精心打磨、推光，使金、银箔图案显露出来。经过这几道工序后，黑漆地色与金、银图案光洁莹润。金、银图案脱露于黑漆之中，触摸时手感光滑，故称“金银平脱”（图4-53）。

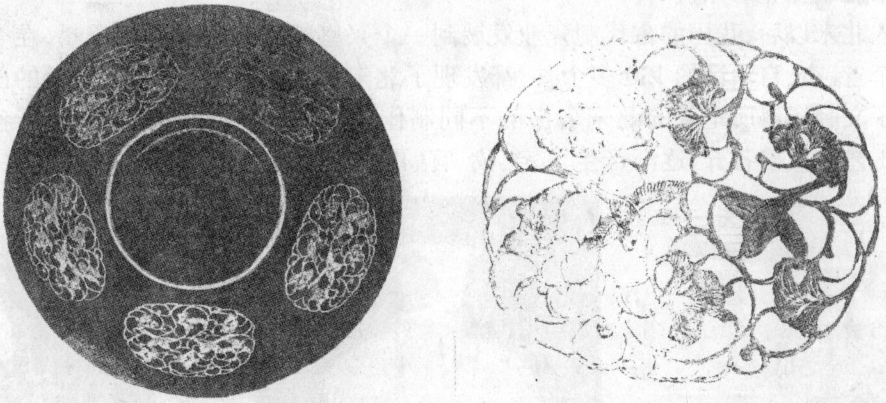

图4-53　金银平脱秘色瓷碗及金银鸟团花（陕西扶风法门寺地宫出土）

唐朝将这些新的工艺运用于御用瓷器的制作，而不允许民间拥有和使用，也是为了体现皇帝的“至尊”。不过，这些精美的秘瓷也清楚地反映了唐代的瓷器制作工艺在不断地创新，并且达到了很高的水平。

唐三彩

制陶业在唐代也有长足的发展。其突出的代表即为三彩陶器，亦称唐三彩。这是一种用白粘土做胎，用含铜、铁、钴、锰等元素的矿物做釉料的着色剂，经过约800℃的低温烧制而成的陶器。其釉色多呈深绿、浅绿、翠绿、蓝、黄、白、褐、赭等色彩，称其为“唐三彩”，并不确切，其实为多彩陶器。三彩陶器的釉料中含有大量的铅，而降低了釉料的熔融温度。在窑内烧制时，各种金属氧化物熔于铅釉中，并向四周扩散和流动，致使各种颜色相互浸润，形成斑驳的彩色釉。同时，加入铅后，能增强釉面的光亮度，使色彩更加艳丽。

图4-54　唐三彩骆驼载乐俑（陕西西安出土）

唐三彩陶器主要用作随葬的明器。由于唐朝社会盛行厚葬，唐朝政府亦曾多次规定不同等级官员死后可随葬的明器数量，故极大地促进了三彩陶器制作业的兴盛。因三彩陶器是作为明器使用的，因此其种类和造型均与当时的社会生活密切相关，如建筑、家具、生活用具（品）、人物、牲畜等（图4－54）。这些种类、造型各异的三彩陶器，实际也再现了唐代社会生活的各个方面。尤其是这些三彩陶器多模仿社会生活中的各种景物、人物及动物，因此需要极高超的陶塑技艺。出土的唐三彩陶器所塑造的人物和动物形象，大多形神俱佳，既继承了秦汉以来彩塑的写实风格，又创造性地运用低温铅釉的绚丽、斑斓色彩和略带夸张的手法，表现出一种极富浪漫色彩的盛唐气象。这也正是唐三彩的艺术魅力所在。

3. 宋元制瓷业的兴盛

进入北宋以后，我国的古代制瓷业发展到一个兴盛的时期。据考古资料，在今天我国的十几个省、市、自治区的130多个县，都发现了北宋瓷窑的遗址。同时，大量的出土瓷器也证实了文献资料所记载的北宋名窑的不同制作工艺和风格。北宋时期，由于各地瓷器的制作工艺和风格各异，逐渐产生了定、汝、官、哥、钧五大名窑。定窑（今河北曲阳）以白

图4－55 宋代瓷器（哥窑鼎、定窑刻花瓶、钧窑尊）

瓷著称，产量居五窑之首。汝窑（今河南临汝）以青瓷为主。因其釉中常加入玛瑙石粉，故釉色莹澈。官窑（今河南开封）所产瓷器胎薄色青，釉色浓淡不一，略带粉红。哥窑（今浙江龙泉）盛产青瓷，胎表施有断纹，号称“百圾碎”。钧窑（今河南禹县）以青瓷为主，依釉色浓淡分别称为天蓝、天青、月白。另有一种铜红釉最为上品（图4－55）。此外，北宋时期兴起的景德镇瓷窑以其釉色青中有白，白中显青，而成为青白瓷（亦称“影青”）的著名产地，所产瓷器有“假玉器”的美誉（图4－56）。仅从五大名窑所产的瓷器足以看出，北宋时期的制瓷业在创新中又得到进一步的发展。

图4－56 宋青白瓷刻花瓶（四川博物馆藏）

元代，景德镇已成为一个制瓷业的中心。其在继承宋代制瓷工艺的基础上，又有创新和发展。青花瓷和釉里红瓷是其最具代表性的产品。青花瓷色白花青，色彩清新，器物造型典雅、优美。釉里红瓷系用铜的氧化物作彩绘原料，

花纹红色(图4－57)。

此后,中国古代的制瓷业因与人们生活密切相关,而得到继续发展。正因为中国古代社会的瓷器制作业在继承前人的工艺基础上,不断探索、创新,从而推动了这一手工行业的持续发展,这也从一个侧面反映了中国古代社会经济的发展。也正是因为中国古代制瓷业以其精湛的工艺、高超的技术,生产出诸多精美的瓷器,而深受世界各国、各地区人们的喜爱。所以在中国古代社会的中外关系史上,瓷器一直成为一种畅销国外市场的产品。

图4－57　元青花瓷罐

(二)领先古代世界的金属冶铸业

金属冶铸业是中国古代手工业的一个重要部门,也代表了我国传统手工业的发展水平。我国古代的金属冶铸业在采矿、冶炼、铸造等方面,都发明和创造出许多新的技术,在当时的世界范围内曾居于领先的地位。

1. 先秦时期的采矿和冶铸遗存

1973年,在湖北大冶铜绿山发现的春秋战国时期的矿冶遗址,揭示了我国古代的采矿和冶铜生产情况及技术,为我国古代冶金史的研究填补了一个空白。这处矿冶遗址南北长约2公里,东西宽约1公里,已发现多处矿井(图4－58)。在古矿井附近的地表覆盖有很厚的炉渣,表明这里曾是冶铜遗址。据测定,这处矿冶遗址至少包含自春秋战国至西汉时期的遗存。铜绿山蕴含有较丰富的铜、铁矿资源,并共生有金、银、钴等多种金属。古代的矿井多集中在铜矿石富集、含铜品位较高的大理岩与火成岩的接触带上,说明当时人们已经积累了一些开采矿石的经验。古矿井的设施主要有竖井、平巷、盲井、斜巷等(图4－59)。古矿井用木框

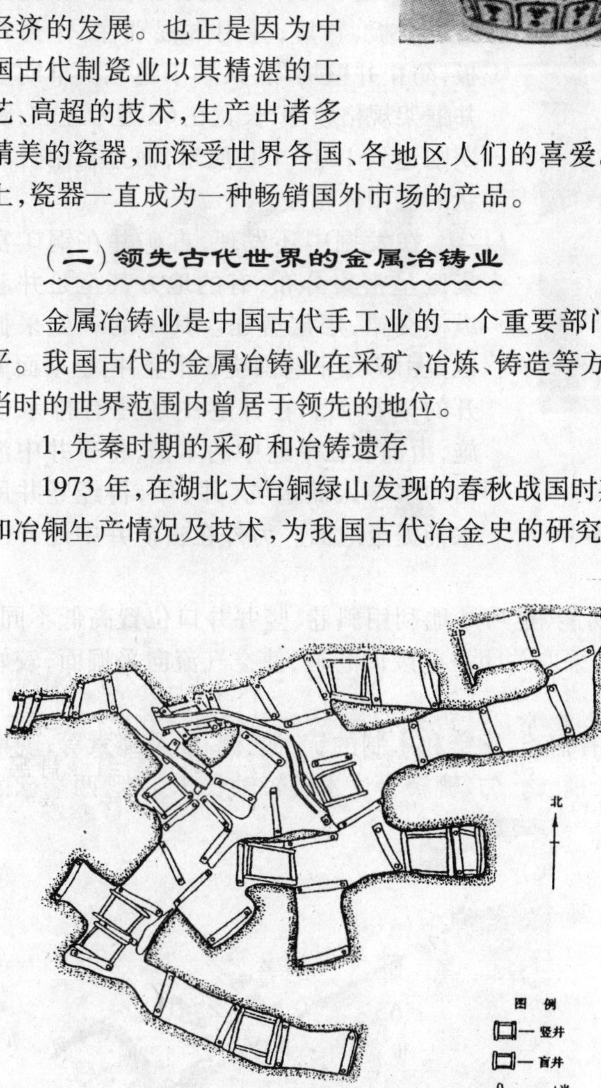

图4－58　铜绿山采矿遗址平面图(局部)

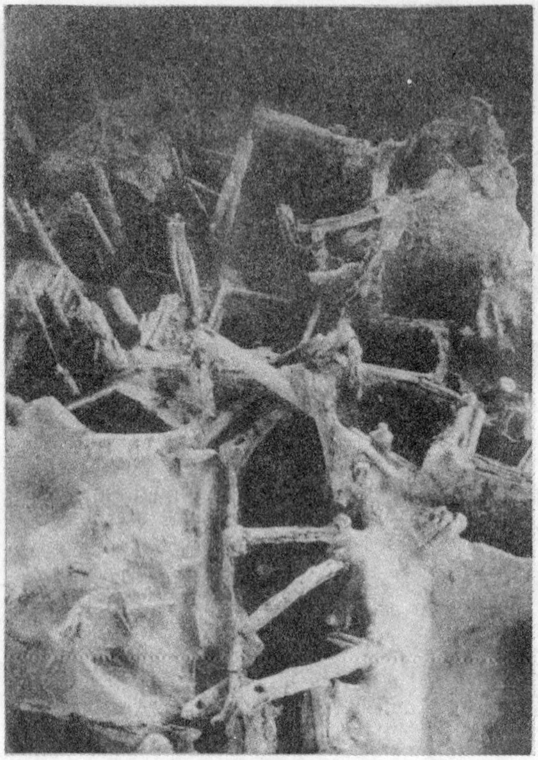
图 4－59　铜绿山古矿井遗迹（局部）（湖北大冶）

架做支护。前期的井巷框架主要采用榫卯连接，由 4 根方木或圆木构成方形框架。晚期改为在立柱上端做支叉形，将横梁架在支叉中。在横梁下边还紧贴一根内撑木，防止主柱内倾。竖井框架则在凿有卯眼的木料两端削成尖状，楔入井壁岩石中，起固定作用。竖井框架上下平行排列，间距 40 厘米左右，之间用竹篾相连，连接成一个整体。框架外侧还衬以木板、竹篾，并用木棍别住，作为背板，防止井壁坍塌，又利于通风。早期竖井框架规格较小，长宽在 60 厘米左右；晚期则达到 100～130 厘米，而且采用台阶状的搭扣榫相接。

在发掘中还发现，古矿井在铜矿富集区呈密集分布，有的地方甚至是井巷纵横交错，层层叠压。其中的一处采掘区是由 7 条平巷围绕 3 个竖井，呈扇面展开的采掘面。在井巷中还建有排水设施，由铺设在平巷中的木槽，将矿井中渗出的水导入储水坑（井）中，再经竖井用水桶提至地面。另外在古矿井中还开凿了一些比较低矮的巷道，专用于排水。

铜绿山古矿井还具有很好的通风功能，是巧妙地利用斜巷、竖井井口位置高低不同，使矿井内产生由低向高的气流。同时又采取关闭一些废旧巷道，使空气流向采掘面，较好地解决了通风的问题。

古矿井中出土的采矿的工具，早期有铜斧、铜锛和木制的铲、槌、瓢、篓及绳索等；晚期有铁锤、斧、钻、锄、耙和竹木制的筐、篓、桶、钩、勺、辘轳等。木辘轳轴长 2.5 米，两端砍削出较细的轴头，用于架在支架的立柱上。轴的两端各凿有两排、环绕一周、疏密不等的长方孔，可以插入木条，起"制动闸"的作用。一种意见认为在孔中插入木条，实际是增长了力臂，以减轻提升矿石的劳动强度（图4－60）。铜绿山古矿井的发现，充分证明春秋战国时期采矿已具有一定规模，采掘技术已达到较高的水平，并且能够较好地解决井下排水、通风和运输等技

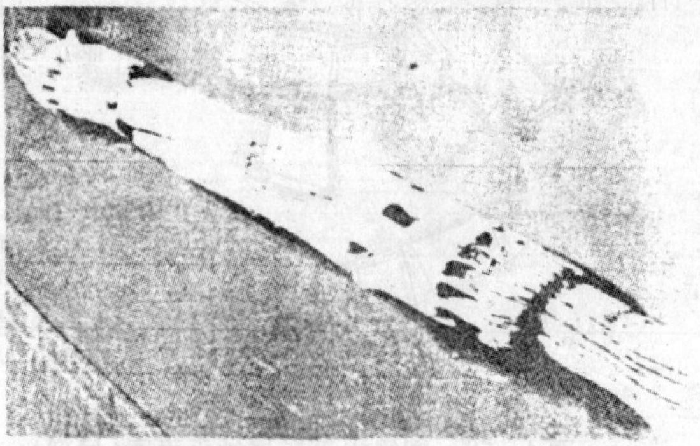
图 4－60　辘轳轴（湖北大冶铜绿山古矿遗址出土）

术性难题。

在铜绿山古矿井附近还发现几座春秋时期的炼炉。炉型属竖炉，由炉基、炉缸、炉身三部分组成。炉基低于地表，底部有一字或丁字形的风沟。炉缸截面呈长方形，长约70厘米，宽约40厘米，内壁衬有耐火材料。炉身有鼓风口。因炉身已塌，其高度不详。有关专家曾参照这种炼炉，使用当地的原料，进行仿古炼铜模拟实验，证明当时是采用木炭还原法进行熔炼，能连续加料、排渣和出铜，可连续生产。这种炼炉还具有冶炼性能好、炉龄较长和操作简便等优点。在冶铜遗址上覆盖的铜渣估计总量超过40吨。炉渣多呈薄片状，表面有水波纹样，说明当时排放出的炉渣有良好的流动性。据化验分析，炉渣的酸度适宜，含铜量平均为0.7%。这些数据表明，当时的冶铜技术已达到很高的水平。这一发现，也对了解商代的冶铜技术提供了重要的参考。

2. 先进的青铜铸造技术

商晚期的青铜铸造技术和工艺，有殷墟考古中获得的大量相关文物资料作为实证。这些文物资料表明，当时的青铜器铸造采用了模、范技术。其铸造程序是：先按所需制作

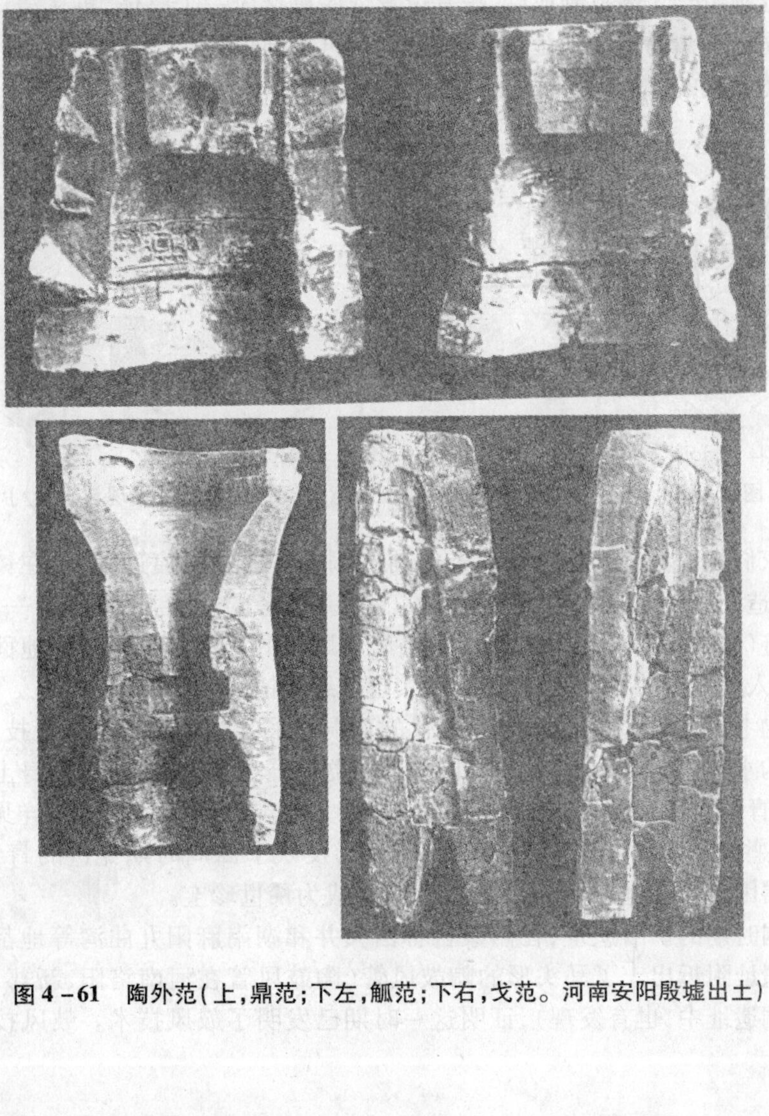

图4－61　陶外范（上，鼎范；下左，觚范；下右，戈范。河南安阳殷墟出土）

器物，用陶土制成造型、纹饰等齐备的模型，入窑烧成陶模；再于陶模上、下或内、外，以及四周，分别用陶土紧贴于模型上制成分体范，并入窑烧成陶范；然后将范按顺序、位置拼接在一起，合成器范；再将熔化的青铜液从浇口灌入范腔内，待其冷却、定型；最后对从器范中取出的青铜器进行打磨、修理，使器表光洁。其中最关键的是模、范的制作。商代青铜器，如刀、矛、簇等兵器，一般在从模上翻制范时，采用上、下二块范的方法。如是鼎、簋、鬲等容器，则采用内、外范（多为2~4块合范）的方法（图4-61）。一些体型很大的青铜器甚至还要采用分体制作模、范，再拼接成一个整模、整范的方法。如司母戊鼎的铸造，即采用了这种复杂而且先进的技术。

司母鼎在制作陶模时，先制作出鼎身和鼎足。然后翻制出一块内范（又称芯范）、4块外范（亦称腹范）、一块顶范（或称底范）和4块浇口范，组合成一个司母鼎的器范。其中由于司母戊鼎器型很大，尤其是器身面积很大，故在翻制外范时，又采用了由24块分范组成一块外范的方法。因每块分范的面积较小，便于翻制时能紧贴模型表面，从而较清晰地在泥范上翻印出陶模上的图案纹饰。同时，也避免外范因面积过大而变形的弊端，保证外范在拼接时能准确组合。鼎范制成后，按其位置依序拼接成一个整体，再从浇口范处进行青铜液浇注。司母戊鼎的鼎耳则是在鼎身定型后，再于鼎口置耳的位置制作耳模，翻范后于鼎身直接分铸而成的（图4-62）。

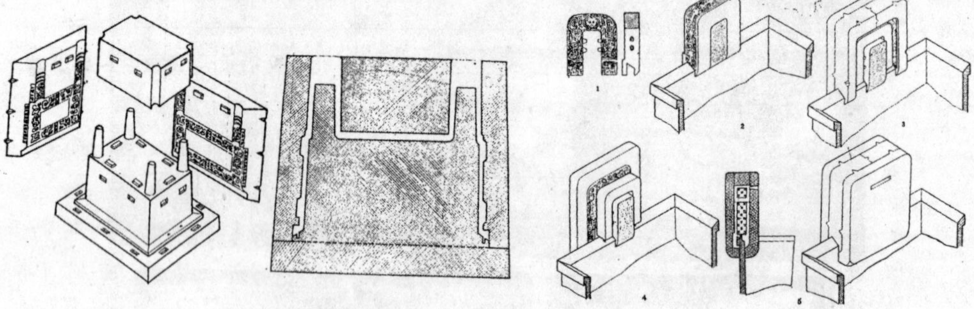

图4-62　司母戊鼎模、范及鼎耳装配示意图（引自《殷墟的发现与研究》）

冶铸专家们从殷墟铸铜作坊遗址及大器青铜器身的铸造痕迹分析，在铸造大型的青铜器时，先建造一座半地穴式的大工棚。在工棚基址旁的地面上，发现了一座直径83厘米的熔炉遗迹（其高度不详）。据此推断，经熔炉熔化的青铜液是通过在地面挖出的一条浅槽，直接流入工棚内的器范浇口，因此可实现连续浇铸。

这些文物考古资料都清楚地表明，商代的青铜开采、冶炼和制模、铸造技术，均已达到成熟和极高的水平。不仅如此，用途不同的青铜器在器型上各具特点，器身上还装饰有各种纹饰，不少青铜器还有铭文，由此而形成了一种文化现象，即青铜文化（详见本书第四章三[三]）。这些青铜器不同的造型、纹饰及铭文，反映了商周时期先进的青铜铸造工艺。中国的青铜器因此而在世界上享有极高的声誉，成为稀世珍宝。

春秋战国时期的矿冶遗址，在内蒙古林西大井和湖南麻阳九曲湾等地都有发现。在大井的炼炉遗址附近出土了马头形的陶鼓风管（陶鼓风管在河南洛阳、新郑，山西侯马等的同时代铸铜遗址中，也有发现），证明这一时期已发明了鼓风技术。鼓风技术对于建造大型的炼炉提高炉温，推动金属冶铸业的发展是极其重要的。

3. 快速发展的冶铁业

自从商代人们从陨铁认识了铁这种金属后，便设法在自然界中寻找这种矿藏，最终解决了原料的问题，开始了冶铁的历史。考古资料证明，我国人工冶铁的历史始于春秋早期。在甘肃灵台景家庄春秋早期的秦墓中出土了一把铜柄铁剑，残长9厘米。它是将铁剑叶焊接于铜格上（图4－63）。这也是目前我国发现的最早的人工铁器之一。到春秋晚期，出土的铁器数量及种类明显增多，在秦、楚、郑、齐、吴等诸侯国的墓葬中，均出土有铁器。如湖南长沙春秋晚期的楚墓中出土了铁匕首、铁臿，长沙杨家山65号墓中出土了铁鼎、铁剑，江苏六合程桥春秋晚期吴墓出土了铁条等等。从春秋前期到后期出土的铁器，还揭示了早期冶铁技术的进步。最早的铁器为块炼铁，是在1000℃左右的较低温度下，以铁矿石的固体形态，用木炭还原法炼成的比较纯净的铁。在欧洲，大约公元前1000多年就已经出现块炼铁。块炼铁是冶铁史的原始阶段，而到春秋晚期，出土的铁器则多为生铁。生铁是在1146℃的高温下，将铁矿石熔化成液体的木炭还原法产物。1957年，出土于河南陕县的一把金格铁剑（图4－64），以及长沙楚墓出土的铁匕首和臿等，都为生铁制品。据此分析，我国从块炼铁到生铁，经历了350余年的发展历史，而欧洲却在公元14世纪才开始采用生铁冶炼技术。

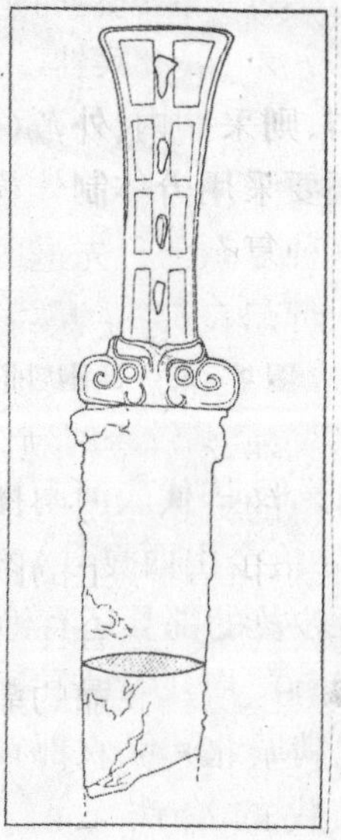

图4－63　铜柄铁剑

（甘肃灵台景家庄一号秦墓出土）

图4－64　金格铁剑（河南陕县出土）

战国以后，冶铁业迅速发展，出土的铁器中，农具和手工工具所占的比重明显增多，已发现了战国时期重要的冶铁遗址也有一定的数量。如河北兴隆大副将沟，河南新郑、登封、西平等地都发现了战国时期重要的冶铁作坊遗址。出土的铁器和陶范，表明其铸造工艺大有进步。陶范都是用淘洗过的细泥掺入细沙制作的，模具形制规整。河北兴隆大副将沟还出土了铁镰范（图4－65），铁范的外形与铸件的形状相似。铁范还采用了防止变形的加强结构——金属芯。用铁范铸造铁器，保证了铸造的质量，还能反复使用。

汉代是中国古代冶铁业发展的一个重要时期。西汉初曾允许私人经营冶铁。汉武帝改行盐铁官营

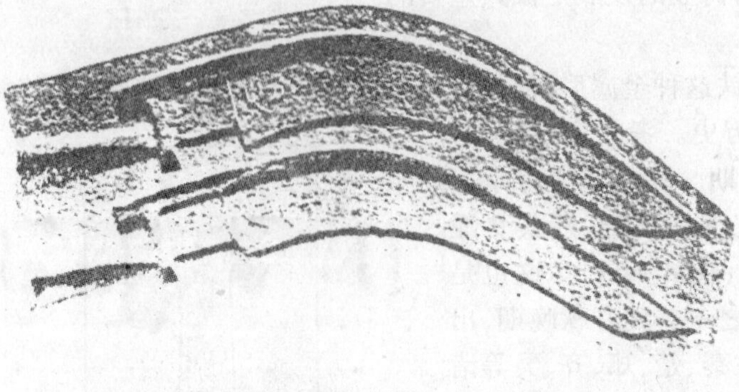

图4-65　战国铁镰范(河北兴隆大副将沟出土)

后,于产铁地区设置铁官,管理采冶然造。当时在全国共设铁官49处,统属中央的大司农(初名大农令),所以在汉武帝以后铸造的铁器上,常见地名与数字合写的铭文(图4-66),如"河一"、"河二"、"河三"、"阳一"、"东一"等。这些铭文是铁官对所辖区域内所产铁器做的一种标志。"河"代表河南郡(治今河南洛阳),"阳"代表南阳郡(治今河南南阳),"东"代表河东郡(治今山西夏县),数字则是各郡铁官管辖的作坊或工场的编号。已收集到的这类铭文所涉及的郡县还有渔阳(治今北京怀柔)、山阳(治今山东金乡西北)、临淮(治今江苏泗洪东南)、卢江等郡和颍川(治今河南禹县)、蜀郡临邛(治今四川邛崃)、中山国北平(治今河北满城北)、弘农郡宜阳(治今河南宜阳西)等县。

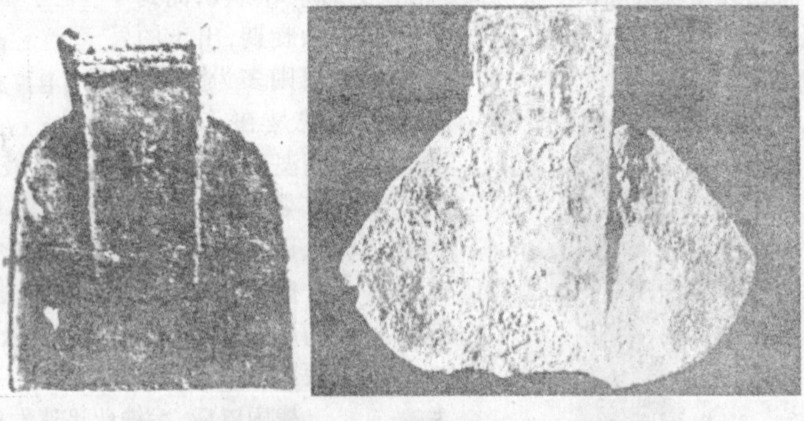

图4-66　带铭文的西汉铁铲(河南渑池、江西修水出土)

汉代的冶铁作坊规模都很大。目前已发现的30余处冶铁遗址面积多在1万平方米以上,大的有十几万平方米,且形成规模化生产。1958年发掘的河南巩县铁生沟汉代冶铁遗址,面积2万多平方米,是集采矿、矿石加工、炼铁、铸铁、退火脱碳为一体的综合性冶铁工场。遗址附近有优质的铁矿和丰富的煤炭资源,北面青龙山蕴藏有褐铁矿,南面少室山产赤铁矿,在两山中都发现多处古矿井及巷道。经化验证明,遗址中的矿石就出自这两座山,且以赤铁矿石居多。在已发掘的2000平方米范围中,共发现8座炼炉、1座锻炉、1座炒钢炉、1座退火脱碳炉、11座烘范窑和5座多用途的长方形排窑遗址;还有一处矿石加工场和8个废铁坑,一个配料池及4座房基;还出土了大量的炼渣、耐火砖、陶鼓风管残片及砖瓦等建筑材料,以及木炭、煤、柴等燃料,铁范、陶范和石夯、石砧、铁锤等粉碎矿石的工具,还有160余件铁制品。这是已发现的汉代冶铁遗址中遗存最丰富的一处,出土的铁犁铧、铁铲上有铭文"河三"。

遗址中最重要的发现,是退火脱碳炉。炉体呈长方形,长3米多,宽近1米,用耐火砖砌成。炉内部的结构与陶窑相似。周壁分内外两层，烟道在炉膛外围，结构很合理，可使炉内热空气分布均匀。该炉能生产韧性铸铁和铸铁脱碳钢。对出土的部分铁器化验的结果表明，有40%以上经过退火处理，其中绝大部分已成为性能良好的铸铁或脱碳钢。铁生沟遗址发现的炒钢炉和熟铁制品、高碳钢等，证明汉代发明的炒钢技术①是以生铁为原料，能"炒"炼出纯净的熟铁或钢。所以汉代考古中，也出土了不少炒钢制品（图4－67）。西汉中晚期发明的炒钢技术，对推动中国古代冶铸技术的进步，起有重要的作用。

图4－67　东汉百炼清钢刀（日本奈良出土）

利用炒钢技术冶炼熟铁或钢，直到18世纪中叶才在欧洲出现，比我国至少晚了1900余年。

4. 先进的冶铸技术

位于郑州西北20余公里的古荥镇遗址中，也发现一处汉代冶铁遗址，面积约12万平方米。在已发现的1700平方米范围内，有两处炼炉炉基。出土的一些铸范和铁器上，有铭文"河一"。炼炉横截面呈椭圆形，从而扩大了炉缸的容积。这也是汉代冶铁业取得的又一项重要成就，在当时亦遥居世界领先地位。一号炼炉炉缸长轴约4米，短轴约2.8米，横截面积约8.5平方米，炉壁残高约0.54米。据分析其原高5～6米，呈直筒形，容积大约有50立方米。据对炉料和炉渣的分析结果，证明当时是使用质地坚硬、火力很强的栎木炭做燃料，且用石灰助熔剂，并按固定的比例配料。据推算，这座炼炉每产1吨生铁，大约需要铁矿石2吨、石灰石130公斤、木炭7吨左右，可日产生铁0.5～1吨。

汉代的制范技术也有很大的进步。1974年，考古工作者对河南温县招贤村汉代冶铁遗址中的一座东汉前期的烘范窑进行了清理（图4－68）。窑内出土了500余套陶范，其中有300余套是完整的，而且是成排有序地放置着。从范腔可以看出，主要用于铸造车马饰件，有革带扣、马衔、连环、轴承、钩形器等16种器物、36种器型。这些铸范都是先用金属模翻制出陶范或范片，再叠合成套，称为叠铸范（图4－69）。每套叠铸范由一个垂直的浇口将各层空腔串连起来。一般一次可浇铸6～10层，每层2～6件。像革带扣这样的小件器物，一次可浇铸14层，每层6件，总数达84件。可见叠铸的效率相当高，尤其适于小型铸件的大批量生产。

叠铸技术的发明，是中国古代冶铸发展史上的一大成就。它的应用，既提高了铸造效率，更助于铁器的推广使用和钱币的铸造发行。汉代冶铸业取得的这些成就，也为后代金

① 炒钢，即将生铁加热至半固半液状态时，不断进行搅拌（即炒），以利用空气或铁矿粉中的氧进行脱碳，从而获得熟铁或钢的一种技术。

属冶铸业的发展，奠定了重要的基础。魏晋南北朝时期发明的“灌钢法”①与汉代的炒钢法，一直成是中国古代炼钢的两种主要的技术。

5. 鼓风技术的进步

在金属冶铸中，鼓风也是一项重要的技术，它对于提高炉温和冶铸质量尤为关键。考古中发现的陶风管，即是用于向炼炉、熔炉内鼓风的风道。但由于缺乏文物资料，对于青铜时代冶铸中使用的鼓风装置尚不清楚。

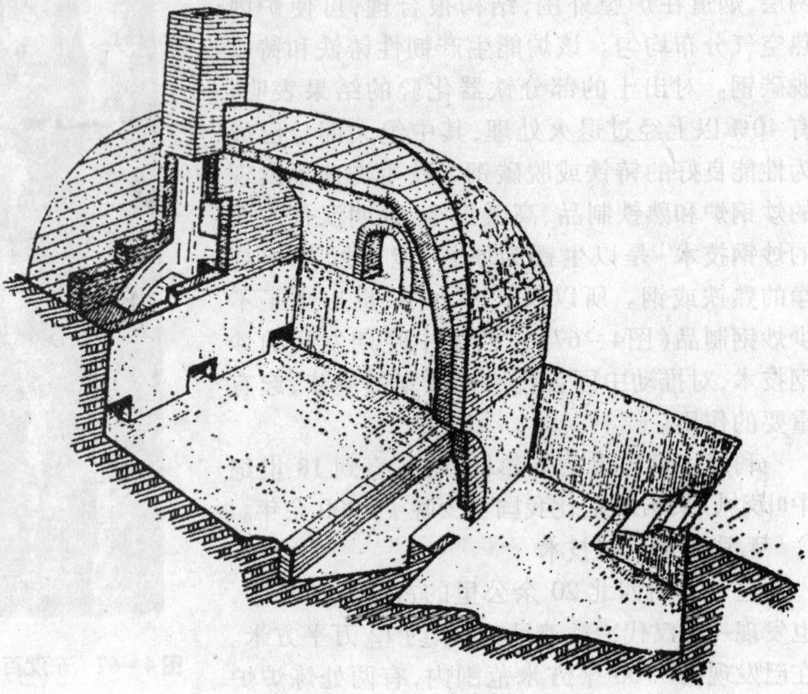

图4－68　烘范窑结构示意图（河南温县招贤村出土）

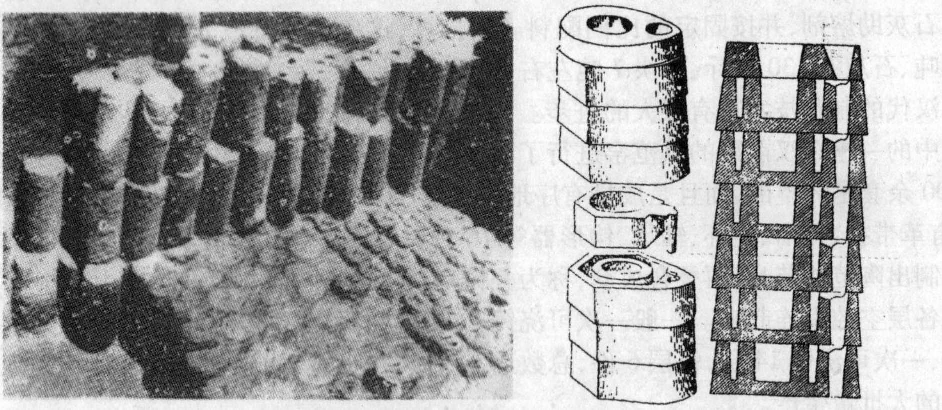

图4－69　出土时的叠铸范及结构示意图（河南温县招贤村出土）

① 灌钢法，是一种采用渗碳技术炼钢的方法。即先将含碳量高的生铁熔化，再浇灌到熟铁上，使碳渗入熟铁中，以增加熟铁的含碳量，然后再用牲畜尿和脂肪淬火成钢。因牲畜尿含盐分，淬火时，冷却速度快，淬火后的钢硬；牲畜脂肪则冷却速度快，淬火后的钢韧。

汉代以后，由于炼炉容积扩大，亦需要更大的鼓风量，因而也促进鼓风技术的进步。山东藤县宏道院出土的《冶铁》画像石就形象地描绘了当时的鼓风装置（图4－70）。它是一个可以伸缩的皮囊，皮囊上方有4根吊杆与木架相连。皮囊的一端与鼓风管相接。鼓

图4－70　汉画像石《冶铁》（拓本，山东滕州宏道院出土）

风时，向前推皮囊的另一端，便将皮囊内的空气排入鼓风管中，向炉内送风。这种鼓风装置因皮囊容积很大，每一次鼓风量也是比较大的；但当向皮囊内充气时，即向后拉皮囊时，则无法向炉内鼓风。因此为提高和保持炉温，就需要有多个皮囊依次鼓风；由于皮囊鼓风比较费力，于是人们又使用畜力替代人力鼓风，发明了“马排”、“牛排”。东汉初年，南阳太守杜诗又发明了利用水力的鼓风装置“水排”。“用力少，见功多，百姓便之。”①考古中，尚未发现水排的实物资料。元代的《王桢农书》里，描绘了水排的式样，或许可作参考（图4－71）。

图4－71　《水排图》（引自王桢《农书》）

宋元时期是我国古代冶金技术发展迅速的阶段。除炼炉、熔炉得到继续改进外，鼓风装置也有新的进步。在敦煌榆林窟的西夏壁画《锻铁图》中，即有木风扇的形象（图4－72）。这种木风扇为梯形，双竖式活门。使用时，两扇门交替开闭，即可连续鼓风。这种木风扇体积较大，且竖固耐用，操作方便，因此比皮囊鼓风风量、风压均明显增大，更有助于提高炉温和冶铸效益、质量。这种木风扇鼓风技术比欧洲早五六百年。木风扇还是明代活塞式木风箱的先驱。明代宋应星在《天工开物》一书中，就有对活塞式木风箱的记载。它

图4－72　西夏壁画《锻炼图》（敦煌榆林窟3窟）

① 《后汉书·杜诗传》。

图 4－73　活塞式木风箱(引自宋应星《天工开物》)

利用活塞的推拉，加大空气压力，且自动开闭活门，能实现连续鼓风(图4－73)，风量和风压较木风扇明显增大。活塞式木风箱的发明，不仅进一步提高了炉温和冶铸的质量，更为扩大炼炉、熔炉的容积，增加产量，创造了必要的条件。而欧洲使用活塞式木风箱则在100年后的18世纪后期，且据考证，亦是从中国传播入的。

(三)技艺精湛的纺织业

我国的纺织业历史悠久。始于原始社会新石器时代的纺织生产，经过长期的发展，逐渐成为一个独立的手工生产行业。考古资料证明，丝和麻、葛等植物纤维，是先民们最早用于纺织的原料。由此而发明了丝纺、麻纺技术，其中，尤以丝纺技术最能代表中国古代纺织业发展的水平。

图 4－74　甲骨文有关纺织的字(丝、纺、缫)

1. 丝纺技术及精美的丝织品

丝纺技术在商周时期已达到较高的水平。甲骨文字中涉及丝纺的有：丝、纺、缫等(图4－74)。在殷墟妇好墓出土的青铜器上，曾发现用于包裹的丝织物，有平纹、单经双纬、双经双纬的绢、缣织物，菱形花纹的回纹绮、织罗组织的大孔罗等。这些丝织物代表了商代纺织工艺的水平和新成果(图4－75)，其中的罗，还是我国已知年代最早的纠经机织罗标本。

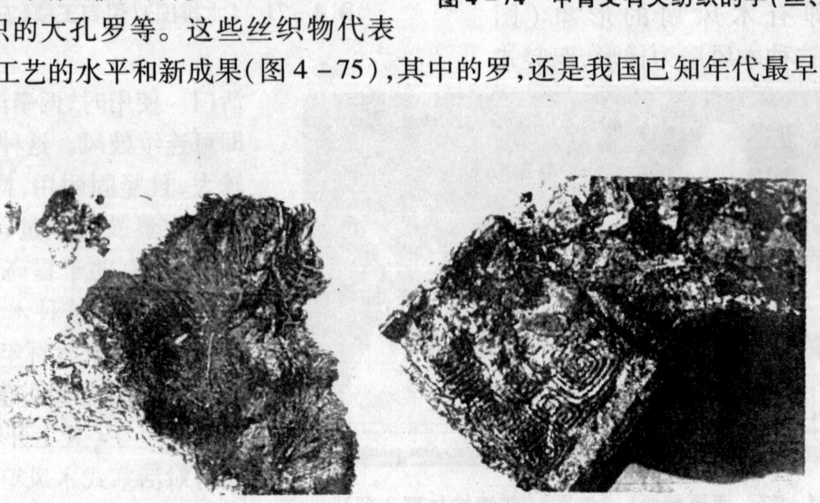

图 4－75　殷墟出土的丝织物

西周时期已能织造出用两种以上的彩色丝线提花的重经织物——经锦。1970年，在辽宁朝阳西周早期墓葬中，发现了经二重锦。其每平方厘米经密52根，纬密14根。1976年，在山东临淄郎家庄东周墓葬中，也发现了经锦列残片，每平方厘米经密112根，纬密32根。织造经锦所用的经丝有显花的纹经和分隔纹经的夹经，纬丝有交织纬和夹纬。用这些经纬丝织造出的丝织物，花地轮廓分明。

中国古代丝织业经过春秋战国时期的发展，到汉代达到新的水平。在湖南长沙马王堆、江陵凤凰山、河北满城等地及丝绸之路重要遗址和汉墓中，都出土了一批西汉时期的丝织物，反映了这一时期丝织业的发展和纺织技术的进步。马王堆一号墓的织物大多放在几个竹笥里，保存完好。丝织物有单、夹锦袍和裙、袜、手套及香囊、巾、袱，还有单幅的绢、纱、绮、罗、锦、绣等。三号墓的丝织物多已残，但锦的花色较一号墓为多。织物颜色有朱、绛红、茶褐、黄棕、青、绿、白、灰等。纹饰有动物、云、卷草及菱形等。最能代表汉代纺织技术水平的是素纱和绒圈锦。一号墓出土的素纱单衣薄如蝉翼，重量还不足50克，足以说明汉代的缫丝技术已达到很高的水平（彩图14）。同墓出土的绒圈锦虽只是作为装饰织物，用于连缀在衣服的边缘，但制造工艺和技术极为复杂。绒圈锦花纹层次分明，圈纹大小交替，有毛茸厚实的立体效果的华丽之感（图4－76），表明汉代纺织工匠已能根据丝纤维的粗细，搭配茧丝数量，制造出适宜各类织物所需的纤度，而织造绒圈锦还需要双经轴机构和结构复杂的提花机。绒圈锦在满城和武威磨嘴子汉墓中也有出土，这也是汉代织造技术已相当成熟的物证。

图4－76　印花敷彩丝锦袍、绒圈锦（湖南长沙马王堆一号汉墓出土）

汉代纺织业的发展与纺织机械的不断改进是直接联系的。山东滕县龙阳店，江苏泗洪曹庄、铜山洪楼村，安徽宿县褚兰，四川成都土桥等地的汉墓中，都出土了以纺织为题材的画像砖石，画面上均有织机的形象。洪楼村东汉墓的画像石上，刻画了三位女子织造时的情景（图4－77）：右侧的女子在用络车调丝；中间的女子正在用纬车（即后世的纺车）摇纬，将两根丝缕合并为一股，缠绕在铤子上；左侧的女子正在织造。所用的织机由机架和机座两部分组成，属斜织机，即经面与水平机架呈五六十度的夹角。机座下面有长短两块木板，称为蹑，俗称踏板。踩踏它，可上下牵动机架上的“单综”，将底经提上或落下。在踏蹑的同时，双手投梭引纬、打纬，手足并用，十分灵巧。

图 4－77 汉画像砖《纺织》及织机复原图（江苏铜山洪楼出土）

后代在汉代纺织技术的基础上，继续创新。宋代成都地区所产的蜀锦花样已达数十种之多。特别是在织造纬锦时，又增加了控制地纹经纬的综片数，织出了一种新的丝织品——缎。由于缎只有经丝或纬丝显现于表面，而相邻的两根经丝或纬丝的组织点均匀分布又相连续，因而外观光亮平滑，质地柔软。在福建福州的南宋黄昇墓中，就出土了缎做的衣物（图 4－78）。此后在元明清时期，缎成为丝织业的一种重要产品。

图 4－78 棕黄色缎组织图（福建福州黄昇墓出土）

2. 麻、毛纺织技术及出土文物

我国古代的麻、毛及棉纺织业，出现的时代也很早。麻纺织技术在商代已很成熟。殷墟妇好墓、后冈圆祭坑和北京平谷刘家河商墓中，或出土平纹麻布，或发现平纹麻布的印痕（图 4－79）。因麻类植物既有野生，又能人工种植，故为麻纺织业提供了充足的原料，所以此后麻织物一直是人们主要的衣料。在中国古代封建社会前期的文献资料中，“布衣”即指麻类织物的服装。汉代的麻纺技术也有长足的发展。如马王堆一号汉墓

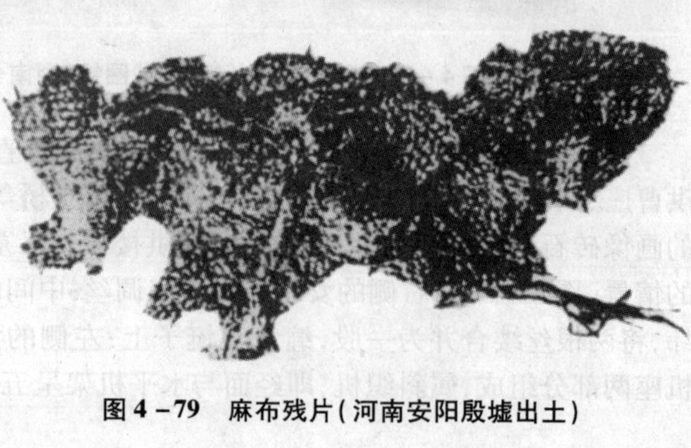

图 4－79 麻布残片（河南安阳殷墟出土）

出土的苎麻织物，其经密每平方厘米 37 根，纬密 44 根，织造十分精细，发现时仍有相当强度的韧性。织造这种质地柔软、细腻的麻布，对原料的要求很高，且加工也很复杂，因此只能是达官贵人享用。至于普通民众，则以质地较粗、较差的麻纤维织布，而称为“褐”。

我国古代的毛纺织业主要以羊毛、骆驼毛、兔毛、牦牛毛等原料，多集中在畜牧业发达地区。新疆罗布淖尔曾出土距今约4000 年前的毛毯和其他毛织物。这些平纹毛织物经纬线密度不高，比较稀疏，颜色也比较单调，说明其织造技术是比较原始的。

1978 年秋，在新疆哈密五堡墓地中出土了距今约3000 年前的毛织物，是采用平纹和斜纹两种方法织造的，相当精美。其中有一件彩罽残片，为深褐色地，上面有红蓝白三色毛线织成的方格纹（图 4 –80）。每平方厘米经线 21 根，纬线 16 根，由此证明当时这一地区的毛纺织技术已十分成熟。在新疆民丰尼雅古墓中，出土了一些相当于东汉时期的羊毛织物。其中有一件残片上为龟甲四瓣花纹，是采用纬线起花技术织成的。还有一件人兽葡萄纹彩罽，虽已残破，但仍能看出其织造得十分精细（图 4 –81）。据鉴定，毛线的染色均用植物颜料。

图 4 –80　彩罽残片（新疆哈密五堡墓地出土）

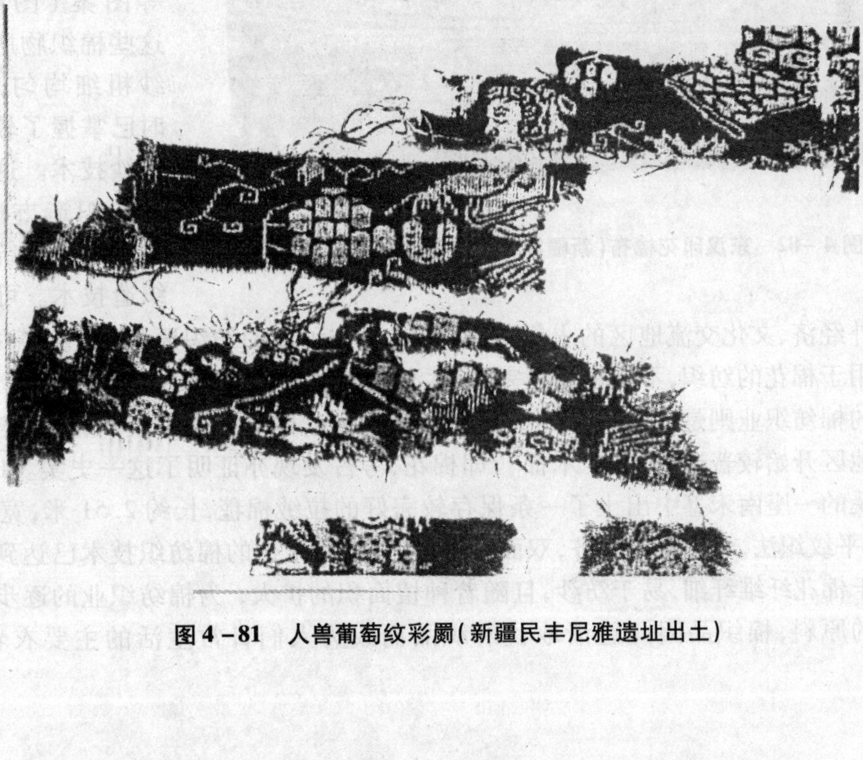

图 4 –81　人兽葡萄纹彩罽（新疆民丰尼雅遗址出土）

1980年，在新疆塔克拉玛干沙漠腹地的楼兰故城东南高台墓地中一座东汉时期的墓内，也出土了一些毛织品。其中有彩色毛毯残片，出土时色彩仍十分鲜艳。还有一件双面栽绒地毯，色彩尤为丰富，有粉红、紫红、橘黄、中黄、草绿、墨绿、深蓝、本色等。这件毛毯的织造方法很特别，其地经为双股左捻羊毛线，每平方厘米7根；地纬为8根，不加捻羊毛线。栽绒的方法是两根地纬嵌一根结绒纬，一正一反为一组。然后用U字形打结法，对地经隔行拴结。织成后，正面为花卉纹，背面为深蓝色地。这是一件世界上已知最早的双面绒毛织物。它的发现，足以证明栽绒织造技术最早出现在我国新疆地区。以后随着边疆地区与内地的交流，栽绒织造技术逐渐传入内地，又成为我国传统纺织业中的一个品种。

3. 棉纺织技术及实物资料

考古资料证明，早在秦汉时期，我国的新疆及大陆南部、西南部一些地区，就已开始种植棉花，棉纺织业也最早出现在这些地区。1959年，在新疆民丰境内发掘的一座东汉合葬墓中，出土了两块蓝白印花布：一块印有圈点、锯齿纹花边和米字网格纹；另一块以矩形框格为底，格中绘有佛像和手捧角杯的半裸人物，以及小鸟、长龙等图案（图4－82）。这些棉织物所用的棉纱粗细均匀，说明当时已掌握了较高的纺棉纱技术。这些棉织品的织造方法，也是采用中国传统的平纹织造技术。可见当时生活在中外经济、文化交流地区的人们，已经认识了这种新的纺织原料，并且将内地的纺织技术应用于棉花的纺织，不断地加以完善，逐渐地形成了我国的棉纺织业。

图4－82 东汉印花棉布（新疆民丰尼雅遗址出土）

内地的棉纺织业则是随着棉花的大面积种植而兴起的。据文献资料记载，宋代在南方的沿海地区开始较普遍地种植“木棉”，即棉花，考古发现亦证明了这一史实。1966年，在浙江兰溪的一座南宋墓中出土了一条保存较完好的拉绒棉毯，长约2.51米，宽约1.81米，亦采用平纹织法，经纬条干整齐，双面拉绒均匀，表明宋代的棉纺织技术已达到较高的水平。由于棉花纤维纤细，易于纺纱，且随着种植面积的扩大，为棉纺织业的逐步发展提供了充足的原料，棉织品因此逐渐取代麻织品而成为人们日常生活的主要衣着面料。

"布"的概念也因此发生质的变化，即从南宋以后，"布"不再专指麻布，而专指棉布。此后，棉花的种植区域进一步扩大，从江南东部地区扩展到黄淮及内地，棉纺织也因此得到长足的发展，纺织技术水平不断提高，逐渐在中国传统纺织业中占据了重要的地位。

三、日趋活跃的商品经济

商业是一项重要的社会经济活动。通过产品的交换，既满足了人们在生产和生活中的需求，又促进了生产的发展。所以商品经济的发展，对社会的进步产生着直接的影响。

（一）交换与货币

大量的考古资料证明，远在原始聚落生活时期，不同血缘家族在相互交流和交往中，就客观地存在着产品的交换现象。如相同的器物，出现在不同的聚落遗址中。不过，真正作为一种有价的商品活动，则与货币的问世紧密关联。

1. 货贝的出现

在商业尚未成为一个独立行业的历史时期，交换就已经出现。最能证明这一史实存在的实物例证，就是在许多史前时期遗存中发现的海贝。如1975年在青海乐都柳湾的3

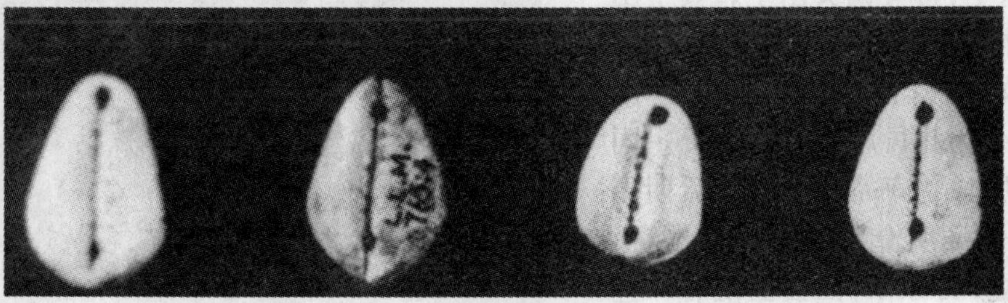

图4－83 海贝（青海乐都柳湾遗址出土）

座马家窑文化时期的墓葬中，出土了海贝和石贝、骨贝（图4－83）。这些产自东部沿海地区的海贝出现在遥远的内地，显然是经过远距离辗转交换的结果。这种交换绝不可能是在相距遥远的两地间直接进行的，需要在中间经过无数次的易手，才能到达西北地区。由于交换到内地的海贝数量十分有限，特别珍贵，故人们用它作为死者的随葬品，后世亦有"宝贝"之称。正因如此，在经历原始形态的以物易物的交换后，人们便逐渐将贝作为产品交换的媒介，将其作为衡量产品价值的等价参照物，贝遂具有了货币的功能。"古者货贝而宝龟。周而有泉，至秦废贝行钱"。[①] 随着交换的扩大，海贝数量不足，人们就仿海贝制作石贝、骨贝。

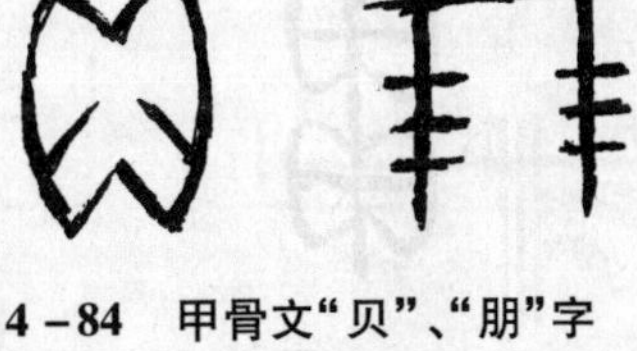

图4－84 甲骨文"贝"、"朋"字

考古资料证明，商朝即以贝作为货币，并以"朋"作为货币单位（图4－84）。甲骨文的"贝""朋"两字都是

① 《说文解字·贝部》。

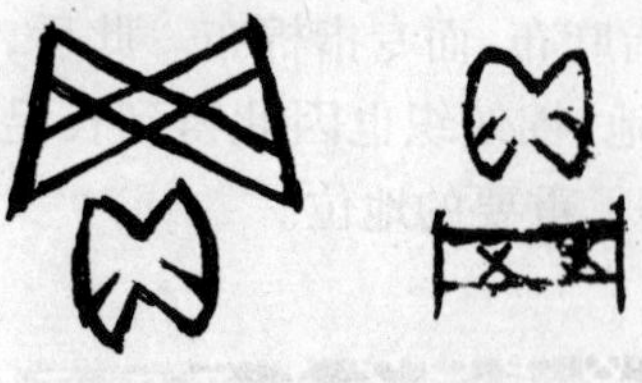

图4-85　甲骨文“买”字

象形字，“朋”似贝串之形。殷墟出土的贝上多有孔，就是用来串贝的。殷墟卜辞中，也常见赐贝朋的记载。如“庚戌卜，□贞，易（赐）多母有贝朋”。（《后》下8.5）后冈圆祭坑中出土的戍嗣子鼎上，有商王赏赐戍嗣子贝二十朋的铭文。商王用贝作为赏赐之物，足见贝之珍贵。甲骨文中也有表示交换的“買（买）”字（图4-85）。从“买”字的结构可以看出，交易双方是以贝作为交换的媒介。

在殷墟的墓葬中，有随葬贝的习俗。在一般的小型墓中，常将贝放在墓主人的口中、手中或足端，少者1枚，多者8~10枚。大型的王室贵族墓中随葬贝的数量很多，如妇好墓中就出土了6800多枚贝。

殷墟出土的贝主要产于我国的台湾、南海和阿曼湾，南非的阿果阿湾等地，这些海贝产地距商都十分遥远。此外殷墟出土的用于占卜的龟板，经鉴定除产于内地之外，还产于海南，以及日本、东南亚、马来半岛等地，由此亦证明商代物的交换已扩展到很大的范围。

随着产品交换的活跃和扩大，到殷商后期海贝已不能满足需要，商王朝因此又开始铸造铜贝。在这一时期的商墓中，常有铜贝出土。其中山西保德林遮峪的一座商墓中，共出土了221枚贝，内有109枚为铜贝（图4-86），余为真贝。铜贝与真贝一同随葬，既反映了商品交换在商后期更加活跃，也证明金属货币开始出现。正是在这种背景下，社会上便有一些人专门从产品交换活动。如“肇牵车牛，远服贾，用孝养厥父母”。①《诗经·卫风·氓》中，也有“氓之蚩蚩，抱布贸丝”的诗句，可见商朝后期，商业作为一个独立的行业，已扎根于社会经济生活之中。

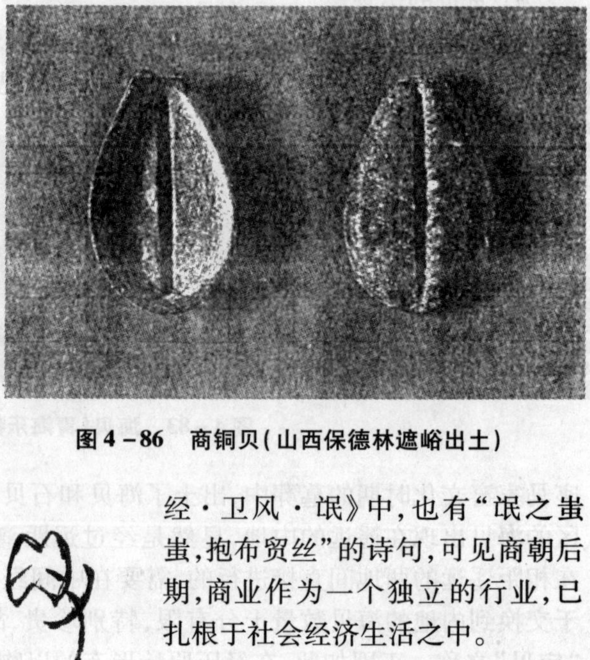

图4-86　商铜贝（山西保德林遮峪出土）

贝作为最原始的货币在社会经济生活中充当着重要的角色，被比较广泛地用于产品交换中，因此凡涉及交换、交易，以及存储、借贷等经济活动及行为时，自然也都离不开贝这种媒介和等价参照物。所以，在甲骨文中，但凡表示这类

图4-87　甲骨文带“贝”的字
（左至右：贮、贷、得、贯、寶〈宝〉）。

① 《尚书·酒诰》。

经济活动及行为的文字，多含“贝”字（图4－87）。

西周之后，贝继续作为货币流通。见于西周青铜器铭文中的不仅有赏赐贝朋的记载，更有用贝作为衡量器物价值尺度的内容。如作于周恭（共）王三年（公元前 920 年）的“卫盉”铭文中（图4－88），即有“堇（瑾）章（璋）才八十朋”的记载。即用美玉制作的礼器瑾璋值贝币八十朋。

图4－88　卫盉及铭文

2. 秦统一前后的货币

进入东周以后，农业、手工业的发展极大地促进了商品经济的活跃，原有的贝币已不能适应社会经济发展的需要。为了割据称雄，各诸侯国纷纷改铸自已的货币，形成了布币、刀货、蚁鼻钱、圜钱等几个货币体系。

布币　是由农具镈（铲形锄具）、钱（与镈形状相似）演变而成的。古音镈、币同音假借，故称布币。最早的布始于西周初期，其形状大小与农具相仿，其后因携带、交换不便，逐渐变小变薄。战国时期，布币主要流通于韩、赵、魏、周、秦、宋、鲁、燕国，且因割据称雄，又出现空首、平首和平足、方足、尖足、圆足等多种形制（图4－89）。币上一般铸有地名，也有的铸币值、干支等。

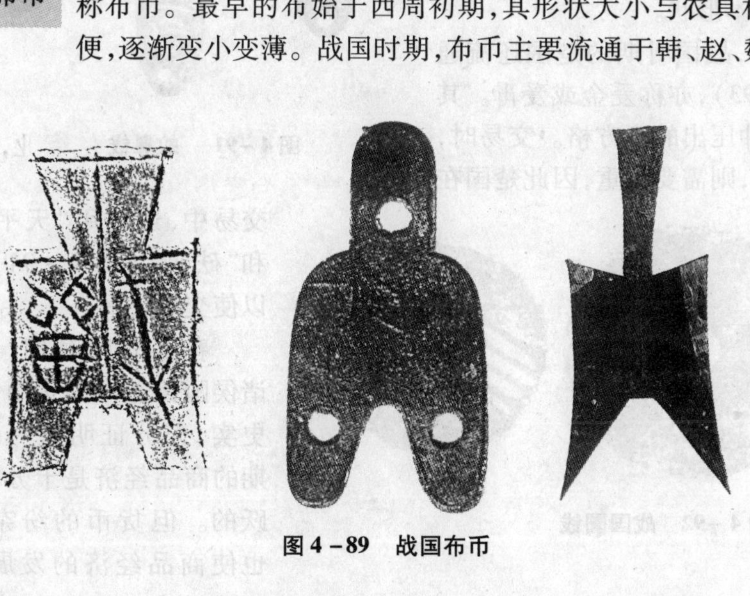

图4－89　战国布币

刀货　亦称刀币，是由工具削、刀演变而成的，其形状类似带柄的刀。西周时，即流通于齐国（今山东半岛地区），后形状逐渐减小，重量减轻。战国时，刀币主要于齐、燕、赵等国。形制亦有直柄、尖首或平首曲柄之别（图4－90）。

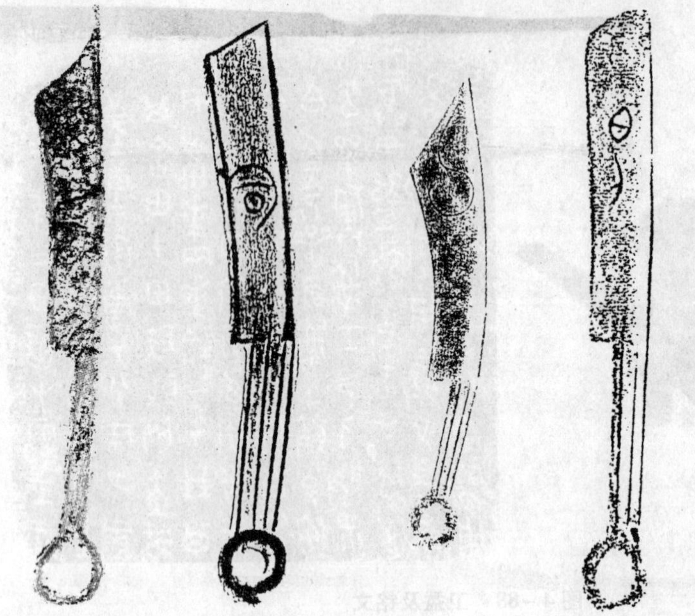

图4－90 战国刀币

蚁鼻钱 系仿铜贝而成，但体型较贝小。币面铸有阴文（图4－91），形似蚂蚁或人脸，故称蚁鼻或鬼脸钱，主要流通于楚国，是为“郢爰”的辅币。战国以后，亦随楚国向外拓展而出现于齐、鲁等国。

圜钱 系仿纺轮，一说系仿礼器璧而成。其制圆且扁平，故俗称圆钱。圜钱出现于战国末期，最早为魏国货币。战国中期以后，除楚国外其余诸国均流通圜钱。而在形制上，又出现有郭、无郭和方孔、圆孔等区别。且币面上所铸货币单位亦不相同、有化、釿、两等（图4－92）。与其他货币相比，圜钱具有携带方便，不易磨损，重量轻，使用方便等会诸多优点，而被广泛使用，也因此成为中国古代货币的基本形状。

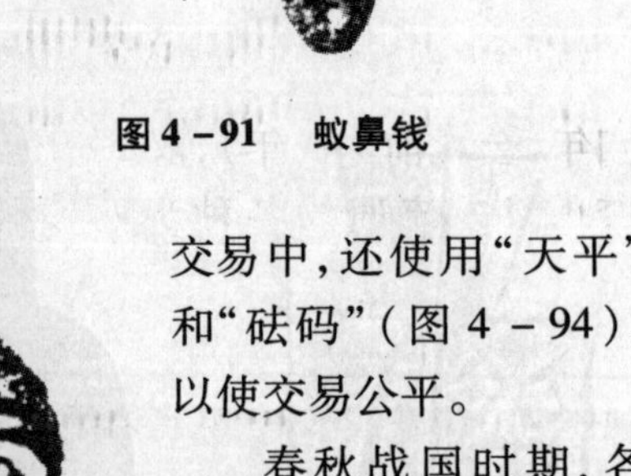

图4－91 蚁鼻钱

除这几种币体货系外，战国时期的楚国还流通郢爰，系黄金货币（图4－93），亦称爰金或爰鉨。其形为方形，币面上有用模冲压出的小方格。交易时，需进行切割。切下的郢爰，则需要称重，因此楚国在交易中，还使用“天平”和“砝码”（图4－94），以使交易公平。

图4－92 战国圜钱

春秋战国时期，各诸侯国铸造本国货币的史实，充分证明这一时期的商品经济是十分活跃的。但货币的纷杂，也使商品经济的发展，尤其是交易和商品流通范围的扩大受到极大的限制。因此秦统一六国后，采取了统一货币的政策，以秦国流通的外圆内方、无郭“半两”圜钱，作为天下统一使用的货币。同时废止此前流通的贝、布、刀等各种货币。

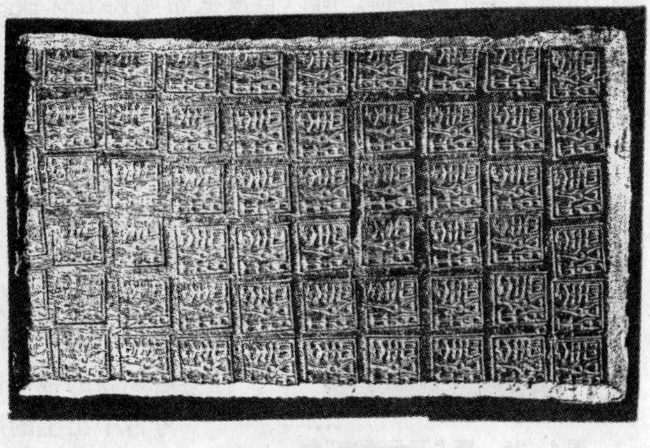

图 4－93　郢爰

3. 汉代的“五铢”钱

秦统一后的半两钱，币面有小篆体“半两”二字。史书称其重量，“重如其文”，即币值等于钱重。不过，考古出土的秦半两钱，其重量并非史书所载，而是存在着重量的差异，这是与当时的铸造技术和工艺水平不高有直接的关系。汉朝建立后，承袭秦朝币制，仍铸半两钱（汉半两），且允许私人铸币。但因汉初经济凋敝，加之民间私铸，汉半两钱重量较秦半两钱大为减轻。考古出土的汉半两钱，虽名为半两，应为十二铢，而实重则只有八铢、四铢，甚至不足三铢者。货币轻重不等，低劣小钱充斥市场，也制约了商品的流通和交换。

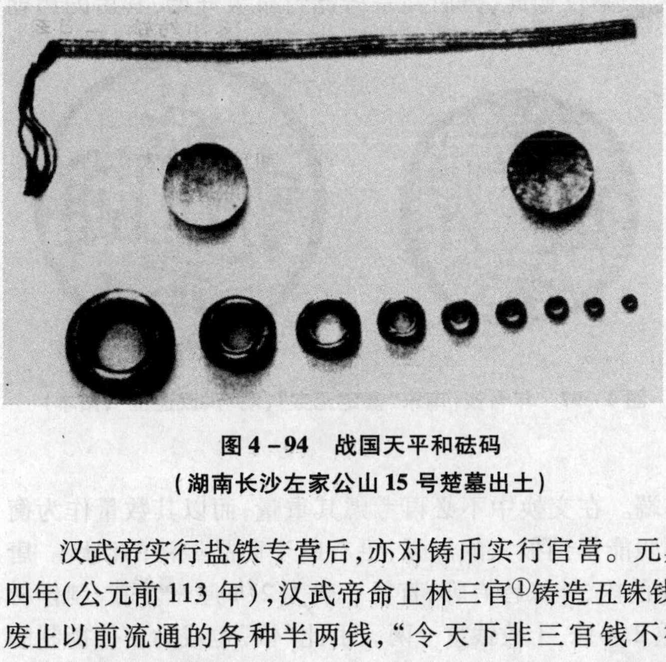

图 4－94　战国天平和砝码

（湖南长沙左家公山 15 号楚墓出土）

汉武帝实行盐铁专营后，亦对铸币实行官营。元鼎四年（公元前 113 年），汉武帝命上林三官①铸造五铢钱，废止以前流通的各种半两钱，“令天下非三官钱不得行”。② 铸币权集中于中央后，保证了钱币铸造的质量。五铢钱采用金属范浇铸，故大小、式样基本一致（图 4－95），这在考古中也得到证实。出土的汉武帝时铸造的五铢钱，铜色浑厚，文字端庄俊秀。与半两钱相比，五铢钱重量适中，便于携带和计数；它沿袭外圆内方的形制，又在币面内外缘加郭，既增加了钱币的耐磨损性，又

图 4－95　汉五铢钱

① 上林三官，为汉武帝时成立的专门铸造钱币的机构。

② 《汉书·食货志四上》。

保护币面文字不被磨损。所以自汉武帝始铸五铢钱之后,这种钱币的形制一直为后代所沿袭。由中央朝廷统一铸造钱币,对于社会经济的发展,特别是商品经济的活跃,更具有积极的促进作用。

4. 货币钱名的变化

图 4-96 唐"开元通宝"钱

从半两到五铢钱,均为以法定重量为钱名的钱币。这种铸币方式一直沿用到唐高祖武德四年(621),成为中国封建社会前期钱币的主要名称和形式。唐武德四年,唐高祖下令改铸新币,废止以重量为钱名的旧制,改以"通宝",即通行的宝货为钱名,从而开创了中国封建社会后期新的钱币体系。

考古中出土的唐高祖时期铸造的钱币,钱文为著名书法家欧阳询手书:"开元通宝"(图 4-96)。唐高祖取"开元"之名,意含革除旧制开创新纪元。此后"通宝",或作"元宝"、"重宝"、"泉宝"等便成为钱名,这一币制一直沿袭到清末。不仅如此,自唐高宗铸乾封泉宝开始,其后的历朝历代皇帝还多将自己在位时的年号铸在钱币上,如乾元重宝、淳化元宝、建炎通宝、至元通宝、洪武通宝、康熙通宝等(图 4-97)。将年号作为钱名,是通宝钱的一个重要的特征,故称年号钱。这也是表示在位皇帝拥有统治权力至高无上的象征。

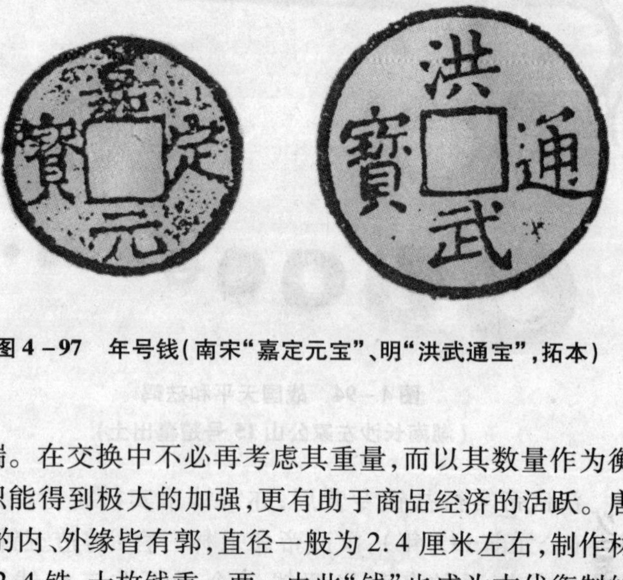

图 4-97 年号钱(南宋"嘉定元宝"、明"洪武通宝",拓本)

唐朝改行通宝钱,也是针对此前发行的五铢钱存在的钱名重量与实际币重相差悬殊的弊端。在交换中不必再考虑其重量,而以其数量作为衡量商品价值的尺度。这使得钱币的职能得到极大的加强,更有助于商品经济的活跃。唐朝的通宝钱形状仍为外圆内方,钱面的内、外缘皆有郭,直径一般为 2.4 厘米左右,制作材料为铜、锡、铅合金。唐制,每枚钱重 2.4 铢,十枚钱重一两。由此"钱"也成为古代衡制的单位名,并将此前铢至两的二十四进位,改为十进位制。后代铸钱,均以开元通宝为标准,遂成为一种定制。

5. 纸币的流通与发行

我国是世界上最早使用纸币的国家。据文献资料记载,北宋时期由于商业发展,商品交易十分活跃,导致铸币量逐年增长而出现钱荒。宋廷遂在今四川地区铸造铁钱。由于铁钱重,价值低廉,商旅携带极不方便,于是最早在宋太宗淳化、至道年间,益州(治今四川成都)地区便出现了发行具有兑换券性质的"交子"店铺,即"交子铺",以纸币替代铁钱。景德年间,经知益州张咏整顿后,由 16 家富户共同发行和经营交子。"同用一色纸印造,印文用屋木人物,铺户押字,各自隐密题号,朱墨间错,以为私记。书填贯,不限多少。收入人户见钱，便给交子，无远近行用，动及百万贯。街市交易，如将交子要取见钱，每贯割落三十文为利。”①天圣元年（1023），官府又在益州设“交子务”，改民营为官办。交子面额固定，自一贯至十贯，共10种（图4－98）。每3年为一届，届满以新币换旧币。每届发行额为1256340贯。宋徽宗时，改交子为“钱引”，流通区域扩大到陕西、河东、京西地区。不过，由于官府发行交子不备本金，滥发无数，致使不断贬值，严重影响纸币流通使用。

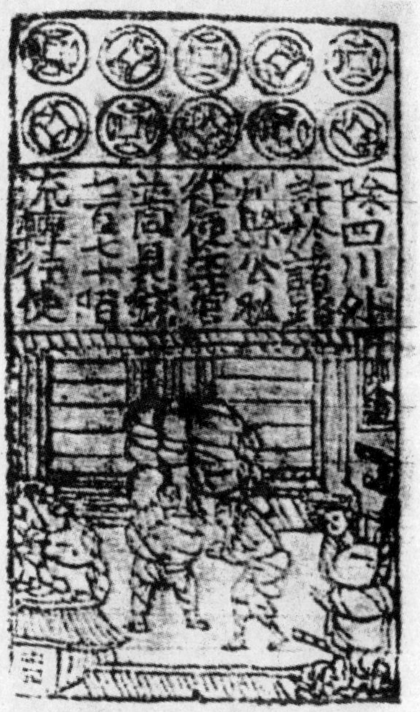

图4－98　交子

南宋绍兴年间，因商业贸易发展，货币需求量增大，金属货币再度紧张。绍兴二十一年（1151），南宋政府在临安（今浙江杭州）设“行在会子务”，发行会子（图4－99），流通于东南各路。此后，一些地区也出现由地方官府发行的纸币，如湖北会子、两淮会子、关外银会子、铁钱会子、四川会子等。

金朝是我国历史上第一个将纸币作为主要流通货币的王朝。金贞元二年（1154），始设交钞库，发行交钞。交钞面值分贯、百文两类，每类各有5种不等的数额。元朝建立后，又发行中统元宝交钞（图4－100），以白银为本位。面额仍沿用铜钱单位，从十文到十贯分为10等。为保证纸币的流通，元朝还制定了一套钞法，设有专门的主管、兑换、印钞等机构，因此，交钞发行之初颇具信用。意大利旅行家马可·波罗来到中国后，见到纸片似的钞币竟能买到各种商品，竟认为是皇帝的“点金术”。“大汗国中，商人所至之处，用此纸币以给赏用，以购商物，以取其货物之售价，竟与纯金无别。”②

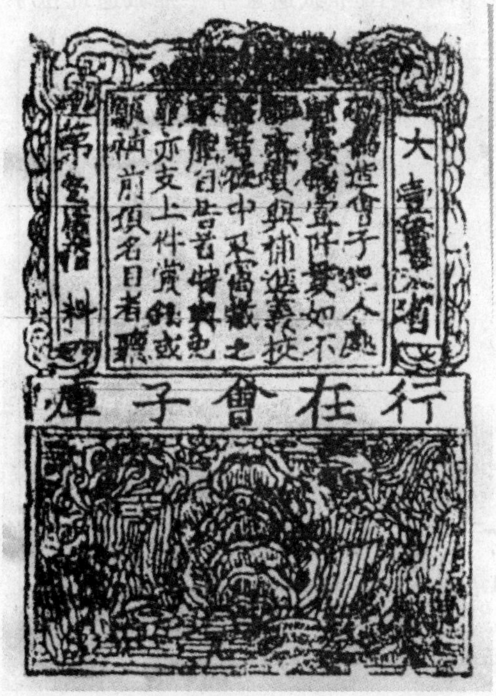

图4－99　会子

这些现存的古代纸币，与金属币相比，具有轻便、面值大等优点，在商品交易中使用方便。它的发行也正是商品经济发展的客观需要，故对商品交换和商品经济的活跃起有积极的作用。但由于朝廷或官府在发

① 李攸：《宋朝事实》卷一五《财用》。

② 马承钧译《马可·波罗行记》第95章。

行纸币时不备本金，或滥发无度，甚至以此弥补朝廷财政的亏空，致使纸币发行后不久，即信用大跌，又严重制约了商品经济的发展。

图 4－100　中统元宝交钞

（二）古代的市场

市场是进行商品交换的重要场所，它的出现，也是商品经济发展的一个重要标志。“古之为市也，以其所有易其所无者”。[①] 据文献资料记载，西周时期就有市场，[②] 只是尚未被考古证实。不过，大量的考古资料证明，在春秋战国时期就已有一定规模的市场，且有管理市场的法律条文。此后，市场继续发展，并从封闭，变为街市。

1. 秦代的市场和管理

考古发现的最早的市，是在东周时期秦国雍城遗址中。雍城遗址位于陕西凤翔县南，雍水以北，是秦德公元年（前 677 年）至献公二年（前 383 年）的秦国都城。城址平面呈不规则方形，东西长约 3300 米，南北长约 3200 米，面积约 10 平方公里（图4－101）。在北垣以南约 300 米处发现有战国时期的市场遗址。其平面呈长方形，南北宽 160 米，东西长 180 米，面积近 3 万平方米。市的四周筑有 1.5～2 米厚的夯土围墙，每一边围墙的中部都开有一门。已发掘的西门建筑基址平面呈凹形，南北长 21 米，东西宽 14 米，进门入口处有用大型空心砖铺的台阶。从基址上分

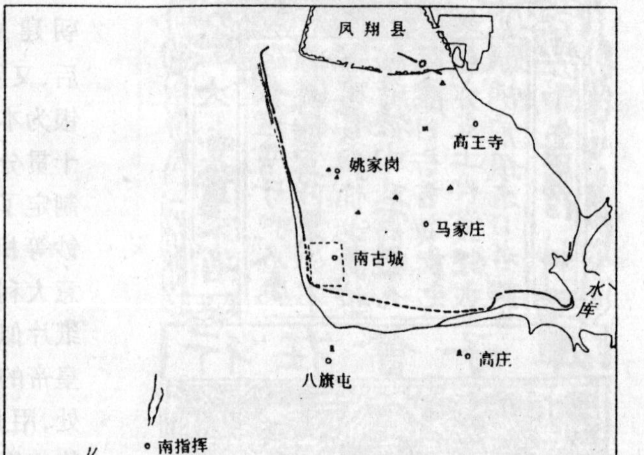

图 4－101　秦雍城遗址平面图

① 《孟子·公孙丑下》。
② 参见《周礼·地官·司市、质人、廛人》。

布的柱洞及瓦片堆积形态分析，这座市门曾是四面坡式大屋顶建筑。围墙内曾出土了秦半两钱和盖有“咸阳□里”印文的陶器底部残片等，应是商品交易活动的遗存，即这里是一个露天市场。这处市的位置正符合《周礼》“南宫北市”的规定，即位于宫城之北。

在云梦睡虎地秦墓中出土的《秦律》竹简上，有一些关于市场管理的具体规定。其中有对上市商品规格、标准的规定，如“布袤八尺，福（幅）广二尺五寸。布恶、其广袤不如式者，不行”。① 在出售商品时，“有买及买（卖）殹（也），各婴其贾（价）。小物不能各一钱者，勿婴”。② 即必须在所售商品上系签，标明价格。只有价格不足一钱的商品，才可以不系签标价。在交易时，“为作务及官府市，受钱必辄入其钱缿中，令市者见其入。不从令者赀一甲”。③ 即手工业者出售自己生产的商品和替官府出售商品时，收钱后必须立即将钱入缿（即后世的扑满，为储钱器）中，还要让买者看见。违反规定者则要受罚。《秦律》中还规定刑徒不准进入市场。“舂城旦出繇（徭）者，毋敢之市及留舍阓外。当行市中者，回，勿行”。④ 那些被判舂城旦（秦刑名）者若外出服徭役，不准进入市场或在市场门外停留休息。如所行路线途经市场，则必须绕行，不允许穿行市场。

此外，对经商人员在管理上也是十分严格的。在秦简中有一则“法律问答”：“客未布吏而与贾，赀一甲。可（何）谓‘布吏’？诣符传于吏，明谓‘布吏’”。⑤ “客”是指入秦的异邦商人。他们如需在秦国经商，必须先将有关凭证送交官吏审验，即“布吏”。在市场内，则对经商者实行什伍编制，设列伍长作为内部基层组织之长，协助市吏维护市场的正常秩序，制止违法行为。贾市居列者及官府之吏，毋敢择行钱、布。“择行钱、布者，列伍长弗告，吏循之不谨，皆有罪。”⑥

秦国制定这些市场管理的法律条文，旨在保证商贾交易的正常进行，也反映出这时期的商业活动已十分活跃。“百工居肆，以成其事”。⑦

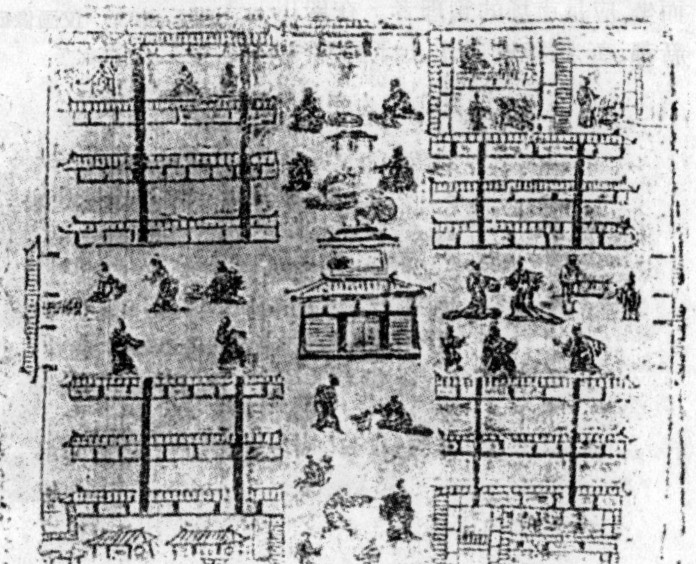

图4－102　汉画像砖《市井》（拓本）（四川成都土桥出土）

① 《睡虎地秦墓竹简·秦律十八种·金布律》。
② 《睡虎地秦墓竹简·秦律十八种·金布律》。
③ 《睡虎地秦墓竹简·秦律十八种·关市》。
④ 《睡虎地秦墓竹简·秦律十八种·司空》。
⑤ 《睡虎地秦墓竹简·法律问答》。
⑥ 《睡虎地秦墓竹简·秦律十八种·金布律》。
⑦ 《论语·子张》。

2. 汉唐时期的市场

出土的汉画像砖石上,多刻有汉代市场的画面。如四川成都土桥出土的画像砖《市井图》,市场平面略呈方形,四周筑有围墙(图4-102)。每边市墙中部都建有面阔三间的市门。市内有东西、南北向呈十字相交的两条通道,与四座市门相连,将市分为四个区。每个区内有3~4个排肆(成排的商铺),形似长廊。有的区在排肆的后面建有存放货物的邸舍(也称廛)。[①] 市的中央建有一座重檐楼阁,上悬一鼓。这是管理市场的官吏治所,称市楼或旗亭(图4-103)。除市场题材外,汉画像砖石上还有表现交易的场景。四川广汉出土的《市井》画像砖,即描绘了市场的局部景象(图4-104)。画面左侧是"东市门",门内道路两侧是摊式的店铺,经商者正与顾客进行交易。画面右侧是市楼,内有一人身着冠服,踞席而坐,应是市场的管理者。在四川新都、彭县等地还出土了画像砖

图4-103 汉画像砖《市楼》(拓本)(四川彭县出土)

图4-104 汉画像砖《市井》(拓本)(四川广汉出土)

《酒肆图》(图4-105),形象地表现了酿酒出售时的情景。这些反映汉代市场及商品交易的画像砖,正是当时商业发展一个缩影。

商品经济的活跃也促进了手工业的发展。山东诸城前凉台汉墓画像石《庖厨图》(图4-106),以全景的方式刻画了酿酒和肉食加工的全过程。酿酒包括蒸煮谷物、

① 《汉书·食货志》。

图4－105　汉画像砖《酒肆》(拓本)(四川新都、彭县出土)

搅拌、沥酒、挤酒、贮酒八道工序；肉食加工则分屠宰、烧烤、腌制等几道工序。画面人物众多，十分繁忙，显然是一处具有一定规模的加工食品的手工作坊。如此大规模的酿酒和加工肉食，也反映了市场的需求量是很大的。

图4－106　汉画像砖《庖厨》(摹本)(山东诸城出土)

据文献记载，汉代的市只设置在县级以上的治所，与作为人们居住区的坊是隔开设置的。市四周筑墙，实行封闭式管理。凡在市内经商者，均入市籍。虽然市、场分置的城市格局，便于城市的管理，但也限制了商业的发展。由于市场以外是不允许进行商品交易的，市场有开放的时间，而坊也是晨启昏闭，城内一般多实行宵禁，因此商品交易受到时间和场所的极大限制。这也是自汉初以来推行“抑商”政策的结果。

市、坊分置的城市格局一直延续到唐代。长安城和东都洛阳城都是市中无坊，坊中无市。据文献记载，唐都长安城内有108坊，每坊均筑围墙，置坊门出入。晨启昏闭，以击街鼓为号。长安城的考古勘探证实了文献的记载，即城中有东西二市，分别位于皇城外的东南和西南处。平面皆呈长方形，面积均相当于两个坊。就基址中出土的遗物判断，这些基址当为店铺遗址，其中有饮食店、珠宝店及手工作坊等。由此不难想象当年这里出现的热闹、繁忙的景象。

图 4－107　唐胡人骆驼三彩俑（陕西西安出土）

在南大街中段的一个店铺遗址中，不仅出土了大量的骨、玛瑙、水晶制作的装饰品及珍珠、金饰件，还有大量的骰子。骰子是中亚、西亚地区流行的一种玩具。在市场出售它，推测其经营者很可能是“胡商”。事实上，考古出土的唐三彩和唐墓壁画中，不乏西域胡人形象（图 4－107）。这些考古资料说明，当时长安城的市场中，也有“胡商”在出售异域土特产。此外，在西市东大街南段的遗址中，出土的陶器上还捺印有“刑（邢）娘”二字，表明当时已有在自产商品上做标志的做法，可能已出现了商品及经营上的竞争。

3. 宋代的街市与中外商贸活动

传世的北宋画家张择端所绘风俗画《清明上河图》，描绘了北宋都城汴梁（今河南开封）的繁盛景象。在长 528 厘米、阔 24.8 厘米的画卷上，绘有从汴梁城郊外到城内街面的繁华景象。建筑鳞次栉比，既有店肆，又有居民宅院，其中商业活动占据了很大的画幅。画面上店铺林立，行业齐备，交易的商品和形式多样。街上更是人流熙攘，充分表现了北宋城市商业的兴盛。更为重要的是，画面上店铺与宅院交相毗邻，表明北宋时期的都市已不再分置市、坊，形成了“街市”的景象。都城的这一变化说明宋代的商品经济已十分发达，最终冲破了市、坊间的界限，二者“合流”。市、坊合流后，商品交易不再受时间和场所的限制，极为方便，这更加促进了商品经济的活跃和发展。

从画面上还可以看到，城中有商号、客舍、货栈，经商方式有行商、坐贾，还有摊贩（图 4－108）。能辨认出的商号有“孙羊店”、“刘家上色沉檀栋香”、“杨家应症”等。商号的出现，更说明商业竞争的加剧。在画卷的尾端，绘有一座大宅门，上书“赵太丞家”（图 4－109）。不过在大门两侧有许多“广告”，如“治酒所伤，真方集香丸”、“七劳五伤”等。显然这家曾任太丞的主人现在已开业行医，门内有一位抱幼童的妇人在候诊。广告的出现，也说明在日趋激烈的商业竞争中，经商者开始采用多种手段宣传自己经营的商品和从事的商业活动，以扩大影响，占有更多的市场。不仅如此，在城内位于十字街口的一家肉铺外，还挂一个招牌，上书“……斤六十足”（图 4－110）。这说明当时在激烈的商品竞争中，经商者不仅靠广告宣传，更注重信誉。所以《清明上河图》可以说是全方位地展示了汴梁城繁盛的商业活动和各种经商行为。

图 4－108 张择端《清明上河图》中的坐贾、行商与摊贩

图 4－109 张择端《清明上河图》中的医铺

据孟元老《东京梦华录》记载，因市坊界限被打破，北宋汴梁城内的市民生活丰富多彩，商品交易也出现了早市和夜市。夜市三更收市。待五更掌灯，早市开张。而且商业不仅集中在城内，还扩展到城外。《清明上河图》中，即有很大的画幅是表现汴梁城外的商业活动（图 4－111）。画面上城外也有街市，店肆林立。从北宋都城格局出现的这些变化，也清楚地表明中国古代的商业发展到宋代，已进入一个勃兴的时期，商业活动与社会生活的关系更为密切。都城的功能也因此在政治、文化中心的基础上又增加了经济中心，而成为真正意义上的“城市”。

图 4－110　张择端《清明上河图》中的肉铺

图 4－111　张择端《清明上河图》中的城外店肆

从北宋开始，中国古代商业进入一个持续发展的时期，商品经济更加活跃。继汉代开辟陆上丝绸之路之后，宋代又开辟了海上丝绸之路。我国的瓷器、丝绸、茶叶等商品大量外销，在对外商贸活动中占有很大的比重，促进了中外经济、文化的交流。与此同时，一些阿拉伯、波斯商人也通过海上丝绸之路进入中国经商。宋朝政府便在广州、泉州、扬州等港口城市设置蕃坊，以安置“蕃商”、“蕃客”。今天在这些当年海上丝绸之路的港口城市中，还保存有始建于宋代的清真寺和蕃客死后的墓地（图 4－112），这些遗存不仅见证了中外商贸的频繁交往，也是中外文化交流、人们友好交往的实证。

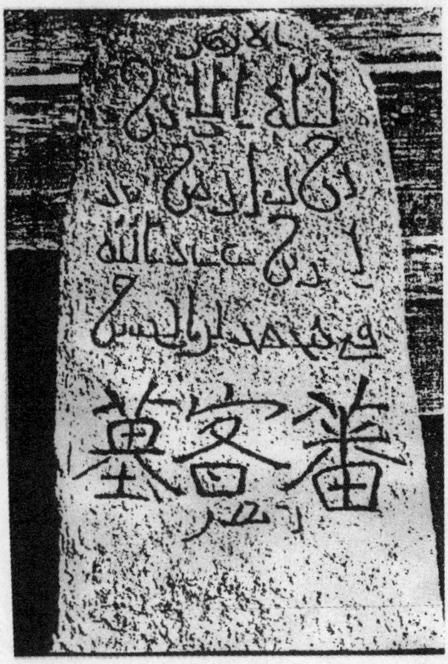

图 4－112 蕃客墓碑（广东广州出土）

第五章

绚丽多彩的古代文化

勤劳智慧的中华民族不仅创造了极其丰富的物质财富，也创造了极为辉煌的文化生活，因而我国成为世界著名的文明古国。

一、汉字与书法艺术

文字是记录语言的符号，也是人们相互交流时借助的语言工具。我国通行的文字，即汉字，是经过长期的历史演进而最终定型的，也是中华民族智慧的结晶。以书写汉字作为一种艺术形式，则集中地体现了中国传统文化的精华。

（一）汉字的起源及演进

考古资料证明，我国的汉字在商朝时期，以甲骨文字为代表，已经进入了成熟的时期。不过，文字的形成及演进是一个漫长的过程，中国古代有“仓颉造字”的传说，这表现了人们对文字发明者的一种感激之情。但传说不一定是事实，大量的考古资料则清楚地揭示了汉字的起源和演进过程。

1. 史前时期的记事符号

自从原始人类学会使用语言后，为了更方便相互间的交流和表述意愿，便尝试着用一些特定的符号作为提示性的记录，由此而出现了原始的记录语言的符号。考古证明，我国最早的原始记事符号出现在距今4500～6000年的新石器时代中晚期。

在仰韶文化半坡、北首岭、姜寨等遗址出土的陶器上，有许多刻画符号。这些符号多位于陶器口沿的显著位置（图5－1），显然不是随意刻画的，而是有特定的用意。其中在半坡遗址收集到大约32种，100多个刻画符号。姜寨遗址收集到的刻画符号数量更多，大约有40余种，120多个（图5－2）。其中有的与半坡发现的刻画符号相同，有的则是半坡及其他遗址所没有的。在仰韶文化所覆盖面积约3万平方公里区域内的同一文化遗址中，比较普遍地发现这类刻画符号，且相同，或相似。这一发现表明，当时生活在这个区域内的人们已经创造出一种原始的记事符号。在相互的交流中，逐渐为更多的聚落所接受，被

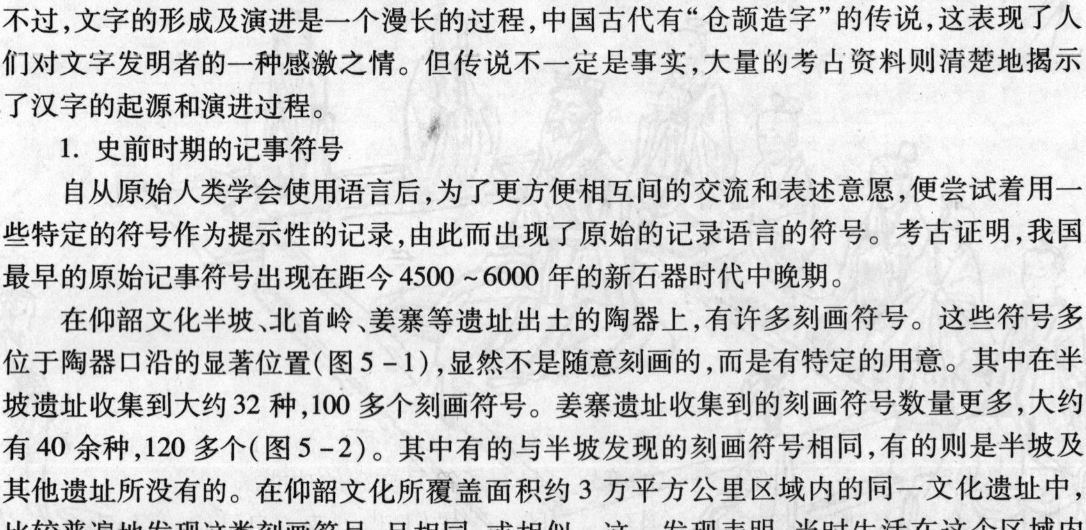

图5－1　仰韶文化陶器上的刻画符号（陕西西安半坡遗址、临潼姜寨遗址出土）

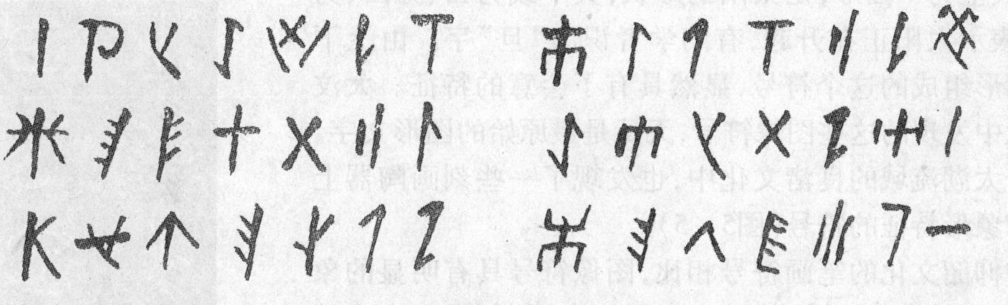

图5-2　仰韶文化刻画符号

(左,陕西西安半坡遗址出土右,临潼姜寨遗址出土)

更多的人们所熟悉,并共同使用它。

在承袭仰韶文化的马家窑文化晚期遗存中,出土的许多彩陶罐上,也有墨书的记事符号。青海乐都柳湾墓地的马家窑文化墓葬中,出土的彩陶罐上收集到50多个彩绘符号(图5-3),其中有不少符号与仰韶文化使用的记事符号极为相似。这既说明两种文化之间存在的渊源关系,也反映出这种记事符号仍在继续传播,并在更大的区域范围内使用。

图5-3　刻画符号(青海乐都柳湾遗址出土)

在我国西部地区新石器时代中晚期发现的这些记事符号,结构比较简单,基本是由横、竖、点、撇、捺、折、勾等笔画构成的,属于笔画符号。书写起来比较简捷、方便,易于掌握。但因它是在特定的历史及社会背景、条件下创制的,且只是一些简单笔画的组合,因此外人及后人很难识读。尽管对这些记事符号,目前尚不能理解它的含义,但可以肯定的是,这些由笔画组成的符号已具有了符号文字的功能。

同在新石器时代晚期,生活在我国东部地区的先民们,也创造了自己的记事、表意方法,即采用图像记事。在山东莒县大汶口文化陵阳河遗址中,出土的陶器上发现了一些图像符号。以其中收集的4个符号为例(图5-4),后两个符号很形象地表述了两种工具,推测可能是锛和斧。这两个图像符号具有很鲜明的象形特征。而第一个符号是由两部分组

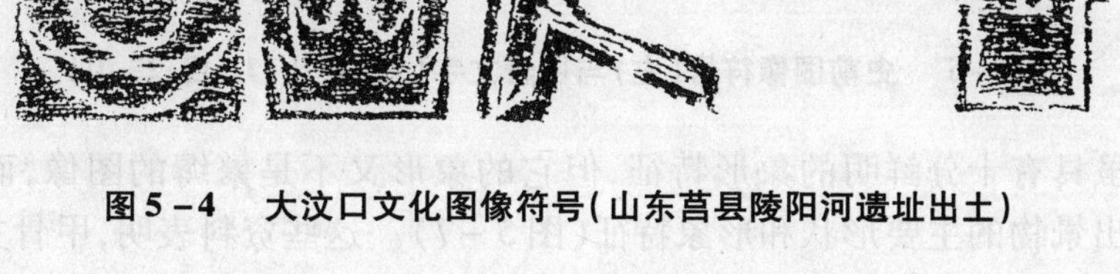

图5-4　大汶口文化图像符号(山东莒县陵阳河遗址出土)

成的：其上为一圆形，是太阳的形状；其下或为云、为山、为海浪，表示太阳正在升起，有的学者识为“旦”字。由上下两个图形组成的这个符号，显然具有了会意的特征。大汶口文化中发现的这些图像符号，无疑是最原始的图形文字。在位于太湖流域的良渚文化中，也发现了一些刻画陶器上的具有象形特征的符号(图5－5)。

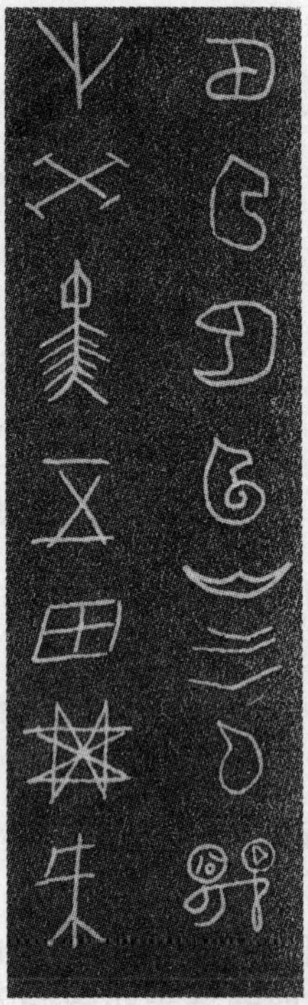

图5－5 良渚文化图像符号

与仰韶文化的笔画符号相比，图像符号具有明显的象形特征，比较容易识读、辨认。但因要象形，刻画起来比较复杂，不及笔画符号简便，易写。

分别出现在我国新石器时代东、西部地区的两种不同的记事符号和方法，正是这一时期的先民们使用的一种简单的语言交流和记事的辅助工具及手段，也是一种重要的发明和创造，在中国文明发展史上占有极重要的地位。尽管它们还属于符号的范畴和性质，很不成熟，也不规范，但毕竟有助于人们的表意和记事。而且随着这些符号的传播和作用，逐渐成为一个地区通用的记事方法，为更多的人们所熟悉和认同，无疑义更有助于促进这些记事、表意符号在日常生活中的频繁使用。

2. 成熟的甲骨文字

考古发现证明，我国成熟的文字始于殷商时期的甲骨文。不过，文字的成熟必定要经过一个漫长的演进、发展过程，才能从不成熟到成熟，而这个过程，显然是在殷商以前完成的。但十分遗憾的是，虽然除殷墟外，在河南郑州、陕县，河北邢台、邯郸，山东济南等地也发现了一些有刻画文字的甲骨，据出土地层分析，其中有个别甲骨早于商代，但到目前为止，还很难断定其确实的年代。可以说，至今为止尚未发现夏代的文字。然而也不能因此就认为我国的文字是商朝产生的。

事实上，考古资料也能证明，甲骨文字与新石器时代的记事符号存在着一定的渊源关系。如甲骨文中的“目”字与裴李岗文化时期龟甲上的刻符非常相似。甲骨文的“山”、“火”字，也与大汶口文化陶器上的图像符号下半部分十分相近(图5－6)。更为重要的

1 2

图5－6 史前图像符号(左)与甲骨文字(右)对比(1. 目;2. 山)

是，甲骨文字虽具有十分鲜明的象形特征，但它的象形又不是繁缛的图像，而是采用简捷的笔画，勾勒出景物的主要形状和形象特征(图5－7)。这些资料表明，甲骨文字是在吸收

和借鉴东西部先民们发明和使用的原始记事符号基础上，创制出的一种文字。即甲骨文字是集图像符号和笔画符号之长于一体的文字形态。甲骨文字最早出现在中原地区，正处于东、西部文化的交汇之处，这既是历史发展的必然，也同地理位置有密切的关系。

图5－7　甲骨文中的象形字（牛、羊、马）

甲骨文字之所以被称为“成熟”的文字，其重要标志是：

一、单字数量多。已辑录的甲骨文字5000余个。已辨认出其中的2000余个单字，得到学术界一致认可的约1000多个。这些单字能基本满足一般组词、组句的需要。

二、有一定的文字结构原则。出现了偏旁和部首的字形结构，有上下、左右、内外结构。

图5－8　甲骨文复合字（左，三牛；中，十二月，右，十五人）

三、殷商甲骨文的一些文字，也出现在同期的青铜器铭文中。说明这些文字不仅用于契刻卜辞，也用于其他的记事方式。如甲骨文与青铜器铭文的“十二月”，均写成复合字（图5－8）。在两种不同的器物上刻写的文字完全一致，表明这绝不是简单的刻符，而是一种文字。

四、使用甲骨文字组成的句式，与语言表述的形式基本一致。如卜辞“王伐土方”，句子由主、谓、宾语构成，结构完整、严谨。

五、在甲骨文字中，由象形字转借为会意字的现象十分普遍。这是汉字发展到一定阶段，必然会出现的规律变化。如果没有这种发展，只停留在象形的水平上，文字的使用必定会受至极大的阻碍，而难以继续传播和扩大使用。

从笔画、图像符号演进为有固定结构和读音的文字，是人们在长期社会生产和生活实践中共同创造的成果，充分体现了中华民族的聪明才智。正是因为甲骨文字已具备了文字的基本特征和功能，故称为成熟的文字。后人将汉字的造字方法总结为“六书”，即象形、指事、会意、假借、转注、形声。这在甲骨文字中，也都能看到。只是有些甲骨文字的结构，不像以后演进成的汉字那样，具有明显的某种结构规律的特征。此外，甲骨文字在结构上尚不规范，同一个字有几种不同的结构和写法，常见上下、左右结构相互易位的现象，但这些并不影响对字义的理解。

甲骨文字的象形特征十分鲜明。不仅是象形和形声字，指事、会意、假借、转注字亦是借助于象形。殷墟出土的一片龟甲卜辞，就能清楚地看到这一特点（图5－9）。卜辞中有“鸟”和“飞”两个字，都采用了鸟的形象，但区别在于“飞”字似鸟张开双翅状。“明”字是由“月”和“日”二个图形文字组成的，是取二者的共性特征，即光明之意。又如在这片卜辞上较多出现的一个甲骨文字：它是由右侧的一个瓶状的容器形象和左侧表示液体的符号

图 5－9　甲骨卜辞(河南安阳殷墟出土)

组成。其中在容器的中上部有一道横线，表示里面装有液体。而左侧的三条斜道则用于专指容器内的液体，具有提醒和强调的作用，意在表明这不是一般的水，故为“酒”字。卜辞中的“雨”字，是由上下两部分组成的：上部作“冂”，是房檐的形象；下部为三条竖道，表示滴水。这个字是借房檐滴水，转指天上下雨。还有一个更有趣的字，是由左右两部分组成：左边是一个食器的形象，右边是一个踞坐的人。与这个字相近的还有另外一个甲骨文字(图 5－10)。这两个字的区别在于，一个是人面对着食器，一个是人背对着食器，分别表示正在做饭或吃饭、做完或吃完饭。通过这两种具体的形象，表示正在或完成。这两个会意字分别为“即”、“既”。

图 5－10　甲骨文“即”(左)、“既”(右)字

通过对这片卜辞上的一些甲骨文字的分析，可以看出甲骨文字是以形表意。在世界流行的文字中，可以分为表音和表意两大类，而汉字则是世界上最具特色的表意文字。古人们正是利用以形表意的特点，创制出许多表示一种特定或复杂含义的文字。如甲骨文字中的“爻”字，表示算筹，是古代计数和计算的工具(图 5－11)。“ㄡ”字，表示手。这两个字都十分象形。甲骨文字中的“教”字，则借用了这两个字(图 5－12)。第一个“教”字，表示用手把手在数数，意为传授。第二个“教”字，在算筹与手之间，多一竖道，似手中持一小棍，意在督促学习。这两字写

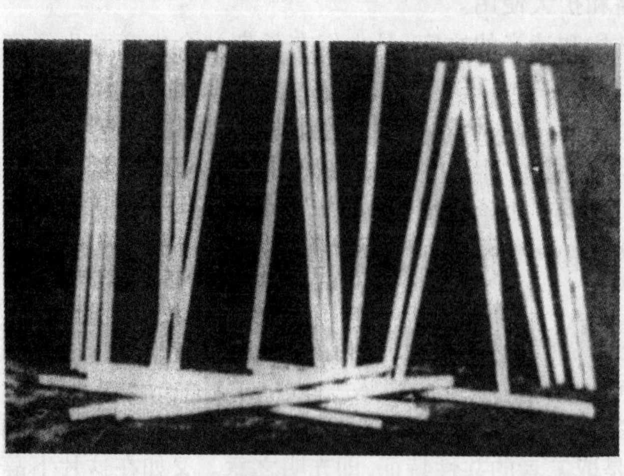

图 5－11　汉代象牙算筹(陕西旬阳出土)

法虽有不同，但都属会意字。

从殷商甲骨文字中可以看出，我国成熟的文字是在原始的图像和笔画符号的基础上，根据象物状的特点，采用简捷的笔画创制的。所以无论是象形、形声、假借、指事、会意、转注字，都离不开一个特定的“形”，即以形表意。这对于人们通过字形了解字义，是很有益处的，这正是作为一种成熟文字的实际使用价值，即有利于人们辨认、识读和理解，更好地发挥文字的使用功能。不过，若过于强调象形，则日常生活中的许多事物和抽象的概念就无法用具体的形象来表示。在以后的历史中，随着社会的发展，社会经济生活的不断丰富，也常要创制一些新字。

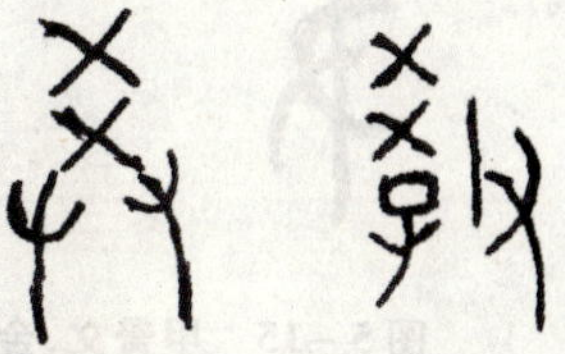

图 5－12　甲骨文“教”字

3. 汉字的发展

今天的汉字数量浩繁。如《辞源》收录单字 12890 个，《辞海》收录 14872 个，《康熙字典》收录 47035 个。而我们日常使用的汉字，大约是 5000 余个。如此巨量的汉字，相当多都是殷商以后问世的。其中有些是沿袭甲骨文的造字方法，即以象形字为主，或借象形字组成新的文字。在汉字中，表示味道和颜色之意的字许多都采用了这种方法。

据文献记载，西周时，人们在烹制菜馔时需使用“五味”。《周礼·天官·疾医》：“以五味、五谷、五药养其病。”郑玄注：“五味：醯、酒、饴蜜、姜、盐之属。”盐，是汉代才使用的字，写作鹽。那么此前人们也在吃盐，又如何书写？许慎在《说文解字》中对盐字的解释是：“盐，咸（鹹）也。从卤。”“咸，北方味也。从卤。”段玉裁注：“盐，卤也。天生曰卤，人生曰盐。”从许慎的解释中可以看出，盐字是从卤字发展而成的。即后人是依据卤字，创制了盐、咸等字。卤字最早出现在金文中（图 5－13），也是一个象形字。它表示一个带流的容器，里面盛放着颗粒状的东西。容器有流，便于倾倒，说明里面的东西是要经常使用的，但用量不是很大，且控用量。因此这种颗粒状的东西绝不可能是谷粒，而是盐。因为卤有咸味，故汉字（繁体字）中凡与咸味有关的字，均含卤字。

图 5－13　金文“卤”字

表示颜色的“黑”字，在金文中也是一个会意字（图 5－14）。下半部分是一座燃着火的灶台，上半部分是方形口的烟囱。烟囱里有小点，是燃烧后的炭屑。炭屑是黑色的。《说文解字》：“黑，火所熏之色也。”

图 5－14　金文“黑”字

还有一种后世造字的方法，是随着人们对客观事物的认识不断深化，需要表示一个有较多内涵的事物时，便将原有的几个有特定内涵的汉字，各取其中的最具代表性的部分，加以综合后组成一个新字。如金文的“国”字实际即吸收了甲骨文中的“邦”、“城”两字中的含义（见图 2－25、26）。这也说明，我国奴隶制社会以后出现的国家，是在原有城邦的基础上建立的。人们对城邦的认识，即有疆域、军队和中心城，而“国”字则将这三个要素合为一体。

笔，在甲骨文、金文中均写作“聿”（图5－15），形似一只手执笔的样子。聿是笔的本

图 5－15　甲骨文、金文“聿”字

字。《说文解字》：“聿，所以书也。”但在以后的历史中，聿又常用作语气助词。于是人们为了加以区别，便在“聿”上加一个“竹”字，写成“筆”，以示作为书写工具的“聿”，是用竹子制作的。

总之，汉字是随着社会的进步和发展，不断地创制出新字的。从而极大地丰富和方便了人们的记事和表意，也推进了社会文化的发展。

（二）汉字字体的演进

文字的书写离不开专用的工具和材料。不同的书写工具和材料，对于字的结构、笔画都产生直接的影响。我国汉字字体从甲骨文到金文、篆书（又分大篆、小篆）、隶书、楷书，无一不与书写工具和材料的变化有直接的关系。

1. 大篆字体的产生

在原始社会新石器时代，先民们常在陶器表面进行彩绘。彩陶器上的图案花纹是需要借助一些工具，才能绘制在器物表面的。在陕西临潼的仰韶文化姜寨遗址第二期文化遗存的墓葬中，出土了一套迄今为止最早的绘写调色工具。工具包括石砚（带盖，即为小石盘）一件、小研磨棒一件、小杯一件、红色颜料一块、砥磨器一件（图 5－16）。这套工具说明当时人们是采用研磨的方法，将颜料磨成粉状，再溶解到水里。但在考古中未发现书写工具。不过据对姜寨遗址出土的彩陶器纹饰分析，有些线条均匀、流畅，绘制时，只有软质的工具才能产生这样的效果。因此有专家推测，当时很可能已有毛笔之类的书写工具。

图 5－16　仰韶文化时期的绘写调色工具（陕西临潼姜寨遗址出土）

商代的甲骨卜辞中，也有的是先用笔写好字后，再用尖锐的器物楔刻出字形。但遗憾的是，至今尚未发现商代的毛笔。甲骨文字因是在龟甲和牛肩胛骨上，用尖锐的金属工具刻画出来的，材料比较坚硬，需要十分用力，且刻画的速度不快，故其笔画没有流畅感，多出现硬折、死弯式的笔画。此外，无论是多密集、繁复的字形笔画，也都能刻画出来。这也成为甲骨文字的字形、笔画特点和艺术特色。

考古还发现，殷商时期的文字也被用于青铜器铭文。在殷墟出土的青铜器上，就有与甲骨文一样的字，如“妇好”（图 5－17）。对比甲骨文和金文可以看出，两种字体的同一个字字形基本相同，但笔画却出现一些细微的变化。甲骨文字中比较死、硬的笔画，在金文中则改为柔和的曲线、斜线。这一变化的原因，在于书写材料的变化。青铜器上的铭文是先镌刻在泥模上，再翻制成范，因此浇铸成器后，铭文均为阴文。由于是在粘土上刻画，遇有硬折死弯，或笔画过于密集、繁复，就会导致泥土松动、脱落，无法保持字形的原貌和笔画的完整，而且这也会影响翻范和浇铸的效果。所以，在青铜铭文中，便出现了字形和笔画的变化。

图 5－17　甲骨文（左）、金文（右）“妇好”

从商朝后期到战国时期的青铜器铭文，基本属于篆书中的大篆字系（图 5－18），与甲骨文字相比，大篆字笔画删繁，出现省减的趋势；不再出现硬折、死弯式的笔画，而以直线、斜、弧线为主；字形相对规范，字体大小、排列和布局比较规整；从刻意追求象形，改为以象形状为主。

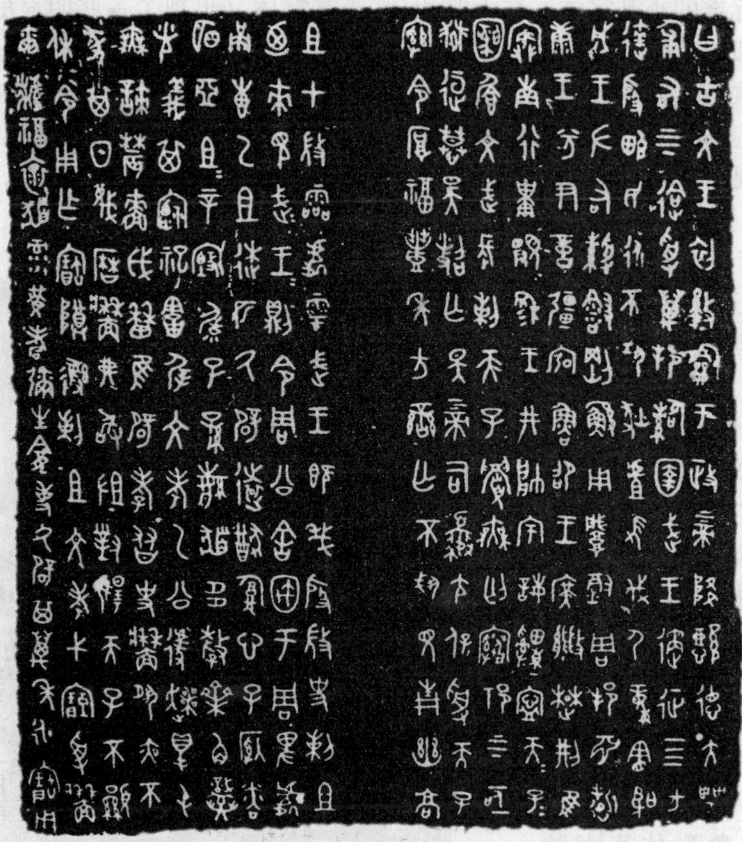

图 5－18　西周史墙盘铭文

2. 从大篆到小篆

战国时期的考古资料表明，青铜器铭文在大篆字的字形和笔画上，仅较明显地出现了进一步删繁、省减的趋势，如“车”字（图 5－19），这与当时的社会背景有直接的关系。春秋时期剧烈的社会变革，导致思想领域内出现“百家争鸣”的局面，“诸子百家”纷纷著书立

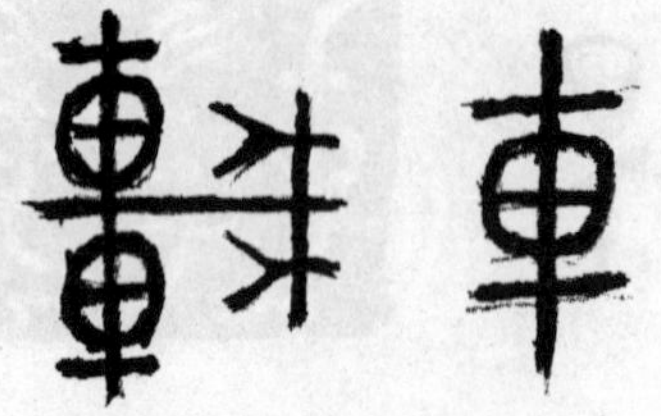

图 5－19　西周（左）、战国（右）时期的大篆“车”字

说，宣扬和传播自己的观点。这在一定的程度上，促进了文字的频繁使用。更为重要的是，孔子兴办私学后，打破了“学在官府”的局面。随着“知识下移”，更多的社会下层子弟获得受教育的机会，这在很大程度上扩大了文字的使用范围。社会信息量的增加，知识传播量的加大，使得文字的使用更加频繁，要求文字的书写速度加快，于是文字便出现了字形和笔画的删繁省减。所以中国汉字字体的变化，也是社会进步、文化教育发展的必然结果。

经过春秋战国时期大篆字体的演进，到秦灭六国后，又以小篆作为统一使用的标准文字。传世和出土的秦代石刻上，包括秦始皇出巡各地时，留下的纪功石刻，如泰山石刻（残拓片），峄山、会稽石刻（摹本），以及琅琊石刻（残石）等石刻文字，还有秦始皇统一度量衡的诏版，都是标准的小篆字体。与大篆相比，小篆字体又出现了一些明显的变化：改变了大篆的斜线、弧线笔画，更趋于平整；减弱象形，不再出现复杂的象形符号；省减或简化偏旁，书写逐渐规范。此外，小篆字还有一些新的特点：一是各种偏旁的形状基本统一，每个字所用的偏旁基本固定；二是每个字的偏旁位置基本固定；三是每个字的笔画数量和笔顺基本固定；四是字形呈现方正形态，形成端正、稳重的风格。这些新的特点，也成为后代汉字的基本特征。

从考古资料分析，秦始皇作为全国统一通用的文字——小篆，早在秦国时期就已出现了它的雏形。1978 年，在陕西宝鸡太公庙秦代窖藏中出土的秦公镈，其铭文记载了秦武公（前 554～536 年）的功绩（图 5－20）。字体虽属大篆，但已出现一些变化。字形比较方正，笔画圆转、瘦劲，被称为秦篆。后经过战国时期的继续演进，而成为秦统一后李斯创制小篆的参考和依据。小篆虽然还多少保留了一些象形字的遗意，但也宣告象形体篆书的结束。

图 5－20　秦公镈铭文（局部）（陕西宝鸡太公庙出土）

3. 隶书字体的问世

考古资料还证明，秦朝流行的另一种字体隶书，也是在秦统一前便已经出现，并开始成为人们日常使用的一种字体。1975 年，在湖北江陵凤凰山

M70墓中，出土了两枚玉印，是墓主人泠贤的私印（图5－21）。两枚印章的印面外缘均有边框，印文为阴刻（白文），符合秦印的一般形制。然而其中一枚印章的印文，是标准的小篆字；另一枚印章的印文，却是隶书字。对比两枚印章的印文，可以看出隶书已将“泠”字的偏旁“水”，改为“氵”；“令”字则将篆书的曲折笔画，简化为一斜竖道；“贤”字左上角的“臣”字，上下两个短竖，被贯通成一笔竖划。同墓中出土的漆盘底部刻有“廿六年”、“卅七年”字样。据考证，这是一座秦襄王时期的墓葬，距秦统一六国尚有50余年。这两枚印章证明，此时小篆和隶书已在秦国统治的地区同时流行。

图5－21　“泠贤”印文

此外，在湖北云梦睡虎地4号秦墓中出土了两件木牍（图5－22），是两位从军征战士卒黑夫和惊兄弟二人的家信。写信的时间是秦昭王五十一年（前255年），书写的字体也是隶书。这更说明此时民间使用的文字，已是隶书体。只是当时作为一种俗字，书写得不够规整，亦不够规范。据此分析，文献记载的李斯、程邈分别创制了小篆和隶书两种字体，应是将社会上已经流行的字体加以省改、规范，而绝不是凭空创制出一套新字体。这也说明，在中国历史上，一种新字体的问世，只有与已流行使用的字体相近、相似，人们接受和认同它才不会有很大的困难，也不会产生阻力。从熟悉、掌握到全国统一使用，也因此不需要很长的时间。否则，单靠一纸法令，是很难在短期内奏效的。

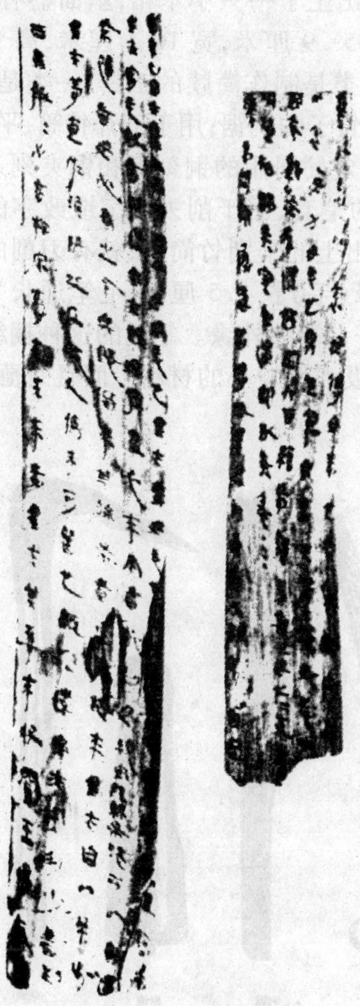

图5－22　秦人木牍家信（湖北云梦睡虎地4号秦墓出土）

在云梦睡虎地M11中，出土的大量的秦简（见图2－118），简文也全部使用隶书体抄写，十分规整。墓主人喜于秦始皇三十年（前217年）始任官府抄写文书的小吏，后改任管理狱讼、法律的令史。秦律是秦始皇时颁行的法律条文，应为官方的正式文书。使用隶书抄写法律条文，则又说明小篆和隶书两种字体在秦朝均为官方文字，只是小篆多用于极正规的官方文书，如皇帝的诏书，以显示其权威性。隶书和小篆虽然都出现在秦统一六国前，但从考古中发现的字体出现时间和两种字体的字形、笔画对比、分析，可以看出小篆是从秦篆省改而成，隶书则是自小篆省改而成。隶书利用笔画构架字形，破坏了象形字的结构，始创以笔画为基础的新体字。所以在中国文字发展史上，隶书的出现使汉字彻底脱离所谓古文字的范畴，进入近代文字的范畴和历史。

隶书字体的出现，有两个重要的原因：一是为了适应社会不断发展的需要，是时代进步的产物。春秋战国时期正值中国社会从奴隶制向封建制转化的历史时期，社会信息量迅猛增多。文字作为人际交往和信息传递的简捷工具，使用更加频繁、普遍。为了书写更加快捷、方便，易学易认，就有必要对字形、笔画做一些省减，在结构上做一些简化的变动。二是与书写材料和书写工具的改变及改进有直接的关系。篆书字体的出现，是与在泥模上刻划文字有必然的联系。而隶书字体的出现，则需与竹木作为书写材料相联系。

4. 书写工具、材料与汉隶的发展

1957 年，在河南信阳长台关的一座战国楚墓中，出土了一只小木箱，里面盛有一套完整的文具。这是我国目前发现的最早的文具箱，长 35 .9 厘米，宽 16. 1 厘米，高 14. 7 厘米，里面存放了 12 件文具。按其用途可分为两类：一类是制作简牍的工具，一类是书写工具（图 5－23）。其中制作简牍的工具，包括用于截断竹子的铜锯；用于剖开竹筒、平整竹片的铜锛；剃除茸毛、刮光简面及在简侧刻出缺口，以固定简册用的铜刻刀和铜夹刻刀；用于钻孔、穿绳编册的铜锥。书写工具有：毛笔、装笔用的笔套、用于削去错字或改字的铜削。铜削，又称书刀，其用途相当于今天的橡皮。同墓中出土的个别竹简上，就有刀削的痕迹。墓中出土的毛笔系细竹管制成。杆径 0. 9 厘米，笔锋（毛）长 2. 5 厘米，毛笔通长 23. 4 厘米。值得注意的是，笔毫（毛）是用细丝线捆缚在笔杆一端的外缘。笔毛的这种捆缚法，使笔锋呈中空状，不利于储墨。用这种笔书写，只适于吸水性较小的材料。而且每蘸一次墨汁，也只能写极少的几笔。

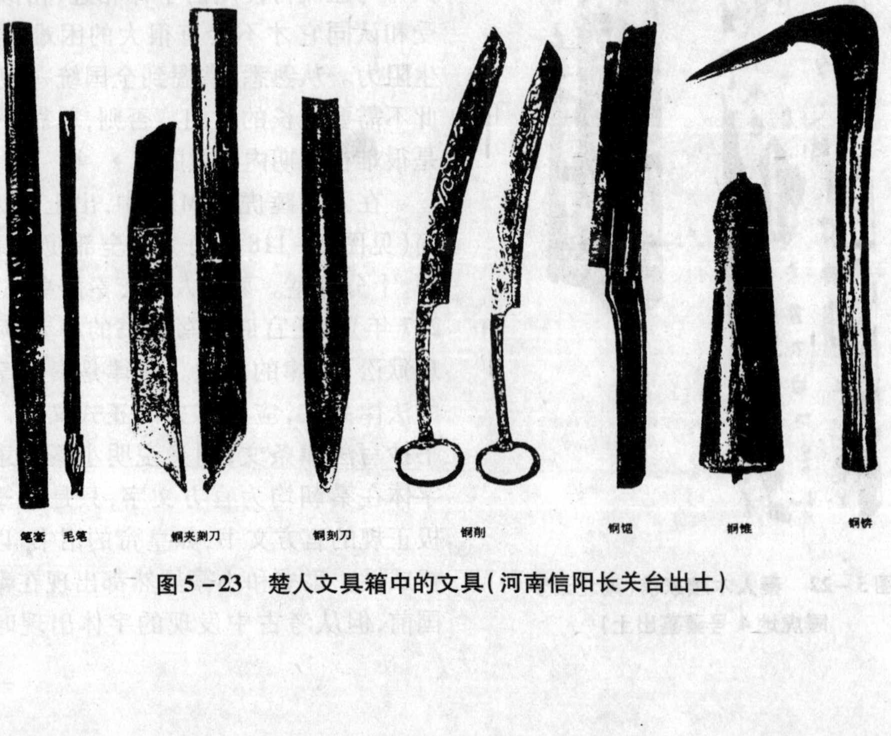

图 5－23 楚人文具箱中的文具（河南信阳长关台出土）

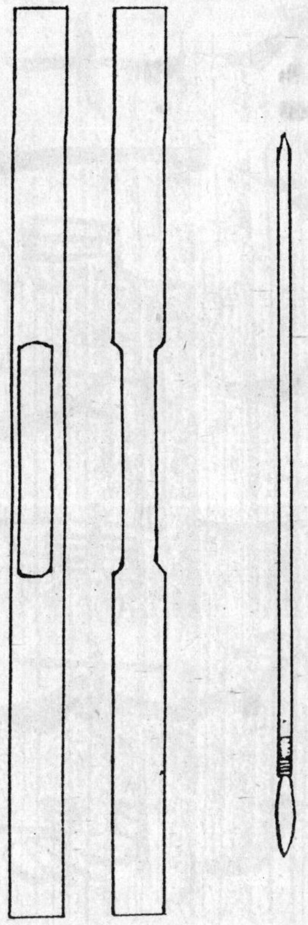

图 5－24　秦笔及笔套示意图(湖北云梦睡虎地出土)

在湖北云梦睡虎地的秦墓中，也出土了 3 支毛笔。竹管制成的笔杆上端削尖，下端略粗，并镂空成毛腔，用于嵌入笔毛。其中较长的一支，笔杆长 21.5 厘米，直径 0.4 厘米，笔毛全长约 2.5 厘米。出土时，值得注意的是，这些笔的笔毛全部插入笔杆前端的毛腔内中(图 5－24)。将笔毛插入杆前端的毛腔内，与现代毛笔的制作方法是一致的。秦笔与楚笔相比，由于笔毛插入毛腔内，笔毛聚拢在一起，储墨量大，每次蘸墨后能连续写几笔，极大地提高了书写的速度。笔毛从捆缚在笔杆外缘改为插入毛腔中，也与书写材料的变化有关。考古发现，自战国以后，绢帛也被用作书写材料。而绢帛的吸水性较简牍大，就需要毛笔能储存更多的墨汁，这必然会对书写工具提出新的要求。正是在这种背景下，毛笔在制作方法上出现了重大的改进。

在纸问世前，简牍是主要的书写材料。尽管竹简、木牍在制作时，已经进行过刮光处理，但表面依然会有细小的竹、木纹影响着墨，因此在简牍上书写速度不能太快。此外，由于竹简上的竹纹呈竖状，可以在书写长横笔时，为使笔画完整，起笔较重，且笔锋回转。之后缓慢、平稳地运笔。接近笔画尾端时，再稍按笔锋加力，而后逐渐提笔，直至收笔。西汉时，简牍仍是主要的书写材料。正由于隶书字体不仅简捷，易于书写，更适于书写竹简、木牍，所以为人们所接受，广泛流行于社会。西汉的隶书继承秦隶的传统，但又有一些变化，故称汉隶。其中最突出的是，笔画出现了明显的波磔，线条更趋于圆劲(图 5－25)。

东汉时期的隶书字体又出现了新的变化：增加了收笔时的挑法，形成了标准的波磔笔画，并且成为一种定型的字体。其特点是“蚕头燕尾”，即长横起笔似蚕头状，收笔呈燕尾状；点如木楔，竖如柱，折如折剑等；字形由纵势长方逐渐变为横势偏方。出土的东汉《熹平石经》，则更注重字形结构、笔画的疏密匀整，波磔的放纵笔势又有所收敛。这些由官方组织书写、镌刻的石经，特别注重隶书字体的规整，而成为正统隶书，也使隶书这种字体发展到巅峰。

5. 纸的出现及对字体的影响

纸的出现，不仅有利于社会文化的发展，也对汉字的书写产生了直接的影响。1986 年，在甘肃天水放马滩的 5 号墓中，出土了用墨线绘制的一张地图，上有山川河流及道路等图形标识(图 5－26)。墓葬的年代为汉初的文景时期(前 179～前 141 年)，因此这是迄

图 5－25　汉简（内蒙古额吉纳旗居延遗址出土）

今世界发现的最早的纸张实物。经鉴定，为麻类纤维制作的。1957 年，在陕西西安东的灞桥砖瓦厂的一座西汉墓中，也发现了一些纸的残片。它也是用植物纤维制成的。这些考古资料证明，早在公元前 2 世纪，我国已利用植物纤维生产纸，比蔡伦纸早 200 多年。

1990 年，在甘肃敦煌悬泉置遗址出土了三件残破的纸（图 5－27）。其中有一件为东汉纸，其上残留墨书两行："□持书来□"；"□故啬夫□"。这也是目前发现的时代最早的汉代纸文书。另外两块为西晋纸文书（图中下方）。纸是用草、麻一类的植物纤维制成，纸色白，质地厚、硬，有韧性，结构紧密，表面光滑，很适于毛笔书写。由此也证明，经东汉蔡伦改进造纸技术后，扩大了造纸原料提高了纸的质量。由于纸的生产取材方便，制作比较简单，且书写工具只需笔墨，携带也很方便，因此便得到推广使用。到南朝时，最终替代简牍、缣帛等书写材料。

图 5－26　西汉纸地图（残片）（甘肃天水放马滩出土）

图 5－27 东汉、西晋纸及字迹（甘肃敦煌悬泉置出土）

经蔡伦改进后的纸，虽原料增多，但质地仍比较粗。若起笔、收笔过快，留下的墨迹很容易出现斑驳、断续。加之植物纤维吸水性强，再采用隶书字体的书写方式，很难保证笔画的完整性。因此人们又继续改进毛笔的制作方法。如甘肃武威磨嘴子第 49 号东汉墓中出土的一支毛笔，竹制笔杆的前端中空，插入用黄褐色狼毫制成的笔毛。笔杆长 21.9 厘米，径 0.6 厘米，毛长 1.6 厘米。又如 1985 年武威柏树乡旱滩坡 19 号前凉墓中出土的一支毛笔（图 5－28），笔杆用松木制成，杆长 25.5 厘米，很粗大。嵌入笔杆前端内的笔毛长 6 厘米。考古发现的这些笔的特点是：笔毛长，毛径较粗，因此储墨较多，且笔毛有软、硬、长、短之分。

图 5－28 西汉毛笔（上）、十六国前凉毛笔（下）
（甘肃敦煌悬泉置、武威柏树乡旱滩坡 19 号墓出土）

同时，为适应用纸书写，人们也对隶书的字形、笔画进行了改进。自东汉以后又出现一种新体隶书，其特点是，起笔势弱，蚕头渐失；收笔平稳，燕尾不存；字形渐呈方形（图 5－29）。这种字体为后世楷书字体的问世，奠定了基础。

6. 楷书字体的产生

事实上，从隶书到楷书，字体不像从篆书到隶书那样变动很大，楷书很多字的结构与隶书完全相同。但两种字体间的最大差异，是顿笔、运笔、收笔的方法和风格不同。楷书的出现不仅与书写材料和工具的改进有直接的关系，也与社会及文化的发展紧密联系。

两汉时期是我国古代学校教育较快发展的时期，尤其是东汉统治者极力倡导经学，于中央和地方纷纷建立学校，广招儒生，遂出现“四海之内，学校如林；庠序盈门，献酬交错”①的景象。在这种背景下，汉字的使用和书写十分频繁，再采用“蚕头燕尾”式的笔画，显然不能适应这一形势的发展。同时，东汉统治者为了确立儒学的正统地位，又在社会上通过表彰名节，广开仕途，以儒家的伦理道德作为选拔人才的标准。在统治者大力推行儒家思想及伦理道德的背景下，为使自己符合不偏不倚、无过而不及的“中庸”思想，社会形成一种讲究平稳的心态，反对锋芒毕露。人们以此规范自己的言行，遂采用稳重，且藏而不露的方式。这又为楷书字体的出现，提供了重要的社会条件。可以说，楷书所具有的规整、平稳的风格和不显笔锋，呈敛势的笔画，也是特定历史及社会的产物。钟繇的楷书正代表了这种字体的风格和特点（图5－30）。

楷书字体萌芽于东汉后期，至魏晋南北朝趋于成熟，唐代则达到完全成熟的程度。

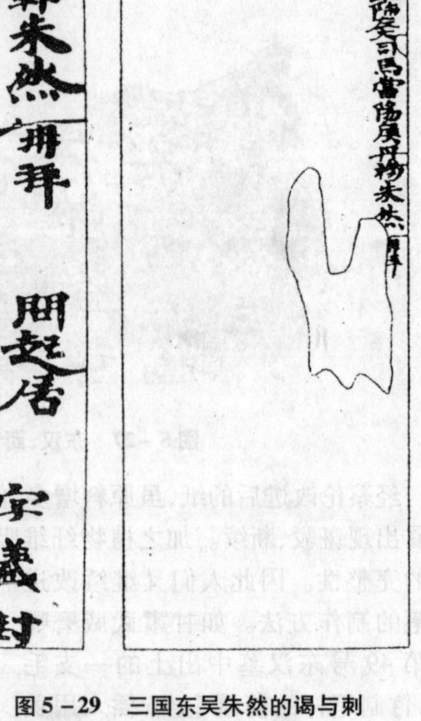

图5－29　三国东吴朱然的谒与刺
（安徽马鞍山出土）

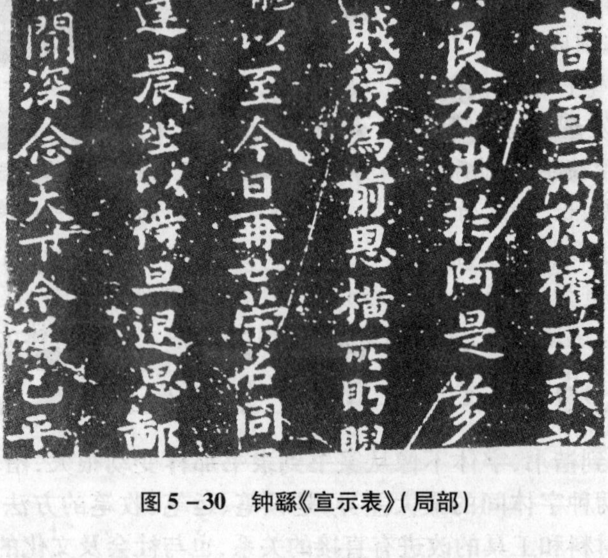

图5－30　钟繇《宣示表》（局部）

① 班固《东都赋》。

以方正的字形,平直的笔画,匀称的偏旁和结构,端庄、稳重的字体风格为特征的楷书,因此成为中国汉字的标准字体,足为楷模,故称楷书。

楷书字体虽然符合特定的时代要求,但在社会文化较快发展的历史时期,这种书写方式又很难适应提高书写速度的要求,于是人们又采用连笔的写法,而出现了行书。为了书写更加便捷,人们又采取更加连笔的写法,将几笔连作一笔,遂又出现了草书。由此可见,中国汉字字体的演进,是在书写工具和材料不断改进的基础上,受社会文化发展直接影响的必然结果。字体的变化,也正反映了中国古代社会文化和教育的发展。

(三)璀璨的古代书法艺术

书法,是用汉字书写的一种艺术,由用笔、结字、章法三个要素构成。文字书写本是人们交流、表意及记录的一种方式,然而,正是汉字具有以形表意的特征,所以人们便将自己的情感、意愿、志向、情趣等融入列字的书写中。通过字的形状、结构、笔画,书写的笔法、笔势,呈现一种的神韵。由此而成为一种艺术形式。

1. 晋代书法文物

由于各个历史时期的社会背景不同,人们的追求也不相同,书法艺术也因此呈现出一些时代的特征。后人曾将各个历史时期的书法艺术特点概括为晋人尚韵、唐人尚法、宋人尚意、明人尚姿、清人尚变。从出土的晋代文物资料分析,晋人尚韵的突出表现是追求不同的风格,而不拘泥于被世人公认的某种风格上。人们在书写文字时,采用何种字体,如何处理笔势、笔法,均从特定的情感和审美出发,以通过书写文字抒发自己的情趣、志向和追求。“书圣”王羲之即博采众长,其行书、草书自成一体,风格多变(图 5-31)。但一个时代书法艺术特点及风格的形成,绝非是一两位书法家就能做到的,而是社会普遍的一种现象。这从考古资料中,就不难看出这一点。

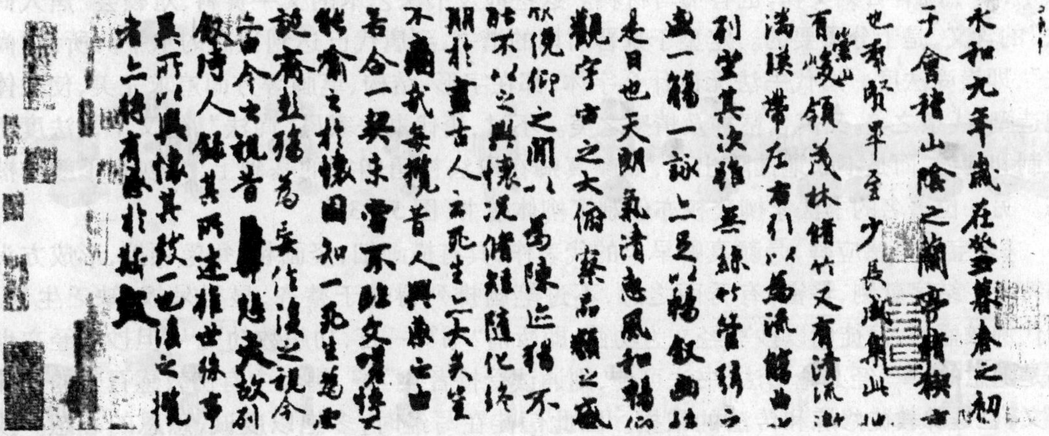

图 5-31 王羲之《兰亭序》(摹本,局部)

20 世纪 60 年代,南京地区发现了三通王羲之家族的墓志,分别是王兴之、王闽之和王丹虎的墓志。王兴之其父王彬原为琅玡的显赫大姓王氏的族人,是东晋初的权臣王导的堂弟。王闽之为王兴之长子,王丹虎则为王彬长女。这三通墓志都显露出隶书的笔势,但

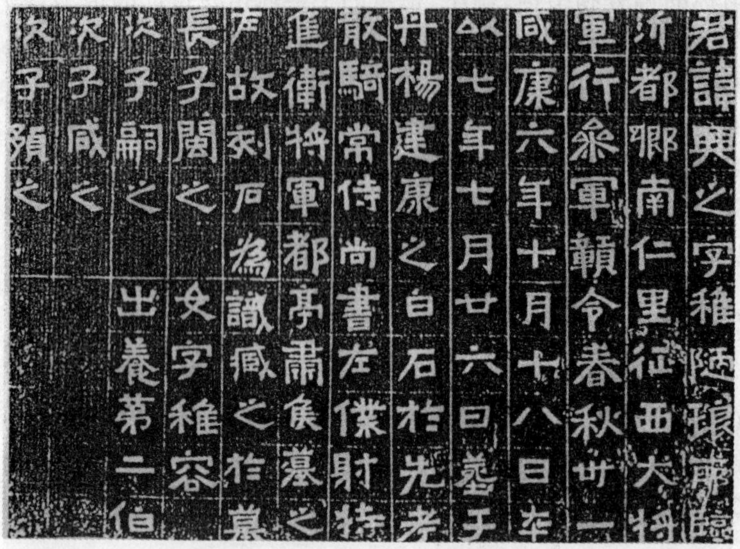

图 5－32　东晋王兴之墓志（拓本）（江苏南京出土）

又有不同之处（图 5－32）。笔画均方厚平直，棱角分明，点呈三角形状，竖画末端作平脚而略显挑势，撇则作尖锐状。整个字形方整，有厚重感。东晋最显赫的士族均采用类似隶书的字体书写墓志铭，可见当时上流社会仍流行汉代的字体。表明这些发迹于东汉后期的士族们，以此表示自己世代沿袭的正宗地位和身份，表现自己家族的世代显贵。但他们又没有严格按照隶书字体书写，其中又带有楷书的笔意，这正是“晋人尚韵”的一种表现。即不完全拘泥前代的字体，而是接受了楷书字体的一些特点，出现了方笔隶书。应该说，这也是一种创新，是书写者根据特定的环境要求，将所需表现的情感融入在字形和笔画中，从而使书写的文字较好地显示出其特有的品味和风格，即韵味。

2. 唐代书法文物

唐朝前期政治、经济的发展，亦促进了文化的发展，传世和出土的唐代文字文物数量颇丰，其中既有石刻文物，也有书写材料。这些涉及书法艺术的文字资料，对领会“唐人尚法”的含义，是十分重要的。定型于魏晋时期的楷书，到唐代已达到很高的水平。所谓“尚法”，即崇尚法度。唐代书法无论什么字体，都在字形、结构、笔画等方面追求完美，使之体现造型、线条之美，又寓含精神及情感之美。不过，唐代书法家虽“尚法”，但又不被法度所限制和制约，而是不断地推陈出新，如颜真卿在取法初唐四家的基础上，又创制了颜体楷书。另一位著名的书法家柳公权亦创制了柳体楷书（图 5－33）。

《多宝佛塔感应碑》是颜真卿早年的代表作，具有横画细，竖画粗，每笔顿挫，形成方头的特点。结字欹侧、整密，有秀丽之感，不过笔画排列得过于整齐，显得呆板，缺乏生气。唐代佛教盛行，信徒们以抄写经文为功德，即所谓“书写一言，功超数劫”。[①] 但抄写经文也不是随意的，“写经必论书法，书法可传，则诵读受持者众”。[②] 佛经中有佛教感召人的各种精义，也是佛教徒修炼和传法的依据。因此信徒在写经时，多抱以虔诚、感恩的心态。抄写的经文笔画平稳，精工严谨，呈现端庄秀丽的风格，而被称之为“写经体”。在《敦煌遗书》里，就多见这种风格的经文写本。颜真卿在撰写《多宝佛塔感应碑》铭文时，正采用了

① 《法苑珠林·敬法篇·述志部》。
② 《容台集·别集》卷三。

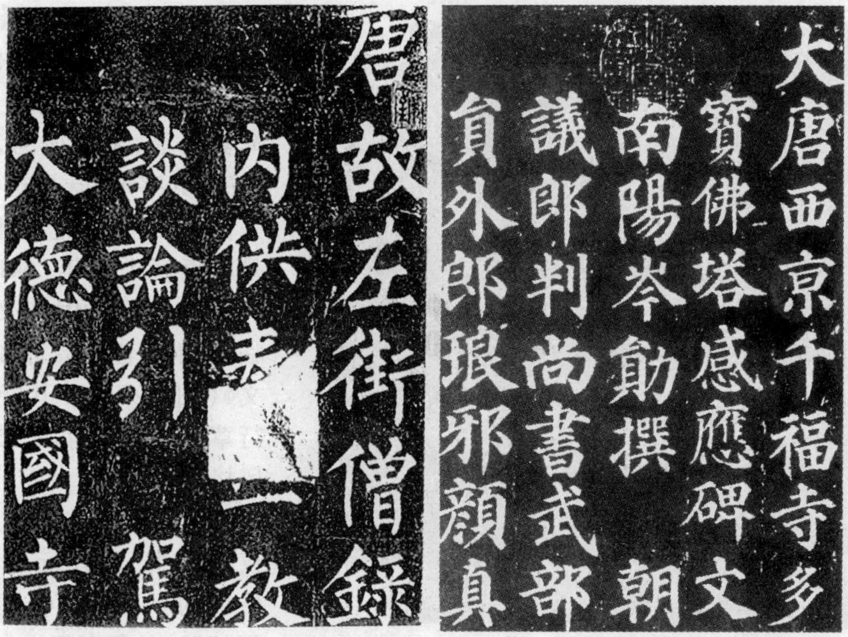

图 5－33　柳公权《玄秘塔碑》铭（拓本）、颜真卿《多宝塔感应碑》铭（局部、拓本）

传统的“写经体”，显然具有“尚法”之意。颜真卿的后半生，是在“安史之乱”的动荡局面中度过的。他虽身在宦海，但不愿随世沉浮，苟且偷生，而以忠臣自居，匡正扶危。这在其晚年的书法作品中，就表现了自己的这种志向。其五十岁以后的书法作品，逐渐在笔画上弃方就圆，结字变上紧下松的欹侧形态为平正；每个字撑满方格，笔画趋向圆劲，具有紧敛、沉着的平稳且有力之感（图 5－34）。笔画圆浑、结字平分本是篆书、隶书的特点，经颜真卿之手又在楷书中呈现出新意，在唐代众多楷体书法家中异军突起，独创个性的风格。故后人评价唐代书法时，称其为楷书艺术的一代宗师，由此亦可以看出，颜直卿的“尚法”，是不失传统字体的结字和笔画特征，又独具匠心地将其融入到自己书写的字体中，形成自己特有的风格。

图 5－34　颜真卿《麻姑仙坛记》（局部）

唐代的诸多书法家的传世作品，以及考古发现的文字资料，也都反映了与颜真卿相同的“尚法”特点。如出土于河南洛阳的唐宋祯墓志，其石函盖上用篆书刻写“大唐故宋桢君墓志铭”（图5－35）。在唐代的书法作品中，篆书是比较少见的。其字形比较方正、规整，笔画显得比较拘谨，字体仍不失清秀之感。与先秦篆书相比，则更显稳重的特点。而发现于敦煌莫高窟藏经洞内的《敦煌遗书》，还有新疆吐鲁番、高昌等地出土的文字文物，也印

图5-35 "大唐宋祯君墓志铭"(拓本)

证了这一特点。如《敦煌遗书》中有件《古文尚书》抄本，书写的楷体字结构十分匀称，笔势舒展，笔画俊秀，有强健之感，其字形，既显矫健，又不失稳重，很有特色。还有一件是唐贞观十五年(641)，由名叫蒋善进的人用楷书和行草临写隋代名僧智永的《千字文》(图5-36)。其楷书稳健，行草流畅，具有独到的艺术风格。

唐代书法艺术的成就，不仅有楷书，还有行书和草书。传世的颜真卿写于唐乾元元年(758)的行书祭文《祭侄稿》(图5-37)，采用外实内虚的笔法架构字的形态，使字形既显伟岸厚重的气派，又具雄浑磅礴的气势，显示出一种彰显忠烈、寄托哀思的情感。

图5-36 蒋善进临智永《真草千字文》(甘肃敦煌莫高窟出土)

唐代的草书作品，尤以张旭的《古诗四首》和怀素的《自叙帖》（图5－38）艺术成就为最。这两件作品字体连绵回绕，笔画酣畅淋漓，表明他们在书写时，挥洒自如，从容恣肆。张旭尤为跌宕奔腾，笔画纵横连绵；怀素则开阖有度，笔力劲健。可见唐代的书法作品，无论是哪种字体，每位书法家在具体的笔势、笔法的处理上，都表现出不同的个人风格，但都有特定的章法，合乎汉字的结构和笔画的运笔方式等特点，这也是“尚法”的具体表现。

图5－37　颜真卿《祭侄稿》（局部）

3. 宋元书法文物

中国古代的书法艺术发展至两宋时期，出现了“尚意”的特点。即通过汉字字形、结构、笔画等外在的形式，更刻意表现自己所追求的意境和情趣。在宋代书坛上，以蔡襄、苏轼、黄庭坚、米芾的书法艺术极负盛名，被誉为“宋四家”。传世的“宋四家”作品，即反映了宋代书法的这种特点。其中尤以苏轼的书法作品，最具尚意的特征。苏轼有许多诗文题跋都谈到写字，且常提到意。最著名的是：

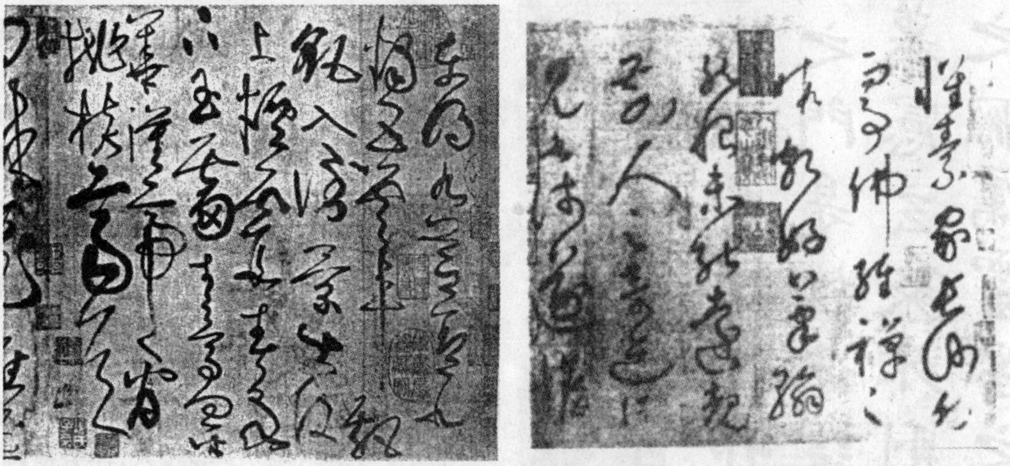

图5－38　怀素《自叙帖》（局部）、张旭《古诗四帖》（局部）

“我书意造本无法，点画信手烦推求。”他特别钟情于信手写法，写时自然畅快，很惬意。即

“适意无异逍遥游”。传世的《黄州寒食诗帖》,则充分体现了苏轼力倡的“意”(图5－39)。苏轼的行书作品最多。行书无严格的定式,笔势可快可慢,字形可楷可草,变化多端,对法度的要求较之其他字体更宽泛,最不受拘束,最适宜得心应手地意造书法。这件作品是其因“乌台诗案”谪居黄州(治今湖北黄冈)后,于贫困中书写的。

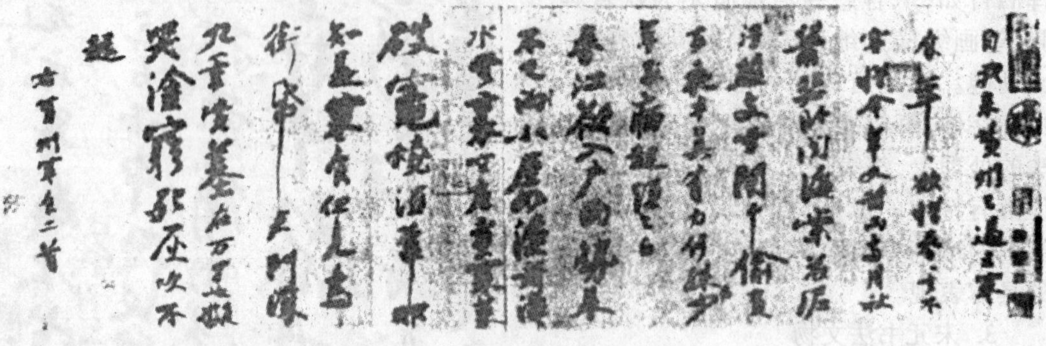

图5－39 苏轼《黄州寒食诗帖》

其在诗书合璧的《黄州寒食诗》中写道:“自我来黄州,已过三寒食。年年欲惜春,春去不容惜。今年又苦雨,两月秋萧瑟。卧闻海棠花,泥汙燕支雪。闇中偷负去,夜半真有力。何殊病少年,病起头已白。春江欲入户,雨势来不已。小屋如渔舟,濛濛水云里,空庖煮寒菜,破灶烧湿苇。那知是寒食,但见乌衔纸。君门深九重,坟墓在万里。也拟哭途穷,死灰吹不起。”诗中苏轼流露出哀伤的情绪。但仔细分析这篇作品,可以看出苏轼在书写这首诗时,受情感变化的支配而表现出不同的风格和特点。

图5－40 赵孟頫楷书《玄妙观重修三门记》(拓本)

诗的第一行字体笔画坚利瘦劲,字形也较小,与他原有的丰腴润落的风格截然不同,使人感到他此时似心神不定。写到第二行的“年”字时,末笔竖长,笔势稍有展开。到第四行“萧瑟”时,笔画又显厚重,字形也扩大;到第六七两行,笔势又明显收敛。第一首诗的七行字笔体出现了三种变化,这在苏轼的其他行书作品中是极少见的,反映出他起伏不定的情绪。当他写第二首诗时,情绪似一下子兴奋起来。饱蘸浓墨,卧笔挥运,出现了放意的笔姿。笔画粗壮,字形转大,体势横阔;到第十一行“烧湿苇”、十三行“衔纸”、十五行“哭途穷”时,笔势挥洒,但又显拘谨,似满腔的不平之愤却陷入无可奈何的境地;

到卷末诗题“右黄州寒食诗二首”时，笔画又呈收敛之势，表明其心境又恢复平静。这件作品无论诗、书，都是一气呵成。其间笔势由迟疑转而放达，用笔由挺劲转为偃卧，而且随着他情绪的起伏，笔法、笔势也一再变化。到第二首诗时，他的情绪似江河奔腾，笔逸神飞。字大者气阔，小者势密，疏密轻重，变化无常，其实际是将诗、情、书三者融为一体，充分体现了书随意变的“写意”特点，这也正是这件作品的灵感所在，由此也可以看出“宋人尚意”的内涵。

图 5－41　文徵明《前赤壁赋》(局部)
(南京博物院藏)

元代的书法在继承宋人“尚意”的同时，又有自己的特点。最具代表性的书法家赵孟頫，其传世的作品不仅有鲜明的“尚意”风格，且用笔圆转流美，笔势秀劲，世称“赵体”(图5－40)。

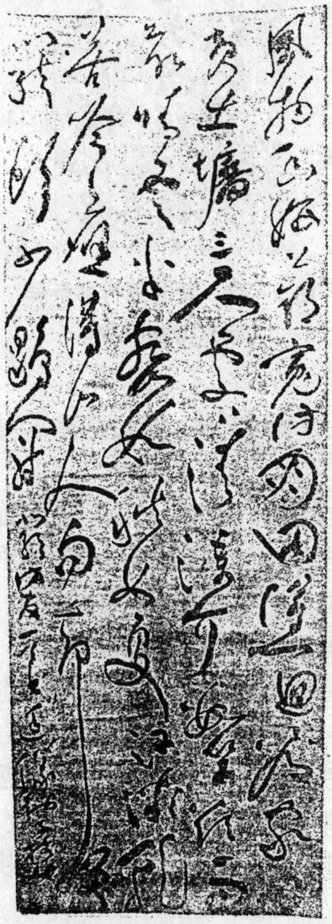

图 5－42　祝允明草书条屏
(南京博物院藏)

4. 明代书法文物

传世及出土的明代文字文物数量很多，从中也可以看出“明人尚姿”的特点。所谓尚姿，绝非单指字形、笔画和字体的形态，而是通过行笔和笔势的运用，体现一种情趣和审美。在中国书法史上，颇具影响的明代“吴中四才子”之一的文徵明，即工行草，又精小楷。现收藏于南京博物院的《前赤壁赋》(图 5－41)，就是其代表作之一，这件小楷作品，笔画精细，字形丰满，显示出一种稳健、舒展的气势。南京博物院的另一件藏品为祝允明的草书条屏(图 5－42)。祝允明亦为“吴中四才子”之一，自号枝山，其书法，小楷师钟繇、王羲之，狂草师怀素、黄庭坚，且出神入化，自成一格。这件自作诗条屏，用笔如长虹贯日，气势逼人，笔势如激流遇石而击，迂回蜿转。每个字无论笔画繁简，多能一气呵成，显示出高超脱俗的运笔技巧。

明末清军入关后，南明政权危在旦夕，遂涌现出一批忠烈之士，其中有黄道周。南京博物院收藏其行草条屏一幅

(图5－43)。该条屏的字形左右开张，笔画中紧丝细，字形草而不乱，显示出书写者独特的审美和个性。但其中的笔画，特别是末笔多呈现明显的收势，似拘谨、犹豫，蕴含了一种忧国之情。

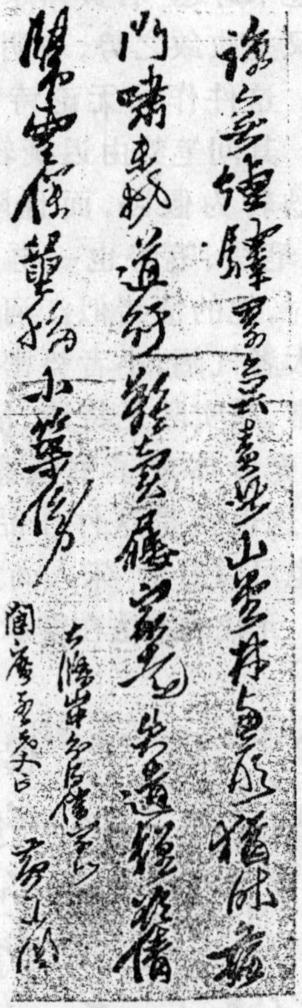

图5－43 黄道周行书条屏
(南京博物院藏)

当清军围攻扬州城时，南明兵部尚书、东阁大学士史可法率全城军民殊死抵抗。后终因孤立无援，城破身亡。在他的遗墨中有一幅联对："琴书游戏六千里，诗酒清狂四十年"(图5－44)。作品的笔势遒劲，笔画奔放豪迈，显示出被任命为武将的一介书生所怀的豪情和志向。从这些作品中，不难看出明人的"尚姿"，是将自己的情感采用特定的笔画、字形显现出来。

5. 清代书法文物

经过千余年的发展，书法艺术到清朝时期，各种字体的章法已十分完备、严谨。若一味地模仿前人，必定陷入僵死的境地。清中晚期，由于甲骨文的发现、金石考据学的兴起，人们对篆、隶这两种古老的字体有了重新的认识。更重要的是清朝的专制统治达到极致，生活在沉闷的政治气氛中的一些文人，也因此产生反叛正统的思想。画坛上的"扬州八怪"，即说明了这一点。书法的"尚变"，则说明清人已不满足于承袭传统的书法艺术，更刻意追求对其变法和创新。

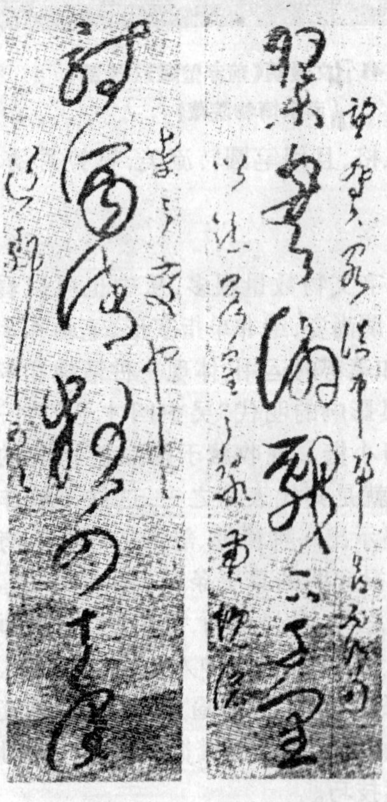

图5－44 史可法手书条屏
(江苏扬州史可法纪念馆藏)

如传世的纪昀书写的楹联(图5－45)。这位曾任《四库全书》总纂官的纪昀，用行书书写的楹联，用笔比较平稳，呈敛势的笔画又略显出张扬；在结字上，基本呈上大下小之势，笔画粗细分明，既有俊秀之感，又不失强健之力，给人以一种挺拔之感。另一件传世的林则徐手书楹联(图5－46)，亦给人"尚变"之感。这是林则徐于道光二十五年(1845)为好友黄南坡题写的一副楹联，楹联的字体或楷或行，笔势或张或收，用笔或疾或缓，笔法的运用也是十分灵活，显示出稳健、舒展，动静结合的风格。

无论是传世，还是出土的文字资料，都显示出一个时期的书法艺术特点，通过对字形、结构、笔画的不同处理方式，运用毛笔的笔锋和运笔的方式，准确将自己的情感、志向和追求，表现在字体的笔画和字形中，这正是书法这种以形表意的艺术形式，所具有的艺术魅力和感染力。

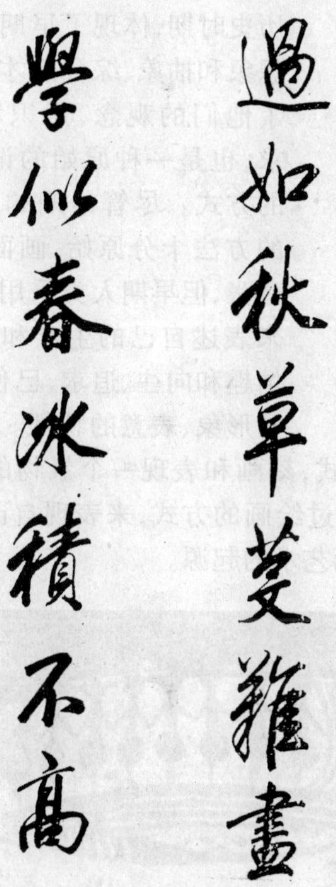

图 5－45 纪昀手书楹联

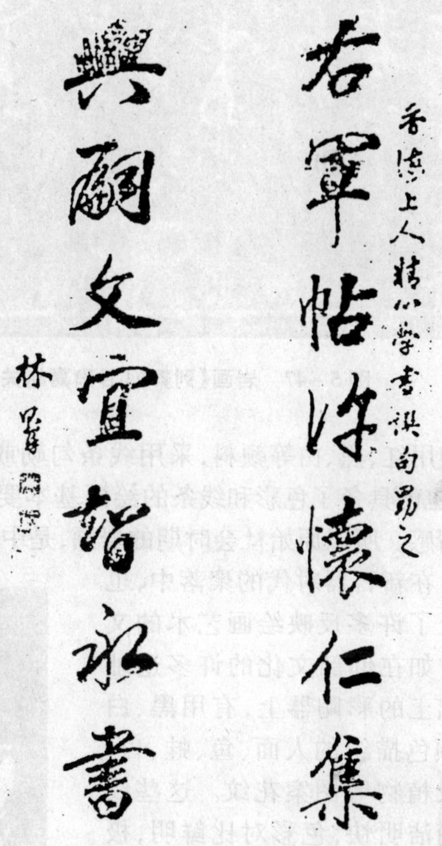

图 5－46 林则徐手书楹联

二、多彩的绘画雕塑艺术

中国古代的绘画，雕塑艺术也是中国传统文化艺术的重要组成，同样也显示了古人丰富多彩的精神文化生活。

（一）琳琅满目的绘画艺术精品

中国的绘画艺术历史悠久。从远古时期人类采用图画的形式表意或记事开始，绘画便逐渐成为人们用于装点、美化自己生活，寄托和抒发情感的一种方式，由此而产生了具有民族特色的绘画艺术。

1. 史前时期的绘画文物

据考古资料证明，我国古代的绘画艺术萌芽于新石器时代。在我国的北方、西北和西南的许多地区，都发现了先民们在山体上刻画的岩画。这些岩画或涂绘，或凿刻，其题材

图 5－47 岩画《列舞》(甘肃嘉峪关黑山)

包括当时人们从事的狩猎劳动、原始崇拜及生活等内容(图 5－47)。岩画出现于文字产生前的历史时期,体现了早期人类认知、想象和抽象、综合的才能,亦表现了他们的观念、意识和信仰、追求,也是一种原始的记录和表意的方式。尽管早期的岩画,绘制的方法十分原始,画面多抽象且夸张,但早期人类采用这种方式,来表述自己的生产和生活,以及情趣和向往、追求,已使岩画具有了形象、表意的特征。此外,岩画多使用红、黑、白等颜料,采用线条勾勒或涂绘的方式,刻画和表现一个景物的轮廓或形象,也已具备了色彩和线条的绘画基本要素,并且通过绘画的方式,来表现自己一种特定的情感。所以原始社会时期的岩画,是中国传统绘画艺术的起源。

在新石器时代的聚落中,也出土了许多反映绘画艺术的文物。如在仰韶文化的许多遗址中出土的彩陶器上,有用黑、白等颜色描绘的人面、鱼、蛙、兽,以及植物等图案花纹。这些纹饰简洁明快,色彩对比鲜明,极富美感。在青海大通的马家窑文化上孙家墓地和青海同德巴沟乡的宗日文化团结村遗址中,各出土了一件彩绘舞蹈纹盆(图 5－48)。盆的内壁上部绘有几组多人牵手舞蹈的形象。人物的轮廓及动作整齐划一,富有动感,这些都不失为原始绘画艺术的杰出代表作。

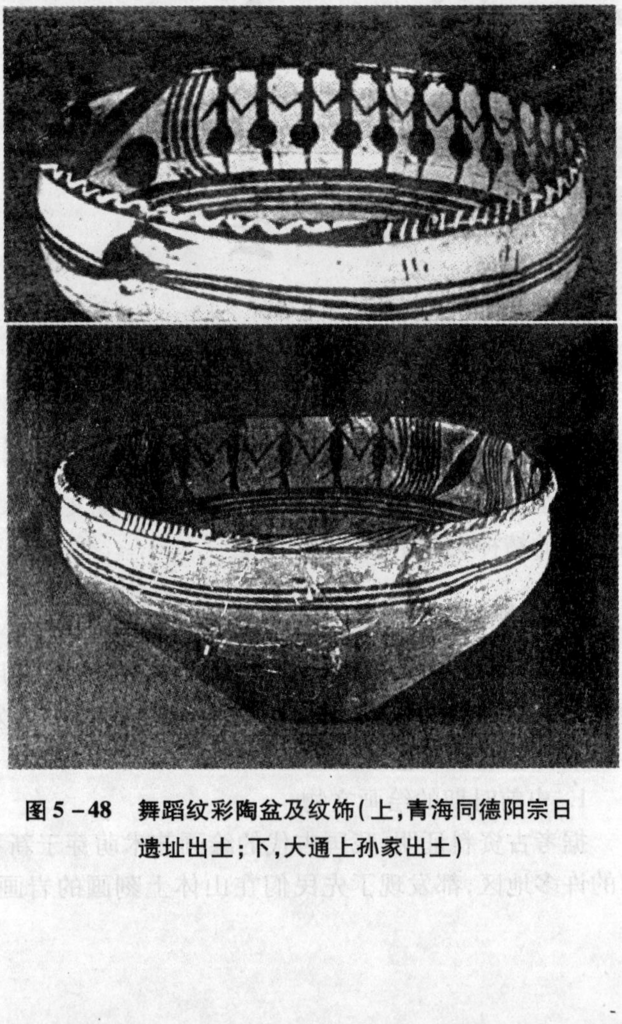

图 5－48 舞蹈纹彩陶盆及纹饰(上,青海同德阳宗日遗址出土;下,大通上孙家出土)

2. 帛画,绘画艺术产生的代表作

从出土和传世的绘画文物资料分析,中国古代的绘画艺术在战国时期已初步形成。在湖南长沙地区的两座战国中期的

图 5－49　帛画《人物龙凤图》(摹本)
(湖南长沙战国楚墓出土)

楚墓中，各出土了一幅帛画(图 5－49)，均绘在棕色的绢上。其中一幅为《人物龙凤图》，画面上一女子侧身站立，身着广袖曳地长袍，发髻后梳，双手合掌做祈祷状。其上方有一条双足无角龙扶摇直上，一只飞凤做长鸣状。这两幅帛画都先用墨线勾勒出人物和景物的轮廓，再用平涂或渲染①的方法施色。画面线条流畅，生动传神。由此证明，我国传统绘画的线描技法和施色方法，在战国时期已基本形成，并显示出较高的水平。

汉代的绘画艺术仍以帛画为代表。在湖南长沙马王堆的 1、3 号墓中，各出土了一件 T 形帛画。其中，1 号墓帛画全长 205 厘米，上宽 92 厘米，下宽 47 厘米(彩图 15)；3 号墓帛画全长 233 厘米，上宽 141 厘米，下宽 50 厘米。两幅帛画的内容大体相同，多数学者认为画面由天上、人间和地下三部分组成。帛画的上部为天上部分，左、右上方分别绘有一轮红日和一弯新月。1 号墓帛画的太阳内画有一只黑色的乌鸦，3 号墓帛画的太阳内则画一只金鸟。两幅帛画的弯月上都画有蟾蜍和玉兔。而 1 号墓帛画的月下有一女子，坐在飞龙翅上，双手托起弯月。在日、月的中间，绘有一人首蛇身的形象，披着长发。对此有学者认为是古人传说中的人类始祖——女娲，亦有学者认为是《楚辞 · 天问》中提到的"烛龙"，"日安不到，烛龙何照"，即传说烛龙有支配自然的威力。但无论是女娲，还是烛龙，所描绘的都是人们敬重的神灵。在人首蛇身像的左右两侧的下方，绘有一些鸟，或引颈长鸣，或展翅飞翔。此外还有兽首人身的怪物、异兽等，也都是传说的天神。天上部分的最下面是天阙，绘有守卫的神和雄踞阙顶的双豹。画面中天门两侧的守卫神拱手躬身，做迎接状，象征欢迎墓主人升天。

帛画的中间部分表现的是人间。画面最显著的位置绘有一位老妇人，身后有 3 位随从的侍女，前面有两人托案跪迎。这位老妇人比其他人物画得都高大，身着云纹绣花长裾袍，发上饰有白珠，拄杖缓缓而行。从人物的体态、服饰及位置分析，显然是有意突出了她尊贵的身份。对照同墓的女尸，可以肯定帛画中的老妇人就是 1 号墓的墓主人。画面所表现的是老妇人在接受祭祀后，即将启程升天。在这组人物的上方绘有华盖式的屋顶，两侧是交蟠穿壁的双龙，璧下悬挂着彩帛帷帐，下垂玉璜。帷帐下面是陈设有饮食器物的室内场面。在食案的两边各坐 3 人，另有一人伫立于一侧，画面表现的是家人祭祀的场面，

① 平涂，即使用单色涂抹，无浓淡，深浅之分。渲染，即用水墨或彩色颜料涂抹，以色彩浓淡，表现景物的明暗和层次。

即祈求死者亡灵升天。

帛画的下端表示"地下"。在两条交互的鳌或鲲的背上,蹲着一个赤身裸体的力士,双手托举着象征大地的白色扁平物。其两侧各有一龟,龟背上站着鸱鸮。

1 号墓中出土的帛画,以细绢为地,其形状呈 T 形。作画时利用 T 形的横与竖的交界,作为天国与人间的分界,巧妙的利用横阔的绢幅,绘制出一个开阔且舒展的天国。其中又舒密交错,富于变化,且动静结合,生动形象,将人们的传说和幻想绘制成一个充满神奇、美妙色彩的有形世界。"人间"部分在构图上,将人物放置在画的中间,且在人物的上部留出较大的空间,以引人注目,突出主题。在人物的排列上,呈前高后低状,表现了空间的纵深感。显然这幅作品已运用了透视的画法,整幅帛画在构图上,还有内聚外散的"开合"特点。画面呈中心聚拢,四周展开的布局。而且聚中有散,散中有聚,既突出了中心和重点,又形成缓、急和疏、密的变化,使繁杂的画面变得条理分明,疏密有致。在人物的刻画上,虽有简约、朴拙的风格,但亦有细腻、写实的特点,而且还注意人的相貌、表情和人体比例。尤其是一改人物正面画像的传统,采用半侧面画的形式,这也是中国古代绘画技法的一种创新。通过人物的体态、衣着和动作,形象地表现出雍容、尊贵的内涵,这也是写实与写意结合的一种画风。

在色彩的使用上,主要有朱砂、大红、银粉、石膏、石绿等矿物颜料,青黛、藤黄等植物颜料和蛤粉等动物颜料。这些丰富的颜料色彩鲜艳,施用在绢地上显得十分明快、典雅。在施色的方法上,主要是单线平涂,也有渲染画法,如天国中的扶桑树叶、地下的龟等,都采用了渲染画法。从色彩的使用和技法的运用,足以说明汉代的绘画艺术已达到很高的水平。

3. 汉代画像砖石及壁画文物

出土的汉代绘画文物还有画像砖石、墓葬壁画等。画像石出现于西汉晚期。其制作的方法是,先由画师在加工好的石材平面上,绘制图画底稿;再由石工按画稿雕镂刻划。雕刻的技法主要有阴线刻、浅浮雕和浮雕等;最后由画师施以彩绘。

画像砖最早出现在秦代的建筑中。陕西秦咸阳宫遗址中,就发现了用于铺地的大型空心画像砖。砖画有模印的几何形图案,还有结构较复杂的龙凤图。在秦始皇陵的宫殿建筑遗址内,也发现了图案花纹方砖(图 5-50)。西汉时画像砖的制作技术进一步发展,其制作方法是先做模具,一般多用木材制成印模,上刻图像,然后将模印在砖坯上。最初多为一模一砖,画面比较完整。后又流行以小型印模组合捺印的方法,组成多变的构图。如用门、阙、屋顶、木柱、树木等印模,组合成结构不同的宅院建筑,再捺印上

图 5-50　花纹方砖(陕西临潼秦始皇陵出土)

人物、骑士、守门猛犬及朱雀等图像，构成一个有一定规模和情节的场景，具有绘画的效果，也极富装饰性。东汉时期的画像砖盛行整砖一模的制作方法，在构图技巧上又有创新，题材也更加广泛。其中四川地区出土的画像砖最具代表性，其题材除传统的神仙形象和显示墓主人身份、地位和奢华生活的内容外，还有反映社会生产、生活及习俗的内容，如播种、薅秧、采桑、酿酒、制盐、宴饮、舞乐、百戏，以及市井、酒肆等内容，不失为一幅古代社会风俗画（参见4－102～106）。

汉代的画像石与画像砖的共性特征是都采用减地浅雕法，即按画面景物形象的外轮廓，将轮廓以外的部分除去，使图像高于地，然后再于浮出的平面图像上采用单线刻，表示细部。这些画像砖在嵌入墓壁时，上面还敷施鲜艳的色彩，只是出土时多已脱落。不过，尽管这些画像砖已无昔日的艳丽景象，但细腻的笔法、生动的造型，仍显示出极高的艺术价值。

图 5－51　东汉壁画《夫妇宴饮图》（河南洛阳东汉墓出土）

已发现的汉代墓室壁画，多为西汉晚期至东汉时期。东汉时的壁画一改西汉壁画多以驱邪升仙为题材的传统，多表现死者生前的地位和生活。常见盛大的出行仪卫簇拥着端坐在帐中或车中的墓主，或家居宴饮、舞乐杂技等画面。题材的现实性，也使得表现手法具有写实的特点。1981 年，发现于河南洛阳的一座东汉墓，墓东壁绘有一幅《夫妇宴饮图》（图 5－51）。画面上夫妇二人坐于床上：男者黑冠红袍，黑绿领袖口，内着白单衣；其左手端一小盘，内置一耳杯，右手做扶托状；他的双目与女者相对，似相让之意。女者束高发髻，额头裹有半红半紫的绸带，绸带上插有红色饰物；身着白地红花长袍，双手呈拱手状。床边的屏风后有一侍仆露头相侍，红色领口，双目凝视左前方。床前置一案，案足卷曲，案端上卷，其上漆绘云纹。案前立有侍仆一人，面向夫妇，身着素色长袍，束带，面前置三足圆案，上置三足圆盒；她左手端一圆盏，右手持勺向盒内做舀状。这幅墓画采用工笔重彩的绘画技法，用细腻的线条勾勒出人物及器物的轮廓，再施以浓色。整幅画面的构图主次分明，人物的五官及相貌、服饰，均作了细微的描绘，尤其是人物的表情写实、传神。

4. 魏晋至隋朝时期传世绘画作品赏析

魏晋南北朝时期，随着士族的兴起，绘画艺术也成为士族消遣、娱乐的一种方式，不仅这种艺术形式因此得到长足的发展，而且还产生了一些精辟的绘画理论。如东晋的顾恺之提出的“以形写神”观点。其传世作品《女史箴图》（摹本）、《洛神赋图》（摹本），便重在“点睛传神”，有“点睛便语”之语。

图 5-52 顾恺之《女史箴图》(局部,摹本)

《女史箴图》(图 5-52)以歌颂古代贤德妇人为题材,是根据西晋诗人张华所作《女史箴》诗而创作的,表现了宫廷妇人的真实生活。现存的摹本《女史箴图》,由 9 幅画面组成,每幅画面结构严谨。尤其是他采用了春蚕吐丝的线型,提高了绘画的表现技巧,细致入微地刻画了人物的形象,使之栩栩如生,十分传神,具有很强的艺术感染力。

《洛神赋图》(图 5-53),取材于魏诗人曹植所作《洛神赋》。其在赋中借神话表达自己失去爱情的痛苦。现存故宫博物院的《洛神赋图卷》,长 572 厘米,宽 27.1 厘米,为绢本设色人物画。画卷之首刻画了曹植与随从在洛水巧遇洛神时的情景。顾恺之用纤细、流畅的线条刻画了洛神侧身回首时的姿态,生动形象地表现了其含蓄多情、端庄秀美的神态。而曹植则表现出初见洛神时的惊喜,追赶洛神时的急切,以及未能追上洛神时的茫然和失意。整幅图卷共有 53 个人物,洛神与曹植均多次出现,每次出现时的神态、姿势均不相同。其中曹植的形象较其他人物为大,旨在突出这个主要人物。画中的人物衣纹、山石、树木、车、船及龙、凤、马、鱼等,均采用线描的技法,或表现飘逸,或显示庄重,或精细,或简约,虚实相间。尤其是对人物的描绘,生动传神,十分形象地展示了人物的神态、情感。

图 5-53 顾恺之《洛神赋图卷》(局部,摹本)

据文献资料记载,中国传统绘画题材之一的山水画,在六朝时期成为一门独立的画科。顾恺之等画家都曾画过山水画,但都已失传。不过,从传世的作品中可以看出,山水为题材的绘画艺术在隋唐时期已达到很高的水平。故宫博物院所藏传为隋代画家展子虔所作《游春图》(原题《春游图》),是一幅艺术价值极高的山水画卷(图5－54)。这幅绢本山水画,春绿设色。首先用墨线勾勒出山水的轮廓,再施以厚重的青绿色,描绘了在早春三月山青水碧的郊野,贵族、仕女们骑马泛舟,踏青赏青时的情景。画面上,山中的树木或以墨绿勾勒涂抹,或用双钩夹叶再染淡绿,或以倒"个"字写叶,表现了不同的树木,展现了初春时节郁郁葱葱的山林美景。展子虔还采用细腻的画法,描绘了春波荡漾的湖水、精致的山间庐舍,湖光山色,一派春意盎然的景象。在构图上,展子虔还注意到与空间的关系,有意识地运用透视的原理,处理远近景物的关系,形成了空间的纵深感。加之近实、远虚的表现手法,使画面极富层次感,近山近景清晰,远处湖山朦胧,给人以极目远眺、身临其境之感。

图5－54　展子虔《游春图》

5. 唐代绘画艺术成就

被后人称为"画圣"的盛唐画家吴道子,曾在长安、洛阳地区的寺庙中,绘制了大量的壁画,可惜早已失传。史称其作画,线条富于变化,常用浓墨勾勒,略施淡色,有立体感,自然传神。据段成式《京洛寺塔记》称,其所绘壁画,"天衣飞扬,满壁风动",有"吴带当风"之誉。传世的宋人摹本《送子天王图》,多少还可以领略到吴道子绘画的技法和风格(图5－55)。《送子天王图》取材于佛传故事:释迦降生后,其父净饭王抱他去拜谒天神。画面由两段组成,第一段表现天国,天王端坐中间,周围簇拥着众天神及侍女。第二段则是净饭王拜谒天王的场面。净饭王怀抱释迦,摩耶夫人紧随其后。画中的16位人物的神态各不相同,或威严,或庄重,或武威,或虔诚,或秀美,刻画得十分生动传神。这些人物的衣袖和飘带采用了"兰叶描",或称"莼菜条"的线条,即线条较粗较厚重,且波折起伏,富于变化,具有粗细刚柔、长短虚实,很有韵律的特点。采用这种画法,表现出的衣纹、飘带,有飘逸、柔软的感觉。吴道子的绘画技法,既显示出线条的美感,丰富了线描的表现力,又使得人物的刻画更加细腻、传神,可更好地表现人物的造型和神情。吴道子对线条的运用,形成其独特的风格,具有很强的艺术感染力。而且在线条的处理上,吴道子还通过深浅、浓淡的差异,形成层次,而具有立体感的效果,这些都是吴道子绘画艺术的成就和特色。他的以形表意、表神的创作形式,也使他因此成为中国古代写意风格画的开创者。

人物画在唐代也取得了很突出的成就,其代表画家有阎立本。现收藏于故宫博物院的

图 5－55　吴道子《送子天王图》（局部，摹本）

《步辇图》，就是其代表作。该画以唐贞观十五年（641）春，唐太宗接见吐蕃赞普松赞干布所派使者禄东赞为题材创作的。禄东赞入唐，是为松赞干布迎娶文成公主入藏完婚。画为绢本设色，宽 38.5 厘米，长 129.5 厘米（彩图 16），对人物的描绘采用了细密的笔法和多变的线条，通过对细部的刻画，表现人物的个性和精神状态。画中唐太宗的形体明显大于抬辇和持扇随行的宫女，旨在突出其特殊的地位。对唐太宗形象的描绘，阎立本通过线条的勾勒，表现了他的沉稳和宽宏大量的气质。对禄东赞（左第二人）的描绘，则表现了他的谦卑和诚恳，也显示出他的机警。画面上的人物神态各异，恰当地表现不同身份人物的表情和举止。

6. 敦煌壁画艺术

在传世的唐代绘画作品中，佛教壁画也是极具艺术水平的。敦煌莫高窟、榆林窟等石窟壁画是以佛本生、经变故事为主要题材，因此既有佛像和佛传故事画，又有依据经变故事创作的画面。经变，即佛经的“变现”，就是选取有一定情节的故事，采用形象直观的画面形式，将佛经阐释的经义比较浅显、通俗地展示出来。因此经变画多以人们熟悉及向往的美好生活及景致为素材。在经变画中多有表现佛所在的世界，如《西方净土变》、《弥勒净土变》、《东方药师变》等。西方净土是阿弥陀佛所在的极乐世界，因此将其描绘得极其庄严、繁华（彩图 17），在构图上已运用了纵深透视法，阿弥陀佛结跏趺坐在正中的莲花座上，左右为观世音和大势至菩萨，周围有许多罗汉、护法天神和供养菩萨等。对于如此多的佛国诸神，在布列上采用以阿弥陀佛为中心的左右对称状，且按比例大小区分地位和等级的主次。以小菩萨衬托大菩萨，又以大菩萨突出主佛。在色彩上则采用明亮、华丽的色彩。表现净土世界的富丽堂皇。在绘画技法上，线描十分成熟。线条既有墨线勾勒，亦有用朱、粉色勾画的，还有的采用了类似“莼菜条”的线条进行勾描。笔法遒劲，十分流畅，具有很强的艺术感染力。

图 5－56 壁画《反弹琵琶》（甘肃敦煌莫高窟 112 窟）

在莫高窟壁画中，反映写意文化特征的绘画作品还有很多。如反弹琵琶和飞天等。反弹琵琶表现的是佛在讲经说法时，伎乐天为其演乐、舞蹈，以弘扬佛法时的场景（图 5－56）。但反弹琵琶是凡夫俗子做不到的。人们之所以这样刻画，是认为佛国与凡尘间是两个完全不同的世界。以凡夫俗子不能做到的事情，在佛国都能实现，意在表现与世有别，宣所佛法，吸引人们信奉佛教。在刻画伎乐天时，多采用高超的线描技法，线条舒展、流畅，色彩艳丽，造型优美，展现了轻盈、欢快的乐舞形象。

飞天的造型更是优美。主要通过体态姿势、飘带、彩云 3 个要素，形象地刻画了其在空中自由自在地翱翔时的情景。飞天的姿态都是在平地上无法做到的；有方向性的飘带则表示其在飞翔；云彩则表明其飞翔的高度。飞天亦采用流畅的线描技法，配以鲜艳的色彩，表现了飘逸的裙带，展示了体态轻盈，神情悠然，造型优美，轻松愉快地飞翔着的飞天形象（图 5－57）。

图 5－57 壁画《飞天》（甘肃敦煌莫高窟 329 窟）

7. 风格多样的五代两宋的绘画作品

五代和两宋时期，绘画题材进一步拓展，风格呈现多样化。花鸟画和山水画盛极一时，注重描绘和刻画形象与神韵的人物画，也有较快的发展。这一时期的绘画表现形式，一是以写实手法表现自然情境和生活气息，二是通过笔墨的运用抒发个人的情趣，展示个性。传世的南唐绘画作品中，既有以黄筌为代表的花鸟画，也有以顾闳中为代表的人物画。从这些作品中，可以了解到这些画家的艺术风格、绘画技法。

图 5-58 黄筌《珍禽图》

现存故宫博物院的黄筌写生画稿《珍禽图》(图 5-58)，画面上随意布列着 10 只鸟、2 只龟和一些蚱蜢等昆虫。他作画先用淡墨勾勒轮廓，再施以浓淡不一的色彩。用笔细致，造型准确，色调淡雅，十分形象地描绘了这些动物的形态。

现藏于故宫博物院的《韩熙载夜宴图》(宋摹本)是顾闳中的代表作。画面纵 28.7 厘米，横 335.5 厘米，为绢本设色(彩图 18)，由 5 个相互联系又相对独立的情节画面组成。据传此画是顾闳中奉南唐李后主之命夜访韩宅，目识心记，归来默写绘成。画面表现了南唐中书舍人韩熙载夜宴宾朋的奢华场面，刻画了这位失意官吏不拘礼法的家居生活。韩熙载在画中共出现 5 次，有正面和侧面像。运用精细的线条笔画，细腻地刻画了他的形象，十分生动传神，表现了人物内在的思想、情感，也真实地再现了上层士大夫奢靡的生活。

图 5-59 李成《寒林平野图》

宋朝建立了皇家画院，即翰林图画院，并延揽天下画家，由此形成北宋的开封和南宋的杭州两个绘画创作中心。同时随着城市商品经济的发展和活跃，又极大地拓展了绘画创作的题材。因此两宋时期的绘画艺术均达到很高的水平，形成异彩纷呈的景象。传世的两宋绘画作品即充分显示出这一特点。

宋初画家李成所作山水画，能表现山川地势和季节气候的变化。如《读碑窠石图》、《寒林平野图》等（图5－59）。他作画笔势锋利简洁，用笔准确，疏密有致，有“惜墨如金”之誉。在构图和绘画技法上，他不生搬硬套别人的方法，而是自己努力探索，形成自己具有精致特点的笔墨技法和独特的风格。《宣和画谱》称其“所画山林薮泽，平远险易，萦带曲折；飞流危栈，断桥绝涧，水石、风雨、晦明、烟云、雪雾之状，一皆吐其胸中而写之笔下，如孟郊之鸣于诗，张颠之狂于草，无适而非此也，笔力因此大进”。可见李成作画尤为追求意境。

除李成外，传世的北宋山水画作品还有范宽的《雪景寒林图》、《溪山行旅图》，郭熙的《窠石平原图》、《早春图》《窠石平原图》（图5－60），等等。这些绘画作品均显示了画家独特的绘画技法和风格。如范宽在描绘北方壮美的雪山景色时，使用了细密的“雨点皴”①画法，笔法雄健，墨色润泽，真实地描绘了群峰积雪的磅礴气势。在构图上，则以山下的密林、山涧木桥、山坳村落，反衬雪山的雄伟壮丽。郭熙作画则只用水墨，不加色彩。在画法上，他采用“云头皴”画山，使山势不显僵硬，但又不失雄伟之势。尤其是其画树，树枝向下弯曲，形似蟹爪。南宋时期的马远，擅长山水和人物、花鸟画。其代表作《踏歌图》（图5－61）表现了农村欢歌娱乐的场面。作品既采用大斧劈皴的技法和挺拔的笔法，刻画了奇峻的山峰及山石，又用细腻的笔法描绘了在山间小路上列队表演踏歌的农夫，其动作诙谐生动，极富情趣。画的上方有宋宁宗赵扩题诗：“宿雨清畿甸，朝阳丽帝

图5－60　郭熙《窠石平原图》（上）、范宽《雪景寒林图》（天津艺术博物馆藏）（下）

① 皴法为中国传统绘画的技法之一。多用于表现山石、峰峦和古树表面的各种褶皱、纹理等，因笔法、形状不同，而有多种名目的皴法。

图 5 – 61　马远《踏歌图》
（北京故宫博物院藏）

城。丰年人乐业，垅上踏歌行。”正点明了作品所体现的意境。

在宋朝的画坛上，描绘节令风俗、城市生活习俗的风俗画也异军突起，张择端的《清明上河图》就是最具代表性的风俗画作品。这幅长卷画是将人物绘在山水和建筑的场景中，从北宋都城郊野开始，展现了汴河上的桥梁和繁忙的漕运船只，继而又以城门为界，继续描绘城内的街道和酒楼、茶坊、店铺、住宅等建筑，以及多达500余个各色人物，具有很强的写实特征和生活气息。

8. 元明清时期的“文人画”

元明清时期，“文人画”极为兴盛，涌现出更多的画家及作品。这些文人画家多追求个性，常借景抒情，表现神韵意趣，写意画因此成为画坛主流。元朝的赵孟頫创作题材广泛，作品无不刻画精细，生动传神，被称为“神品。”传世作品《秋郊饮马图》采用大设色，于精细的笔法中略显拙朴的风格（图5 – 62）。

明朝中期以后，在文人聚居的江南苏州地区出现了诗书画结合的“吴门画派”，其代表人物有沈周、文徵明、

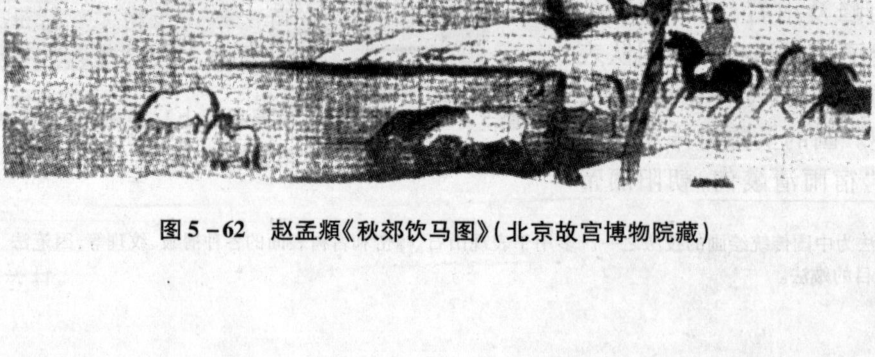

图 5 – 62　赵孟頫《秋郊饮马图》（北京故宫博物院藏）

唐寅、仇英。这四位名士因痛感仕途险恶和吏治腐败而摒弃功名，或隐居或悠游山林，以诗文书画自娱。传世的“吴门四家”的作品多为诗文画，意境深远，颇具诗情画意的特色。他们的绘画作品题材，常是山水、人物、画鸟兼备，但每个人又自己的风格和特点。沈周、文徵明皆以山水画见长，然沈周画风苍劲浑厚，笔墨雄健粗放；文徵明既能青绿又能水墨，既能工笔又能写意，他作画笔触细腻，常以约秀的笔法描绘江南水乡的景色（图5－63）。唐寅和仇英皆擅长人物画。唐寅的人物画或水墨，或设色。笔法多样，或笔墨飞舞，线条遒劲，富于变化，人物刻画含蓄；或线条工整，设色艳丽，具有装饰的意味（图5－64）。在他们的这些绘画作品上，还有自题诗作，借诗、画抒发自己的情感。在传世的仇英绘画作品中，还有一些具有故事情节的历史人物画。如《汉高祖入关图》、《明妃出塞图》等。他无论是山水画，还是人物画，在构图上都将山水和人物和谐地结合在一起，互为点缀、衬托，相得益彰。在绘画技法上，具有工整细腻、秀润艳丽的特点，表现了幽淡雅致的意境。

图5－63　沈周《庐山高图》

晚于“吴门四家”的徐渭，主张作画抒发个人的胸襟。他以奔放淋漓、追求个性的大写意画法，强烈抒发内心的情感，从而将水墨写意花鸟画的创作推向一个高峰。传世的其代表作《墨花卷》、《墨葡萄图》等，都采用大刀阔斧般的笔法，笔酣墨饱，以漫画式的夸张手法，显示出潇洒、浪漫的情趣（图5－65）。

图5－64　唐寅《孟蜀宫妓图》

清初，在饱经国破家亡的战乱后，文人画家们又将身世沉浮和亡国的悲愤，融入于画笔和作品中，出现了以朱耷、石涛、石谿、弘仁“四大高僧”为代表的新画派。从传世的作品分析，他们一改吴门画派工整细腻的画风，形成以简练的构图、突兀的造型、奇特的画面为主要特征的风格。自署“八大山人”的朱耷所作的山水画，是残山剩水，一片荒凉的景象，表现了山河破碎的意境，寄托了自己的亡国之痛。他的花鸟画更具代表性，所绘的鱼、鸭、鹞、猫等，都昂着头，显示出倔强的神态。尤其是对眼睛的描绘，尤为夸张奇特。有的甚至画成方形，眼珠又黑又大，往往点在眼眶

图 5－65　徐渭《黄甲图》

上方，表现了“白眼向人”、“白眼看青天”的神态，显示出傲岸不驯，自命清高神韵，给人以坚韧、雄奇的艺术感染（图 5－66）。

清朝中期，地处交通要冲，商品经济繁荣的扬州地区，出现了被称为“八怪”的一批画家。通常是指汪士慎、李鱓、黄慎、金农、高翔、郑燮、李方膺、罗聘八位画家，但实际是泛指在扬州画坛上代表崭新画风的一批画家。他们或官场失意后寓居扬州，或是有很高的文化修养、洁身自好的文人画家。他们漠视权势，崇尚明代浪漫主义画家徐渭和清初“四僧”的创新精神，追求绘画艺术的鲜明个性。他们的绘画题材，既有抒发自己强烈情感的写意花鸟画，如梅、兰、竹、菊等；还有一些颇为怪诞的题材，其中包括乞丐、纤夫、破墙、裂盆、鱼虾、蜘蛛、蛤蜊、蝼蚁、葱蒜等。“八怪”画家们抱以批判现实的精神，将陷入形式主义泥坑的文人画引向关注现实，亲近平民的新境界。他们纵笔恣意，泼辣奔放，狂浪不羁，不拘成法，毫无温文尔雅的情调。正是因为他们与当时清廷画院所谓的“正统”画风不同，被视为“怪物”，故称“八怪”。他们的作品多为水墨写意画，笔墨奔放豪爽，但又各具风格，且都能赋诗，并擅长书法，在中国绘画史上成为一个极富叛逆与革新精神的流派（图 5－67）。

图 5－66　朱耷（八大山人）《荷石水禽图轴》

无论是出土的绘画文物，还是传世的绘画作品，都集中地体现了中国传统绘画的基本特点。这就是南齐谢赫在《古画品录》中总结传统绘画理论时，提出的绘画创作“六法”：“一气韵，生动是也；二骨法，用笔是也；三应物，象形是也；四随类，傅（敷）彩是也；五经营，位置是也；六转移，模写是也。”中国古代传统绘画作品无不遵循神韵（精神表现）、线条、形象、色彩、构图、写生（临摹）六个基本要素，这也是欣赏传统绘画作品的基本方法。

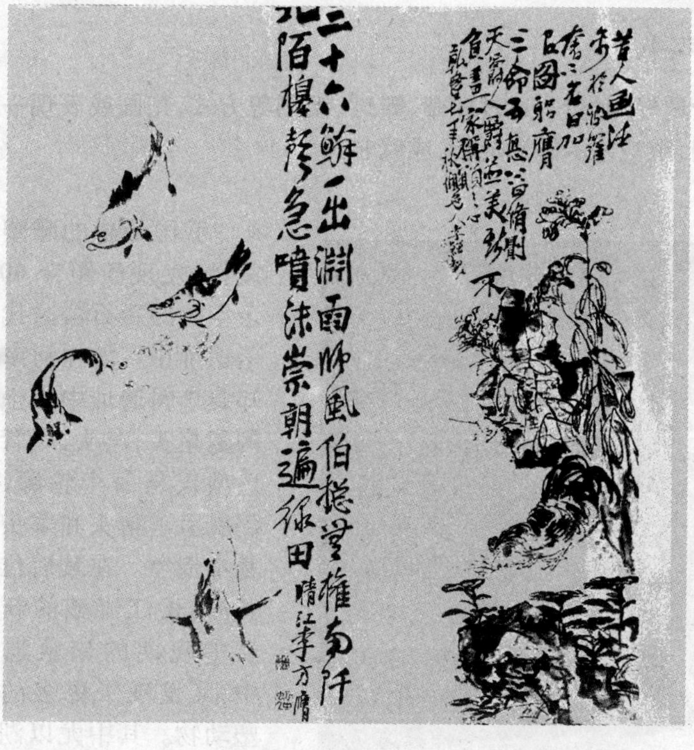

图 5－67（一）　李方膺《游鱼图》（左）、李鱓《加官图》（局部）（右）

图 5－67（二）　郑燮《兰竹石图》（左）、汪士慎《镜中水月图》（局部）（右）

(二)巧夺天工的雕塑艺术

雕塑是以泥、石、木、竹、金属等为材料,通过捏塑、雕琢、锲刻等方式,刻画或表现一种特定形象的艺术形式。在我国,雕塑艺术源远流长,成就非凡。

1. 史前时期的雕塑作品

图 5-68 鹰鼎(陕西华县太平庄遗址出土)

我国最早的雕塑类文物,发现于距今6000余年前的新石器时代聚落遗址中。如在河南新郑裴李岗遗址中出土的陶塑猪头、羊头,尽管其造型仅是一个轮廓,但仍展示了猪头和羊头的基本造型。在其后位于黄河、长江流域的新石器中晚期的聚落遗址中,又发现了更多的陶塑动物。其中尤以湖北天门石河镇出土的陶塑动物数量为巨,多达数千个。其中有鸟、鸡、猪、狗、羊、虎、象、龟等十余种禽兽的造型。这些陶塑动物一般仅长6~10厘米。因形体小巧,故制作时未作细部刻画,而是注重形体的塑造,力求形象生动。这些陶塑禽兽基本表现了各自活动中的神态,突出了各自的特征。尽管技术稚拙质朴,但已具有传神的特点。而在陕西华县仰韶文化太平庄遗址中出鹰鼎,则是先民们创作的一件陶塑艺术精品(图5-68)。鹰鼎高35.8厘米,陶色黝黑,造型为一只伫立的苍鹰。鹰首微昂,尖勾的喙,炯炯有神的双眼,粗壮的双足。两只鹰爪和下垂的鹰尾,巧妙地组成了鼎的三足。鹰鼎的造型极为生动,轮廓简洁,显示出威

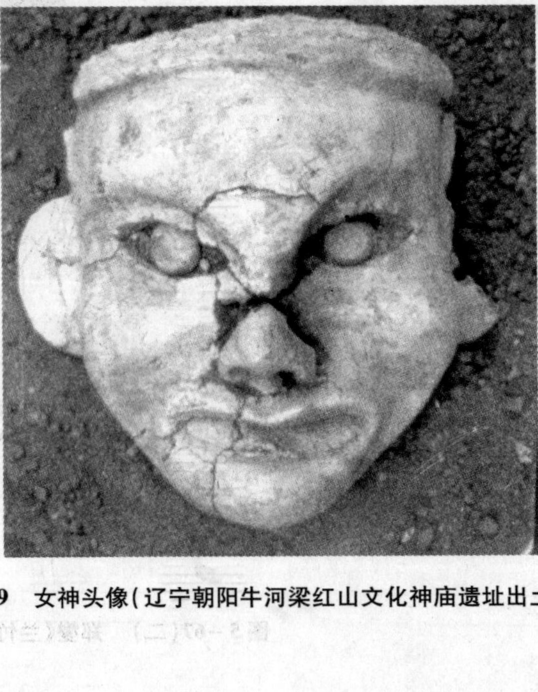

图 5-69 女神头像(辽宁朝阳牛河梁红山文化神庙遗址出土)

猛的态势,堪称原始艺术的杰作。

史前的先民们不仅模拟动物塑造器物,也塑造人物形象。如仰韶文化中发现了多件人首或人形彩陶瓶。采用的是与陶瓶或陶器等容器形体相结合的女性人体造型,尽管手法拙稚,但仍表现了人物的基本特征和相貌。而且还采用了贴塑、堆塑、刻画等手法,表明陶塑工艺在新石器时代已逐渐产生,并达到较高的水平。1983 年发现的辽宁建平牛河梁红山文化神庙遗址,出土了数量很多的塑像残片。其中有一件保存基本完好的彩塑女神头像(图 5－69)。这件头像与真人的头部大小近似,塑造得很精细:宽额尖颏,颧骨高耸,耳小目大,眼角微挑,嘴角上翘,面带微笑,形象地塑造了蒙古人种妇女的颜面特征。尤其是在眼窝内嵌入了淡青色的圆瓶状玉片,成为闪烁光耀的眼珠,给人以神秘、威严之感。

在新石器时代不仅有泥塑(陶塑)艺术,还有雕刻艺术。在一些遗址出土的经过精心雕刻的骨、牙、玉器,就反映了当时的雕刻艺术。如在良渚文化许多遗址中,都出土了用玉石雕琢成的琮、璧和蛙蝉饰等。这些采用雕刻技法制作的器物都十分精美,有些造型还很别致,反映了雕刻艺术在史前时期已达到较高的水平。

这种艺术形式也为后代所继承,雕、塑因此而成为中国古代艺术的两种重要的表现手法。雕刻主要用于质地比较坚硬的石、木、竹等材料,常用的技法有线刻、镂刻、浅浮雕、浮雕、圆雕等。塑主要用于陶土、瓷土等软质易于成型的材料,常采用的技法有捏塑、贴塑、堆塑、模塑等。考古发现和传世的雕塑文物不仅数量很大,造型丰富,题材广泛,而且也反映了古代雕塑艺术的发展历程和不同时期的艺术水平。

2. 秦汉时期的雕塑艺术品

代表中国古代塑造艺术的实物资料,虽然多为用于随葬的明器,但也不失为艺术品。俑是考古中常见的一种陶塑艺术品,其中尤以秦兵马俑最具代表性。出土的秦始皇陵兵将俑都是按真人体高塑制的,连同底托,一般高 1.8 米左右。这些俑的躯干、四肢和头部主要采用了模制技术分别制作的。之后再自底托双足向上依次套接,粘合双腿、躯干、双臂,最后安插俑头,接塑成一个整体陶俑。然后再贴塑细部,其中包括头、面部的眉、目、耳、鼻、口及发髻、胡须。对细部的刻画十分精细,头发、眉毛、胡须甚至能见到纤细的丝缕(图 5－70)。由于陶俑的细部是由不同的匠人手工贴塑、修整的,因此每个陶俑之间都有细微的差别,显示出不同的神态、发型和发饰,极具个性化,比较写实。

图 5－70 秦兵俑头(陕西临潼秦兵马俑一号坑出土)

陶俑制成后,还要施彩绘。色彩有朱红、粉红、粉绿、粉蓝、中黄、橘黄、白、黑、赭等色。经化验,均为矿物质颜料,以明胶做调和剂,平涂于俑体之上。但因年代久远,又被泥土掩埋,色彩多已脱落,只有少数陶俑身上还保留有彩绘的痕迹,而绝大多数的陶俑都因色彩脱落,而呈现出陶质的原色。

汉代的陵墓石刻,是我国已知古代最早的大型石雕艺术品。其中尤以西汉抗击匈奴的名将,骠骑将军霍去病墓前的石雕,最具代表性。汉武帝元狩四年(前119年),霍去病与大将军卫青统领汉军现次北击匈奴,迫使匈奴单于远遁,彻底解除了匈奴的威胁。但第三年,霍去病因病去世。为了纪念他的功绩,汉武帝令模拟祁连山的形貌为他修建墓冢,并在山上放置了各种石雕动物像。这些雕像均选用巨石刻成,长度一般超过1.5米,最大的有2.5米余。尚存的有卧马、跃马、卧虎、卧猪、卧牛、羊、象、鱼及"马踏匈奴"、"怪兽食羊"、"人与熊斗"等题材作品,基本采用写实的手法。但当时雕刻大型像的技艺尚不成熟,故尽量选择形状与所雕造型大致相似的石材,再稍加修凿便能成型。然后再采用浮雕和线刻技法,刻画出动物的头部、体态和四肢等部位。虽然雕刻技法古拙质朴,但刻画出的动物形象仍不失神韵。其中的《跃马》刻画的是出征时的骏马:前肢腾起,似向前飞奔,显示出勇往直前无所畏惧的气势。"马踏匈奴"则刻画了取得胜利时的骏马:一位满腮胡须的敌将仰面倒于马腹之下,仍试图用长矛猛刺马腹;然而骏马巍然屹立,四肢稳健地站立在大地上,显示出豪迈雄劲,压倒一切的气势(图5-71),以武威、雄健的造型,表现了墓主人的赫赫战绩和英雄气概。

图5-71 石雕《跃马》、石雕《马踏匈奴》(陕西兴平汉霍去病墓)

3. 两晋南北朝时期的雕塑文物

南北朝时期的雕塑艺术在汉代的基础上,又有新的发展。无论是雕刻,还是塑制,其技法均更加成熟。两晋时期的人物俑群最能反映这一时期的艺术特点。湖南长沙西晋墓出土的青瓷武士俑群,数量众多。有的执刀持盾,有的吹号,戴着高冠,骑在配有鞍具的马背上。这些武士及马俑的造型虽拙朴,但马具塑得极为精细。在鞍桥的左侧,垂有镫革很短的三角形单镫,供上马时蹬踏之用(图5-72),这也是我国已知最早的马镫形象。十六国时期,因争战频繁,因此出土的陶塑艺术品中,有不少军士俑。如陕西西安草厂坡一号墓出土的百余件陶俑中,有大批武装仪卫俑。这些士兵和战马都披着铠甲,属重装骑兵。还有骑兵军乐队,即鼓吹手(图5-73)。这些士兵和战马仍主要沿袭西晋的塑造技法,不过刻画更趋于精细,显示出威武的气势。

北朝的石窟造像和南朝的陵墓石刻,还表明出石雕艺术在这一时期有了较长足的发展。山西大同的云冈石窟和河南洛阳的龙门石窟,均始建于北魏时期。对比两处石窟的

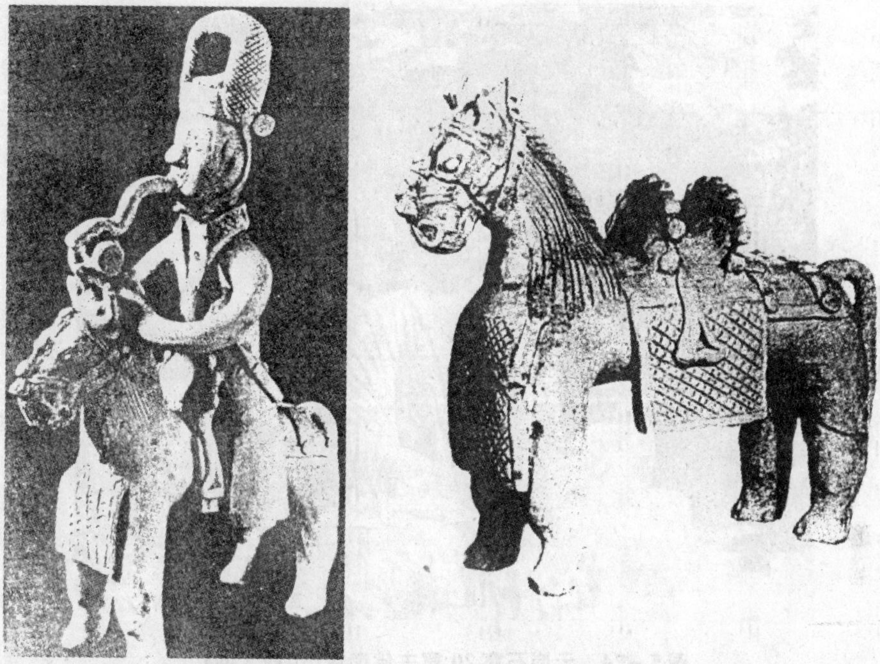

图 5－72　西晋陶骑俑和陶马(湖南长沙出土)

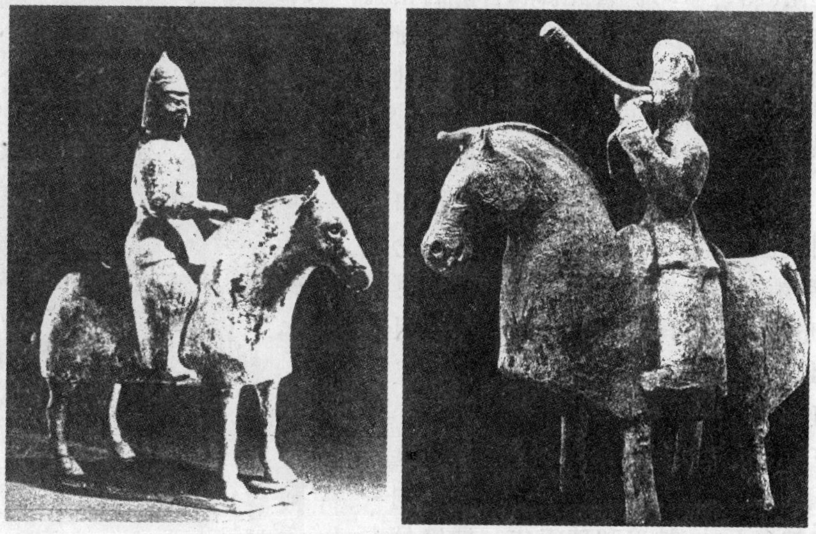

图 5－73　北朝甲骑具装俑(陕西西安、河南洛阳出土)

造像技法,亦可以看出雕刻艺术的变化。云冈石窟开凿于北魏文成帝时,第 20 窟造像是其代表作。该窟主像高 13.7 米,双耳垂肩,面庞丰满,鼻梁挺直,袈裟衣纹厚重,造像明显地表现出异域的色彩(图 5－74)。雕刻技法采用了直平刀法,衣纹显得僵直,有湿衣贴身之感。始凿于北魏孝文帝时期的龙门石窟,则因孝文帝迁都洛阳后,进一步推行汉化政

图 5－74　云岗石窟 20 窟主佛造像（山西大同）

策，因此造像的相貌和雕刻技法、表现手法，均出现明显的变化（图 5－75）。首先佛和菩萨的相貌不仅显示出中国人的形象特征，面容清瘦，细眼薄唇，脖颈细长，而且表情更趋温和，出现了世俗化的倾向。所穿着的袈裟呈现瘦体肥衣之感，为褒衣博带式的南朝士大夫的常服。因此造像所体现的是一种神情恬静、举止高雅的气质和风度。在雕刻技法上，则采用圆弧的刀法，无论是阴线刻、浅浮雕，线条均和缓、圆润，使衣褶更显自然，衣纹亦显轻薄。其艺术风格也从古朴粗犷嬗变为优雅端庄。这也证明孝文帝推行的“汉化”改革，确实收到了实效。

图 5－75　龙门石窟宾阳中洞正壁造像（北魏，河南洛阳）

分布在江苏丹阳境内的南朝齐、梁的陵墓石刻，则反映了南朝的石雕艺术。南朝陵墓石刻一般由成对的神道石柱、神兽和碑组成。神兽是古人想象出的瑞兽。石雕神兽均四足着地，昂首挺胸，前肢肩后刻有双翼。黄帝陵前的神兽头上长有独角或双角，一般称为天禄，或称麒麟；王侯墓前的神兽则头上无角，一般称为辟邪，或称狮子（图 5－76）。这些石雕神兽气势非凡，它们昂首直对苍穹，似腾飞之感。其雕刻采用了圆雕、浮雕、镂雕和阴线刻等技术，刀法简洁、细腻，准确、生动地刻画出神兽的雄壮的体态和威武的气质，显示出成熟的技法和水平。

4. 石窟造像，唐代雕塑艺术的代表

唐代的石窟造像也是其雕塑艺术的代表之一。始凿于唐开元元年(713)，完成于贞元十九年(803)的四川乐山大佛，通高71米，头宽10米，耳长7米，仅一只脚背就宽8.5米。这尊世界上形体最大的佛造像，是依凌云山栖鸾峰的崖壁开凿的，显示出恢宏、博大的气势。同期开凿的龙门石窟奉先寺佛龛，雕有卢舍那佛、弟子、菩萨、天王、力士等9尊像。

图5－76　天禄(麒麟)、辟邪(齐武帝景安陵、梁南康简王墓)

主佛卢舍那高17.14米，面庞丰润饱满，修眉长目，沉稳端庄。对诸神的刻画亦极为细致，表现出不同的神态，形神兼备(图5－77)。雕刻刀法细密、圆润，刻画的衣褶极为自然，显示出轻薄的质地特征，且衬托出卢舍那佛的博大胸襟。从这组群雕像的雕刻技法中，足以说明古代石雕艺术在唐代已达到极高的水平，细致入微的形象刻画，重在显示内在的气质，即以形表意，给人以很强的艺术感染力。

唐代重要的石雕艺术作品，还有唐陵石刻，如摹写唐太宗坐骑的“昭陵六骏”，为六幅巨大的浮雕作品(图5－78)。每块石板雕有一匹战马，或行走，或奔驰，全部为写实的手法。不仅准确生动地刻画了每匹马的形貌，还细致地表现了马的装饰和马具，甚至还有马体上的箭伤。这组纪念性的石雕作品，展示了跟随其主人唐太宗在隋末唐初历次重大战役中，冲锋陷阵屡建战功的六匹骏马。作品以形表意，通过概括性的艺术表现手法，表现了骏马的强健和势不可挡的神采，以此颂扬其主人唐太宗的丰功伟绩，显示了其所向披靡的英雄气概。

唐代的石窟造像也代表了这一时期泥塑造像的艺术成就，敦煌石窟就是最具代表性的。在莫高窟、榆林窟中，保存有大量的唐代佛教造像，其中有佛、菩萨、弟子、天王、力士、供养人等题材的造像。初唐时的诸像造型，一改自北魏以来盛行的面容清瘦的形象，逐渐丰满圆润，躯体轮廓呈曲线，起伏清晰。在表现衣褶的技法上，将传统的阶梯式贴塑法改

图 5-77　龙门石窟卢舍那佛(唐,河南洛阳)

图 5-78　唐"昭陵六骏"石刻(陕西省博物馆藏)

为波浪式,使衣褶及织物更富有丝绸的质地感,增强了艺术的表现力(图 5-79)。盛唐时期的造像在表现手法上,又于追求完美外形中,展示神的内在涵义,即发掘神的内在心理。《法华经·序品》称:"种种信解,种种相貌。"即诸神的形象并没有一个统一的标准,而是人们凭主观认识想象出来的。因此人们在塑造诸神像时,既要表现其外在的形象,更要形神兼备,融神于形之中。这正是敦煌石窟中泥塑艺术的高超精湛之处。

盛唐时期的菩萨造像更具以形表意的特征。其体型相貌完全是年轻妇女的形象,体态丰腴,衣着华丽(图 5-80),曲眉秀目,相貌端庄秀美,纤腰柔臂,半裸的上身露出娇美柔润的肌肤，显露出婀娜温柔的神情。这种表现手法，充分体现了菩萨的“济世胸怀”和慈悲怜悯的同情心，显示出佛教所倡导的真、善、美的内涵。

图5－79　初唐佛塑像
（甘肃敦煌莫高窟283窟）

图5－80　盛唐菩萨塑像
（甘肃敦煌莫高窟194窟）

天王、力士是佛国的护法神。在盛唐时期的造像中，天王被塑造成一位武将的形象。头戴兜鍪或珠冠，身着铠甲，足蹬战靴。相貌为扬眉怒目，体型粗壮、强健，给人以叱咤风云之感，显示了男性的阳刚之美，体现了力量与正义。力士像则在塑造正确的人体结构和肢体比例的基础上，又采用夸张的手法，着力表现肌肉的壮健，给人以一种强烈的力量感（图5－81），显示了正义压倒邪恶的内涵。

盛唐时期的雕塑艺术，凸显形神兼备的特点，这也是中国传统文化的特点。在表现手法上，则注重对体形、相貌的刻画，在追求形似的同时，更侧重对神态的表现，而成为现实与艺术的完美结全，显示出博大精深的艺术内涵和动情感人的艺术魅力。

（三）精美绝伦的青铜艺术

从商朝开始，青铜器作为社会地位和身份的标志，被广泛地使用于政治生活和祭祀鬼神等活动中。所以在青铜器中，礼器具有极特殊的地位，被赋予特定的功能和地位。因此青铜礼器无论造型，还是装饰，都极力显示这一特点。商周时期的青铜礼器以容器为主，主要包括食器、酒器和水器三大类。这些青铜器中，许多都源于新石器时代的陶器造型，但又凸显其作为礼器的特定功能。

1．青铜食器

青铜礼器中的食器，主要有鼎、鬲（lì）、甗（yǎn）、簋（guǐ）、豆、敦（duì）、盨（xǔ）、簠（fǔ）等。

鼎在青铜礼器中最为重要。商周时期，列鼎是标志社会等级、地位高下的一项礼仪制

图 5－81　敦煌莫高窟唐天王、力士塑像(甘肃敦煌莫高窟 194 窟)

度。因此鼎往往作为一种权力的象征,在造型上具有器形大、稳重,装饰比较繁复的特点。青铜鼎源于陶鼎,原是一种炊具。有方形、圆形两种形状;双耳,有直耳、曲耳(多附于鼎

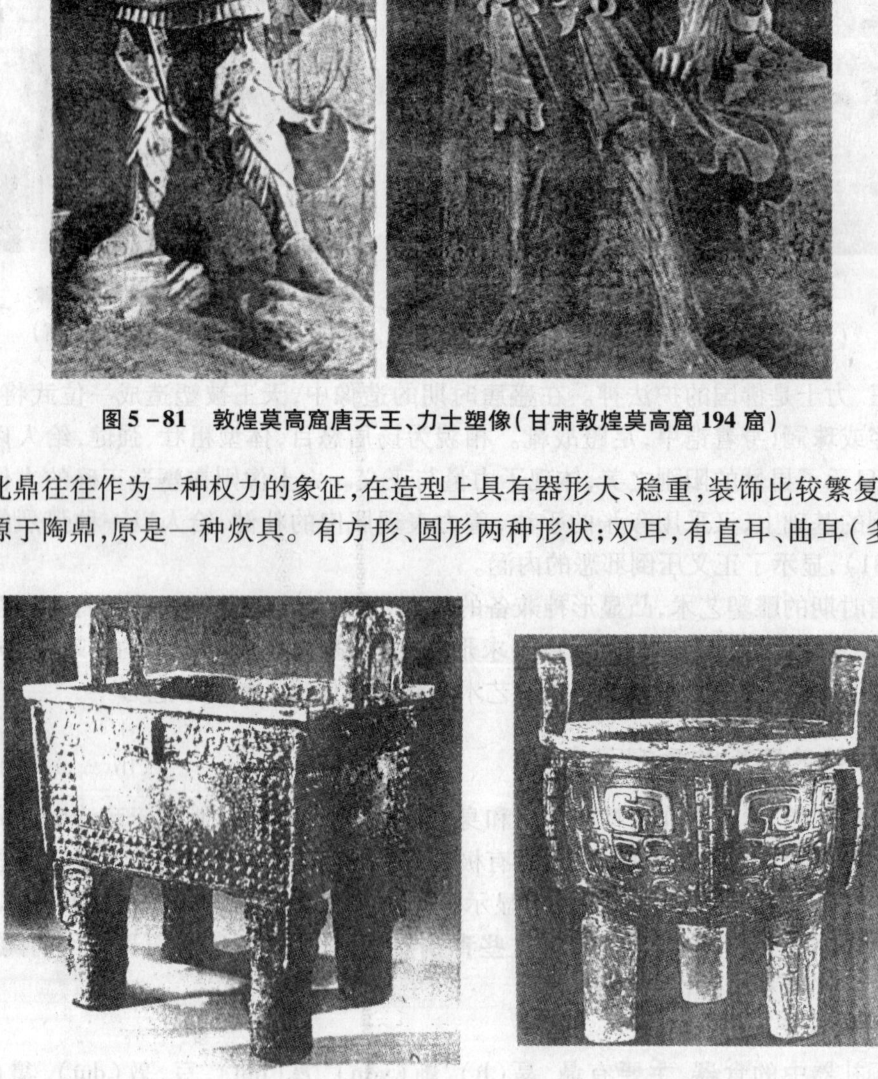

图 5－82　青铜鼎(河南安阳殷墟出土)

身)两种形制;三足(圆鼎)或四足(方鼎)。鼎的造型,在鼎耳和鼎足上最具特色,两者互相对应:直耳配直足,曲耳配曲足(图5-82);如果鼎身形体很大,鼎耳和鼎足也十分粗壮;如圆鼎鼎身呈圆形,鼎耳和鼎足则采用曲线造型,所以鼎身和鼎耳、鼎足,构成一个和谐完美的整体,给人以浑厚、稳健之感,充分显示了它作为权力、地位象征的内涵。

鬲,原是一种陶质炊具,器型特征:圆形、圆口,三个空心足。三足空心,实际起到增加受热面积的作用。青铜鬲沿袭这一特点,不过鬲身和鬲足的轮廓线条更趋圆润、柔和,有稳重、柔美之感(图5-83)。而且器表还饰有图案。

图5-83 青铜鬲(河南安阳殷墟出土)

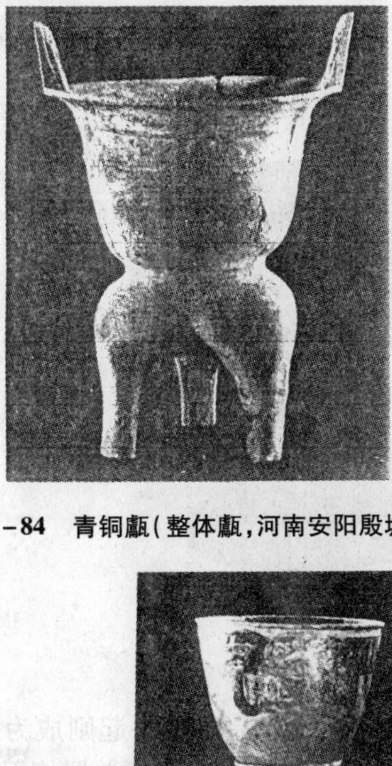

图5-84 青铜甗(整体甗,河南安阳殷墟出土)

甗是由鬲演进而成的一种炊蒸器,由甑和鬲组合而成。其形制有三种:一是整体甗,即甑、鬲合铸为一体,在器内有箅相隔,用于通过蒸汽(图5-84)。二是分体甗,即甑与鬲分别制作,使用时套合在一起。三是方甗,始于西周时。其外形或长方椭圆,或方鬲、椭圆甑。此外,在殷墟妇好墓中出土的三联甗(图5-85),则是在一个长方形的鬲上,放置3个圆形甑,可以同时炊蒸不同的食物。甗虽有不同的形制,但器形轮廓都富于变化,或曲或直,产生或轻巧,或庄重之感。

簋是盛放食物的器物。其特征是大口,

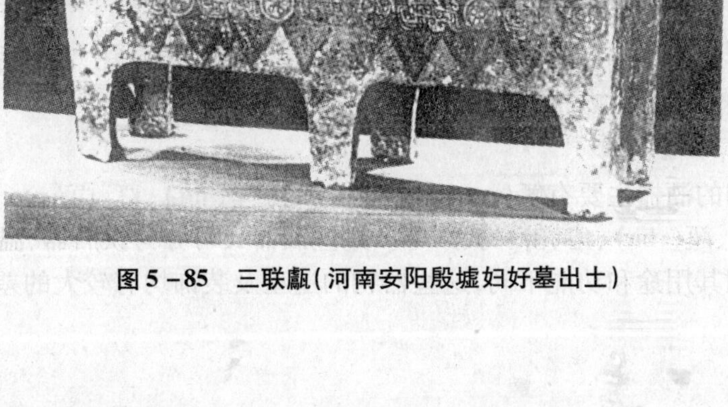

图5-85 三联甗(河南安阳殷墟妇好墓出土)

有圆口、圈足，或方座、三至四足者。器腹较大，有双耳、四耳，或无耳几种，亦有带盖者（图5-86）。

图5-86 青铜簋（河南安阳殷墟出土）

豆是盛产食物或菜肴的器物，形似高足盘（图5-87）。其形状或圆或方；或有盖有耳，或无盖无耳。造型多样。

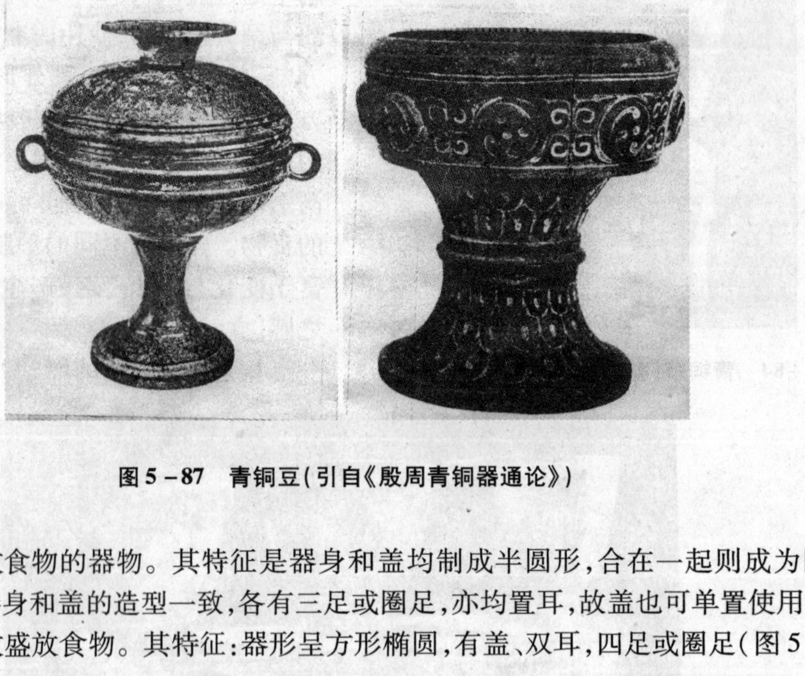

图5-87 青铜豆（引自《殷周青铜器通论》）

敦亦是盛放食物的器物。其特征是器身和盖均制成半圆形，合在一起则成为圆球形（图5-88）。器身和盖的造型一致，各有三足或圈足，亦均置耳，故盖也可单置使用。

盨也用于放盛放食物。其特征：器形呈方形椭圆，有盖、双耳，四足或圈足（图5-89）。其盖或有四足。

簠主要用于盛放食物。其特征：器形呈长方形，大口，有双耳，下有圈足或四足；上有盖，其形与器身相同，亦有圈足或四足（图5-90）。

2. 青铜酒器

青铜礼器中的酒器主要有觚（gū）、爵、觯（zhì）、斝（jiǎ）、尊、卣（yǒu）、壶、觥（gōng）、罍（lěi）、盉（hé）、瓿（bù）、角、缶、勺、禁等。这些酒器又可分为饮酒器、温酒器、盛酒器、舀酒器等几类。因其用途和功能不同，这些器物的造型及装饰均有较大的差异。

图 5-88　青铜敦（引自《殷周青铜器通论》）

图 5-89　青铜盨（引自《殷周青铜器通论》）

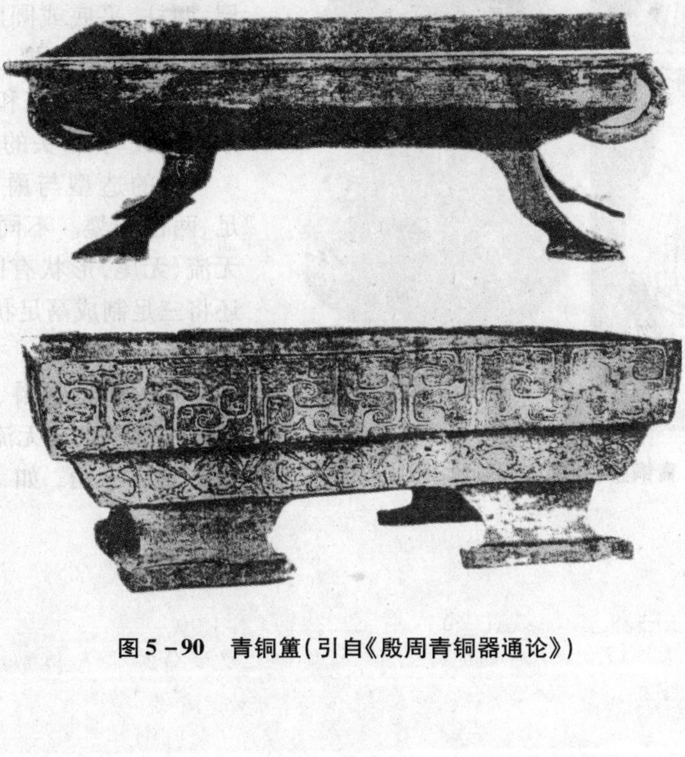

图 5-90　青铜簠（引自《殷周青铜器通论》）

饮酒器有觚、觯等。觚的造型特征：器身长、细腰、高圈足、大侈口，其形或圆或方（图5－91）。

图5－91　青铜觚（河南安阳殷墟出土）

觯的器形似尊，但体积小于尊，且较低矮，腹部有较明显的外凸。器形或圆或椭圆，一般多有盖（图5－92）。

图5－92　青铜觯（河南安阳殷墟出土）

温酒器，亦称煮酒器，主要有爵、斝、角等，是专用于热酒的器物。

爵的造型特征：其口部分有流和尾，两柱，平底或圆底，三足；器身一侧有鋬，便于持握；或有盖（图5－93）。有的爵借流和器盖的形状，巧妙地制成鸟、兽头的形状。

斝的造型与爵很相似，亦有三足、两柱和鋬。不同的是其为圆口、无流、无尾，形状有圆有方。个别斝还将三足制成鬲足状，便于更快地加热（图5－94）。

角的造型与爵、斝也十分相似，但其口部两端亦无流和尾，呈对称的双长锐之角，如鸟翼之形（图5－95）。

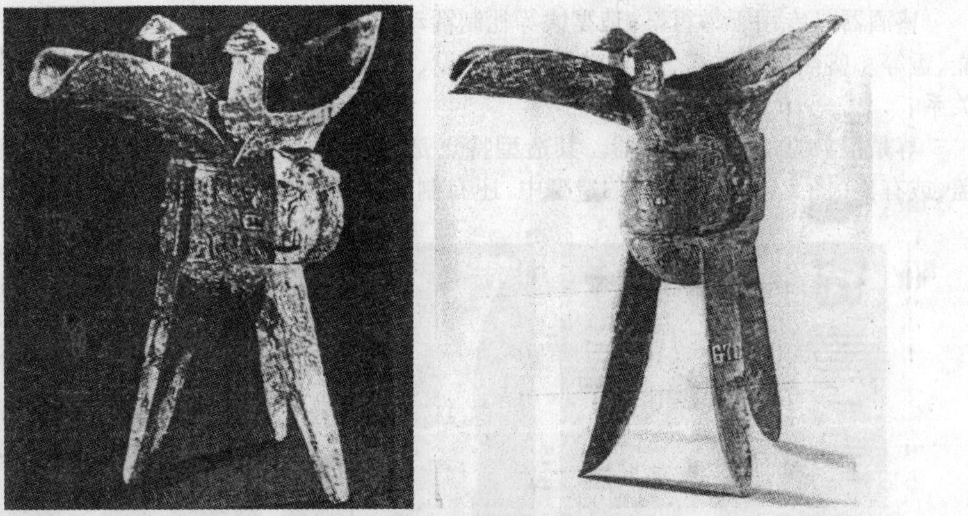

图 5－93　青铜爵（河南安阳殷墟出土）

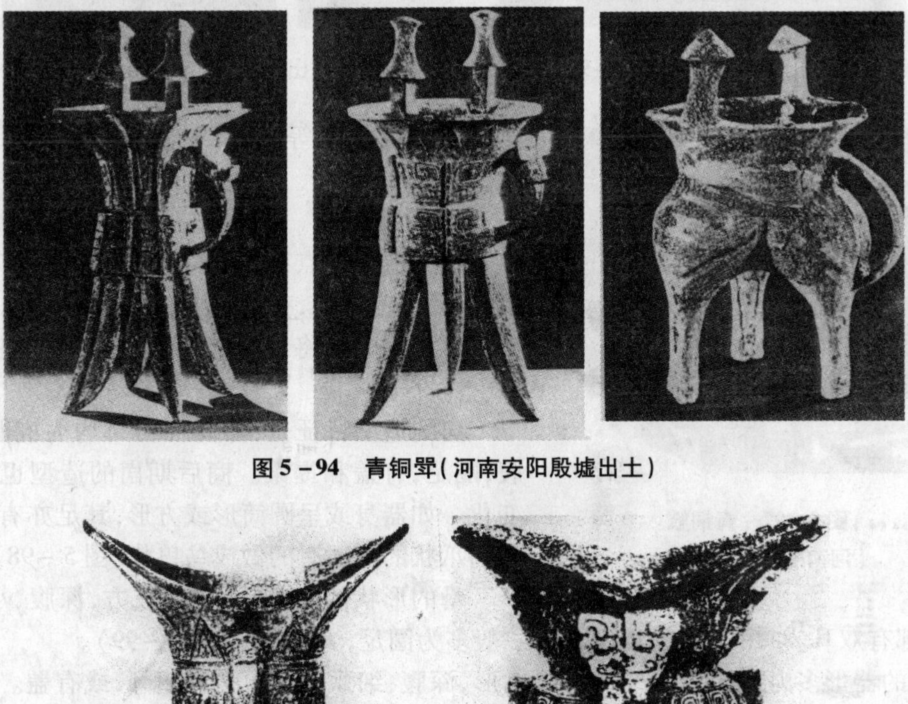

图 5－94　青铜斝（河南安阳殷墟出土）

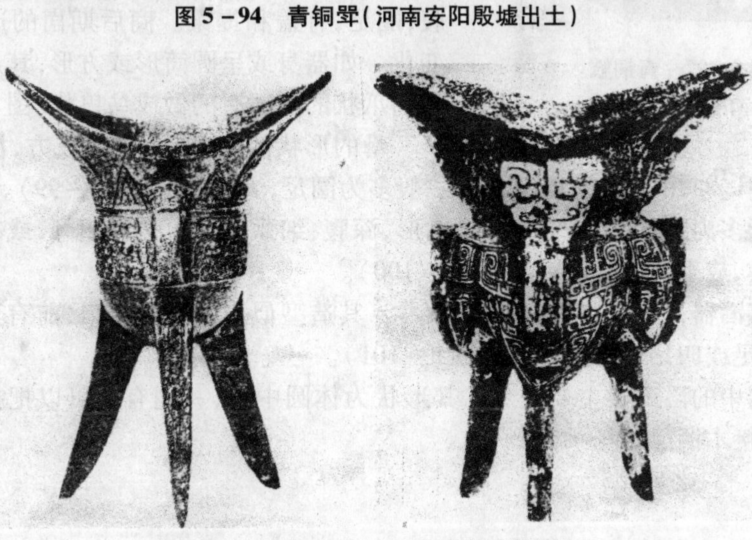

图 5－95　青铜角（引自〈殷周青铜器通论〉）

盛酒器是专用于举行祭祀、宴饮等礼制活动时，盛放酒的容器。主要有尊、觥、卣、罍、壶、盉等。盛酒器种类多，也与它们具有陈设、摆放的功能，利于烘托礼制场所的气氛有关系。

尊是很典型的一种盛酒器。其造型特点是：鼓腹，侈口，高圈足，器形或圆或方，多有盖，或有鋬（图5－96）。在尊的造型中，还有制成鸟或兽形的。如鸟尊、鸮尊、虎尊、牛尊、

图5－96　青铜尊（河南安阳殷墟出土）

图5－97　青铜觥
（河南安阳殷墟出土）

羊尊、猪尊、象尊等，亦有在器身上附着动物形象的，如四羊方尊等。可见尊的造型最具多样性，且极富变化。

觥的造型特点：器腹多呈椭圆形，亦有少数方形的，底部为圈足，有流有鋬。其口部有盖，均制成兽头形。有的则将器身和盖制成一个完整的兽形（图5－97）。

卣的造型特征是：器身和器口均为椭圆形，深腹，圈足，有盖和提梁。商后期卣的造型也有一些变化。如器身或呈圆筒形或方形，其足亦有做成四足鸟爪状的。还有的做成鸟兽状（图5－98）。

罍的形状似壶，器形或圆或方，深腹、小口、广肩，肩部有双耳。有的器腹下部有鼻。一般多为圈足，大多有盖（图5－99）。

壶的器形多为圆形，亦有方形或椭圆形，深腹、细颈、敛口，多有双耳，或有盖。有的还制成瓠形器体，或于盖上附置一鹤（图5－100）。

盉既是盛酒器，亦常作为温酒和调酒器。其造型似壶，深腹、窄口，前有长流，后有鋬，有盖，下有三足或四足，亦有圈足者（图5－101）。

青铜礼器中的舀酒器主要是勺。其形状为体圆中空，一侧有柄可以把持。柄或长或短，短柄可续接木柄。

图 5－98　青铜卣（河南安阳殷墟出土）

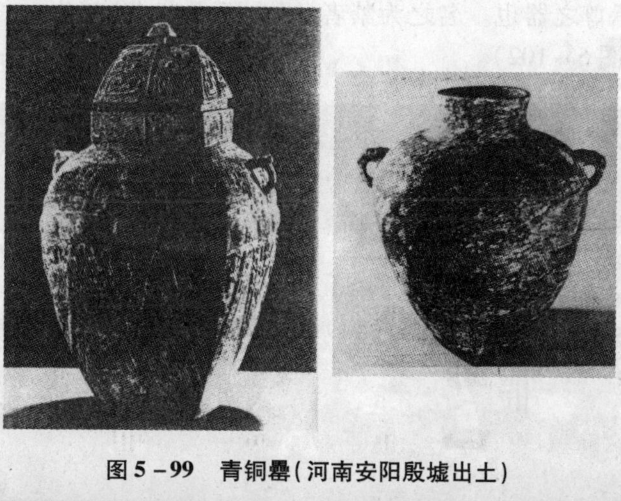

图 5－99　青铜罍（河南安阳殷墟出土）

图 5－100　青铜壶（河南安阳殷墟出土）

图 5 - 101　青铜盉(引自《殷周青铜器通论》)

这些青铜酒器在使用时,还有专用的承载器物,称为禁。“尊于房户之间,两甒,有禁。”郑玄注:“禁,承尊之器也。名之为禁者,因为酒戒也。”[①]禁为一长方形的厚案,有四足,器身多有装饰(图 5 - 102)。

图 5 - 102　青铜禁(河南淅川楚令尹子庚墓出土)

3. 青铜水器

青铜礼器中的水器,是专为举行礼制活动时,用于盥洗的器具。主要有盆、盂、匜(yí)、斗、盘和鉴(鑑)等。

盆为盛水器,其器形特征:大腹、敛口、宽口沿。

盂亦为盛水器,其器形特征为器身较深,圆腹、大口,圈足,器身两侧附耳,亦有无双耳者(图 5 - 103)。

匜为舀水器,为盛水浇手,以供盥洗的器物。其形状似瓢,有流有鋬,有三足、四足、圈足,或无足等几种形制(图 5 - 104)。

斗亦为舀水器,其形状似勺,器身多呈半圆状或短筒形,有长柄(图 5 - 105)。

① 《仪礼·士冠礼》。

图 5－103　青铜盂（寝盂，山东海阳燕石镇嘴子前 4 号墓出土）

图 5－104　青铜匜（引自《殷周青铜器通论》）

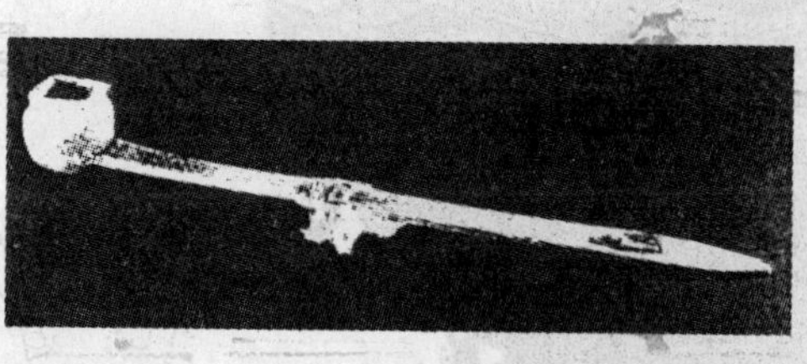

图 5－105　青铜斗（河南安阳殷墟出土）

盘与鉴均用于承接浇手盥洗后的水，属承水器。盘的器形特征是圆形、大口、浅腹。商代盘有圈足，无耳；西周后多有附耳，或圈足、三足，亦有方形盘（图 5－106）。

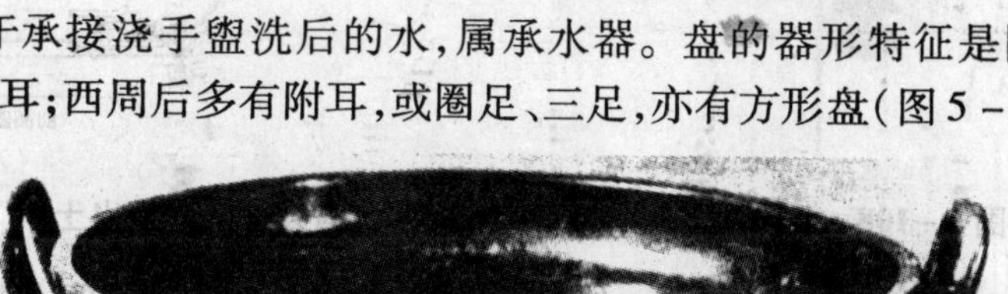

图 5－106　青铜盘（陕西扶风周原出土）

鉴形似大盆,大口、深腹,有两耳、四耳或无耳,无足或圈足(图 5 - 107)。

图 5 - 107　青铜鉴(引自《殷周青铜器通论》)

盘与鉴除用于承水外,器形大者还用于沐浴。此外,鉴还有一些特定的用途,如盛入冰后,可做冷冻、冷藏之用。如湖北随县曾侯乙墓出土的青铜鉴缶,是由方鉴和方尊缶组成的。使用时,将盛入酒的尊缶放置在鉴内的下凹处,便可在缶与鉴内壁的较宽空隙处放入冰块,以冻酒浆,故称冰鉴(图 5 - 108)。古人也常在鉴盛水后,用于照影,故后人亦将铜镜称为鉴。

图 5 - 108　青铜冰鉴和结构示意图(湖北随县曾侯乙墓出土)

4. 青铜器的铭文和装饰

商周时期,随着礼仪制度的逐步建立和完善,青铜礼器作为权力和等级的标志,更为贵族统治者们所重视。每类每种器物在造型和装饰上,也因此呈现形状多变、华美的趋势,从而极大地丰富了青铜文化的内涵。商周时期的青铜礼器内腹底部,多铸有铭文,少则数字,多则数百字,内容多记载贵族们的祭典、训诰、锡命、征伐、盟誓、契约等。这些铭文也因此成为极珍贵的文字资料,如曶鼎铭文中的“匹马束丝”,就反映了奴隶制社会的阶级构成和奴隶的悲惨处境。

青铜礼器不仅通过造型，体现其特殊的功能和用途，显示主人的地位和权力，还在装饰上刻意表现相同的含义，更凸显器物的权威性。商代青铜礼器上的装饰主题纹样是兽面纹，其取材于古代传说中的一种怪兽，称为“饕餮”。据《吕氏春秋》载，饕餮十分凶恶、贪婪，“有首无身”。故青铜器上的兽面纹亦称饕餮纹。常见的饕餮纹是：粗卷的双眉，双目圆瞪，鼻子竖直，其下是一张巨口；耳朵很小；有的在头的两侧伸出利爪，但爪子很小，反衬出头的巨大(图5－109)。饕餮纹给人以沉重、压抑、恐怖和神秘的感觉，将其装饰在青铜礼器器身的显要位置，正充分体现了器物主人所具有的令人畏惧的权威。

图5－109 青铜器饕餮纹(兽面纹)

商代青铜礼器上的纹饰，还有夔纹、龙纹、蝉纹、鸟纹、象纹、蚕纹、龟纹等(图5－110)。其中有些纹饰也是取材于古代传说中的神的形象，如夔纹和龙纹(图5－111)。夔也是古代传说中的一种怪兽，形似龙，一角、一足。用它们做纹饰，虽不像饕餮那样狰狞，但也显示了威严的神秘。商后期，青铜礼器的纹饰更趋繁缛。在主体纹饰四周填满云雷纹，还衬以其他的纹饰。有些器物则以凸起的扉棱和牺首做装饰，更富于立体感，亦更显华丽(图5－112)。

西周以后，青铜礼器又出现一些变化。这与周王朝继续完善礼仪制度，更加推崇祭祀有直接关系。变化主要表现在铭文的字数明显增多，食器数量增多，酒器减少。在礼器的组合方式上，也多由簋和鼎组成。且出现“列鼎”的方式，即使用三件以上的青铜鼎，以鼎的形体大小依次递减，以此显示主人的身份和地位。更显著的变化是青铜礼器上的装饰花纹，趋于简化。如兽面纹不再威严规整，而是采用简洁的线条，更富于图案画的特点。其他的纹饰也有类似的变化。不过，这一时期也出现了一些新的纹饰。如鸟纹在西周以后，演变为大冠、回首状的大鸟纹，还常有华美、卷曲的长尾(图5－113)。且多以成双成对的形式作为装饰的主体花纹。这可能与文献记载的当时流传“凤鸣岐山”的传说有关。故可以认为，这应是最早的凤凰形象。

东周以后，青铜礼器无论造型还是装饰，都更注重装饰效果。出现采用错金银和镶嵌

图5－110　青铜器蝉(上一、二排)、象(上三排)、蚕(下排)等纹饰

的技法,使纹饰更加美观,极富装饰效果。而在装饰花纹上,还出现了以宏大的战争场面或宴饮、狩猎等场景,作为装饰的主体图形。采用纪实手法表现一个特定的场景,不仅拓展了青铜礼器的装饰题材,更富于艺术性,而成为极具观赏性的艺术精品。

图 5－111　青铜器夔纹、龙纹

图 5－112　青铜器扉稜和牺首装饰

图 5－113　西周青铜器鸟(凤凰)纹

三、歌舞与戏剧

音乐与歌舞,是人们抒发喜怒哀乐,寄托向往和追求的一种活动方式。据考古发现,远在原始社会时期,就已经有了这种抒情表意的娱乐形式,由此也成为中国古代精神文明的重要组成部分。

(一)考古发现的音乐文物

考古发现的音乐文物,包括乐器、乐舞俑和壁画、乐谱等。其中,涉及中国古代乐器的文物,不仅数量多,而且十分形象、直观,为今人展示了不同历史时期的文化生活。

1. 先秦时期的乐器

据考古资料证明,在我国的新石器时代中期,就已经有了骨笛和埙两种吹奏乐器。发现于河南舞阳的裴李岗文化贾湖遗址,出土了距今 7000 余年前的 25 支骨笛(图 5－114)。这些用丹顶鹤尺骨制成的骨笛,具有骨壁薄、管腔粗的特点,易于形成气流振动、发音。在骨管上还钻有音孔,因骨管长短不同,音孔亦有多少之分,主要有五、六、七、八孔几种。据测定,这些骨笛已能吹奏七声音阶,是一种比较成熟的吹奏乐器。

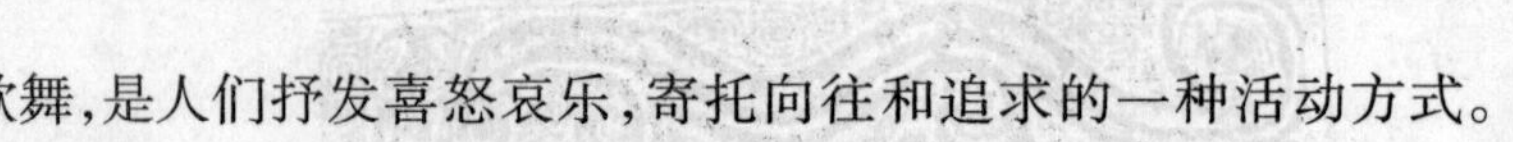

图 5－114　骨笛(湖南舞阳裴李岗文化贾湖墓地出土)

用泥土制成的陶埙不仅出土的数量多,发现的地点也很多。如河姆渡遗址,仰韶文化的大河村、半坡等遗址中，都出土了陶埙。陶埙是先用泥土捏制成型，再经火烧成。早期的陶埙形状或圆形，或橄榄形，或蛋形，于一端开有吹孔，腹部开有音孔，数量 1～7 个不等（图 5－115）。通常认为，陶埙的音孔越多，吹出的音列越复杂，但实际测定，陶埙吹出的高低音在很大程度上是与口风控制有关。只要熟练地掌握吹奏技巧，就能发出不同的音。

图 5－115　陶埙（浙江余姚河姆渡遗址出土）

在河姆渡遗址及太湖流域地区的新石器时代遗址中，还出土了许多骨哨。这些骨哨是截取禽类动物的肢骨制成的，一般长 6～8 厘米，中空，哨身略呈弯曲，一侧有孔，以两孔居多，偶见三孔（图 5－116）。骨哨一般认为是横向吹奏，其音高也主要是靠口风和按指控制。有的骨哨在哨管中还插有一根细肢骨，吹奏时推拉肢骨亦能变换音高。乐器的发明，是早期人类追求精神享乐的例证，它给人们的生活增添了新的乐趣。在以后的历史中，人们又不断发明出新的乐器，如陶铃、陶钟、陶鼓、木鼓、石磬等（图 5－117）。这些打（敲）击乐器，能发出不同的音色、音响，进一步丰富了音乐的表现力。

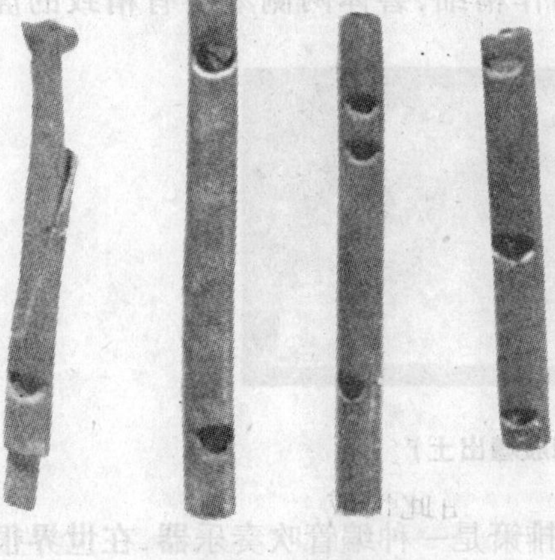

图 5－116　骨哨（浙江余姚河姆渡遗址出土）

进入青铜时代以后，人们又制作出各种青铜乐器。而且随着礼仪制度的建立和完善，音乐作为礼仪制度的重要组成部分，更受到人们的重视。在夏商考古中，出土的乐器有木、泥、石和青铜等几种材料。其中青铜乐器有些沿袭了陶制乐器的形制，有些则是对陶制乐器的改进和创新。在河南偃师二里头遗址

图 5－117　史前乐器（左上，陶铃，湖北天门石家河遗址出土；左下，陶钟，陕西长安斗门遗址出土；木鼍鼓，山西襄汾陶寺墓地出土）

中,出土了夏朝的铜铃。在河南安阳殷墟出土的铙,是由3件或5件编组敲击发音的乐器(图5-118)。这些铙形体大小不等,大的有数千克,小的只有数百克。每件铙虽然只能发

图5-118 商代编铙(河南安阳殷墟出土)

一个音,但编组后无疑是丰富了铙的音域。出土的商代石制乐器有编磬,磬是用质地细密、坚硬的石材加工成的一种敲击乐器。商代的磬制作精细,磬体两侧刻绘有精致的虎

图5-119 龙纹石磬(河南安阳殷墟出土)

纹、龙纹和鱼纹等纹饰(图5-119)。一般是3枚组合排箫是一种编管吹奏乐器,在世界很多古文化遗址中都有发现。我国最早的排箫发现于河南成一组编磬,构成音列。编铙、编磬的出现,表明商朝的人们已经对音乐旋律有了进一步的认识,并采用编组的方式,方便演奏。

的一座商代墓葬中,出土了一批骨排箫,但损毁严重。经辨认,确认至少应有6支排箫。排箫的发现,证明商代管形吹奏乐器又有了新的发展。将骨管按照音阶的不同制作成长短不一的吹管,编联在一起,不仅丰富了音乐的表现力,更反映了乐器的制作技术更加精细。考古还发现了春秋晚期的石排箫。出土于河南淅川下寺1号墓中的石排箫(图5-120),是由13根石管组成。管长自15~3.1厘米不等,孔深自14.1厘米至1.75厘米,孔径自0.8~0.45厘米。出土时,除第七管因口部残破过甚,不能发音外,其余12管仍能吹出高低不同的音阶。

图5-120 石排箫(河南淅川下寺1号墓出土)

从原始社会开始,人们采用不同的材料精心制成

各种乐器，表明随着人们物质生活的不断丰富，又对精神文化生活提出新的要求。不断地丰富精神文化生活的内容，更好地表现和抒发人们的情趣、意愿和志向，始终是中国古代社会发展的一条主线。音乐以其特有的艺术表现形式，也因此越来越多地受到社会的重视。乐器的种类不断增多，表现力逐渐丰富，也成为中国古代音乐发展的重要特征。尽管考古发现的史前及夏、商、西周时期的乐器，多为骨、石、泥、木及青铜制作的，但根据其中一些乐器的形制推测，当时也会有一些竹或其他材料制作的乐器，只是不易保存，难寻其踪迹。

史前时期发现的吹奏、敲（打）击两大类乐器，包括旋律、音阶乐器和节奏乐器两种类型。在以后的历史中，这两类乐器在器形、规格、构成等方面，得到继续的完善和发展，并不断地有新的乐器问世。西周时期，礼仪制度的健全，也进一步促进了乐器制作技术的进步。出土的周代乐器，无论是制作的精良，还是乐器的种类，都大大超过前代。

2. 曾侯乙墓编钟

春秋战国考古中，出土的乐器不仅反映了制作工艺的精美，音乐性能的优良，更展示了当时音乐艺术的成就。出土于湖北随县（今随州）擂鼓墩1号墓，即曾侯乙墓中的乐器，种类之多，数量之众，规模之大，音色之美，曾引起国内外的轰动。墓中共出土9种125件乐器，实际用于演奏的为8种122件，分属两种不同乐队，即宫廷（殿堂）乐队和寝宫乐队所使用。其中以宫廷乐队的乐器种类最多，数量最众，规格最高。乐器主要有钟、磬、鼓、琴、瑟、笙、箫、篪等。编钟的出土，是曾侯乙墓考古最重要的发现之一（彩图19）。

图5－121　青铜钮钟
（湖北随县曾侯乙墓出土）

曾侯乙墓出土的编钟，包括一副铜木结构的钟架（古称筍虡）、青铜钟65件、挂钟构件65副、演奏工具8件（T形木槌6件和圆柱形长木棒2件）。出土时，编钟多悬于架上，演奏工具置于旁边。钟架由6个青铜人形座（即虡）、2根铜圆柱、6个铜套木圆柱顶托7根木横梁（即筍）构成。通高2.73米，通长7.48米。编钟按形态可分为钮钟、甬钟、镈钟三类，分三层八组悬挂于钟架上。钮钟形状呈合瓦体，上窄下宽（图5－121），形制相同，大小各异，共19件，分3组悬挂于钟架的上层。甬钟亦呈合瓦体，上窄下宽，形制基本相同，大小则各异（图5－122），共45件，分5组分别悬挂于钟架的中层（3

图5－122　青铜甬钟（湖北随县曾侯乙墓出土）

图 5－123　青铜镈钟（湖北随县曾侯乙墓出土）

组）和下层（2 组）。镈钟 1 件，钟体近扁椭圆形，平口（图 5－123），悬挂于钟架下层长架中部。这三类钟的钟体表面，多铸有繁复的纹饰，且多有铭文，有些铭文还用错金。全套编钟音色优美，音域宽广，音列比较完整。

经音响测试，每件钟都可发出呈三度音程的两个乐音。这两个乐音的发音部位，一个在钟体的鼓部正中，称为正鼓音（图 5－124）；一个在鼓部的两侧，称侧鼓音。正鼓音的音量稍大，音色优美，余音较长。因钟架上、中、下三层钟的形体大小不同，音域和音阶又有很大的差异。下层大钟的声音低沉浑厚，音量大，余音特长。中层形体稍大的钟声音圆润明亮，音量较大，余音较长。而形体稍小的钟声音明亮清脆，音量较小，余音较短。上层钮钟声音高昂嘹亮，音量较小，余音更短。全套编钟的音域；自最低音 C2 至最高音 D7，频率范围自 64.8 赫兹至 2329.1 赫兹，达 5 个八度又一个大二度。

曾侯乙墓编钟的发现及测试的结果表明，春秋战国时期的音乐声学已达到很高的水平，并且还证明当时已经准确地掌握了七声音阶，且广泛应用。使用这套编钟不仅能演奏中国古代乐曲，也能演奏采用和声、复调及转调等手法编写的现代乐曲。此外，“一钟二音”还表明当时的乐器制作技术是十分先进和科学的。

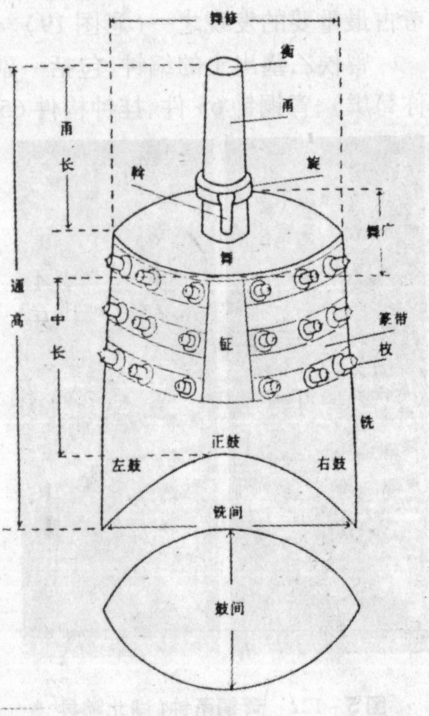

图 5－124　青铜钟各部位名称示意图

曾侯乙墓出土的编磬是仅次于编钟的大型乐器（图 5－125）。全套编磬由一副磬架（分上下两层）、32 枚石磬、32 副挂钩和 2 件磬槌组成。宽 2.15 米，通高 1.09 米。32 枚磬分上下两层，每层 16 枚，各分两组，一组 6 件，一组 10 件，均从左向右大小相次排列。磬为石灰石磨制而成，造型相同，大小各异。磬音铿锵明亮，有很强的穿透力。墓中出土的琴、瑟、笙、排箫、篪等乐器，均制作十分精细。出土的 4 件木腔皮面鼓，有小鼓（带木柄）、小扁鼓、悬鼓和建鼓（图 5－126）。这些乐器的组合，足以构成一个庞大的乐队，具有很强的艺术感染力。

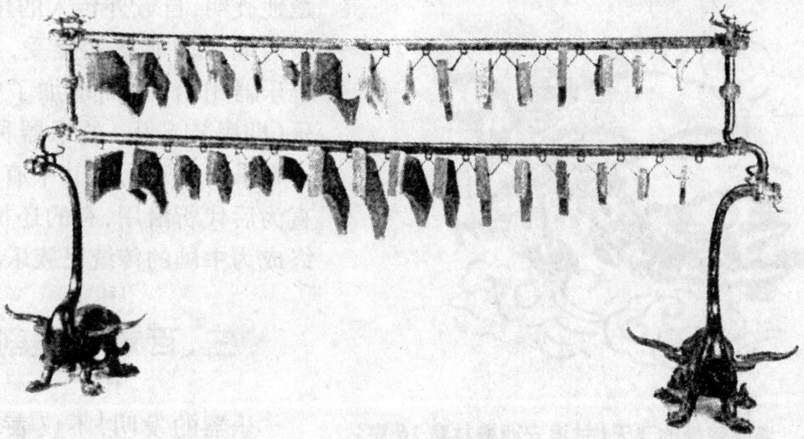

图5-125　编磬（湖北随县曾侯乙墓出土）

3. 乐器种类的增多

在以后的历史中，又不断有新的乐器问世。其中有一些是经丝绸之路传入中国的，有些则是对传统乐器改进或创制的。据文献记载，汉代自西域传入中国的乐器有胡笳、羌笛、箜篌、琵琶等。但由于这些竹木制乐器不易保存，故在考古中极少发现完好的乐器。

图5-126　建鼓（湖北随县曾侯乙墓出土）

1996年，在新疆且木县托格拉克勒克扎滚鲁克墓地出土了两件竖箜篌（亦称弓形箜篌）和一些箜篌的残片（图5-127），这也是我国目前发现的惟一箜篌实物。箜篌为古代拨弦乐器，分卧式和竖式两种。其中，竖箜篌为竖琴的前身，东汉时传入我国。有关其形制，在《通典》、《旧唐书·音乐志》等文献中有记载，但在流传至今的中国民族乐器中，却不见其踪影。不过，有关这种乐器的器形和演奏方式，在后代的壁画和乐舞陶俑中，多有形象的描绘（图5-128）。

其他的外来传入中国的乐器，如琵琶、五弦琴等，也经常出现在歌舞题材的绘画和雕塑作品中。这些现象清

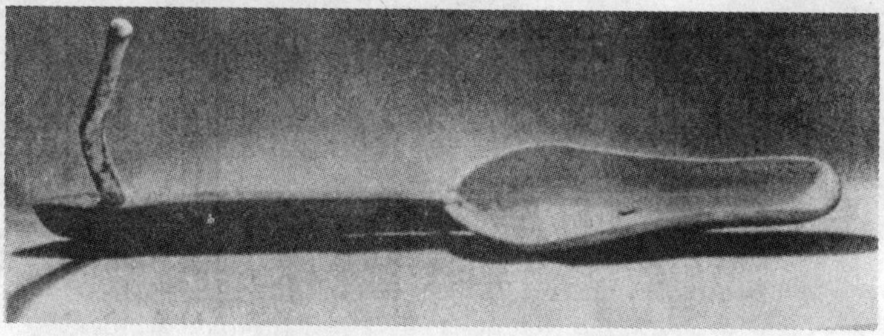

图5-127　箜篌（新疆且末县托格拉克勒克扎滚鲁墓地出土）

图 5－128　演奏箜篌的飞天（甘肃安西榆林窟 16 窟）

楚地表明，自域外传入的乐器，很快便被内地人们所熟悉接受，并与中国传统乐器组合，进而增加了中国传统音乐（即民族音乐）的乐器种类，更丰富了音乐的表现力。其中有不少乐器一直为后代所沿用，有的还加以改进，最终成为中国的传统民族乐器。

三、百戏与戏剧艺术

乐器的发明，不仅表现了人们对精神享乐的追求，也是人们寄托个人情趣、抒发情感的一种方式。在此基础上，歌舞这种抒情、表意的娱乐方式，也随之兴起。

1. 音乐舞蹈的起源及发展

考古资料证明，舞蹈产生于新石器时代。在青海大通马家窑文化上孙家遗址、同德宗日遗址中，各出土了一件彩绘舞蹈纹陶盆。两件彩陶盆内壁上都绘有牵手舞蹈的形象，几位舞蹈者的动作整齐划一，随着节拍起舞。这表明当时应配有歌乐，以助其舞蹈。将舞蹈的形象绘制在生活用具上，且描绘出整齐的动作，也反映了舞蹈在当时已成为比较普遍的一种娱乐活动方式。尽管这些舞蹈的内涵还难以确认，但无论是出于祭祀或崇拜的需要，还是为了欢庆收获，抑或为了表达一种特定的情感，总之都具有抒情、表意的内涵。

以后随着社会经济的发展，人们的物质生活不断丰富，精神文化生活也日趋繁荣。在春秋战国时期的青铜器和漆器上，就常见一些宴乐纹饰或彩绘的图像（图 5－129）。在汉画像砖石上，以乐舞为题材的画面已十分普遍。四川、山东、河南、江苏等地出土的画像砖石《乐舞图》或《宴乐图》，描绘了形式多样的乐舞场面。画面一般由乐队和舞蹈两部分组

图 5－129　宴乐渔猎纹铜壶及纹饰（北京故宫博物院）

成。乐队里有笙、竽、笛、排箫等吹奏乐器，琴、筝等弹拨乐器，钟、磬、铙、鼓等打击乐器。舞蹈的形象更是千姿百态，有节奏很快的盘舞、雄健粗犷的鼓舞、舒展飘逸的巾舞（图5－130）。乐舞较普遍地出现在画像砖石上，说明进入汉朝以后，随着社会经济的发展，特别是统治者大力倡导尊崇儒学，作为礼制重要组成的乐舞也因此得到极大的发展。乐舞已成为当时社会生活的内容之一。

图5－130　汉画像石《乐舞》（河南南阳出土）（上）；
汉画像石《乐舞百戏》（山东沂南北寨村出土）（下）

需要说明的是，在中国古代社会生活中，乐舞既是礼仪制度的组成部分，也是人们的娱乐方式之一，更是人们借以修身养性的一种重要方法。古人重视乐舞，还在于这种娱乐方式既可以抒情、表意，还能调节和感染自己的心情，所以出土的以乐舞为题材的文物数量才比较多。魏晋南北朝时期的乐舞资料，仍以墓葬壁画为主。在甘肃嘉峪关魏晋壁画墓和江苏南京、丹阳南朝

图5－131　南朝画像砖《乐舞》（河南邓县出土）

墓中的壁画，有不少是以乐舞为题材的（图5－131）。

盛唐时期，乐舞题材的绘画、雕塑作品的数量更多。众多的乐舞文物充分表现了这一时期的太平盛世，也表明在太平盛世的局面下，中国古代的乐舞又进入了一个繁荣时期。唐代的乐舞异彩纷呈，舞姿优美，乐队的规模也更大。敦煌石窑的壁画中，常有表现佛国仙境歌舞升平的佛经变画。画面多有音乐歌舞场面，实际是以唐代宫廷“燕乐”为蓝本描绘的（图5－132）。有些舞蹈则吸收了西域民族的舞艺，如胡旋舞、健舞。舞蹈动作刚劲有力，紧张剧烈，以此显示一种力量所在。西安、洛阳等地还出土了唐代乐舞俑（图5－133）。在乐舞俑中的乐队，有立伎部、坐伎部，远胜于前朝。无论是壁画还是陶俑，所展现的乐队中的乐器，包括了两晋南北朝以来社会流行的各种乐器。通过这些形象、直观的文物资料，不仅展示了中国传统乐器的多样性，也能从中了解到一些乐器的形制、构造和演奏技法的发展、演进，是极为珍贵的古代音乐资料。

图5－132　唐经变画中的《乐舞》（甘肃敦煌莫高窟159窟壁画）

图5－133　彩绘乐舞俑（河南孟津唐墓出土）

宋元时期的乐舞文物资料，虽不及唐代数量之多，但也有其独特之处。如宋代壁画中，多见以散乐为题材的绘画作品。散乐不同于宫廷乐舞，而是指民间乐舞。1954年，出土于河南安阳天禧镇宋墓中的散乐图壁画，共有两幅。其一绘有4位乐伎，除前一人呈站立状外，后3人皆头戴东坡巾，身着圆领长衫，腰束带。中前一人击腰鼓，其右后一人击拍板，左后一人吹筚篥（图5－134）；另一幅因画面漫漶不清，仅见其中一人操笛横吹。

河南禹县白沙库区的一座宋墓中，亦有一幅散乐图。图中绘有女乐伎 11 人，右侧 5 人分前后两排站立。后排 2 人，一位持小杖做击鼓状，一位双手击拍板；前排 3 人，右者双手击细腰鼓，中、左二人分别吹奏横笛和筚篥。左侧亦有 5 人，后排 2 人分别吹竖笛（或筚篥）和箫；前排 3 人，左者吹笙，中间者吹 12 管排箫，右者弹五弦琵琶。在左、右两组演奏乐伎的中间，有一头戴硬脚花额幞头，着圆领窄袖紫袍，足蹬尖鞋的女子。其正面欠身，右手举至头顶，左臂屈于胸前，正做表演状（图 5－135）。

宋代散乐的兴盛，也反映了城市商品经济的繁盛。此后民间乐舞一直成为百姓喜闻乐见的一种娱乐方式，又因各地文化习俗的差异，逐渐演变为地方性的歌舞。

图 5－134　壁画《散乐图》
（河南安阳天禧镇宋墓出土）

图 5－135　壁画《散乐图》（河南禹县白沙库区宋墓出土）

2. 杂技与蹴鞠

除乐舞外，在汉画像砖石上还常见杂技、蹴鞠等表演的形象。河南新野汉墓出土的杂技石刻画，描绘了在飞驰的鼓车顶竿上做徒手倒立表演时的情景。在其他地区的汉画像砖石上，还有单手倒立、柔术、耍剑、飞丸、冲狭（钻圈）、高絙（走绳索）、寻橦（顶竿）等杂技表演的形象（图 5－136）。

蹴鞠，是一种踢球游戏，在汉代十分盛行。据《西京杂记》载："成帝好蹴鞠。群臣以蹴鞠劳体，非至尊所宜。帝曰：'朕好之，可择似而不劳者奏之。'"汉画像砖石上描绘的蹴鞠，有单人和双人两种游戏方式（图 5－137）。这种娱乐方式也为后代所沿袭。出土的宋代瓷枕上，也有女子蹴鞠的画面（图 5－138）。

据《东京梦华录》记载，北宋设有宫廷蹴鞠队。比赛前，先于场队中间竖立一个离地三丈左右的毬门（称"风流眼"）（图 5－139）。队员分作两"朋"，各据毬门两边的场地。比赛

图5－136　杂技砖雕（河南新野汉墓出土）（上）、汉画像石《杂技乐舞》（河南南阳汉墓出土）（下）

开始后，由其中一队先踢毬。由一般队员做颠毬之类的表演，然后将毬传给“次毬头”，再由他向“毬头”供球，“毬头”起脚射门。若射门不进，则改由对方表演和射门。经过一定时间的较量，以射中毬门多者为胜。民间“蹴鞠”则不设毬门，由踢毬者采用各种姿势进行表演，可用身体各部位触毬，但不能使

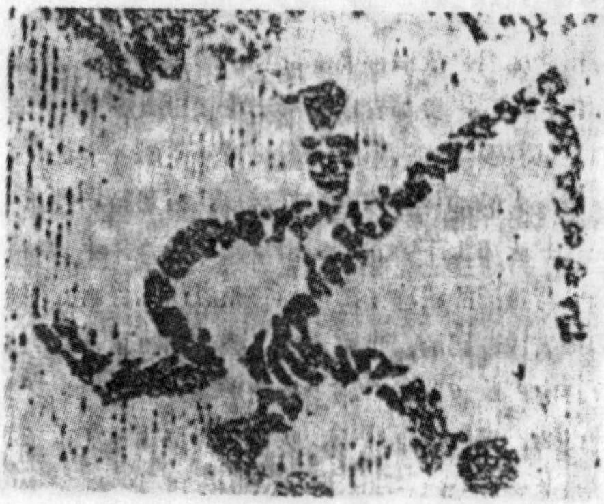

图5－137　汉画像石《蹴鞠》（河南南阳出土）

其落地。“俚俗，数少年簇围而蹴之，终无坠地。以失蹴为耻，久不坠为乐”。①

乐舞、杂技、蹴鞠等娱乐表演形式，在历史上统称为百戏，是中国古代社会主要的文化娱乐形式。

① 江少虞：《宋朝事实类苑》卷五二。

图 5－138　宋瓷枕画《蹴鞠》

3. 说唱表演

在中国古代社会生活中，除有百戏外，说唱也是深受人们普遍欢迎的一种休闲娱乐方式。在四川一些东汉墓中出土的俳优俑，就是古代说唱艺术最好的实物资料。以诙谐、幽默的说唱表演，逗人发笑的艺人，在古代称为俳优。出土的俳优俑极其生动传神。一般俑的手中多持一面鼓，或站或坐，或说或唱，正做出一种怪诞夸张的动作，似在逗惹观众。这些俑实际正是现场表演的真实写照。四川天迴山东汉崖墓中出土的一件俳优坐俑，短胖身体，头戴帻，上身赤裸，两肩高耸。下着长裤，赤足，坐于圆榻上。他右手抱一小鼓，右手持鼓槌，左腿曲蹲，右足翘举；张口嬉笑，神态诙谐。四川郫县宋家岭东汉墓出土的一件俳优立俑，歪嘴呲牙，舌头外伸，双腿略弯，臀部后撅，长裤似欲褪下（图5－140）。这种畸形的体型再配以滑稽的表演，生动地再现了艺人击鼓说唱时的情景，极易使人发笑。

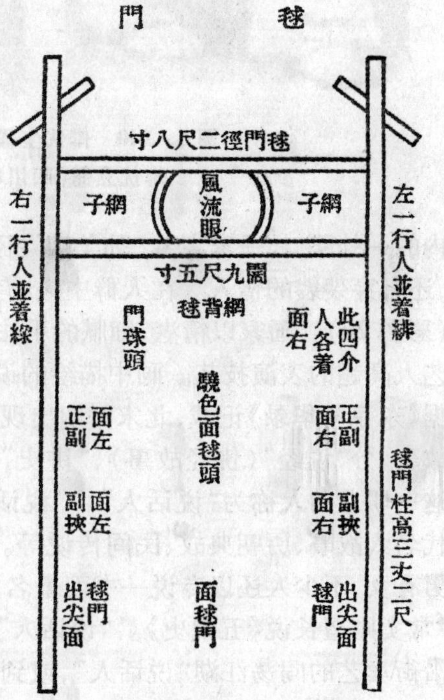

图 5－139　蹴鞠毬门（引自陈元靓《事林广记》）

这种说唱表演形式因不受场地限制，一人即能表演，方便、灵活，故也为后代所沿袭，且越来越受人们的欢迎。在张择端的《清明上河图》中，即有说书场景的描绘。在靠近汴

图5－140　俳优坐俑(四川天迴山东汉崖墓出土)
俳优立俑(四川郫县宋家岭东汉墓出土)

梁城内的一处路口,一家高悬“孙羊店”招牌的店铺前,围拢了一群人,其中有老者、青年、儿童,还有穿袈裟的僧人。在人群中央,有一位长须的表演者,正在说唱,围观者无不入神凝听(彩图20)。画家以精湛、细腻的手法,真实地再现了说唱艺术街头演唱时的情景,表现了艺人高超的表演技艺。画中描绘的说唱表演情景,也印证了宋代的文献记载。

据《东京梦华录》记载,北宋时期出现了一种称之为“说话”的艺术表演形式。“说话”即讲故事,分“说经”(佛经故事)、“讲史”(历史故事)和“小说”(独立短小的故事)三种。从事这一职业的人称为“说话人”。“说话”所用的文学底本,称为“话本”。其取材广泛,有历代名人故事、历朝典故、民间传说等。见于宋代文献记载的“说话人”多达百余人,其中有男有女,不少人还以专说一书而著名。如开封的霍四究以说《三分》(三国故事)而闻名,尹常卖则擅长说《五代史》。“说话人”一般在城市中有勾栏或瓦舍等固定的演出场所,也有沿街卖艺的闯荡江湖“说话人”,或到乡村去“说话”,称为“打野哈”。《清明上河图》中描绘的无疑是街头卖艺的“说话人”。

4. 戏剧的出现

在中国古代社会,从事百戏和说唱的艺人一般为世代相传。经过不断地加工、提炼和改进,有些百戏便成为一种固定的表演艺术,有的则演变为新的表演艺术形式。戏剧就是宋金时期兴起的一种新的文娱表演形式。

据文献记载,戏是集说、唱、舞(做)为一体的表演艺术。可分为杂剧、讲唱戏、歌舞戏、南戏、傀儡戏、影戏等几类，其中以杂剧为代表。在中原地区和湖北、陕西等地，都有杂剧砖雕出土。河南荥阳发现的石棺线刻杂剧画，有宋绍圣三年（1096）的纪年。以出土的杂剧砖雕分析，宋代杂剧在表演时，一般有四五个角色。演员的服装多为生活中的常装，或稍加一些装饰。道具也是一般的生活用具，或稍有夸张性的加工。从扮相看，角色有庄重与滑稽两类：前者多带幞头，穿圆领长袍或大袖袍服；后者多为短衫打扮。据文献记载，一套完整的杂剧分为艳段、正本、杂扮（亦称后散段）三部分，一般都有固定的“话本”（即剧本）。艳段和杂扮是杂剧的“序幕”和“尾声”，内容多为“寻常熟事”，属打诨滑稽性的表演，与正本没有什么联系，旨在吸引观众。正本是杂剧的正戏，多为谐趣又富含讽刺的内容。表演时，多以叙事性的说唱为主，辅以一些以动作代言的表演。

河南偃师酒流沟和温县两地出土的宋杂剧砖雕中，位于中间的戴簪花、幞头，手持立轴或扇者，是艳段的人物形象（图5－141）；戴展脚幞头，执笏者，与戴东坡巾，手托包袱，或手持骨朵者，为正本的人物形象；

图5－141　宋杂剧砖雕（临摹，河南偃师酒流沟水库宋墓出土）

图5－142　金杂剧砖雕（山西侯马金董玘坚傣墓出土）

吹口哨,手托鸟笼或叉手者,则为杂扮的人物形象。这些人物所扮演的角色有引戏、末泥、副净、副末、装孤五种。在山西侯马出土的金代杂剧砖雕(图 5－142),不仅有五位角色,而且还有仿木结构的舞台建筑。

宋代兴起的杂剧,在元代继续兴盛。在山西、河北、内蒙古、四川等地,均发现了杂剧壁画。河北宣化张氏家族墓地出土的杂剧壁画(彩图 21),由乐队和角色扮演两部分组成。乐队在后,表演者在前,形象地展现了戏剧表演时的情景。

山西洪洞水神庙明应王殿内的元泰定元年(1324)忠都秀作场壁画,则更细致地描绘了杂剧舞台上的人物形象(彩图 22)。画面上前排五人,从左到右分别为引戏、副净、装孤、副末、末泥。

考古发现的杂剧壁画、砖雕,反映了这种艺术表演形式在宋元时期,已经深受人们喜爱,并形成了依角色类型划分的行当,且有特定的扮相。在表演时,通过说、唱、舞(做)的形式展示故事情节,也更利于观众理解戏中人物和剧情,增强表演的艺术感染力。所以这种表演形式在元朝以后的历史中,更普遍地植根于社会生活中。也因各地文化习俗的不同,逐渐演进为地方剧种。

宋代社会经济的发展,特别是城市商品经济的发达,是戏剧产生的社会基础。除杂剧文物外,考古中还出土了反映傀儡戏的文物。河南济源发现的两件宋三彩瓷枕上,都绘有儿童表演傀儡戏的情景。傀儡,即木偶,也是宋代兴起的一种新的表演和娱乐形式。有悬丝(提线)傀儡、仗头傀儡等几种操纵木偶表演的方式。据《都城纪胜》记载:“凡傀儡敷演烟粉灵怪故事、铁骑公案之类。其话本或如杂剧,或如崖词,大抵多虚少实。”说明傀儡戏也有剧本,能表演一个有曲折复杂情节的故事。其中的一件瓷枕上绘有 3 个儿童在池边柳荫下表演傀儡戏(图 5－143):内有一个儿童坐在绣墩上,正操纵提线木偶在表演;其他二人,一人在敲镗锣,一人边吹笛边舞蹈,显然是在为木偶表演伴奏、助兴。可见木偶戏在宋代也很流行,且受到人们的喜爱,就连儿童都会操纵表演。

图 5－143　三彩瓷枕画《傀儡戏》(河南济源出土)

戏剧的产生，不仅丰富了中国古代社会文化生活，更标志着古代文化艺术及表演艺术发展到一个新的水平。而且还因这种艺术形式是通过说、唱、舞（做）等表演方式，能更好地展示剧情和表现人物的性格、情感，故易于感染观众，易被人们所接受，而拥有广阔的文化市场。此外，戏剧表演的内容常贴近社会现实和生活，易于揭露社会的黑暗和积弊，也为戏剧文学的创作，提供了广阔的天地和便利的条件。因此从元朝开始，戏剧文学迅速崛起，涌现出一批具有现实主义风格特点的剧作家，而成为中国封建社会后期文坛上的一支生力军。

后 记

文物是历史留给后人的一份珍贵遗产。众所周知,我国的历史文物十分丰富,而近年来我国的文物考古工作更取得了令世人瞩目的成就,得以让世界更多地了解了中国的历史和灿烂的文明。这也为我们认识和研究中国历史,激发后人的爱国热情和民族自豪感,提供了极为生动、翔实的各类实物资料。这些承载着大量历史信息和丰富文化内涵的文物资料,不仅应作为史学研究的重要资料之一,也应成为中学历史教学的重要资源,发挥其所具有的易于引发学生学习兴趣,激活学生思维,引导学生探究的功能和作用,使课堂教学更加生动活泼,有利于学生发散思维,获得更多的体验和感知的实践机会,促进他们自主地进行学习。

本书在阐释中国古代社会政治、经济、文化等方面的发展线索,以及重要的历史事件及现象时,尽可能多地选择各种类型的文物资料,其中既有实物,也有图像、文字资料,不仅为历史教师提供更多的教学资源,也为学习历史者及文物爱好者了解中国古代历史,认识文物的内涵,提供必要的参考。为帮助学习者及教师更好地把握文物资料承载的历史信息,学会开发和利用这种史学研究资源,本书在具体阐释文物资料时,着重于从典型表象入手,进而揭示其所反映的历史及社会背景,蕴含的政治、经济、文化等信息,即重在介绍文物研究和文物作为史学研究资源的一些基本方法,并针对文献资料对一些重大历史事件和重要历史现象记载的缺憾或失实,利用文物资料给予弥补和纠正。同时围绕某一历史事件或现象,阐释相关文物资料时,尽可能按时序形成系统,以便展示其发展、演进的过程,揭示其在每一个历史时期所发生的变化及与社会背景的内在联系。此外,针对历史教师对中国古代书法、绘画、雕塑,以及歌舞、戏剧等文化艺术普遍感到难以把握的现实,在阐释中国古代艺术类文物时,不仅较多地选用传世文物,也注意收集不同历史时期的出土文物,以便展示时代和艺术共性特征,特别是多彩的艺术风格,并且根据不同的艺术形式,从创作技法、表现方式、艺术特点等方面入手,尽可能具体地揭示同类艺术形式的共性特征,以及不同作品的个性风格。

本书在编写中,得到著名文物学专家朱启新先生的悉心指导、帮助,并为本书作序。此外,学苑出版社孟白社长和刘小灿先生也给予诸多帮助和支持。为使本书更加贴近教学,贴近学生,叶小兵、李晓风、张桂芳、张静、宋厚生、孙楠、王小京、王耘、姚岚、耿胜利、张英、陈漪明、汤敏、孙明林、王柏行、郭明义、崔秀清、田弛等老师还对本书提出许多建议和给予帮助。张艳霞、王婉秋、郭小东等几位教师还利用本书提供的文物资料,组织教学,进行探究性学习的实验，特在此一并感谢。参与本书撰写的还有：彭建英、朱凌、王小京、王耘、宋厚生、王红、邱莲、王柏行、李军、张学岩等。北京教育学院图书馆提供了很多方便。网络中心的毕超、吴建伟、宋艳、高端林等，还协助制作光盘。

本书所使用的文物资料，除一部分是自己拍摄、绘制外，还引用文物出版社《20世纪中国文物考古发现与研究丛书》、《中国文物精华》、《中国出土文物珍品选》、《中国陶瓷史》、《新中国的考古发现和研究》，三联出版社《中国重大考古发掘记》、《考古人手记》，科学出版社《殷墟的发现与研究》，解放军出版社《中国古代兵器图集》，东方出版社《〈中国文物与学科〉丛书》，农业出版社《中国古代农业科技史图谱》等，以及《文物》、《考古》等杂志中的文物资料，未在书中图后一一注明，特致谢意。

利用文物资料研究历史问题，揭示其蕴含的历史及社会信息，以印证文献资料，弥补、纠正文献资料的缺憾和失实，是史学研究的一种重要方法，亦是对传统史学研究的拓展和深化。利用文物资料研究历史，不仅需要专精的史学知识，还需要有广博的知识面和敏锐的洞察力，而自己在这方面仍是一位新手，难免有一些纰缪，恳请读者批评、指正。

朱筱新

2006年7月